# 5급 공략 실전 모의고사

张宁志·陈郁·李明 지음
백형술·우치갑·오금순 번역

송산출판사

대표저자 **张宁志**

현 北京语言大学 교수
世界汉语教学学会会员, 中国对外汉语教学研究会会员
1995—1998년 삼성인력개발원 중국어 주임교수
저서
교재 : 《中级汉语会话》, 《新汉语口语教程》
사전 : 《学汉语词典》
논문 : 《口语教材的语域风格问题》1985年
《浅谈汉语教材难度的确定》1991年
《汉语教师教学归因初探》2006年
《汉语教材语料难度的定量分析》2000年
《几个与纠正病句有关的问题》1986年
《汉民族思维及语言的特点与汉语短期强化教学》2000年
《将揭示语引入对外汉语教学的设想》1992年
《鲁迅小说中的颜色词》1986年
《中国文化的源流》1993年

 **新 HSK 5급 공략 실전 모의고사**

| | |
|---|---|
| 저 자 | 张宁志·陈郁·李明 지음 /백형술·우치갑·오금순 번역 |
| 발 행 인 | 윤우상 |
| 책임편집 | 최준명, 윤병호 |
| 1쇄 발행 | 2010년 5월 3일 |
| 2쇄 발행 | 2012년 1월 16일 |
| 발 행 처 | 송산출판사 |
| 주 소 | 서울특별시 서대문구 홍제4동 104-6 |
| 전 화 | (02)735-6189 |
| 팩 스 | (02)737-2260 |
| 홈페이지 | www.songsanpub.co.kr |
| E-mail | songsan1@korea.com |
| 등 록 일 | 1976년 2월 2일 제9-40호 |

ISBN 978-89-7780-149-3-13720

# 前言

　　新汉语水平考试（HSK）是国家汉办组织中外汉语教学、语言学、心理学和教育测量学等领域的专家，在充分调查、了解海外实际汉语教学情况的基础上，借鉴近年来国际语言测试研究的最新成果，以《国家汉语能力标准》为依据，推出的一项国际汉语能力标准化考试。从2010年起在海外汉语水平的测试均采用由国家汉办主办的新汉语水平考试。

　　新汉语水平考试相比于旧HSK，有很大变化。新HSK分笔试和口试两部分，笔试和口试是相互独立的。笔试包括HSK（一级）、HSK（二级）、HSK（三级）、HSK（四级）、HSK（五级）和HSK（六级）；口试包括HSK（初级）、HSK（中级）和HSK（高级），口试采用录音形式。

　　本书以《新汉语水平考试大纲HSK五级》为依据，为参加新汉语水平考试的考生，准备了四套模拟试题。这四套模拟试题基本上涵盖了新汉语水平考试五级的全部语法点和词汇，每套试题都有详细的注释，因此学生只要根据此书认真学习，并根据已掌握的基本知识与技巧加以举一反三，融会贯通的话，在考试中一定会取得理想的成绩。

　　本书是由北京语言大学教授合作编写的，参加编写的几位教授长期从事对外汉语教学，不仅具有丰富的教学经验，另外还编写了很多教材和论文。在编写此书时，为应考需要，准备了多种多样的模拟试题，并对答案加以精解，从而帮助考生解决"为什么这个选择是对的，而那个选择是错的"的问题，使考生不仅"知其然"，而且"知其不然"，从而大大提高考生的应考能力。最后希望此书对参加新汉语水平考试的朋友们有所帮助。

作者

2010年3月1日于北京

# 머리말

　신한어수평고시(HSK)는 국가한반이 중국과 외국의 중국어 교육, 언어학, 심리학과 교육 측정학 등 영역의 전문가를 조직, 해외의 실제 중국어 교육 상황을 충분히 조사하고 이해한 기초를 바탕으로 최근 국제 언어 테스트 연구의 최신 성과를 참고하여, 〈국가한어능력표준〉을 근거로 출시한 국제한어능력표준화 시험이다. 2010년부터 해외에서 한어수평 측정은 모두 국가한반이 주관하는 신한어수평고시로 치뤄진다.

　신한어수평고시는 구 HSK에 비해 많은 변화가 있다. 신 HSK는 필기시험과 구술시험으로 나누어진다. 필기시험과 구술시험은 서로 독립되어 있다. 필기시험은 HSK(1급), HSK(2급), HSK(3급), HSK(4급), HSK(5급), HSK(6급)이 포함된다. 그리고 구술시험은 HSK(초급), HSK(중급), HSK(고급)이 포함되며 녹음 형식을 채택한다.

　본서는 〈新汉语水平考试大纲HSK五级〉에 근거하여, 신한어수평고시에 참가하는 학생을 위해 4회분의 모의고사가 준비되어 있다. 이 문제들은 한어수평고시5급에 해당되는 문법과 어휘를 모두 포괄하고 있으며, 그리고 해설도 함께 실려 있다. 따라서 수험생들은 이 책을 가지고 열심히 공부하고, 이미 배운 기본지식과 기교를 바탕으로 하여, 하나를 들으면 열을 알듯이, 체계적이고 철저하게 이해하면 반드시 이상적인 성적을 얻을 수 있을 것이다.

　본서는 北京语言大学교수들이 공저한 것이다. 저서에 참여한 교수들은 모두 오랫동안 중국어 교육에 종사하고 있기 때문에, 중국어를 가르치는 경험이 아주 풍부할 뿐만 아니라, 많은 교재와 논문을 편찬하였다. 이 책을 편찬할 때, 시험을 대비하기 위하여 다양한 모의고사를 준비하였으며, 답안에 대해 자세한 해설도 함께 실었다. 따라서 수험생들이 왜 이것이 정답이고, 저것이 오답인지를 알 수 있으며, 왜 그런지 알뿐만 아니라 왜 그렇지 않는지도 알 수 있어, 수험생들의 시험대비 능력을 크게 키울 수 있다. 마지막으로 이 책이 한어수평고시에 응시하는 여러분께 도움이 되길 바란다.

저자
2010년 3월 1일 베이징에서

# 목차

# 新汉语水平考试（HSK）介绍

为使汉语水平考试（HSK）更好地服务于汉语学习者，中国国家汉办组织中外汉语教学、语言学、心理学和教育测量学等领域的专家，在充分调查、了解海外汉语教学实际情况的基础上，吸收原有HSK的优点，借鉴近年来国际语言测试研究最新成果，推出新汉语水平考试（HSK）。

## 一、考试结构

新HSK是一项国际汉语能力标准化考试，重点考查汉语非第一语言的考生在生活、学习和工作中运用汉语进行交际的能力。新HSK分笔试和口试两部分，笔试和口试是相互独立的。笔试包括HSK（一级）、HSK（二级）、HSK（三级）、HSK（四级）、HSK（五级）和HSK（六级）；口试包括HSK（初级）、HSK（中级）和HSK（高级），口试采用录音形式。

| 笔试 |
|---|
| HSK（六级） |
| HSK（五级） |
| HSK（四级） |
| HSK（三级） |
| HSK（二级） |
| HSK（一级） |

| 口试 |
|---|
| HSK（高级） |
| HSK（中级） |
| HSK（初级） |

## 二、考试等级

新HSK各等级与《国际汉语能力标准》《欧洲语言共同参考框架（CEF）》的对应关系如下表所示：

| 新HSK | 词汇量 | 国际汉语能力标准 | 欧洲语言框架（CEF） |
|---|---|---|---|
| HSK（六级） | 5000及以上 | 五级 | C2 |
| HSK（五级） | 2500 | | C1 |
| HSK（四级） | 1200 | 四级 | B2 |
| HSK（三级） | 600 | 三级 | B1 |
| HSK（二级） | 300 | 二级 | A2 |
| HSK（一级） | 150 | 一级 | A1 |

通过HSK（一级）的考生可以理解并使用一些非常简单的汉语词语和句子，满足具体的交际需求，具备进一步学习汉语的能力。

通过HSK（二级）的考生可以用汉语就熟悉的日常话题进行简单而直接的交流，达到初级汉语优等水平。

通过HSK（三级）的考生可以用汉语完成生活、学习、工作等方面的基本交际任务，在中国旅游时，可应对遇到的大部分交际任务。

通过HSK（四级）的考生可以用汉语就较广泛领域的话题进行谈论，比较流利地与汉语为母语者进行交流。

通过HSK（五级）的考生可以阅读汉语报刊杂志，欣赏汉语影视节目，用汉语进行较为完整的演讲。

通过HSK（六级）的考生可以轻松地理解听到或读到的汉语信息，以口头或书面的形式用汉语流利地表达自己的见解。


三、考试原则

新HSK遵循"考教结合"的原则，考试设计与目前国际汉语教学现状、使用教材紧密结合，目的是"以考促教""以考促学"。

新HSK关注评价的客观、准确，更重视发展考生汉语应用能力。

新HSK制定明确的考试目标，便于考生有计划、有成效地提高汉语应用能力。


四、考试用途

新HSK延续原有HSK汉语能力考试的定位，面向成人汉语学习者。其成绩可以满足多元需求：

1．为院校招生、分班授课、课程免修、学分授予提供参考依据。

2．为用人机构录用、培训、晋升工作人员提供参考依据。

3．为汉语学习者了解、提高自己的汉语应用能力提供参考依据。

4．为相关汉语教学单位、培训机构评价教学或培训成效提供参考依据。


五、成绩报告

考试结束后3周内，考生可以通过网络查询到本人的汉语考试成绩并将获得由"国家汉办"颁发的新HSK成绩报告。

# 신 한어수평고사(HSK) 소개

한어수평고사(HSK)가 중국어 학습자에게 더 좋은 서비스를 제공하기 위하여 중국 국가한반은 중외 중국어 교육, 언어학, 심리학과 교육 측정학 등 영역의 전문가를 조직하여 해외의 실제 중국어 교육 상황을 충분히 조사하고 이해한 기초를 바탕으로 기존 HSK의 장점을 살리고 최근 국제 언어 테스트 연구의 최신 성과를 참고하여 신 한어수평고사 (HSK)를 실시하게 되었다.

### 1. 시험 구조

신 HSK는 국제 중국어 능력 표준화 수준 시험으로 중국어가 모국어가 아닌 수험생의 생활, 학습과 업무에 중국어를 이용하여 소통하는 능력을 중점 측정한다. 신 HSK는 필기시험과 구술시험으로 나누어져 있으며, 필기시험과 구술시험은 서로 독립되어 있다. 필기시험은 HSK(1급), HSK(2급), HSK(3급), HSK(4급), HSK(5급), HSK(6급)으로 나누어져 있다. 구술시험은 HSK(초급), HSK(중급), HSK(고급)으로 나누어져 있으며, 녹음 형식을 채택한다.

| 필기시험 | 구술시험 |
|---|---|
| HSK (6급) | HSK (고급) |
| HSK (5급) | |
| HSK (4급) | HSK (중급) |
| HSK (3급) | |
| HSK (2급) | HSK (초급) |
| HSK (1급) | |

### 2. 시험 등급

신 HSK 각 등급과《국제 중국어 능력 표준》,《유럽언어 공동 참고 프레임(CEF)》의 대응 관계는 아래 표와 같다:

| 신 HSK | 어휘량 | 국제 중국어 능력 표준 | 유럽언어 프레임 (CEF) |
|---|---|---|---|
| HSK (6급) | 5,000 및 이상 | 5급 | C2 |
| HSK (5급) | 2,500 | | C1 |
| HSK (4급) | 1,200 | 4급 | B2 |
| HSK (3급) | 600 | 3급 | B1 |
| HSK (2급) | 300 | 2급 | A2 |
| HSK (1급) | 150 | 1급 | A1 |

HSK(1급)를 통과한 수험생은 매우 간단한 중국어 단어와 문장을 이해하고 사용할 수 있으며, 구체적인 소통을 할 수 있으므로 진일보한 중국어 학습 능력을 갖추었다.

HSK(2급)를 통과한 수험생은 익숙한 일상 화제에 대해 중국어로 간단하고 직접적인 교류를 할 수 있으며, 초급 중국어 우수 수준에 도달하였다.

HSK(3급)를 통과한 수험생은 중국어로 생활, 학습, 업무 등 방면의 기본 교제 임무를 완성할 수 있으며, 중국에서 여행 시 만나는 대부분의 교제 임무를 대처할 수 있다.

HSK(4급)를 통과한 수험생은 비교적 광범위한 영역의 화제에 대해 중국어로 토론을 진행할 수 있으며, 중국어를 모국어로 하는 사람과 비교적 유창하게 교류를 할 수 있다.

HSK(5급)를 통과한 수험생은 중국어 정기 간행물과 잡지를 읽고 중국어 영화와 TV 프로그램을 감상할 수 있으며, 중국어로 비교적 완전한 연설을 할 수 있다.

HSK(6급)를 통과한 수험생은 중국어 정보를 수월하게 알아듣거나 읽을 수 있으며, 구두 또는 서면 형식으로 유창한 중국어를 이용하여 자신의 견해를 표현할 수 있다.

3. 시험 등급

신 HSK는 "시험과 교육의 결합"의 원칙을 따르고, 시험 설계는 현재 국제 중국어 교육 현황, 교재사용과 긴밀하게 결합하며, 목적은 "시험으로 교육을 촉진하며", "시험으로 학습을 촉진한다"이다.

신 HSK는 평가의 객관성, 정확성을 중시하며 수험생의 중국어 응용 능력의 발전을 더욱 중요시한다.

신 HSK는 명확한 시험 목표를 제정하여, 수험생이 계획적이고 효과적으로 중국어 응용 능력을 향상시키기에 편하도록 한다.

4. 시험 용도

신 HSK는 기존의 HSK 중국어 능력 시험의 객관적인 평가의 연속으로 성인 중국어 학습자를 대상으로 한다. 신 HSK의 성적은 다양한 수요를 만족시킬 수 있다:

(1) 대학의 학생모집, 분반수업, 과정면제, 학점수여 등을 위해 참고 근거를 제공한다.
(2) 인재모집 기관의 채용, 양성, 직원의 진급 등에 참고 근거를 제공한다.
(3) 중국어 학습자가 자신의 중국어 응용 능력을 이해하고 향상시키는데 참고 근거를 제공한다.
(4) 관련 중국어 교육 부서, 양성 기관의 교육 평가 또는 양성 효과 등에 참고 근거를 제공한다.

5. 성적 보고

시험 종료 후 3주내에 수험생은 인터넷을 통해 본인의 중국어 시험 성적을 조회 할 수 있으며, '국가 한반' 이 수여한 신 HSK 성적 보고를 획득한다.

# HSK（五级）介绍

HSK（五级）考查考生的汉语应用能力，它对应于《国际汉语能力标准》五级，《欧洲语言共同参考框架（CEF）》C1级。通过 HSK（五级）的考生可以阅读汉语报刊杂志，欣赏汉语影视节目，用汉语进行较为完整的演讲。

## 一、考试对象

HSK（五级）主要面向按每周 2-4 课时进度学习汉语两年以上，掌握 2500 个常用词语的考生。

## 二、考试内容

HSK（五级）共100题，分听力、阅读，书写三部分。

| 考试内容 | | 试题数量 （个） | | 考试时间（分钟） |
|---|---|---|---|---|
| 一、听力 | 第一部分 | 20 | 45 | 约30 |
| | 第二部分 | 25 | | |
| 二、阅读 | 第一部分 | 15 | 45 | 40 |
| | 第二部分 | 10 | | |
| | 第三部分 | 20 | | |
| 三、书写 | 第一部分 | 8 | 10 | 40 |
| | 第二部分 | 2 | | |
| 填写答题卡 | | | | 10分钟 |
| 共计 | / | 100 | | 约 120分钟 |

全部考试约 125 分钟（含考生填写个人信息时间5分钟）。

### 1. 听力

第一部分，共20题。每题听一次。每题都是两个人的两句对话，第三个人根据对话问一个问题，试卷上提供 4 个选项，考生根据听到的内容选出答案。

第二部分，共25题。每题听一次。这部分试题每题都是4到5句对话或一小段话，根据对话或语段问一到或几个问题，试卷上每题提供 4 个选项，考生根据听到的内容选出答案。

## 2．阅读

第一部分，共15题。提供几篇文字，每篇文字中有几个空格，空格中应填入一个词语或一个句子，每个空格有4个选项，考生要从中选出答案。

第二部分，共10题。每题提供一段文字和4个选项，考生要选出与这段文字内容一致的一项。

第三部分，共20题。提供几篇文字，每篇文字带几个问题，考生要从4个选项中选出答案。

## 3．书写

第一部分，共8题。每题提供几个词语，要求考生用这几个词语写一个句子。

第二部分，共2题。第一题提供几个词语，要求考生用这几个词语写一篇80字左右的短文；第二题提供一张图片，要求考生结合图片写一篇80字左右的短文。

## 三、成绩报告

HSK（五级）成绩报告提供听力，阅读，书写和总分四个分数。总分180分为合格。

|  | 满分 | 你的分数 |
|---|---|---|
| 听力 | 100 | |
| 阅读 | 100 | |
| 书写 | 100 | |
| 总分 | 300 | |

HSK成绩长期有效，作为外国留学生进入中国院校学习的汉语能力的证明，HSK成绩有效期为两年（从考试当日算起）。

# HSK（五级） 成绩报告

国家汉办/孔子学院总部
Hanban/Confucius Institute Headquarters

新 汉 语 水 平 考 试
Chinese Proficiency Test

## HSK（五级） 成绩报告
HSK (Level 5) Examination Score Report

姓名：
Name _____

性别：         国籍：
Gender _____ Nationality _____

考试时间：            年      月      日
Examination Date _____ Year ___ Month ___ Day

编号：
No. _____

| | 满分(Full Score) | 你的分数(Your Score) |
|---|---|---|
| 听力 (Listening) | 100 | |
| 阅读 (Reading) | 100 | |
| 书写 (Writing) | 100 | |
| 总分 (Total Score) | 300 | |

总分180分为合格 (Passing Score: 180)

主任
Director _____

国家汉办
Hanban
HANBAN

中国 ·北京
Beijing China

# 신HSK (5급)소개

HSK (5급)은 수험생의 중국어 응용능력을 테스트하며, 등급은 ≪국제한어 능력표준≫ 5급, ≪유럽 언어 공동 참고 프레임 (CEF) ≫ C1급에 해당된다. HSK (5급)테스트를 통과한 수험생들은 중국어 시문과 잡지를 열람할 수 있으며, 중국어 영상물도 감상할 수 있고, 중국어로 비교적 완벽한 연설을 할 수 있다.

## 一、시험 대상자
HSK (5급) 은 주로 매주 2-4시간씩 2년 동안 공부하고, 2500개의 상용어휘를 알고 있는 수험생에 해당 된다.

## 二、시험 내용
HSK(5급)은 총 100문제이며, 듣기, 독해, 쓰기 3부분으로 나누어져 있다.

| 시험 내용 | | 시험문제 수 (문항) | | 시험시간 (분) |
|---|---|---|---|---|
| 一 듣기 | 제1부분 | 20 | 45 | 약 30분 |
| | 제2부분 | 25 | | |
| 二 독해 | 제1부분 | 15 | 45 | 40 |
| | 제2부분 | 10 | | |
| | 제3부분 | 20 | | |
| 三 쓰기 | 제1부분 | 8 | 10 | 40 |
| | 제2부분 | 2 | | |
| 답안지 작성 | | | | 10분 |
| 합계 | / | 100 | | 약 120분 |

시험 총 시간은 125분이다.(수험생 개인정보 입력시간 5분 포함.)

## 1. 듣기
제1부분은 총 20문항이다. 모든 문제는 한 번씩 들려준다. 모든 문제는 두 사람의 대화로 이루어져 있으며, 두 문장으로 구성되어 있다. 세 번째 사람이

이 대화와 관련된 질문을 한다. 응시자는 시험지에 주어진 4개의 선택 항목 중에서 정답을 고른다.

　제2부분은 총 25문항이다. 모든 문제는 한 번씩 들려준다. 모든 문제는 4-5 문장으로 구성된 대화 또는 단문이다. 이 내용을 들려준 후 내용과 관련된 하나 또는 여러 개의 질문을 한다. 응시자는 시험지에 주어진4개의 선택 항목 중에서 정답을 고른다.

## 2. 독해

　제1부분 총 15문항이다. 이 부분 문제는 몇 편의 단문으로 구성되어 있으며, 단문 가운데에는 여러 개의 빈칸이 있다. 빈칸은 단어 하나 혹은 문장 하나로 채워야 한다. 응시자는 시험지에 주어진4개의 선택 항목 중에서 정답을 고른다.

　제2부분은 총 10문항이다. 모든 문제는 하나의 단문과 4개의 선택 항목으로 구성되어 있다. 응시자는 시험지에 주어진 항목 4개 중에서 본문내용과 일치한 것을 선택한다.

　제3부분은 총 20문항이다. 모든 문제는 몇 편의 단문으로 구성되어 있다. 제시된 단문 뒤에는 몇 개의 질문이 주어진다. 응시자는 4개의 선택 항목 중에서 정답을 선택한다.

## 3. 쓰기

　제1부분은 총8문항이다. 모든 문제는 여러 개의 단어가 제시되어 있다. 응시자는 주어진 단어를 사용하여 하나의 문장을 만든다.

　제2부분은 총2문항이다. 첫 번째 문항에서는 여러 개의 단어가 제시되며, 응시자는 제시된 단어들을 사용하여 80자 내외로 구성된 단문을 작성한다. 두 번째 문항에서는 하나의 그림이 제시되며, 응시자는 그 그림을 근거로 80자 내외로 구성된 단문을 작성한다.

## 三、성적 통지

　HSK(5급)성적통지는 듣기, 독해, 쓰기와 합계 점수를 제공하며 합계가 180점이면 합격이다.

| | 만점 | 당신의 점수 |
|---|---|---|
| 듣기 | 100 | |
| 독해 | 100 | |
| 쓰기 | 100 | |
| 합계 | 300 | |

HSK성적은 장기간 유효하다. 외국인 유학생으로 중국의 대학에 진학할 때 중국어능력 증명서로 쓸 경우, 유효기간은 2년이다(시험당일부터 계산한다).

# HSK (五级)考试要求及过程

## 一、 HSK (五级) 考试要求

1. 考试前，考生要通过《新汉语水平考试大纲HSK五级》等材料，了解考试形式，熟悉答题方式。
2. 参加考试前，考生需要带：身份证件、准考证、2B铅笔、橡皮

## 二、HSK (五级) 考试要求

1. 考试开始时，主考宣布：

> 大家好！欢迎参加HSK( 五级) 考试。

2. 主考提醒考生( 可以用考生的母语及其他有效方式) ：
( 1 ) 关闭手机。
( 2 ) 把准考证和身份证证件放在桌子的右上方。

3. 之后，主考请监考发试卷。

4. 试卷发完后，主考向考生解释试卷封面上的注意内容( 可以用考生的母语及其他有效方式) ：

---

### 注　意

一、HSK（五级）分三部分：
　　1. 听力（45题，约30分钟)
　　2. 阅读（45题，40分钟)
　　3. 书写（10题，40分钟）
二、答案先写在试卷上，最后10分钟再写在答题卡上。
三、全部考试约125分钟（含考生填写个人信息时间5分钟）

---

5. 之后，主考宣布：

> 现在请大家填写答题卡。

　　主考示意考生参考准考证( 可以用考生的母语及其他有效方式) ，用铅笔填写答题卡上的姓名、国籍、序号、性别、考点、年龄、你是华裔吗、学习汉语的时间等信息。

　　姓名要求写证件上的姓名。

　　关于华裔考生概念，可解释为：父母双方或一方是中国人的考生。

6. 之后，主考宣布：

> 现在开始听力考试。

7. 主考播放听力录音。

8. 听力考试结束后，主考宣布：

> 现在开始阅读考试。考试时间为40分钟。

9. 阅读考试还剩5分钟时，主考宣布：

> 阅读考试时间还有5分钟。

10. 阅读考试结束后， 主考宣布：

> 现在开始书写考试。考试时间为40分钟。**请直接把答案写在答题卡上。**

　　主考提示考生直接把答案写在答题卡上( 可以用考生的母语及其他有效方式) ：

11. 书写考试还剩5分钟时，主考宣布：

> 书写考试时间还有5分钟。

12． 书写考试结束后，主考宣布：

现在请把第1到第90题的答案写在答题卡上，时间为10分钟。

主考提醒考生把答案写在答题卡上( 可以用考生的母语及其他有效方式) ：

13． 10分钟后，主考请监考收回试卷和答题卡。

14． 主考清点试卷和答题卡后宣布：

考试现在结束。谢谢大家！再见。

# HSK (5급)시험 요구사항과 과정

## 一、 HSK (5급)시험 요구 사항

1. 시험 전에 《신한어수평고시 대강HSK5급》등 자료를 통하여 시험유형을 이해하고 답안지 작성방식을 숙지해야 한다.
2. 시험 시 지참해야 할 것: 신분증, 수험표, 2B연필, 지우개.

## 二、 HSK (5급)시험 과정

1. 시험을 시작할 때 주임 시험관이 다음과 같이 말한다:

> 여러분 안녕하세요. HSK(5급)에 응시하신 것을 환영합니다.

2. 주임 시험관이 수험생에게 안내말씀을 한다. **(수험생의 모국어 또는 다른 유효한 방식을 이용할 수 있다)**:
(1) 핸드폰을 꺼주세요.
(2) 수험표와 신분증을 책상 우측 상단에 놓으세요.

3. 그리고 주임 시험관이 시험 감독에게 시험지를 나누어 주도록 한다.

4. 시험지를 다 나누어 준 다음, 주임 시험관이 수험생에게 시험지 표지의 주의사항을 해석해 준다. **(수험생의 모국어 또는 다른 유효한 방식을 이용할 수 있다)**:

---

### 주 의

一、HSK(5급)은 세 부분으로 나누어져 있다.
  1. 듣기 (45문제, 약 30분)
  2. 독해 (45문제, 40분)
  3. 쓰기 (10문제, 40분)
**二、답안은 우선 시험지에 적고 마지막 10분 남았을 때 답안지에 옮겨 적는다.**
三、시험 총 시간은 125분이다.(수험생 개인정보 입력시간 5분 포함.)

---

5. 그리고 나서 주임 시험관이 말한다:

> 지금부터 여러분의 답안지 카드를 작성하십시오.

　주임 시험관은 수험생에게 수험표를 참고하여(**수험생의 모국어 또는 다른 유효한 방식을 이용할 수 있다**), 연필로 답안지 카드에 성명, 국적, 수험표번호, 성별, 시험장소, 나이, 당신은 화교입니까, 중국어를 배운 시간 등 정보를 적어 넣도록 한다.
　성명은 증명서의 이름을 써야 한다.
　화교의 개념을 해석하자면 부모 쌍방 혹은 부모 중 한 쪽이 중국인인 수험생을 말함.

6. 그리고 나서 주임 시험관이 말한다:

> 지금부터 듣기시험을 시작합니다.

7. 주임 시험관이 듣기시험녹음을 틀어준다.

8. 듣기시험이 끝나면 주임 시험관이 말한다:

> 지금부터 독해시험을 시작합니다. 시험시간은 40분입니다.

9. 독해시험 시간이 5분 남았을 때 주임 시험관이 말한다.

> 독해시험이 5분 남았습니다.

10. 독해시험이 끝나면 주임 시험관이 말한다:

> 지금부터 쓰기시험을 시작합니다. 시험시간은 40분입니다. 답안을 직접 답안지에 적어주십시오.

주임 시험관은 수험생에게 답안을 직접 답안지에 작성할 것을 일깨워 준다(수험생의 모국어 또는 다른 유효한 방식을 이용할 수 있다).

11. 필기시험시간이 5분 남았을 때 주임 시험관이 말한다:

> 쓰기시험시간이 5분 남았습니다.

12. 쓰기시험 끝나면 주임 시험관이 말한다.

> 지금부터 문제 1-90의 답안을 답안지에 옮겨 적으시오. 시간은 10분입니다.

주임 시험관은 수험생에게 답안을 직접 답안지에 작성할 것을 일깨워 준다(수험생의 모국어 또는 다른 유효한 방식을 이용할 수 있다).

13. 10분 후 주임 시험관은 시험 감독에게 시험지와 답안지를 거두라고 한다.

14. 주임 시험관은 시험지와 답안지를 체크하고 말한다:

> 시험을 여기서 마치겠습니다. 감사합니다.

유형을 확실히 익혀보자!

# 실전모의시험

学海无涯苦作舟。

학문의 세계는 끝이 없어서

애써 정진해야 된다.

# 新 汉 语 水 平 考 试 题

## HSK（五级）模拟试题（1）

### 注　　意

一、HSK（五级）分三部分：

1. 听力（45题，约30分钟)

2. 阅读（45题，40分钟)

3. 书写（10题，40分钟）

二、答案先写在试卷上，最后10分钟再写在答题卡上。

三、全部考试约125分钟（含考生填写个人信息时间5分钟）

# 一、听 力

## 第 一 部 分

第1－20题: 请选出正确答案。

1.　A　6点他能来
　　B　他要去中国
　　C　6点有点儿晚
　　D　6点有点儿早

2.　A　伤心
　　B　高兴
　　C　遗憾
　　D　担心

3.　A　给2%
　　B　给3%
　　C　给5%
　　D　不给佣金

4.　A　这个星期
　　B　一个星期以后
　　C　两个星期以后
　　D　一个月以后

5.　A　有病了
　　B　今天休息
　　C　昨晚没睡好
　　D　不想去上班

6.　A　分手了
　　B　吵架了
　　C　和解了
　　D　男的生气了

7.　A　不想成功
　　B　很受感动
　　C　电影没意思
　　D　想看那部电影

8.　A　积极
　　B　主动
　　C　犹豫
　　D　拒绝

9.　A　很帅
　　B　很聪明
　　C　身体不好
　　D　最近睡眠很好

10.　A　明天举行
　　B　由李艳主持
　　C　来的人很多
　　D　两个人主持

11.　A　他们在照相
　　B　他们在吃饭
　　C　女的生气了
　　D　他们在聊天儿

12.　A　在旅游
　　B　在买东西
　　C　是老同学
　　D　是同一个系的

13. A 正月十五
    B 四月五号
    C 五月五号
    D 八月十五号

14. A 银行
    B 商店
    C 饭店
    D 汽车站

15. A 外国
    B 补习班
    C 参观学习
    D 寄宿学校

16. A 过期了
    B 剩的不多了
    C 正在做广告
    D 正在搞促销活动

17. A 效益不如去年
    B 不会发奖金的
    C 可能会发奖金
    D 公司效益一直不好

18. A 住的
    B 吃的
    C 导游
    D 天气

19. A 商店服务员
    B 饭店服务员
    C 火车站售票员
    D 游乐园售票员

20. A 早上
    B 上午
    C 中午
    D 下午

# 第 二 部 分

第21－45题: 请选出正确答案。

21. A 他们在中国
    B 他们在办公室
    C 他们在图书馆
    D 男的想去中国

22. A 女的喜欢冬天
    B 女的喜欢春天
    C 今年冬天不冷
    D 今天是她的生日

23. A 是学生
    B 是老师
    C 眼睛肿了
    D 经常睡不着觉

24. A 男的
    B 小王
    C 张老师
    D 德国朋友

25. A 痴呆症
    B 忧郁症
    C 心脏病
    D 高血压

26. A 开会
    B 开晚会
    C 开董事会
    D 客户要来参观

27. A 自己洗衣服
    B 喜欢养宠物狗
    C 每天洗一次澡
    D 住在这儿三年了

28. A 演奏会
    B 周杰伦
    C 网上购物
    D 周杰伦演唱会

29. A 戒烟
    B 戒酒
    C 做饭
    D 擦地

30. A 饭做好了
    B 饭还没做好
    C 孩子不想吃饭
    D 孩子喜欢吃面包

31. A 出去玩儿
    B 去公园儿
    C 在家玩儿
    D 去看熊猫

32. A 这个周六
    B 下个周六
    C 这个月
    D 下个月

33. A 合作伙伴
   B 老板和秘书
   C 游客和导游
   D 客人和服务员

34. A 天气好
   B 服务好
   C 运气好
   D 合作愉快

35. A 埋了
   B 洗干净了
   C 给它吃的
   D 送给朋友了

36. A 很生气
   B 很高兴
   C 很伤心
   D 觉得奇怪

37. A 天津
   B 大连
   C 上海
   D 北京

38. A 今天有雨
   B 明天有雾
   C 周末将降温
   D 现在是夏天

39. A 给狼吃的
   B 给狼治疗伤口
   C 替狼打死了老虎
   D 把狼装进口袋里

40. A 我要吃你
   B 你想要什么?
   C 谢谢东郭先生
   D 我们一起生活吧

41. A 把狼打死了
   B 让狼赔不是
   C 批评了狼一顿
   D 让狼替农夫干活儿

42. A 非常糊涂
   B 非常聪明
   C 十分理智
   D 非常虚伪

43. A 朋友
   B 调查
   C 年轻夫妇
   D 他的旧情人

44. A 婚姻介绍
   B 拍婚纱照
   C 寄存爱情信物
   D 为情人开账户

45. A 十块钱
   B 一百块钱
   C 一千块钱
   D 一万块钱

# 二、阅 读

## 第 一 部 分

第46-60题：请选出正确答案。

46-48.

　　在一个拍卖会上，最后拍卖的是一张非常古老的邮票，全世界只有两张。经过一番__46__的竞价，最后落入郭楠的手中。他走上前台，__47__起那张邮票，得意的向台下的观众展示，大家既羡慕又嫉妒。这时郭楠拿出打火机，当着众人的面把邮票给烧了。大家都很__48__。郭楠笑着拿出一张一模一样的邮票说："刚才拍卖的那张邮票，在全世界只有两张，一张值500万美元，现在被我烧掉了一张，所以只剩这一张了，你们说，这张价值多少？"

46．　A 激烈　　　　B 激动　　　　C 紧张　　　　D 精彩
47．　A 搬　　　　　B 看　　　　　C 举　　　　　D 卖
48．　A 吃惊　　　　B 兴奋　　　　C 沉默　　　　D 高兴

49-52.

　　孟子很小的时候，父亲就去世了，母亲没有再结婚。母亲带着孟子住在墓地旁边，孟子就和邻居的小孩儿一起玩起办丧事的游戏。孟子的妈妈看到以后非常__49__，她说："不行！我不能让我的孩子住在这里！"
　　孟子的妈妈就带着孟子搬到集市，靠近杀猪的地方去住。到了集市，孟子又和邻居的小孩儿，学起__50__做生意和杀猪的样子。孟子的妈妈知道了，又皱起眉头，说："这个地方也不__51__我的孩子居住！"
　　于是，他们又搬家了。这一次，他们搬到了学堂附近。孟子开始变得有礼貌，喜欢读书了。这时候，孟子的妈妈才满意地点着头说："这才是我儿子__52__！"
　　后来，大家用"孟母三迁"来表示人应该接近好的人、事、物，才能学到好的东西。

49．　A 生气　　　　B 小气　　　　C 兴奋　　　　D 严格
50．　A 领导　　　　B 老师　　　　C 老板　　　　D 农民
51．　A 适合　　　　B 应该　　　　C 可以　　　　D 可能
52．　A 应该说的话　　B 要交的朋友　　C 搬了三次家　　D 应该住的地方

53-56.

　　三只小猪为了躲避狼的追赶，分别建造了草屋、木屋和砖屋三个　53　。可是有一天，狼　54　了草屋、木屋和砖屋，三只小猪吓得拼命地跑，但还是被狼追上了。小猪绝望地说："你太没有良心了，不仅弄坏了我们的房子，而且还要吃掉我们。我们这么弱小，也打不过你，你随便处置我们好了。"这时，狼大笑着说："快　55　我小红帽在哪里！"原来　56　。

53．　A 小屋　　　　　B 小猪　　　　　C 孩子　　　　　D 东西
54．　A 打扫　　　　　B 盖好　　　　　C 弄坏　　　　　D 弄好
55．　A 通知　　　　　B 知道　　　　　C 告诉　　　　　D 重视
56．　A 小猪被狼吃了　B 狼要找小红帽　C 小猪跑不过狼　D 狼没弄坏草屋


57-60.

　　　57　统计，目前在世界上经常参加足球比赛的球队约80万支，登记注册的运动员约4000万人，其中职业运动员约10万人。一场　58　的足球比赛，吸引着成千上万的观众，它已成为电视节目中的重要内容，有关足球的消息，常登在世界各大报纸的头版头条上。足球运动适合各个年龄段的人们，　59　，当今足球运动已　60　人们生活中不可缺少的一部分。

57．　A 据　　　　　　B 靠　　　　　　C 看　　　　　　D 能
58．　A 豪华　　　　　B 糟糕　　　　　C 精彩　　　　　D 漂亮
59．　A 大家都不喜欢足球　　　　　B 它不受场地的限制
　　　C 它受很多条件的限制　　　　D 它是非常激烈的运动
60．　A 成为　　　　　B 发展　　　　　C 担任　　　　　D 属于

## 第 二 部 分

第61-70题：请选出与试题内容一致的一项。

61. 我们学校每年秋天都会举行运动会，秋天气候凉爽，是举行运动会的最好季节。今年的运动会将在这周五举行，我将参加100米短跑比赛，去年我夺得了亚军，希望今年能取得更好的成绩。

   A 今年我想得冠军
   B 去年我得了第一名
   C 运动会在下周五举行
   D 今年我不能参加比赛了

62. 汽车是人们生活中必不可少的一种交通工具，它给我们的生活带来了很多方便，但同时也严重污染了环境。近几年政府和汽车制造商已经意识到了这一问题的严重性，纷纷研发新型环保汽车，改进汽车技术，以此减少环境污染。

   A 汽车将被淘汰
   B 新型环保汽车可以减少污染
   C 政府已经解决了环境污染问题
   D 工厂排放的污水造成了环境污染

63. 日前，一项调查显示，随着城市居民收入不断提高，赡养父母、孝敬老人的方式越来越多样化了。从为父母买吃穿用的物品，发展到送保健品、送父母去旅游了。从这里我们可以看出，人们孝敬父母的方式越来越注重健康和时尚了。

   A 现在老年人喜欢旅游
   B 过去人们不孝敬老人
   C 现在人们的生活水平不太高
   D 人们孝敬父母的方式改变了

64. 老年人一般喜欢早上六点钟去锻炼身体，他们认为这样可以呼吸到新鲜的空气，有助于身心健康。但由于早上六点钟时空气中的有害物质还没有消散，所以专家主张老年人应该在十点以后进行锻炼。

    A 六点以前空气清新
    B 老年人喜欢在十点锻炼
    C 专家建议十点以后锻炼
    D 早上去锻炼能使身体更加健康

65. 因为养孔雀她多次被邻居举报，不仅辞去了设计师的工作，还欠了数十万元的债。如今为了扶持她养孔雀，政府给建了4000平方米的养殖场，27户村民加入了她的合作社，她的目标是带领50户村民共同致富；目前她养殖的孔雀已由最初的6只，变成了近千只。

    A 她为了还债养孔雀
    B 因为辞去工作她欠债十万
    C 为了养孔雀，她卖了房子
    D 为了养孔雀政府给她建了养殖场

66. 各地区的地理、气候、文化风俗直接影响着各地区的建筑风格。中国北方的建筑讲究对称，宏伟壮观；而中国南方的建筑则追求婉转曲折，细腻精巧。二者形成了鲜明的对照，这充分体现了两地人的性格特征。

    A 气候影响人的性格
    B 北方建筑都是圆的
    C 南北方建筑差别显著
    D 南方人和北方人性格一样

67. 随着网络的普及，手机支付市场发展迅速，银行及各大通信公司都纷纷加快了拓宽手机业务的步伐。最新数据显示，2009年中国手机支付市场规模已达到19.74亿元，用户规模达到8250万人。预计到2010年我国手机支付市场规模将达到28.45亿元，手机支付用户总数将突破1.5亿人。

    A 手机用户逐渐在减少
    B 手机市场发展非常缓慢
    C 手机用户总数已达到1.5亿人
    D 2010年手机支付市场规模将扩大

68. 庙会是我国的传统节日，早期庙会只是一种祭祀活动，但随着经济的发展和人们交流的增多，逐渐加进了集市交易活动和娱乐活动。这样一来人们在逛庙会的时候，不仅可以烧香拜佛，还可以购物，并欣赏到一些娱乐节目。

    A 庙会在早上举行
    B 大家不喜欢逛庙会
    C 现在庙会上有娱乐活动
    D 每年春节的时候一定要祭祀

69. 由于受到金融危机的影响，很多人都失业了，这给刚刚毕业的大学生造成了很大的压力。由于他们刚走出校门，又没有社会经验，很难找到工作。因此这些没有经济来源的大学生，在毕业之后仍然依赖父母，跟父母要零用钱。在中国，管这种人叫"吃闲饭的"。

    A 现在找工作很容易
    B 大学生都能找到工作
    C 大学生要给父母零用钱
    D 金融危机使很多人失去了工作

70. 一个人在高山的鹰巢里，抓到了一只小鹰，他把小鹰带回家，养在鸡笼里。这只小鹰每天和鸡吃住在一起，它以为自己是一只鸡。这只鹰渐渐长大，主人想把它训练成猎鹰，可是这只鹰由于整天和鸡混在一起，它已经变得和鸡完全一样，根本没有飞的欲望了。主人试了各种办法，但都没有效果，最后把它带到山顶上，一把将它扔了出去。这只鹰像块石头似的，直跌下去，慌乱之中它拼命地扑打翅膀，就这样，它终于飞了起来！

    A 这只小鹰是鸡
    B 主人想把它吃了
    C 鹰最终飞起来了
    D 这只鹰最后变成了石头

# 第 三 部 分

第71-90题：请选出正确答案。

**71-73.**

有个老人在河边钓鱼，一个小孩儿走过去看他钓鱼，老人技术高超，所以没多久就钓上了很多鱼，老人见小孩儿很可爱，就要把钓到的鱼都送给他，小孩儿摇摇头，老人惊异的问道："你为什么不要？"小孩儿说："这些鱼没多久就吃完了，要是我有鱼竿，我就可以自己钓，那我的鱼一辈子也吃不完。"

你也许会说：好聪明的小孩儿。错了，如果他只有鱼竿，那他一条鱼也吃不到。因为，钓鱼重要的不在鱼竿，如果不懂钓鱼的技巧，光有鱼竿是没用的。现在，在社会上有很多人认为自己拥有了人生道路上的鱼竿，再也无须恐惧路上的风雨，因此，难免会跌倒于泥泞的地上。就如小孩儿看老人，以为只要有鱼竿就有吃不完的鱼，像职员看老板，以为只要当上老板，就可以发大财。要想成功一定要有自己独特的经营方式和技术。

71. 小孩儿为什么不要老人的鱼？
    A  他不会钓鱼　　　　　　　　　B  他想要鱼竿
    C  他不喜欢吃鱼　　　　　　　　D  他家有很多鱼

72. 作者认为怎样才能钓到鱼？
    A  只要有钱就行　　　　　　　　B  只要有鱼竿就行
    C  有鱼竿和钓鱼技术　　　　　　D  拥有人生道路上的鱼竿

73. 作者认为成功的人：
    A  都坐在办公室里　　　　　　　B  经常会跌倒在地上
    C  有很多职员和财富　　　　　　D  有自己的经营方式和技术

74-77.

　　故事发生在美国的一所大学。快下课时，教授对同学们说："我和大家做个游戏，谁愿意配合我一下？"一名女生走上讲台。教授说："请在黑板上写一下你难以忘记的十个人的名字。"女生照做了。有她的邻居、朋友、亲人等等。教授说："请你划掉一个你认为最不重要的人。"女生划掉了她邻居的名字。教授又说："请你再划掉一个。"女生又划掉了她的朋友。……最后，黑板上只剩下她的父母、丈夫和孩子。教授平静的说："请再划掉一个。"女生艰难的做着选择……她划掉了父母的名字。"请再划掉一个。"她惊呆了，**哆哆嗦嗦**地举起粉笔划掉了儿子的名字。

　　教授问道："和你最亲的人应该是你的父母和你的孩子，而丈夫是可以重新再找的，为什么丈夫反倒是你最难割舍的人呢？"女生平静而又缓慢地说："随着时间的流逝，父母会先我而去，孩子长大成人后肯定也会离我而去，真正陪伴我度过一生的只有我丈夫。其实，生活就像洋葱，一片一片地剥开，总有一片会让我们流泪的。"

74. 教授的游戏是：
    A 在黑板上画画　　　　　　　B 给难以忘记的人写信
    C 跟女生的邻居和亲人通电话　D 写出难忘的人的名字，然后划掉

75. 第一段中画线词语"哆哆嗦嗦"最可能是什么意思？
    A 身体虚弱　　　　　　　　　B 心情激动
    C 非常生气　　　　　　　　　D 紧张得发抖

76. 关于女生划掉孩子的名字，下列哪项正确？
    A 孩子可以再生　　　　　　　B 她不喜欢孩子
    C 孩子长大后会离开　　　　　D 孩子将来不会养她

77. 女生到最后也没有划掉她丈夫的名字，其原因在哪里？
    A 丈夫会养她　　　　　　　　B 丈夫将陪伴她一生
    C 孩子是最难割舍的人　　　　D 父母永远不会离她而去

78-82.

图德跟他的朋友一起从家里偷了一些水果和奶制品，跑到野外去玩。那时还没有保存食物的方法，看着吃剩下的食物在阳光下烂掉，他们却没有一点办法。

一次，他们沿着冰封的湖畔散步，图德突然说："还记得咱们从家里偷东西出来吃的事吗？"他的朋友说："当然记得，可惜剩下的食物都烂掉了！"图德指着湖面问："看见那些冰了吗？ 这里的冬天到处是冰，为什么不把这些冰运到炎热的加勒比海的一些港口去卖呢？" 他的朋友嘲笑他说："别傻了，冰到了那里早化成水了！"

几年后，21岁的图德再次找到当年的朋友，想让他和自己一起做冰的买卖，可朋友再次拒绝了他，并劝他别异想天开。

后来，图德在别人的资助下， 花费1万美元，将130吨冰用船运往马堤尼克岛。此后，图德的生意越做越大，最后成为了世界冰王和亿万富翁。图德的做法给科学家们以启发，终于引出了冰箱的问世。当年那个朋友却依然过着普通的生活，他没想到，那些被他忽视的冰会成就一个人的梦想。

78．根据上文，可以知道图德：

A 喜欢观察和思考　　　　　　　B 经常跑到野外去玩

C 经常吃烂掉的食物　　　　　　D 喜欢沿着冰封的湖畔散步

79．图德看到冰后想到：

A 把冰化成水　　　　　　　　　B 和朋友一起拿冰玩

C 去加勒比海的港口玩　　　　　D 把冰运到热带去销售

80．图德的朋友拒绝和他一起做生意，是因为：

A 他不喜欢做生意　　　　　　　B 他认为图德不会做生意

C 他认为图德的想法很好　　　　D 他认为图德的想法不现实

81．图德成为亿万富翁的真正原因是：

A 异想天开　　　　　　　　　　B 别人的资助

C 朋友的启发　　　　　　　　　D 敢于创新，并会抓住机遇

82．为什么图德的朋友没有成功？

A 没有资金　　　　　　　　　　B 不会做生意

C 没有抓住机会　　　　　　　　D 不如图德聪明

83-86.

《论语》流传2500多年，影响了世世代代的中国人，它的经典语句，很多中国人都能倒背如流。《论语》的真谛，就是告诉大家，怎样才能过上人们所向往的那种快乐的生活。为帮助人们真正理解《论语》的哲理性，于丹教授针对21世纪人类面临的心灵困惑，运用女性特有的细腻情感，从中国人的宇宙观、心灵观、处世之道、交友之道、人格修养之道、理想和人生观等七个方面解读了《论语》。

于丹是北京师范大学的教授，2006年在中央电视台十一黄金假日的百家讲坛节目中，她连续七天为广大观众解读《论语》，受到了观众的热烈欢迎。短短7天，她迅速成为一颗明星，受到了大众的喜爱和追捧。此外，《于丹<论语>心得》在全国创下了销量第一的记录。她用百姓喜闻乐见的方式解读《论语》，是她的书走红的重要原因。

但也有人对于丹持否定的态度，有些学者认为于丹把《论语》庸俗化、简单化了。一时间各种评论充斥媒体，形成众说纷纭、各抒己见的热闹局面，人们称之为"于丹现象"。"于丹现象"出现在当今社会，并非偶然。在中国经济崛起而文化相对滞后的当前，人们开始回归传统文化，进而掀起了寻根和学习传统文化的热潮。

83. 根据上文，《论语》是：
   A 中国人的宇宙　　　　　　　　　B 大家都不喜爱读的书
   C 有关女性情感的一本书　　　　　D 影响中国人生活的一部书

84. 关于《于丹<论语>心得》，下列正确的是：
   A 销量不太大　　　　　　　　　　B 主要写的是于丹
   C 与《论语》内容类似　　　　　　D 是深受人们喜爱的一本书

85. 为什么会出现"于丹现象"？
   A 于丹的讲座是免费的　　　　　　B 于丹是很有权威的教授
   C 人们的生活水平提高了　　　　　D 人们开始回归传统文化

86. 上文主要谈的是：
   A 《论语》　　　　　　　　　　　B 于丹和她的书
   C "十一"黄金假日　　　　　　　D 百家讲坛的讲座

87-90.

　　人生就像是一次旅行。我们总是忙于奔赴目的地，<u>却往往忽略了路边的风景。</u>

　　生命的列车行驶着，春天鲜花盛开，秋天果实累累……。遗憾的是，我们一直在追求完美和成功，不懂得欣赏和享受。真的很遗憾，这段路，就非得走过去吗？就不能一路欣赏着过去吗？我们年轻时，为了眼前的东西，错过了很多欣赏和享受的机会，现在，我只想看看远处的风景。

　　也许随着年龄的增长，我们会越来越无暇去寻求生活中的惊奇和美丽，而只在乎地位、财富和权力。大多数的人为了不落人后，花掉了自己大部分的时间与精力。他们已经没有什么闲情逸致来欣赏路边的风景了，他们只是马不停蹄地奔赴目的地。等到他们到达目的地时，却发现最美好的东西，已经被自己错过了。

　　我们为什么要一生忙于追求名利，而错过人生旅途中的美景呢？其实，现代人不必活得那么累，为什么不给自己留一点时间来欣赏一下美好的风景呢？人生旅途中的所有东西，不会因你的担忧而不失去，如果你用心去欣赏，也会有属于你的灿烂风景。

87.　人生的遗憾是什么？

　　　A　花钱坐豪华游艇　　　　　　B　年轻时不去旅行

　　　C　看不到美丽的风景　　　　　D　不断追求而不会享受

88.　随着年龄的增长，人们热衷于什么事情？

　　　A　去旅游　　　　　　　　　　B　坐火车旅行

　　　C　欣赏车窗外的美景　　　　　D　追逐地位、财富和权力

89.　人们为什么会错过人生旅途中的美丽风景？

　　　A　风景不美丽　　　　　　　　B　忙于追求名利

　　　C　经常坐车旅行　　　　　　　D　年龄不断增长

90.　第一段中"却往往忽略了路边的风景"的意思是：

　　　A　路边的风景不太美　　　　　B　忘了看路边的风景

　　　C　不懂得欣赏和享受　　　　　D　没时间看路边的风景

# 三、书　写

## 第　一　部　分

第91-98题：完成句子。

例如：　表达　　　　　这篇论文　　　什么时候　　是　　的

　　　　<u>这篇论文是什么时候发表的。</u>


91.　大哭　　　突然　　　起来　　　孩子

92.　心情　　　运动　　　可以　　　调节　　　抑郁的

93.　理想　　　考试　　　成绩　　　很

94.　严格的　　　小李　　　训练　　　受过

95.　打　　　玻璃　　　被　　　了　　　碎

96.　汉语　　　非常　　　他的　　　说得　　　地道

97.　严重　　　危机　　　农业　　　面临　　　我国

98.　下午　　　资料　　　一下　　　得　　　复印　　　把

# 第 二 部 分

第99-100题：写短文。

99. 请结合下列词语(要全部使用)，写一篇80字左右的短文。

　　昨天上午、吃、游乐园、人、热闹

100. 请结合这张图片写一篇80字左右的短文。

# 新 汉 语 水 平 考 试 题

# HSK（五级）模拟试题（2）

## 注　意

一、HSK（五级）分三部分：

   1.听力（45题，约30分钟)

   2.阅读（45题，40分钟)

   3.书写（10题，40分钟）

二、答案先写在试卷上，最后10分钟再写在答题卡上。

三、全部考试约125分钟（含考生填写个人信息时间5分钟）

# 一、听　力

## 第 一 部 分

第1－20题: 请选出正确答案。

1.　A　他可能会晚
　　B　他不会去的
　　C　他一定会早到
　　D　他不会提前到

2.　A　平静
　　B　孤独
　　C　愉快
　　D　难过

3.　A　一次付清
　　B　用美元支付
　　C　可以分期付款
　　D　用人民币支付

4.　A　今年春天
　　B　今年秋天
　　C　明年
　　D　两三年以后

5.　A　要出差
　　B　去会餐
　　C　去开会
　　D　不能去接孩子

6.　A　坐地铁
　　B　坐出租车
　　C　骑自行车
　　D　坐公共汽车

7.　A　喜欢看散文
　　B　看原著更好
　　C　原著没意思
　　D　看原著太难

8.　A　不想结婚
　　B　身体不好
　　C　快要结婚了
　　D　喜欢买东西

9.　A　买U盘
　　B　修U盘
　　C　买电脑
　　D　修电脑

10.　A　一点开始
　　 B　已经结束了
　　 C　还没准备好
　　 D　已经准备好了

11.　A　演唱会
　　 B　足球赛
　　 C　篮球赛
　　 D　演讲比赛

12.　A　婚纱店
　　 B　咖啡厅
　　 C　照相馆
　　 D　汽车里

13. A 经理的生日
    B 三八妇女节
    C 五一劳动节
    D 十一国庆节

14. A 男的很高
    B 男的感冒了
    C 女的生气了
    D 女的去旅游了

15. A 阳光太强
    B 眼睛受伤了
    C 看上去很酷
    D 视力不太好

16. A 做饭
    B 买西药
    C 熬中药
    D 看中医

17. A 过两天
    B 过几天
    C 还不清楚
    D 一个星期以后

18. A 坏了
    B 得先交钱
    C 只能打内线
    D 拨打的方法不对

19. A 老师
    B 牙科大夫
    C 眼科大夫
    D 配眼镜的

20. A 早上
    B 中午
    C 下午
    D 晚上

第21－45题: 请选出正确答案。

21. A 要出国
    B 要办护照
    C 要办签证
    D 他儿子要出国

22. A 开车
    B 坐地铁
    C 骑自行车
    D 坐出租车

23. A 妈妈病了
    B 觉得倒霉
    C 博士毕业了
    D 不念博士了

24. A 有病了
    B 很后悔
    C 拿到驾照了
    D 开始运动了

25. A 旅游
    B 散步
    C 登山
    D 画画儿

26. A 打车
    B 救火
    C 摄影
    D 去采访

27. A 会滑雪
    B 喜欢照相
    C 没见过雪景
    D 在北京念大学

28. A 女的想辞职
    B 男的当爸爸了
    C 女的想要女儿
    D 男的有个儿子

29. A 在买鞋
    B 在卖鞋
    C 要退鞋
    D 要开发票

30. A 坏了
    B 门没坏
    C 被锁上了
    D 正在修理

31. A 没有时间
    B 学费太贵
    C 不感兴趣
    D 老师说他了

32. A 是老师
    B 让儿子学习
    C 让儿子出国
    D 答应儿子踢足球

33. A 酒店
   B 会议室
   C 公司里
   D 展销会会场

34. A 男的
   B 展销会
   C 化妆品
   D 丝绸产品

35. A 给她钱
   B 写情书
   C 拜托朋友
   D 给她买戒指

36. A 还情书
   B 出去玩儿
   C 拒绝男的
   D 还100块钱

37. A 播放歌曲
   B 出售房屋
   C 经济信息
   D 寻找失去联系的人

38. A 是女的
   B 是男的
   C 住在国外
   D 住在北京

39. A 勤快的人
   B 聪明的人
   C 善良的人
   D 糊涂的人

40. A 有病了
   B 没有力气
   C 搬到了城里
   D 等兔子撞死

41. A 勤快的人
   B 理智的人
   C 会生活的人
   D 好吃懒做的人

42. A 卖掉了
   B 荒芜了
   C 更肥沃了
   D 交给别人来管理了

43. A 应该保护
   B 非常赞赏
   C 是广告的作用
   D 是营销的产物

44. A 非常干净
   B 非常现代化
   C 实现了自动化
   D 有10台机器人

45. A 缺乏资金
   B 缺乏人才
   C 营销跟不上
   D 产品质量差

# 二、阅读

## 第 一 部 分

第46－60题：请选出正确答案。

46－48.

　　一个年轻人兴高采烈地向他的老师讲述自己的出游经历：“最近，我在喜马拉雅山遇见一位老人，他能预测未来。先生，您也懂这个吗？我真想学。”

　　“当然都懂啦！”老师 __46__ 地说，“真正难懂的学问不是这个。”“那是什么？”年轻人不 __47__ ，“先生，还有比未卜先知更高深的学问吗？”

　　“天上飞的鸟儿，深山中的树林，人们 __48__ 眼就能见到，但你看得见自己的睫毛吗？它可是就在你的眼前啊！所以，我要教给弟子的，不是让他们预见朦胧的未来，而是要看清鲜活的现在。”

46. A 奇怪　　　　 B 平静　　　　 C 冷静　　　　 D 痛苦
47. A 理解　　　　 B 相信　　　　 C 研究　　　　 D 承认
48. A 看　　　　　 B 瞪　　　　　 C 睁　　　　　 D 开

49－52.

　　曾子是孔子的弟子。有一天，曾子的妻子要到城里去，小儿子哭着也要一起去。她 __49__ 儿子说：“你在家里等着，回来以后我杀猪给你吃。”

　　妻子回到家以后，看见曾子真的要杀猪，急忙阻拦说：“我不过是和孩子说着玩儿的，你何必当真呢？”

　　曾子说：“跟小孩子是不能开这种 __50__ 的，孩子年纪小，处处模仿父母，今天你骗了孩子，就是教他骗人。做母亲的欺骗自己的孩子，那孩子就不会相信自己的母亲了。这不是教育孩子的好办法！”曾子的妻子觉得他的话很有 __51__ ，于是帮曾子杀了那头猪，__52__ 。

49. A 哄　　　　　 B 教　　　　　 C 打　　　　　 D 笑
50. A 消息　　　　 B 故事　　　　 C 笑话　　　　 D 玩笑
51. A 理由　　　　 B 道理　　　　 C 根据　　　　 D 事实
52. A 买了很多小猪　　　　　　　　 B 煮了肉给孩子吃
　　 C 拿到集市上卖了　　　　　　　 D 煮了鸡蛋给孩子吃

53-56.

　　今天的新闻，说到某地一条流浪狗每天在街头帮一个乞丐捡矿泉水瓶子，令 __53__ 惊叹。据悉，这条狗是被原主人遗弃的流浪狗，在去年冬天某个寒冷的夜晚，这条狗 __54__ 被冻死，是乞丐把他抱进自己的屋里，给它食物救活了它，__55__，它每天帮助主人捡矿泉水瓶子。这条狗被人们称赞为懂得感恩的狗。但其实，狗没有社会意识，也不懂得感恩，它帮助主人只不过是尽到它 __56__ 狗的本分罢了。

| 53. | A | 报纸 | B | 东西 | C | 路人 | D | 新闻 |
|-----|---|------|---|------|---|------|---|------|
| 54. | A | 差点儿 | B | 也许 | C | 好像 | D | 逐渐 |

55. A　狗冻死了　　　　　　　　　　B　从此狗不再流浪了
　　 C　后来狗离家出走了　　　　　　D　狗被原来的主人带走了

| 56. | A | 成为 | B | 属于 | C | 作为 | D | 具有 |
|-----|---|------|---|------|---|------|---|------|


57-60.

　　汽车已经 __57__ 我们现代生活中不可缺少的交通工具。司机在路上开车时要 __58__ 交通规则，要看交通信号灯。但我们大家可能都没有想过交通信号灯为什么是由红、黄、绿三种颜色组成的。那是因为即使是在天气 __59__ 的情况下，红色光也能被我们发现，从而减少 __60__。而且通常在我们生活中，常以红色代表危险，黄色代表警觉，绿色代表安全。

| 57. | A | 成为 | B | 成长 | C | 开始 | D | 形成 |
|-----|---|------|---|------|---|------|---|------|
| 58. | A | 等待 | B | 遵守 | C | 坚持 | D | 守约 |
| 59. | A | 清晰 | B | 美丽 | C | 干净 | D | 糟糕 |

60. A　汽车的数量　　　　　　　　　B　阳光的刺激
　　 C　生活中的麻烦　　　　　　　　D　交通事故的发生

## 第 二 部 分

第61－70题：请选出与试题内容一致的一项。

61. 王刚唱歌很好听，每年他都参加学校的歌唱比赛，去年他夺得了全校第一
    名。今年的比赛将在这周日上午举行，王刚已经做好了准备，他信心十
    足，但在这节骨眼儿上，他却突然得了病，所以不能参加今年的比赛了。

    A 王刚不爱唱歌
    B 王刚今年得了第一
    C 王刚对比赛没信心
    D 王刚因生病不能参加比赛了

62. 以前兰州有"太阳和月亮一个样，晴天和阴天一个样"的说法。为什么会
    这样呢？因为兰州的大气污染非常严重，造成兰州大气严重污染的首要原
    因，在于兰州特殊的地理条件。兰州市区地处四面环山的河谷盆地，形状
    就像一口大"锅"。

    A 兰州没有阴天
    B 兰州看不到太阳
    C 兰州污染不太严重
    D 兰州的地形像一口大锅

63. 科学家通过对一千多名儿童进行研究后发现，小孩子每天看电视的时间每
    增加1小时，注意力不集中的可能性就增加10％。专家说，2到3岁这段时
    间是幼儿大脑发育最快的时期，如果他们经常被电视画面所迷住的话，就
    会影响到大脑的正常发育。

    A 幼儿看电视时注意力不集中
    B 看电视影响幼儿大脑的发育
    C 儿童每天只能看1小时电视
    D 看电视不影响孩子的注意力

64. 网络广告是Google最主要的收入来源，其中有12%来自于AOL。由此看出，AOL在Google的网络广告中扮演着十分重要的角色。作为当前最成功的网络广告公司，Google必然不会希望将其最大的客户让给他最主要的竞争对手，因此Google想尽各种办法来维持与AOL的合作关系。

A AOL是一种战略
B Google将不会和AOL合作
C AOL是Google的主要竞争对手
D AOL是Google的主要合作伙伴

65. 最近有位英国作家雷尼森写了一本《福尔摩斯外传》，试图解答关于福尔摩斯的种种疑问。根据他的研究，福尔摩斯一八五四年六月十七日生于离约克郡十二英里的地方，死于一九二九年；他曾在剑桥大学读书，但没有获得学位。当然这些都只是雷尼森的猜测。

A 福尔摩斯毕业于剑桥大学
B 雷尼森解答了关于福尔摩斯的疑问
C 目前并不清楚福尔摩斯生于何时、何地
D 雷尼森对于福尔摩斯的猜测已被学界所接受

66. 母亲节前一天，某电视台以抽样方式采访了100位没有和子女一起生活的母亲。她们有的住在养老院，有的单独住在自己家里。当电视台主播问她们，母亲节最希望儿女们送给自己什么样的礼物时，八成以上母亲的回答是："我只希望他们能打个电话回家，说一声，'妈妈，我很平安'。"

A 母亲最大的心愿是子女平安
B 母亲希望儿女们送礼物给她们
C 八成以上的母亲没有和子女一起生活
D 没有和子女一起生活的母亲们都很孤独

67. 中国应大幅提高油价，使国内油价与国际油价接轨。当然考虑到消费者的承受能力，短期内不应该提价，但从中长期来看，就是要把国内包括石油在内的能源价格，通过加税的方式，提到甚至比国际市场还要高的水平。从长远来看，上调成品油价格有助于刺激节能技术的研究和推广。

A 应该对汽车使用者加税

B 应把油价提高到国际水平

C 不应在经济危机时提高油价

D 提高油价不必考虑消费者的承受能力


68. "双关语"是指在一定的语言环境中，利用某些词语具有多个意义和同音的条件，故意使语句有双重意义，使所说与所指并不相同的修辞方式。双关语可以使语言表达得含蓄、幽默，而且能加深语意，给人以深刻印象。

A 用双关语可以给文章增色

B 双关语形成了一定的语言环境

C 说话时应故意使其具有两种意义

D 含蓄、幽默的语言会引起人们的反感


69. 1月30日，在美国首都华盛顿国家动物园，人们冒雪与大熊猫"泰山"告别。当天，华盛顿国家动物园专门为"泰山"举行公众告别仪式，数百名"泰山"迷前来与"泰山"告别。2010年在美国出生的大熊猫"泰山"将于2月4日乘坐美国联邦快递货运飞机返回中国。

A 公众告别仪式在纽约举行

B 举行仪式那天天气非常晴朗

C 大熊猫泰山是在中国出生的

D "泰山"迷舍不得与泰山分开

70. 我很喜欢听流行歌曲，可是现在的流行歌曲我不喜欢，不是因为自己老了跟不上潮流了，也不是我不喜欢听流行歌曲了，而是现在的流行歌曲实在不好听，没有创新，歌词也不讲究。流行歌曲不动听，也就无法流行。我还是喜欢老歌，以前的流行歌曲，有强烈的时代特色，旋律优美，充满激情，能够引起人们的共鸣，有人甚至说一首歌影响一代人。

A　我只爱听爱情歌曲
B　我不喜欢听流行歌曲了
C　我不欣赏现在的流行歌曲
D　以前的流行歌曲歌词很不讲究

# 第 三 部 分

第71－90题：请选出正确答案。

71－73.

有个富豪，家里只有一个孩子，父母特别疼爱他，给他取了个名字叫宝顺。这个孩子特别爱吃饺子，每天都要吃。但他特别挑剔，只吃馅儿，不吃皮儿，吃完馅儿以后，就把皮儿扔到小河里去。

好景不长，在宝顺十六岁那年，一把大火把他的家全都给烧光了，父母也相继病逝。他身无分文，又不好意思要饭，邻居家大嫂非常好，每餐给他吃一碗面糊糊。他发奋读书，三年后考取官位回来，一定要感谢邻居大嫂。大嫂对他讲：不要感谢我。我没有给你什么，我给你的是你扔下的东西，当年我捡回你丢下的饺子皮儿，晒干后装了好几麻袋，本来是备急用的，正好你需要，就又还给你了。宝顺思考了很久很久……

人在体验失去拥有的痛苦之后，才会懂得珍惜拥有的东西。然而很多东西在失去之后，是无法再拥有的。有人说，应该珍惜那些昂贵的东西，其实不一定要这样：一束美丽的鲜花，一个会心的微笑，一句关切的问候，对于一个人这便是极其宝贵的财富，不要轻易给它们下结论抛弃它们，当哪一天你真的需要它们时，才会懂得当初拥有它们是多么幸福，所以珍惜我们现在所拥有的才是最重要的。

71．宝顺家被烧以后，宝顺是依靠什么生活的？

A 自己赚钱　　　　　　　　B 投靠亲戚

C 父母的遗产　　　　　　　D 邻居家大嫂的救济

72．大嫂给宝顺吃的是：

A 米饭　　　　　　　　　　B 饺子

C 面条儿　　　　　　　　　D 用晒干的饺子皮做的粥

73．作者想要告诉我们的是：

A 要努力学习　　　　　　　B 要懂得感恩

C 珍惜拥有的东西　　　　　D 要充分利用时间

74-77.

有一个小女孩每天都从家里走路去上学。一天早上天气不太好，到了下午风刮得很大，不一会儿就开始闪电、打雷、下大雨了。小女孩的妈妈很担心，她担心小女孩会被雷声吓着。雨下得越来越大，小女孩的妈妈急忙开着她的车，沿着上学的路线去找小女孩，远远地看到自己的小女儿一个人走在街上，却发现每次闪电时，她都停下脚步，抬头往上看，并露出笑容。妈妈问她："你在做什么啊？"小女孩说："妈妈，你看，上帝在帮我照相，所以我要笑啊！"

拥有童心，才能从身边不起眼儿的小事，甚至坏事中发现快乐。一个人长大以后，会发现自己的烦恼越来越多，而快乐却越来越少，那是因为自己深深的陷入了身边的<u>琐事</u>中，失去了童心，失去了发现快乐的本领。所以即使我们早已长大，早已不再单纯，但只要我们在生活中仍然保持一颗童心，快乐就会围绕在我们身边。

74. 小女孩的妈妈担心小女孩：

    A 去同学家            B 被雷声吓着

    C 和朋友去玩         D 消极面对人生

75. 第2段中画线词语"琐事"最可能是什么意思？

    A 好事               B 坏事

    C 大事               D 琐碎的事情

76. 关于上帝在给小女孩照相，下列哪项正确？

    A 上帝会照相         B 小女孩总喜欢拍照

    C 妈妈不让小女孩照相     D 闪电像照相时的闪光灯

77. 上文主要谈的是：

    A 要不断努力         B 要学会忍耐

    C 要保持童心         D 要关心孩子

**78-82.**

　　阿瓜读三年级，他的成绩在班级里总是倒数第一，但是阿瓜却是班级里最勤快的孩子。每天放学后，阿瓜都会主动留下来倒垃圾。阿瓜总是微笑，他并不介意同学们欺负他，让他做最脏最苦的活儿。

　　有一次，老师出了一个脑筋急转弯的问题："世界上最贵的蛋是什么蛋？"有人说是金蛋，有人说是原子弹，有人说是脸蛋…… 这时，阿瓜也举手发言，他高兴地说："是……笨蛋，因为大家都叫我笨蛋！"同学们笑了，老师却没有笑，她走过去轻轻地摸了摸阿瓜的脸蛋说："是的，你是最贵的。"

　　阿瓜的妈妈每天放学后都会骑自行车到校门口接他。有一天傍晚正下着雨，阿瓜看见一个没带伞的同学，便让妈妈顺路送这个同学回家。可是因为自行车后座儿装了一个铁篮子，无法再多载一个人。回家后，妈妈在厨房忙着做饭时，隐隐约约听到门外传来一阵奇怪的声响，出门一看，见阿瓜正在拆铁篮子……妈妈深深地叹了口气，但眼里却涌出了泪花。多么笨的孩子啊，却又是多么善良的孩子啊！

78. 阿瓜在班级里：

　　A 每天负责倒垃圾　　　　　　B 成绩总是全班第一

　　C 总是欺负别的同学　　　　　D 是一个非常聪明的孩子

79. 老师给大家出了什么类型的问题？

　　A 计算题　　　　　　　　　　B 关于学习的问题

　　C 关于鸡蛋的问题　　　　　　D 提高想象力的文字游戏

80. 老师觉得世界上最贵的蛋是：

　　A 金蛋　　　　　　　　　　　B 脸蛋

　　C 原子弹　　　　　　　　　　D 笨蛋阿瓜

81. 阿瓜为什么要妈妈载同学回家？

　　A 因为妈妈的自行车很大　　　B 因为同学帮助阿瓜学习

　　C 因为阿瓜的同学爱劳动　　　D 因为下雨天同学没带伞

82. 阿瓜的妈妈为什么涌出了泪花？

　　A 因为阿瓜很善良　　　　　　B 因为阿瓜成绩提高了

　　C 因为阿瓜帮妈妈做家务　　　D 因为阿瓜把自行车修好了

83-86.

张艺谋是中国著名电影导演，开始他是一名摄影师，但由于他对电影事业的执着追求和他独有的天赋，他成为了著名导演。1987年，他导演的第一部影片《红高粱》，展示了电影语言的独特魅力，在国内外多次获得大奖。此后几乎每年他都会带着他的电影和大家见面，有《大红灯笼高高挂》、《一个都不能少》、《我的父亲母亲》等影片。2008年张艺谋担任北京奥运会、残奥会开幕式和闭幕式的总导演，梦幻般地展示了中国文化，完美地表现了"同一个世界，同一个梦想"的主题，获得国内外一致好评。

张伟平是张艺谋的好朋友，专门投资张艺谋的电影。2002年，张伟平投资、张艺谋导演的《英雄》上座率特别高，他们两人联手创造了华语电影的票房神话。他们曾比喻对方，"一个是种萝卜的，一个是卖萝卜的。"张艺谋是一个非常勤奋的导演，在同事眼中，他是一个低调、平和的人。张艺谋说，人的潜力是无限的，一个人就像橡皮筋一样，需要不断地拉，在这个过程中挑战自己的极限，不断提高自己的能力。

83. 根据上文，《红高粱》：

    A 受到了很多批评　　　　　　B 讲的是张艺谋的故事

    C 由张艺谋担任摄影师　　　　D 是张艺谋导演的第一部电影

84. 关于《英雄》，下列正确的是：

    A 是一个神话　　　　　　　　B 是张伟平导演的

    C 是张伟平投资的　　　　　　D 是在讲卖萝卜的故事

85. 张艺谋把人比喻成"橡皮筋"，是因为：

    A 橡皮筋很耐用　　　　　　　B 人要低调、平和

    C 人的潜力是无限的　　　　　D 每个人都有橡皮筋

86. 本文主要谈的是：

    A 《英雄》　　　　　　　　　B 张艺谋和张伟平

    C 张艺谋和奥运会　　　　　　D 张艺谋和他的电影

87–90.

在一次聊天时，我的一位从事高速公路设计的朋友说，路不一定是越直越好。他说，在设计高速公路时，遇到山要打隧道，遇到水要架桥梁。虽然两点之间的直线距离最短，但并不是将整个路程都修得笔直，有时候，某段路太直了，还得人为地铺设弯路。路太直了，行驶的时间越长，潜在的危险也越大。所以那段人为设计的弯路，是非常必要的弯路。我听了，非常不解。高速公路，不就是尽最大可能将道路修得笔直，达到畅通无阻的目的吗？怎么还会人为地设置弯路呢？在我的印象中，弯路，并不招人喜欢，在弯路前面，还会竖立提示牌"前方有弯路，请小心驾驶。"有时候，在弯路上还会设路障，强制性地限制速度，从而减少交通事故的发生。朋友说，太多的弯路，肯定不宜高速行驶，而高速公路，直得像一条有始无终的射线，同样，也是不可取的。车速太快，就容易发生交通事故。所以，要在高速公路上人为地设计出一些弯路，让司机明白，高速公路不等于笔直路，也有弯路，得谨慎驾驶。这些必要的弯路，虽然增加了里程，但却保证了高速公路上的安全。

人物同理，人生何尝不是如此？一帆风顺固然令人羡慕，但走了点弯路，也不必觉得是吃了亏，因为那是必要的弯路。弯路逼着你抬起头观察前方，从而更加容易地找到通向目标的捷径。

87. 为什么路不一定是越直越好？
   A 在路上危险少　　　　　　B 路上有隧道和桥梁
   C 两点之间直线最短　　　　D 路太直潜在的危险会增大

88. 为什么要在弯路上设置路障？
   A 因为路太直　　　　　　　B 政府的要求
   C 强制人们去看路牌　　　　D 限制速度，减少事故

89. 应该怎样设计高速公路？
   A 增加路牌　　　　　　　　B 多设计路障
   C 设计很多弯路　　　　　　D 设计必要的弯路

90. 最后一段中"走了点儿弯路"的意思主要是指：
   A 都是弯路　　　　　　　　B 走了弯路
   B 非常顺利　　　　　　　　D 遇到困难和挫折

# 三、书 写

## 第 一 部 分

第91-98题：完成句子。

例如：  表达          这篇论文      什么时候      是      的

　　　　<u>这篇论文是什么时候发表的。</u>

91. 健身房      去      他      健身      偶尔会

92. 一定      开车的时候      小心      要

93. 是      春节      节日      一个      传统的

94. 给      北京      他      留下了      深刻的印象

95. 我      有时候      能      他      看到

96. 他      房间      把      已经      打扫干净了

97. 一共      东西      这些      198块钱

98. 观众的      好评      电影      赢得了      他的

# 第 二 部 分

第99–100题：写短文。

99. 请结合下列词语(要全部使用)，写一篇80字左右的短文。

   周末、狼狈、东西、面试、自信

100. 请结合这张图片写一篇80字左右的短文。

# 新 汉 语 水 平 考 试 题

# HSK（五级）模拟试题（3）

## 注　意

一、HSK（五级）分三部分：

　　1. 听力（45题，约30分钟)

　　2. 阅读（45题，40分钟)

　　3. 书写（10题，40分钟）

二、答案先写在试卷上，最后10分钟再写在答题卡上。

三、全部考试约125分钟（含考生填写个人信息时间5分钟）

# 一、听 力

## 第 一 部 分

第1-20题: 请选出正确答案。

1. A 他不想去
   B 没时间去
   C 他可能会去
   D 他不会去的

2. A 恐惧
   B 失望
   C 激动
   D 骄傲

3. A 价格要统一
   B 价格要协商
   C 得在外国卖
   D 只可以在中国卖

4. A 这个星期
   B 下个星期
   C 这个月
   D 下个月

5. A 怕路滑
   B 怕骑车
   C 不会骑车
   D 不喜欢骑车

6. A 丢了钥匙
   B 丢了钱包
   C 丢了驾照
   D 丢了信用卡

7. A 明星和观众
   B 记者和明星
   C 经理和职员
   D 邮递员和顾客

8. A 火车上
   B 地铁里
   C 汽车里
   D 大街上

9. A 为孩子
   B 为健康
   C 为省钱
   D 为女朋友

10. A 很无聊
    B 很热闹
    C 人很少
    D 没有表演

11. A 他们在骑马
    B 他们在吃饭
    C 女的不想结婚
    D 他们在参加婚礼

12. A 信教
    B 迷信
    C 不信教
    D 想去教堂

13. A 情人节
    B 她的生日
    C 孩子的生日
    D 结婚纪念日

14. A 澡堂
    B 办公室
    C 图书馆
    D 卖电话的地方

15. A 现在是夏季
    B 现在是冬季
    C 男的挣得多
    D 男的喜欢穿西装

16. A 买伞
    B 避雨
    C 找朋友
    D 找饭店

17. A 他想辞职
    B 他会升职
    C 公司会倒闭
    D 公司不会倒闭

18. A 擦地
    B 睡觉
    C 看电视剧
    D 看拳击比赛

19. A 诗人
    B 记者
    C 明星
    D 小说家

20. A 早上
    B 上午
    C 中午
    D 晚上

# 第 二 部 分

第21-45题: 请选出正确答案。

21. A 住宿
    B 见客户
    C 见朋友
    D 预定房间

22. A 女的来晚了
    B 飞机晚点了
    C 张经理没来
    D 女的想去洗手间

23. A 女的病了
    B 男的病了
    C 男的要结婚
    D 男的来看老师

24. A 高兴
    B 平静
    C 责怪
    D 满意

25. A 去医院
    B 检查身体
    C 锻炼身体
    D 早点儿回家

26. A 点菜
    B 点歌
    C 结账
    D 清点货物数量

27. A 学习好
    B 字写得好
    C 会打太极拳
    D 不听父母的话

28. A 女的想买菜
    B 男的在卖菜
    C 最近总是下雨
    D 他的孩子在念书

29. A 丢了钱包
    B 不管孩子
    C 说别人的闲话
    D 忘了给孩子买书

30. A 坏了
    B 上不了网
    C 染上病毒了
    D 设定了密码

31. A 辞职
    B 努力工作
    C 马上生孩子
    D 两年以后生孩子

32. A 结婚两年多了
    B 女的工作不忙
    C 女的工资很高
    D 男的不想要孩子

33. A 式样
   B 价格
   C 颜色
   D 质量和功能

34. A 黑、白、黄
   B 黑、白、红
   C 黑、白、紫
   D 黑、白、灰

35. A 台球
   B 气球
   C 羽毛球
   D 乒乓球

36. A 花生太硬
   B 花生太烫
   C 怕别人发现
   D 测量花生的大小

37. A 某工厂
   B 某大学
   C 中央电视台
   D 北京广播电台

38. A 招生情况
   B 获奖信息
   C 运动会消息
   D 老师的近况

39. A 赛马
   B 骑马
   C 狩猎
   D 喝酒

40. A 2比2平
   B 3比3平
   C 田忌赢了
   D 齐威王赢了

41. A 大声喊叫
   B 请拉拉队
   C 给马喂药
   D 调换出场顺序

42. A 1比1平
   B 2比2平
   C 齐威王赢了
   D 2比1田忌赢了

43. A 3场
   B 10场
   C 13场
   D 33场

44. A 赞助服装
   B 赞助场地
   C 只赞助国际比赛
   D 只赞助女子台球赛

45. A 是书
   B 是电影
   C 是讲座
   D 是电视教学片

# 二、阅 读

## 第 一 部 分

第46-60题：请选出正确答案。

46-48.

　　我们几个好朋友约好了周末一起去乡下吃农家菜，我们一行三人来到乡下时，看到一位老农把喂牛的草放到了牛棚上，不免感到 __46__ ，于是就问道："老伯，你为什么不把 __47__ 的草放在地上，让牛吃呢？"老农说："这种草草质不好，我要是放在地上，它不会吃的；但是我放到让它勉强 __48__ 得着的牛棚上，它会努力去吃，直到把草吃个精光。"

| 46. | A | 担心 | B | 吃惊 | C | 奇怪 | D | 小心 |
| 47. | A | 使用 | B | 喂牛 | C | 打扫 | D | 食用 |
| 48. | A | 拿 | B | 挂 | C | 够 | D | 到 |

49-52.

　　老子是中国古代著名的哲学家。有一天，老子的师父生病了，老子就去看他，老子问道："先生的病已经很重了，您没有什么话要 __49__ 给弟子吗？"
　　师父将口张开，指着 __50__ ，对老子说："你看，我的舌头还在吗？"
　　老子回答说："舌头还在。"
　　"我的牙齿还在吗？"
　　老子回答说："你的牙齿都掉光了，没有了。"
　　师父便对老子说："你知道其中的 __51__ 吗？"
　　老子突然明白了师父要讲什么，他回答说："我明白了，您要说的是，舌头还在，不就是因为它是柔软的吗？牙齿没有了，不就是因为它刚强的缘故吗？"
　　师父见老子领悟得如此之快，非常高兴，他对老子说道："你讲得非常对。天下的道理都在这里面，我再也没有什么 __52__ 。"

| 49. | A | 留 | B | 读 | C | 扔 | D | 卖 |
| 50. | A | 头发 | B | 口腔 | C | 眼睛 | D | 鼻子 |
| 51. | A | 道理 | B | 知识 | C | 原因 | D | 内容 |
| 52. | A | 可以相信的了 | | B | 你不知道的了 |
| | C | 伤心难过的了 | | D | 可以告诉你的了 |

53-56.

　　有一天，一片竹林失火了，火越烧越大，越烧越烈。这时，一只小鸟　53　到河边，弄湿了翅膀，然后回到火场　54　。

　　它一次又一次地取水灭火，天上的诸神看到后非常　55　，他们问它：你为什么这么做？你要知道，这些小水滴是不可能扑灭这么大的火的，这是不可能的。

　　小鸟回答说：竹林给了我许多，我非常爱它，我出生在这里，　56　，这里有我的根，就算我不能扑灭大火，我也要不断地洒下爱的水滴，直到死去。

| | | | | | | | |
|---|---|---|---|---|---|---|---|
| 53. | A | 走 | B | 游 | C | 飞 | D | 爬 |

53. A 走　　　　　B 游　　　　　C 飞　　　　　D 爬
54. A 里面　　　　B 上空　　　　C 广场　　　　D 楼梯
55. A 害怕　　　　B 责怪　　　　C 表扬　　　　D 惊讶
56. A 我要为它浇水　　　　　　　B 我也很喜欢它
　　 C 这里是我的家　　　　　　　D 滴水是灭不了火的

57-60.

　　钢琴被称为乐器之王，大概有600多年的历史，　57　古钢琴阶段和现代钢琴阶段。钢琴是源自西洋古典音乐中的一种键盘乐器，经常用于演出，也用于作曲。钢琴基本上有八十五至八十八个琴键，有两至三个踏板，弹奏者通过按下键盘上的琴键，　58　。立式钢琴价格便宜，占用　59　小，因此一般的业余爱好者都会购买这种立式钢琴。三角钢琴则用于大型演出或专业人士。随着电子技术的发展，现在还　60　了电子钢琴。

57. A 分手　　　　B 分为　　　　C 分别　　　　D 离开
58. A 到世界各地演出　　　　　　B 喜欢听别人弹奏
　　 C 和朋友排练节目　　　　　　D 弹奏出美妙的乐曲
59. A 空间　　　　B 键盘　　　　C 时间　　　　D 比重
60. A 形成　　　　B 表达　　　　C 出现　　　　D 发展

## 第 二 部 分

第61－70题：请选出与试题内容一致的一项。

61. 王林很喜欢写作，他的很多篇文章都被刊登在学校的校报上。今年学校举办了一个作文比赛，王林也参加了，他的朋友都认为他会得到第一名，比赛结果将在下周一公布。

    A  王林今年得了第一名
    B  王林参加了今年的比赛
    C  学校每年都有作文比赛
    D  王林的朋友也参加了比赛

62. 一直与人类相安无事的动物，为什么近年来身上携带的病毒会频频入侵人类的生存领域呢？那是因为人类严重破坏了动物的生存领域，再加上人们对野生动物的奇特食用嗜好，使人类与动物处于零距离的接触之中，从而导致了像口蹄疫、禽流感之类的病毒入侵到我们人类的体内。

    A  动物经常侵犯人类
    B  动物身上的病毒与人类无关
    C  人类对生物圈的破坏不太严重
    D  动物身上的病毒会传染给人类

63. 日本第一大汽车制造商丰田汽车公司宣布，因"加速失控"问题在欧洲和中国分别召回200万和7万余辆汽车，之前，丰田因同一原因召回汽车的数量累计已超过了600万辆。最近的事件可能会有损"日本制造"的形象。

    A  丰田汽车销量世界第一
    B  丰田公司这次召回600万辆车
    C  这次事件一共召回807万辆车
    D  这次事件会影响丰田汽车公司形象

64. 老年人都很注重养生和保健，但他们对高科技的产品却比较陌生，所以送给他们的礼物，一定要本着健康第一的原则。过于花哨、先进的功能对他们来说并不一定就好，简单实用的功能对他们来说反而更合适。

A 老人喜欢收礼物
B 老人喜欢漂亮的东西
C 子女总是送花哨的礼物
D 送老人礼物要以健康为原则

65. 日前，两只大熊猫从美国回到了四川老家，由于两个小宝贝在美国出生，一直听着英语长大，所以它们回到老家四川以后，听不懂四川话，也听不懂普通话。为此，动物园正在为他们招聘两名懂英语的老师。

A 大熊猫会说英语
B 大熊猫能听懂普通话
C 两只大熊猫是在四川出生的
D 聘请会说英语的老师与熊猫交流

66. 现在有一些年轻人被叫做"月光族"，"月光族"是指将每月赚的钱都用光、花光的人。一般都是年轻一代，他们的消费观念与父辈勤俭节约的消费观念截然不同，喜欢追逐时尚，只要吃得好，玩儿得开心，穿得漂亮就行。想买什么就买什么，根本不在乎钱财。

A 月光族赚得多
B 月光族的父辈都很有钱
C 月光族是指欣赏月亮的人
D 月光族对钱财不是很在意

67. 只有早餐摄取足够的热量，人才能在一整天保持一个较好的状态。早餐对学习能力的影响近年来也已得到证实。专家对1000名3-6年级小学生考试成绩的研究结果表明：吃早餐的学生比不吃早餐的学生成绩要好。而且早餐的营养成分和种类也和学习成绩有关。专家还建议早餐最好在7点和8点之间吃。

A 小学生都不爱吃早餐
B 吃早餐就一定学习好
C 早餐和学习成绩没有太大关系
D 是否吃早餐会影响到学生的成绩

68. 品咖啡有时是要用舌头的味觉去感受，而有时是享受咖啡在口里的芳香，"趁热喝"是品咖啡的必要条件。除此之外，还要看喝咖啡时的身体状况、周围的气氛等等。总之，品咖啡是一件非常微妙的事情。

A 咖啡要慢慢喝
B 喝咖啡无益于健康
C 品咖啡是一件很难的事情
D 品咖啡时会受很多因素的影响


69. 古往今来，人们提到庐山，常常把它和云雾联系在一起。苏轼的名句"不识庐山真面目"，更使人们对庐山的云雾产生了神秘感。庐山的云雾变幻莫测，它有时很薄，就像是一层纱一样，薄薄地遮住了美丽的风景；有时又会很厚，好像是给庐山穿了一件很厚的衣服。

A 苏轼很喜欢庐山
B 庐山的风景不太美
C 庐山的雾有时薄有时厚
D 庐山的雾总是遮住美丽的风景


70. 一只小猴子从田地里穿过，依次经过西瓜地、玉米地和芝麻地。经过西瓜地的时候，小猴子摘下一只大西瓜抱走了。到了玉米地，小猴子扔掉西瓜，摘了几个玉米棒子。等小猴子到了芝麻地的时候，他又开始不满足于已经得到的玉米了。最后的结果是：小猴子到家的时候，手里只剩下了几粒芝麻。

A 小猴子太贪婪
B 小猴子喜欢吃芝麻
C 小猴子常去田地里玩
D 小猴子带着玉米回家了

# 第 三 部 分

第71-90题：请选出正确答案。

## 71-73.

有一个爱下象棋的国王，他常和大臣、象棋高手下棋。每次国王都赢，大家都恭维国王，说他是天下第一。

一次国王出宫，看到一个十来岁的小姑娘正和一个年轻人下象棋，那小姑娘把年轻人杀得一败涂地。国王坐下来和小姑娘对弈，结果输得很惨。国王不服输，又和小姑娘下了一盘，结果还是输了。国王这才心服口服，并且还夸小姑娘是象棋高手。小姑娘笑着说："我父亲才是高手呢，他曾经和国王对弈，只是他输给了国王。"国王问："为什么会输给国王呢？"小姑娘笑着说："父亲说，'国王高兴才能国泰民安。'他是故意输给国王的。"

国王回到宫中后想：太平盛世，其实不是我一个人的功劳，还有各种各样的人做出的让步，和众多大臣的辅佐。

71. 国王的爱好是什么？

    A 喝酒              B 射箭
    C 下象棋            D 下围棋

72. 根据本文，你觉得棋艺最高的是：

    A 国王              B 年轻人
    C 小姑娘            D 小姑娘的父亲

73. 小姑娘的父亲为什么故意输给了国王？

    A 因为父亲不会下棋        B 因为小姑娘赢了国王
    C 因为父亲希望国泰民安    D 因为国王的棋艺很高超

**74-77.**

昨晚，我做了一个梦。在梦中见到了上帝，我问他："您认为人类最奇怪的是什么？"

上帝答道："他们厌倦童年生活，急于长大，而后又渴望<u>返老还童</u>；他们用自己的健康来换取金钱，而后又用金钱来恢复健康；他们对未来充满忧虑，但却忘记了现在；于是，他们既不生活于现在，也不生活于未来。"

上帝握住我的手，沉默了片刻。

我问道："作为上帝，你有什么话要告诫我们人类吗？"

上帝笑着答道："你们应该知道，要在所爱的人身上造成创伤只要几秒钟，但是治愈创伤却要花几年的时间；你们应该学会宽恕别人；你们应该知道，金钱可以买到任何东西，但却买不到幸福；你们应该知道，我始终存在。"

我醒后，依然记得梦中的话。这些几乎都是我们生活中最简单的道理，可我们却往往对它们视而不见，似乎只有别人的提醒，我们才能豁然开朗。

74. 上帝感到最奇怪的是人们：
     A  生活在古代            B  讨厌童年生活
     C  总是自相矛盾          D  认为金钱等于健康

75. 第2段中画线词语"返老还童"是什么意思？
     A  恢复青春              B  坐车回到童年
     C  和上帝一起回到童年      D  老年时的样子和童年一样

76. 关于上帝讲述的生活经验，下列哪项正确？
     A  富有的人很多           B  金钱不是万能的
     C  拥有财富是最好的        D  治疗伤口要花费很长时间

77. 我们为什么总是要别人提醒生活中的道理？
     A  因为别人懂的多          B  因为我们没有知识
     C  因为我们的记忆力不好      D  因为我们总是视而不见

78-82.

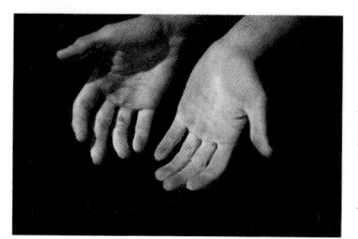

有一天上美术课，老师要求同学们画一张画。画的内容是：想要感谢的东西。

孩子们高兴地在白纸上描画起来。老师猜想这些贫穷的孩子们想要感谢的东西不会太多，可能大多数孩子会画餐桌上的烤鸭或冰淇淋等。

当娜娜交上她的画时，老师吃了一惊，她画的是一只手。

是谁的手？这种抽象的表达方法使老师疑惑不解。孩子们也纷纷猜测。一个说："这准是上帝的手。"另一个说："是农夫的手。"

老师走到又瘦又小的娜娜面前，弯下腰问她："能告诉我你画的是谁的手吗？"

"这是你的手，老师。"孩子小声答道。

老师想起来了，放学后，她常常拉着娜娜粘呼呼的小手，送这个孩子走一段。娜娜家很穷，父亲常喝酒，母亲体弱多病，没有工作，娜娜破旧的衣服总是脏兮兮的。当然，她也常拉别的孩子的手。可这只老师的手对娜娜却有非凡的意义，她要感谢这只手。

我们每个人都有要感谢的，其中不仅有物质上的给予，更有精神上的支持。对很多给予者来说，也许，这种给予是微不足道的，可它的作用却难以估计。因此，我们每个人都应尽自己的所能，给予别人帮助。

78. 老师要求画的是：
   A 感恩节
   B 老师的手
   C 餐桌上的烤鸡
   D 孩子们想要感谢的东西

79. 娜娜画的是：
   A 上帝的手
   B 老师的手
   C 农夫的手
   D 妈妈的手

80. 关于娜娜的家境，下面描述错误的是：
   A 家境贫寒
   B 父亲常喝酒
   C 母亲体弱多病
   D 有很多新衣服

81. 为什么娜娜要感谢那只手?
   A 因为那是爸爸的手
   B 因为那只手很漂亮
   C 因为那是妈妈的手
   D 因为它给了娜娜精神上的支持

82. 作者想要告诉我们的是：
   A 老师的手很漂亮
   B 感恩节要吃烤鸭
   C 餐桌上有烤鸭和冰淇淋
   D 我们要尽量给予别人帮助

83-86.

目标是一个追求的目的地，是一个努力想要得到的结果。动力和目标有什么联系呢？像是有一条路，路的终点就是你要达到的目标，而动力就是你在这条路上前进的信念。每当你遇到困难时，动力就会给你力量，帮助你战胜困难。很多人都有过这样的经历，比如，姚明。

很多人都羡慕姚明有高大的身躯，可这不见得就是好事。姚明小时候，个子就很高，当然，他的脚也特别大。父母要给他买双鞋，可能要跑遍整个城市，有时还买不到一双，因为他的脚太大了，只能定做鞋子。姚明听说进NBA有定做鞋子的"特权"。于是姚明定了一个目标——要进NBA，最初的想法只是想不必为鞋子而苦恼。姚明成功了，他成功地进入了NBA。他走过了一条"路"——达到目标的路，不容忽视的是他为达到目标所付出的努力，又是什么赐予了他动力呢？是目标，是对于目标的渴望，姚明是那一段"路"的"胜利者"。

可见动力来源于目标，目标的高低，决定了"路"的长度，也决定了动力的强度。

83. 根据上文，目标是：
   A 一段路
   B 努力追求的过程
   C 无法指定的地点
   D 最终想得到的结果

84. 关于姚明，下列正确的是：
   A 成功地进入了NBA
   B 小时候喜欢买新鞋
   C 定做的鞋子不舒服
   D 最初想进入NBA是因为父母

85. 根据上文，动力是：
   A 路的长度
   B 目标的起点
   C 前进的信念
   D 目标的终点

86. 上文主要谈的是：
   A 姚明和他的父母
   B 路的起点和终点
   C 姚明定做鞋的故事
   D 目标和动力的关系

87-90.

　　"为什么是我？为什么我总是遇到这么多的困难？为什么我还不能成功？"每当遇到挫折时，很多人都会这么抱怨。然而在人生的旅途中，又有多少人会没有一点困难呢？又有谁能不经历一点挫折呢？一位成功人士在叙述自己的成功经历时说道："我不断地遇到困难，然后战胜它，重新开始。命运像是在故意和我开玩笑，每当我觉得自己就要成功了时，又遇到了新的困难，再一次受挫。于是我开始拼命地往上爬，可还是一次次的失败，我不知道还要在这里绕多久，但我从来没有想过要放弃，因为这一秒不放弃，下一秒才会有希望。所以，我成功了。"

　　记得上学的时候老师说过，人要在挫折中成长。在一次次失败中逐渐明白，前面的路途将会更加的艰难，等着自己的将会是种种的困难与挫折。要想不被困难和挫折打倒，那只有打倒它们。每当我们遇到困难和挫折时，最先要做的不是哭泣，不是抱怨，也不是向身边的人滔滔不绝的诉苦，而是应该找出失败的原因，尽快找到解决的办法，只有这样我们才能踏着那些困难、挫折和失败高昂着头走向成功的巅峰。

87. 遇到挫折时，很多人会如何抱怨？
　　A "是我的运气不好。"　　　　　B "我为什么会这么倒霉？"
　　C "我的父母为什么这么穷？"　 D "我为什么总是遇到这么多的困难？"

88. 作者认为，在人生的旅途中：
　　A 会遇到恩人　　　　　　　　　B 会遇到很多人
　　C 会发现很多有趣的事情　　　　D 会遇到各种困难与挫折

89. 作者的老师认为人应该怎样成长？
　　A 无忧无虑地成长　　　　　　　B 人要在挫折中成长
　　C 在富裕的生活环境中成长　　　D 在贫穷的生活环境中成长

90. 上文主要谈的是什么？
　　A 要有健康的身体　　　　　　　B 很少有人会战胜困难
　　C 每个人都有年轻的时候　　　　D 勇于战胜困难才能走向成功

# 三、书　写

第91－98题：完成句子。

例如：　表达　　　　　　　这篇论文　　　　什么时候　　　是　　　的

　　　　<u>这篇论文是什么时候发表的。</u>

91．阴　　　　突然　　　　下来　　　　天气　　　　了

92．压力　　　这么做　　　会　　　造成　　　心理上的

93．美满　　　婚姻　　　生活　　　很

94．无数次的　　　他　　　挫折　　　经历过

95．打　　　弟弟　　　被　　　了　　　哭

96．鱼香肉丝　　　非常　　　老李的　　　做得　　　地道

97．在场的　　　所有观众　　　表演　　　征服了　　　精彩的

98．上午　　　工作　　　一下　　　要　　　安排　　　把

# 第 二 部 分

第99-100题：写短文。

99. 请结合下列词语(要全部使用)，写一篇80字左右的短文。

　　每天、搬家、单位、房子、愁人

100. 请结合这张图片写一篇80字左右的短文。

# 新 汉 语 水 平 考 试 题

## HSK（五级）模拟试题（4）

## 注　　意

一、HSK（五级）分三部分：

　　1.听力（45题，约30分钟)

　　2.阅读（45题，40分钟)

　　3.书写（10题，40分钟）

二、答案先写在试卷上，最后10分钟再写在答题卡上。

三、全部考试约125分钟（含考生填写个人信息时间5分钟）

# 一、听 力

## 第 一 部 分

第1－20题: 请选出正确答案。

1.　A　他家很近
　　B　她比他好
　　C　他想搬家
　　D　他家更远

2.　A　是同事
　　B　是同学
　　C　是亲戚
　　D　是老师和学生

3.　A　讲课
　　B　旅行
　　C　访问学者
　　D　博士学位

4.　A　停机了
　　B　掉水里了
　　C　手机坏了
　　D　手机在飞机上

5.　A　善心
　　B　金钱
　　C　捐钱
　　D　信佛

6.　A　小鸟
　　B　婴儿
　　C　猩猩
　　D　小狗

7.　A　滞销
　　B　很畅销
　　C　是教材
　　D　还没出版

8.　A　报销
　　B　记账
　　C　核对
　　D　退货的时候用

9.　A　考场
　　B　教室
　　C　赛场
　　D　办公室

10.　A　竞选
　　B　广播
　　C　买票
　　D　比赛

11.　A　喜欢钓鱼
　　B　为了陪丈夫
　　C　喜欢看爱人钓鱼
　　D　看水里的鱼游玩的样子

12.　A　考察
　　B　旅游
　　C　打工
　　D　准备考试

13. A 买鱼
    B 看家
    C 照看鱼
    D 收拾行李

14. A 赞成
    B 后悔
    C 兴奋
    D 批评

15. A 找钥匙
    B 找东西
    C 找孩子
    D 都很健忘

16. A 钱
    B 闲情逸致
    C 丈夫的爱
    D 事业有成

17. A 银行
    B 医院
    C 学校
    D 百货商店

18. A 自己会紧张
    B 得不了第一
    C 没有熟悉的人
    D 不熟悉比赛规则

19. A 汽车
    B 车祸
    C 足球赛
    D 开车回家的事

20. A 失业了
    B 在开车
    C 在飞机里
    D 全身瘫痪

## 第 二 部 分

第21–45题: 请选出正确答案。

21. A 为了挣钱
    B 山西太冷
    C 为了找工作
    D 为自己的梦想

22. A 要搬家
    B 想见人
    C 要出远门
    D 要卖房子

23. A 地铁里
    B 火车站
    C 出租汽车里
    D 公共汽车里

24. A 是同事
    B 是朋友
    C 互相不认识
    D 女的求男的办点儿事

25. A 想结婚
    B 想找对象
    C 喜欢花钱
    D 上高中一年级

26. A 一种
    B 两种
    C 三种
    D 四种

27. A 买船票
    B 买火车票
    C 买飞机票
    D 买长途汽车票

28. A 钢琴
    B 灵敏的耳朵
    C 盲人钢琴家
    D 耳朵和音乐的关系

29. A 喜欢爬山
    B 是广州人
    C 在酒店工作
    D 现在是总经理

30. A 教练
    B 记者
    C 朋友
    D 私人大夫

31. A 人事部
    B 销售部
    C 策划部
    D 售后服务部

32. A 家乡
    B 爱好
    C 工作
    D 鱼和肉

33. A 留学
    B 学英语
    C 回老家
    D 去西藏旅游

34. A 失败了
    B 失恋了
    C 得病了
    D 没考上大学

35. A 便宜
    B 服务好
    C 要考试了
    D 可以免费复印

36. A 招聘广告
    B 时装广告
    C 企业的广告
    D 化妆品广告

37. A 滑冰
    B 滑雪
    C 滑水
    D 长跑

38. A 一次
    B 两次
    C 三次
    D 四次

39. A 为搬家
    B 为挣钱
    C 为盖房子
    D 进出不方便

40. A 嘲笑
    B 赞成
    C 鼓励
    D 批评

41. A 上帝
    B 愚公
    C 愚公的后代
    D 上帝派来的神仙

42. A 很聪明
    B 很理智
    C 很有钱
    D 很有耐心

43. A 吃补药
    B 坚持锻炼
    C 抽烟喝酒
    D 多吃饭少吃菜

44. A 喝水
    B 吃饭
    C 热身
    D 睡觉

45. A 减肥
    B 饮食习惯
    C 个人爱好
    D 锻炼的方法

# 二、阅 读

## 第 一 部 分

第46-60题：请选出正确答案。

46-48.

在一次演讲 __46__ 中，一位参赛者手里举着一张钞票，问台下的人谁想要。很多人举起了手，随后，参赛者将钞票揉成一团后问谁还想要，还有一些人举手。接着，他把钞票 __47__ 地上，狠狠地踩了一脚，捡起钞票，他又问大家："还有人要吗？"仍然有人举手。参赛者问一个举手者："钞票这么脏，为什么还想得到它呢？"那个人回答说："因为它没有 __48__ 。"

| | | | | | | | |
|---|---|---|---|---|---|---|---|
| 46. A | 考试 | B | 比赛 | C | 会议 | D | 过程 |
| 47. A | 扔 | B | 挑 | C | 捡 | D | 换 |
| 48. A | 打扫 | B | 存在 | C | 变化 | D | 贬值 |

49-52.

颜渊是孔子的弟子。有 __49__ ，颜渊在河边散步的时候，看到了一位驾船的老人，这位老人对颜渊说，善于游泳的人只要经过一番训练就可以驾船，如果是会潜水的人，即使从来没接触过船，也能操作自如。

颜渊不明白老人说的话，于是他来 __50__ 孔子。孔子向他解释说："游泳能手是不会惧怕水的，他对驾船不存在恐惧 __51__ ，心情可以完全放松，所以只要练习的话，就可以驾船；擅长潜水的人更不会惧怕水，他在水里就像是在陆地一样，来去自如。因此他不用练习就可以驾船，在他看来翻船根本不是什么可怕的事，他可以把船再翻过来，所以他即使从没驾过船，也能操作自如。"

因此，做事之前，最重要的是 __52__ ，也不能有恐惧心理 。

| | | | | | | | |
|---|---|---|---|---|---|---|---|
| 49. A | 时候 | B | 一天 | C | 老师 | D | 信心 |
| 50. A | 建议 | B | 学习 | C | 请教 | D | 帮助 |
| 51. A | 心理 | B | 感情 | C | 思想 | D | 理由 |
| 52. A | 不能有坏心 | | | B | 要关心别人 | | |
| C | 不要惧怕别人 | | | D | 要有一颗平常心 | | |

53-56.

老虎为了填饱肚子，正在山里寻找小动物。当它抓到一只狐狸时，狐狸说："上帝派遣我来做野兽的首领，现在你吃掉我，就是违背上帝的 __53__。如果你认为我的话不 __54__，我在你前面走，你跟随在我后面。我敢发誓山里的野兽看见我的话都会逃走的。"老虎认为狐狸的话很有道理，所以就和它一起走。果然，山里的野兽看见老虎和狐狸，都吓得 __55__ 了。老虎不知道所有的野兽是因为怕自己而逃走的，它还以为 __56__。

53. A 命令　　　　B 消息　　　　C 通知　　　　D 命运
54. A 激动　　　　B 愉快　　　　C 美丽　　　　D 可信
55. A 跑步　　　　B 逃跑　　　　C 睡觉　　　　D 跳舞
56. A 上帝来了　　　　　　　　B 它们都很饿
　　 C 狐狸很聪明　　　　　　　D 它们是害怕狐狸

57-60.

中国是瓷器的故乡，瓷器的发明是中华民族对世界文明的伟大贡献，在英文中"瓷器（china）"一词也有"中国"的意思，这充分 __57__ 在瓷器制造业方面中国是第一位的。大约在公元前16世纪中期，中国就 __58__ 了早期的瓷器。江西景德镇被称为"瓷都"，那里生产的瓷器非常精美，__59__。多姿多彩的中国瓷器 __60__ 各种贸易渠道传到各个国家。如今精美的中国古代瓷器，作为古董被大量收藏家所收藏。

57. A 解释　　　　B 说明　　　　C 包括　　　　D 保存
58. A 出现　　　　B 实现　　　　C 发展　　　　D 开发
59. A 种类也非常繁多　　　　　B 人们都喜欢看瓷器
　　 C 景德镇有各种瓷器　　　　D 瓷器历史非常悠久
60. A 成为　　　　B 往来　　　　C 通过　　　　D 进行

## 第 二 部 分

第61-70题：请选出与试题内容一致的一项。

61. 我从4岁起就开始学钢琴，到现在已经有15年了。我非常喜爱弹钢琴，它已经成为了我生活中的一部分。下周六我将代表我们学校去参加全国钢琴比赛。最近我每天都在练习，希望能取得好的成绩。

    A 我将出国上学

    B 下周六要考试

    C 今年我取得了好的成绩

    D 钢琴是我生活的一部分

62. 年迈父母的健康与子女平时抽空回家看望父母的频率成正比。一项研究表明，只有和父母保持亲密关系，父母才会更长寿。若不能经常回家看望父母时，千万不要深夜给老人打电话，以免他们受到惊吓。

    A 子女应该常看望父母

    B 老人晚上经常睡不着觉

    C 子女应该给父母买礼物

    D 子女应该深夜给父母打电话

63. 在中国随着互联网的进一步普及和应用，网上购物越来越盛行，其销售额每年剧增。网购大军女性居多，学生为主。其中，学生半年网上购物总金额已达到31亿元，这个数据大概占非学生半年网购总金额的1/4。

    A 学生一年花31亿元

    B 人们上网是为了购物

    C 女性上网是为了聊天

    D 学生喜欢在网上买东西

64. 近年来，孩子的教育成本高得让人难以承受，有的夫妇干脆选择不要孩子。养儿难在国外同样与高成本相关联，在实行高福利的法国和美国，孩子的抚养和教育成本问题也是一个非常头疼的问题。

    A 高成本导致养儿难
    B 有的夫妇不喜欢养孩子
    C 外国不存在养儿难的问题
    D 孩子的教育问题已得到了解决

65. 今年是虎年，但野生老虎却面临着灭绝的危险，为了在下一个虎年，人们还能见到野生老虎，世界和中国都在努力。日前，中国、世界银行以及世界自然基金会三方决定将共同合作，投资数百万美元保护濒于绝种的东北虎。

    A 东北虎已经灭绝了
    B 野生老虎越来越少
    C 只有中国有野生老虎
    D 东北虎价值数百万美元

66. 一年之计在于春，春天是一年的开始。在中国古代，把一年的时间分为二十四个部分，称为二十四节气。"立春"是二十四节气之一，"立"是"开始"的意思，立春就是春季的开始。立春的时候，在中国民间有吃春饼，喝春酒的习俗。

    A 立春是一年的开始
    B 春天人们喜欢喝酒
    C 一年等于二十四个部分
    D 立春必须吃春饼，喝春酒

67. 北京、广州等城市最近兴起了一种"图书漂流"的读书活动。一些公共场所书架上贴着纸条，纸条上写着"您可以随意阅读，读完后，请把它放回书架上；如果您家里有读完的书，也可以随时放到这里供大家阅读"。

    A 人们可以随意拿走图书
    B 不是每个人都可以阅读的
    C 北京人和广州人喜欢漂流
    D "图书漂流"是一个读书活动

68. 在中国，每年除夕的晚上全家人都会聚在一起吃年夜饭。在古代，人们认为年夜饭有驱鬼、健身的作用。如今，年夜饭是全家大团圆的宴会，为此，外出的家人或者子女都要赶在除夕之前返回家来。

A　吃年夜饭可以长个儿
B　古代的人不吃年夜饭
C　每个人都喜欢吃年夜饭
D　年夜饭是指在除夕晚上吃的饭

69. 节日市场消费是一个集中性消费，诚信、优质服务仍然是赢得市场的根本。针对客流量大、购物集中的特点，有关商家应该提前做好准备，绝不能只顾促销，不管服务。节日市场消费绝不是一锤子买卖，需要买卖双方的共同信任。也许少数商家暂时赚了黑钱，却会永远失去顾客，失去市场。

A　过节的时候商店不营业
B　现在的商家都提供赠品
C　在节日买东西的人不太多
D　要靠诚信和优质服务赢得顾客

70. 某大公司准备以高薪雇用一名专职司机，经过层层筛选和考试之后，只剩下三名技术最优秀的竞争者。主考官问他们："悬崖边有块金子，让你们开着车去够金子，你们觉得距悬崖有多远时，可以安全地够到金子呢？""两米。"第一位说。"半米。"第二位很有把握地说。"我会尽量远离悬崖，愈远愈好。"第三位说。 结果这家公司录用了第三位。

A　第三个人很狡猾
B　离诱惑越远越好
C　前两个人技术不好
D　离悬崖两公里可以拿到金子

## 第 三 部 分

第71－90题：请选出正确答案。

71－73.

　　　　在法国一个城市的偏僻小巷里，人们挤得水泄不通。只见一位50多岁的男人，拿出一瓶强力胶水，然后拿出一枚金砖，他在金砖的背面涂上一层薄薄的胶水，再贴到墙上。不久，一个接一个的人都来碰运气，看谁能揭下墙上那枚价值5000法郎的金砖。小巷里的人来来往往，最终没有人能拿下那枚金砖，金砖牢牢地粘在墙上。

　　原来，那个男人是强力胶水店的老板，由于他的商店位置偏僻，生意很不景气，所以他想出了一个奇妙的办法：把一枚价值5000法郎的金砖粘在墙上，谁揭下，那枚金砖就归谁。

　　那天，谁也没能揭下那枚金砖，但是，大家认识了一种强力胶水。从此，那家商店的胶水供不应求。

71. 男人为什么将金砖贴在墙上？
　　A 他非常富有　　　　　　　　B 他有很多金砖
　　C 他想帮助穷人　　　　　　　D 他想宣传他的胶水

72. 为什么老板要用这种方法做广告？
　　A 店铺的位置太偏僻　　　　　B 强力胶水不受欢迎
　　C 老板拥有很多金砖　　　　　D 人们觉得他的胶水质量不好

73. 胶水店老板成功的原因在哪里？
　　A 他的胶水质量很好　　　　　B 他的商店位置偏僻
　　C 他把金砖送给了顾客　　　　D 他的宣传方法很特别

74-77.

　　一位母亲站在6月炎热的阳光下，望着百米外的考场，表情非常紧张，母亲脸上冒出了豆大的汗珠，半张着嘴，一动不动地盯着考场。有人劝母亲挪到树阴下，母亲只是浅浅地笑，小声说道："站在这里能清清楚楚地看到考场，能清清楚楚地看到孩子。"没人笑她<u>痴</u>，没人笑她傻，也没人再劝她。

　　不知过了多久，也许是半个小时，也许是一个小时，母亲突然昏倒在地上。大家急忙围了上去，见她一直昏迷不醒，就将她抬到了学校的医务室里。大夫听了心跳，量了血压，打了吊瓶，母亲仍然紧闭着双眼。经验丰富的医生微笑着告诉众人："看我怎样弄醒她。"

　　医生在母亲耳边，轻轻地说了一句："学生下考场了。"

　　母亲猛然从床上坐起来，拔掉针头，下了病床："我得赶快问问儿子考得怎么样。"

　　我常常将这个真实的故事讲给我的学生听，学生说，这个故事抵得上一千句枯燥无味的说教。

74. 母亲为什么如此紧张？
　　A　身体不好　　　　　　　　B　天气非常炎热
　　C　她的儿子在考试　　　　　D　其他家长都嘲笑她

75. 第一段中画线词语"痴"最可能是什么意思？
　　A　很有知识　　　　　　　　B　脑子有问题
　　C　执着得有些发傻　　　　　D　精神上有些痴呆

76. 关于这位母亲，下列哪项正确？
　　A　她的儿子学习不好　　　　B　母亲身体一直不好
　　C　母亲的视力不太好　　　　D　母亲非常关心孩子的学习

77. 医生的方法为什么有效？
　　A　周围人的帮助　　　　　　B　给母亲吃了药
　　C　医生的医术高超　　　　　D　母亲非常在意孩子

78-82.

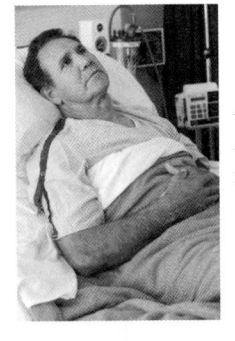

有两位老人都患了绝症，住在同一间病房。

来自城东的老人是位老工人，他的儿子在街头摆了一个自行车修理摊儿，每月有一千元左右的收入。来自城西的老人也是从工厂退休的，但家境要比城东的老人好得多，他的儿子开了家店，每月有上万元的收入，而且在城里购了房，买了车。

城东的老人说："人终有一死，逃不掉的，反倒是活着的人要我们担心。"城西老人叹息着说："是啊，我今年78岁了，能活到这个份儿上，我已经知足了，只是心里总有一个牵挂。"城东老人问："你还有什么牵挂？"城西老人说："我儿子啊。"城东老人笑了，说："你儿子那么能干，还有什么可牵挂的？像我儿子，有时候生活问题都难解决，我都不担心。"

城西老人长长地叹了一口气，说："要是我儿子像你儿子那样，那我就放心了。"城东老人听了很惊讶。城西老人说："从小到大，我儿子从来没有吃过苦，高中毕业，没考上大学，我出钱给他开了店。开店以后，年年亏本，是我给的钱；结婚买房子，也是我的钱；儿媳妇生孩子，也是我的钱……后来，店终于赚钱了，但是他太会花钱了。要是我走了，他的生意突然不顺，谁还会帮他，这一家三口该怎么办呢？"城西老人说完，流泪了。

城东老人听完，说不上话来。但他第一次发现自己儿子的好，他虽然没本事，不会赚钱，但他吃得起苦。一个吃得起苦的孩子，还有什么好担心的呢？

78. 根据上文，可以知道两位老人：

A 都很健康

B 都很有钱

C 喜欢开玩笑

D 活不了多长时间了

79. 两位老人在哪里聊天儿？

A 家里

B 大街上

C 咖啡馆

D 医院的病房里

80. 关于城东老人，我们可以知道：

A 是个老工人

B 是个孤独的老人

C 是个有钱的老人

D 有一个让人担心的儿子

81. 城西老人担心的是：

A 儿子只会花钱

B 儿子没有稳定的工作

C 儿子每个月挣的太少

D 自己马上就要离开人世了

82. 最后城东老人发现儿子有什么长处？

A 能赚钱

B 会花钱

C 理解人

D 儿子能吃苦

**83-86.**

　　赵本山是中国著名小品、东北二人转演员，他在春节联欢晚会上享有极高声望，被誉为"小品王"，后来涉足电影、电视剧等领域，获得了极大成功。他导演并参演的《乡村爱情》和《关东大先生》开创了中国喜剧片历史的新篇章。

　　赵本山6岁时就开始跟二叔学艺，二叔虽然是个盲人，但二胡、唢呐、二人转样样精通。苦难的童年成了赵本山一生的财富，为他日后的小品、演艺生涯奠定了坚实的基础。

　　1990年赵本山一走上中央电视台的春节联欢晚会，辽北小品就在中央电视台生了根，十几年来，赵本山深受亿万观众的喜爱。

　　赵本山小品为何能受到观众喜爱呢？主要是因为以赵本山为代表的辽北小品是根植于东北特有文化的一种艺术形式，带有浓郁的东北地方韵味，正是这种原汁原味的东北味征服了全国观众的心。

　　赵本山的喜剧小品可以说是无人不知、无人不晓，他的小品得到了广大观众的喜爱，因此他美名远扬。他的品德也非常高尚，他成功不忘家乡，先后为灾区、为家乡修路捐款达几十万元。

83. 为什么称赵本山为"小品王"？
　　A　他精通很多乐器　　　　　　B　他参演了很多小品
　　C　他的小品都是辽北小品　　　D　他的作品深受广大观众的喜爱

84. 关于赵本山，下列正确的是：
　　A　是个盲人　　　　　　　　　B　品德高尚
　　C　不喜欢交朋友　　　　　　　D　童年时非常富有

85. 赵本山小品受人喜爱，是因为：
　　A　他的学问高　　　　　　　　B　他长得很帅
　　C　他的小品很有创意　　　　　D　小品充满东北地方韵味

86. 上文主要谈的是：
　　A　赵本山和他的小品　　　　　B　赵本山导演的电影
　　C　赵本山的小品很无聊　　　　D　《乡村爱情》和《关东大先生》

87-90.

两个乡下人，一同来到大城市，生活都没有着落。过了一段时间，俩人都选择了卖菜。卖菜属小本买卖，好操作，心里负担也不重。几年之后，一个卖成了蔬菜批发商，手里最少有两百万。一个经营不下去，又回到了乡下。

成功与失败，看上去好像相差甚远，但事实上，往往只差那么一点点。

就拿两个卖菜的人而言：成功者每天卖菜的时候，都要拿出一点时间把黄菜叶子和烂根去掉。失败者却从来没有理会过这一点。成功者每天总是把菜摊儿收拾得干干净净，把菜码得整整齐齐，让人看着就舒服。失败者只把菜往地上一摊，爱怎样就怎样。成功者每天要多卖半小时，尽量把菜都卖光。失败者认为无所谓，今天卖不完，还有明天。

虽然两个人的经营方式只差那么一点点，但天长日久，正是这一点点的差异决定了一个人的成败。

87. 为什么两人都选择了卖菜？
    A 卖菜本小              B 卖菜挣得多
    C 卖菜本大利大          D 因为都是乡下人

88. 从哪些方面可以看出两人经营方式的不同？
    A 每天收摊后            B 整理菜叶时
    C 日常生活点滴中        D 把菜全部卖出时

89. 为什么说失败与成功只差一点点？
    A 两者是一样的          B 失败乃成功之母
    C 成功者不在乎细节      D 两者是在点滴中拉开距离的

90. 上文主要谈的是什么？
    A 成败之间差距很小      B 两个乡下人卖菜的经历
    C 成功者拥有更多的资金  D 两个乡下人的蔬菜摊儿离得很远

# 三、书 写

## 第 一 部 分

第91-98题：完成句子。

例如： 表达　　　　这篇论文　　　什么时候　　　是　　　的

　　　 这篇论文是什么时候发表的。


91. 打乒乓球　　　他　　　去　　　乒乓球场　　　有时候会

92. 一定　　　回家的时候　　　路过　　　要　　　我家

93. 是　　　这　　　衣服　　　一件　　　漂亮的

94. 买　　　了　　　很多书　　　爸爸　　　给　　　我

95. 早上　　　我　　　听到　　　经常　　　能　　　鸟声

96. 抓　　　厂长　　　被　　　了　　　走

97. 热烈　　　欢迎　　　代表团　　　受到了　　　中国

98. 一会儿　　　房间　　　一下　　　得　　　打扫　　　把

# 第 二 部 分

第99-100题：写短文。

99. 请结合下列词语(要全部使用)，写一篇80字左右的短文。

大型超市、买、东西、便宜、每个星期天

100. 请结合这张图片写一篇80字左右的短文。

만점 전략!

# 내 공 쌓기

有志者事竟成

뜻이 있는 곳에 길이 있다

**만점전략**

**듣기,독해내공 쌓기**

★ 주요 질문 방식

➡ 듣기녹음을 들을 때 '질문이 뭘까?' 란 생각을 하면서 조마조마할 때가 많다. 그리고 문제는 어렵지 않은데 질문이 무엇인지 몰라 난감할 때도 많다. 따라서 시험에 자주 나오는 질문 방식을 미리 익혀두면 보기만 봐도 무엇을 묻는 지 유추할 수 있어 마음의 준비를 할 수 있다. 보기를 먼저 봐라!

1. 장소: 对话最可能发生在什么地方?　　대화는 어디에서 이뤄질 가능성이 가장 큰가?
　　　　 说话人最可能在哪儿?　　　　　화자는 어디에 있을 가능성이 가장 큰가?

2. 시간: 现在最可能是什么时候?　　　　지금은 언제일 가능성이 가장 큰가?
　　　　 他们几点开会?　　　　　　　　회의는 몇 시에 시작하는가?

3. 직업: 说话人(男的，女的)最可能是做什么的?
　　　　　　　　　　　　　　　　　 화자는(남자는, 여자는) 무엇을 하는 사람일 가
　　　　　　　　　　　　　　　　　 능성이 가장 큰가?

4. 행동: 他正在做什么?　　　　　　　　그는 무엇을 하고 있는가?
　　　　 她最可能在做什么?　　　　　　그녀는 무엇을 하고 있을 가능성이 가장 큰가?
　　　　 他想做什么?　　　　　　　　　그는 무엇을 하려고 하나?

5. 의미 파악:
　　　　 说话人(男的, 女的)主要是什么意思?
　　　　　　　　　　　　　　　　　 화자(남자, 여자)의 주요한 의미는 무엇인가?
　　　　 小王的话主要是什么意思?　　샤오왕의 말의 주요한 의미는 무엇인가?
　　　　 根据对话, 可以知道什么?　　대화를 통해, 무엇을 알 수 있는가?
　　　　 关于男的, 可以知道什么?　　남자에 대해, 무엇을 알 수 있는가?
　　　　 关于说话人, 可以知道什么?　화자에 대해, 무엇을 알 수 있는가?

6. 심정·어기·태도:
　　　　 说话人(男的, 女的)心情怎么样?　화자(남자, 여자)의 심정은 어떠한가?
　　　　 说话人(男的, 女的)是什么语气?　화자(남자, 여자)의 말투는 어떠한가?
　　　　 男的说话(女的说话)是什么语气?　남자(여자)의 말투는 어떠한가?
　　　　 男的说话(女的说话)是什么态度?　남자(여자)가 말하는 태도는 어떠한가?

7. 주제 파악:
　　　　 他们在谈哪方面的内容?　　그들은 어떤 방면의 내용을 이야기하고 있나?
　　　　 他们在说什么事儿?　　　　그들은 어떤 일에 대해 말하고 있나?
　　　　 关于说话人(男的，女的), 可以知道什么?
　　　　　　　　　　　　　　　　 화자(남자, 여자)에 대해, 무엇을 알 수 있나?
　　　　 这段话主要谈的是什么?　　이 문장은 주로 무엇에 대해 이야기 하고 있나?

8. 기타:

根据对话，可以知道我:　　　대화에 근거하여, 나에 대해 알 수 있는 것은:
根据这段话，可以知道泰山:　　대화에 근거하여, 태산에 대해 알 수 있는 것은:

★ 우화·역사인물 핵심 어휘 외우기

➡ 5급 시험의 듣기와 독해에 우화(寓話), 역사인물 중국전통 문화예술에 대한 소개가 자주 등장한다. 그리고 시험에 자주 출제되는 핵심단어를 다음과 같이 정리해 놓았으니, 미리 알아두면 시험에 훨씬 유리 할 것이다.

| 家 | 家庭生活 | 小家庭 xiǎojiātíng 소가정, 핵가족 | 大家庭 dàjiātíng 대가정, 대가족 | 过日子 guòrìzi 생활하다, 날을 보내다, 지내다, 살다 | 小康生活 xiǎokāngshēnghuó 중류 수준의 가정 형편 | 可怜天下父母心 kěliántiānxiàfùmǔxīn 세상의 부모마음을 동정하다, 부모가 하는 모든 것은 자식들을 위해서 하는 것이다 | 亲生儿子 qīnshēngérzi 친아들 | 独生子女 dúshēngzǐnǚ 외아들이나 외(동)딸, 독자나 독녀 | 亲生父母 qīnshēngfùmǔ 친부모 | 养父 yǎngfù 양부, 양아버지 | 养母 yǎngmǔ 양모, 양어머니 | 养子 yǎngzǐ 양아들 | 养女 yǎngnǚ 수양딸 | 小公主 xiǎogōngzhǔ 소공주, 응석받이 | 小皇帝 xiǎohuángdì 소황제, 응석받이 | 丁克族 dīngkèzú 딩크족 | 人情味儿 rénqíngwèir 인정 | 送礼 sònglǐ 선물을 주다, 선물하다, 예물을 주다 | 煤气费 méiqìfèi 가스요금 | 水电费 shuǐdiànfèi 전기와 수도 요금 | 宽带费 kuāndàifèi 인터넷 사용료 | 租房子 zūfángzi 세 살다 | 出租房屋 chūzūfángwū 집을 임대하다 | 月租 yuèzū 월세 | 押金 yājīn 보증금, 담보금 | 贷款 dàikuǎn 대출하다 | 还贷 huándài 대출금을 상환하다 | 分期付款 fēnqīfùkuǎn 할부 | 借钱 jièqián 돈을 빌리다 | 还钱 huánqián 돈을 갚다 |
| | 恋爱婚姻 | 心上人 xīnshàngrén 마음에 둔 사람, 사랑하는 사람, 애인 | 白雪公主 báixuěgōngzhǔ 백설공주 | 白马王子 báimǎwángzǐ 이상형의 남자 | 一见钟情 yíjiànzhōngqíng 첫눈에〔한눈에〕 반하다 | 终身伴侣 zhōngshēnbànlǚ 인생의 동반자 | 终身大事 zhōngshēndàshì 혼인 대사, 인생의 대사 | 订婚 dìnghūn 약혼하다 | 度蜜月 dùmìyuè 허니문휴가를 즐기다 | 办喜事 bànxǐshì 결혼식을 치르다 | 拍婚纱照 pāihūnshāzhào 웨딩사진을 찍다 | 举行婚礼 jǔxínghūnlǐ 결혼식을 올리다 | 结婚礼服 jiéhūnlǐfú 결혼예복 | 婚纱店 hūnshādiàn 드레스 샵 | 喜糖 xǐtáng 약혼식이나 결혼식 때 사람들에게 나누어 주는 사탕 | 喜酒 xǐjiǔ 결혼 축하주 | 吸烟 xīyān 담배를 피다 | 两口子 |

| | | |
|---|---|---|
| | 恋爱<br>婚姻 | liǎngkǒuzi 부부 두 사람 \| 小两口 xiǎoliǎngkǒu 젊은 부부 \| 老两口 lǎoliǎngkǒu 노부부 \| 双职工 shuāngzhígōng 맞벌이 부부 \| 私生活 sīshēnghuó 사생활, 개인 생활 \| 相思病 xiāngsībìng 상사병 \| 单相思 dānxiāngsī 짝사랑하다 \| 坐月子 zuòyuèzi 산후 조리하다 \| 早婚 zǎohūn 이른 나이에 결혼하다 \| 晚婚 wǎnhūn 늦게 결혼하다 \| 计划生育 jìhuàshēngyù 산아 제한 계획 \| 晚婚晚育 wǎnhūnwǎnyù 늦게 결혼하고 늦게 자식 보다 |
| | 新词语 | 物业 wùyè 아파트 관리사무소 \| 保安 bǎo'ān 경비 \| 护工 hùgōng 간병인 \| 月嫂 yuèsǎo 출산 시 가사일을 도와주는 도우미 \| 房屋中介所 fángwūzhōngjièsuǒ 부동산 중개사무소 \| 快递公司 kuàidìgōngsī 택배회사 \| 叫快递 jiàokuàidì 택배를 부르다 \| 电子警察 diànzǐjǐngchá 과속 단속 카메라 \| 卫星导航器 wèixīng dǎohángqì 네비게이션 \| 基金 jījīn 기금, 펀드 \| 社团 shètuán 서클, 동아리 \| 低调 dīdiào (성격이) 부드럽고 조용하다 |
| | 家电 | 电视 diànshì 텔레비전 \| 冰箱 bīngxiāng 냉장고 \| 洗衣机 xǐyījī 세탁기 \| 空调 kōngtiáo 에어컨 \| 电(风)扇 diànfēngshàn 선풍기 \| 电话 diànhuà 전화기, 전화 \| 吸尘器 xīchénqì 청소기 \| 熨斗 yùndǒu 다리미 \| 吹风机 chuīfēngjī 헤어드라이어 \| 台灯 táidēng 탁상용 스탠드 \| 录音机 lùyīnjī 녹음기 \| 电饭锅 diànfànguō 전기밥솥 \| 煤气炉 méiqìlú 가스렌지 \| 微波炉 wēibōlú 전자레인지 \| 计算机 jìsuànjī 컴퓨터, 계산기 |
| 学校 | 学校<br>生活 | 招生 zhāoshēng 신입생을 모집하다 \| 中考 zhōngkǎo 고등학교 및 고등학교 수준의 전문학교의 신입생 입학시험 \| 及格 jígé 합격하다 \| 不及格 bùjígé 불합격 \| 满分 mǎnfēn 만점 \| 念书 niànshū 책을 읽다, 학교에 다니다 \| 课程表 kèchéngbiǎo 교과 과정표 \| 一节课 yìjiékè 한 시간 수업 \| 寒暑假 hánshǔjià 여름 방학과 겨울 방학의 합칭 \| 迟到 chídào 지각하다 \| 毕业典礼 bìyèdiǎnlǐ 졸업식 \| 毕业照 bìyèzhào 졸업 사진 \| 合影 héyǐng 단체 사진 \| 考砸了 kǎozále 시험을 망쳤다 \| 校长 xiàozhǎng 학교장 \| 班主任 bānzhǔrèn 담임교사 \| 家长 jiāzhǎng 학부모 \| 批评 pīpíng 비판하다, 지적하다, 질책하다, 꾸짖다, 나무라다 \| 表扬 biǎoyáng 칭찬하다, 표창하다 \| 表现好 biǎoxiànhǎo (공부하는, 일을 하는) 태도가 좋다 \| 说 shuō 말하다, 꾸짖다, 혼내다 \| 集合 jíhé 집합하다 \| 讨论 tǎolùn 토론하다 \| 竞赛 jìngsài 시합하다 \| 交作业 jiāozuòyè 숙제를 제출하다 \| 发短信 fāduǎnxìn 문자 보내다 \| 门卫 ménwèi 수위 |

| | |
|---|---|
| 大学 | 高考 gāokǎo 중국 대입 시험 \| 本科 běnkē (대학교의) 학부 과정 \| 考研 kǎoyán 대학원에 응시하다 \| 考博 kǎobó 박사 시험에 응시하다 \| 选课 xuǎnkè 과목을 신청하다 \| 系 xì 학과 \| 系主任 xìzhǔrèn 학과장 \| 论文 lùnwén 논문 \| 学术研讨会 xuéshùyántǎohuì 학술 세미나 \| 寝室 qǐnshì (주로 단체 기숙사의) 침실 \| 校园艺术节 xiàoyuányìshùjié 대학교 축제 |
| 公司 | 上下班 shàngxiàbān 출퇴근 \| 业务 yèwù 업무 \| 工作环境 gōngzuòhuánjìng 작업환경 \| 人际关系 rénjìguānxì 인간관계 \| 上级 shàngjí 상급부서, 상급자 \| 下级 xiàjí 하급부서, 하급자 \| 奖金 jiǎngjīn 상금, 보너스 \| 年终奖 niánzhōngjiǎng 연말상여금 \| 发工资 fāgōngzī 월급을 지급하다 \| 月薪 yuèxīn 월급 \| 年薪 niánxīn 연봉 \| 工资待遇 gōngzīdàiyù 월급을 ~ 정도로 대우하다 \| 午休时间 wǔxiūshíjiān 점심 휴식시간 \| 领导 lǐngdǎo 이끌고 나가다, 상사 \| 请假 qǐngjià (휴가·조퇴·외출·결근·결석 등의 허락을) 신청하다 \| 文件 wénjiàn 공문·서류 \| 报告书 bàogàoshū 보고서 \| 资料 zīliào 자료 \| 开会 kāihuì 회의를 열다 \| 会议室 huìyìshì 회의실 \| 打印机 dǎyìnjī 프린터 \| 打印 dǎyìn 프린트하다 \| 复印机 fùyìnjī 복사기 \| 复印 fùyìn 복사하다 \| 传真 chuánzhēn 팩스 \| 发传真 fāchuánzhēn 팩스를 보내다 \| 发电子邮件 fādiànzǐyóujiàn 이메일을 보내다 \| 展销会 zhǎnxiāohuì 전시 판매회 \| 展销 zhǎnxiāo 전시 판매하다 \| 博览会 bólǎnhuì 박람회 \| 展出 zhǎnchū 전시하다 \| 提前 tíqián (예정된 시간·위치를) 앞당기다 \| 推迟 tuīchí 뒤로 미루다 \| 出差 chūchāi 출장 가다 \| 盈利 yínglì 이윤을 얻다 \| 亏损 kuīsǔn 결손나다 \| 缺乏 quēfá 결핍되다, 결여되다 \| 资金 zījīn 자금 |
| 贸易用语 | 客户 kèhù 거래처, 바이어 \| 样品 yàngpǐn 샘플, 견본(品) \| 洽谈 qiàtán 협의하다, 상담하다 \| 生意 shēngyi 장사, 영업 \| 不景气 bùjǐngqì 불경기이다, 경기가 좋지 않다 \| 效益 xiàoyì 효과와 수익, 효익 \| 价格磋商 jiàgécuōshāng 가격 협상 \| 贸易往来 màoyìwǎnglái 무역거래 \| 支付 zhīfù 지불하다, 내다 \| 结账 jiézhàng 결산하다 \| 签合同 qiānhétong 계약서에 사인하다 \| 合同 hétong 계약서 \| 订单 dìngdān 주문서 \| 订货 dìnghuò 발주하다 \| 发货 fāhuò 화물을 발송하다 \| 交货 jiāohuò 물품을 인도하다 \| 交货日期 jiāohuòrìqī 납기기일 \| 促销 cùxiāo 판매를 촉진시키다, 판촉하다 \| 营销 yíngxiāo 마케팅하다 \| 策划 cèhuà 계획하다, 기획하다 \| 单价 dānjià 단가 \| 成本 chéngběn 원가, 자본금 \| 货款 huòkuǎn 상품 대금, 물건값 \| 总额 zǒngé 총액 \| 金额 jīné 금액 \| 赔本 péiběn 손해를 보다, 밑지다, 적자가 생기다 \| 赔偿 péicháng 배상하다 \| 签字 qiānzì 서명하다, 사인하다 \| 下订单 xiàdìngdān 주문서 작성하다 \| 欢迎晚宴 huānyíngwǎnyàn 환영연회 \| 照顾不周 zhàogùbùzhōu 대접이 변변치 못하다 \| 包涵 bāohan 양해하다, 용 |

| | |
|---|---|
| 贸易用语 | 서하다 \| 批发 pīfā 도매하다 \| 零售 língshòu 소매하다 \| 批发商 pīfāshāng 도매상 \| 零售商 língshòushāng 소매 상인 \| 独家代理 dújiādàilǐ 독점 대리 \| 形象代言人 xíngxiàngdàiyánrén 홍보대사 \| 做广告 zuòguǎnggào 광고하다 \| 销售 xiāoshòu 팔다, 판매하다 \| 销售额 xiāoshòu'é 매출 금액 \| 订购 dìnggòu 예약하여 [주문하여] 구입하다 \| 信用证 xìnyòngzhèng 신용장 \| 支票 zhīpiào 수표 \| 剪彩仪式 jiǎncǎiyíshì (개막·준공·개업 등의 식전에서) 테이프 절단식 \| 开业典礼 kāiyèdiǎnlǐ 개업식 \| 开业大吉 kāiyèdàjí 개업 대길 \| 倒闭 dǎobì (상점·회사·기업 등이) 도산하다 \| 破产 pòchǎn 파산하다, 도산하다 \| 信用不良 xìnyòngbùliáng 신용불량 \| 透支 tòuzhī 지출이 수입을 초과하다 \| 超前消费 chāoqiánxiāofèi 과소비 \| 幸会 xìnghuì 만나 뵙게 되어 영광입니다 \| 久仰久仰 jiǔyǎngjiǔyǎng 경모(敬慕)해 온 지 아주 오래입니다 \| 路上辛苦了 lùshangxīnkǔle 오시느라 수고 많으셨습니다 \| 一路顺风 yílùshùnfēng 가시는 길이 순조롭기를 바랍니다 \| 合作愉快 hézuòyúkuài 협력이 원활이 이뤄 지길 바랍니다 |
| 商店 | 开门 kāimén 문을 열다 \| 关门 guānmén 문을 닫다 \| 营业时间 yíngyèshíjiān 영업시간 \| 顾客 gùkè 고객, 손님 \| 负责人 fùzérén 책임자 \| 经理 jīnglǐ 사장 \| 刷卡 shuākǎ 카드를 긁다 \| 用现金 yòngxiànjīn 현금을 사용하다 \| 收据 shōujù 영수증 \| 发票 fāpiào 영수증 \| 大减价 dàjiǎnjià 대할인 \| 7折优惠 qīzhéyōuhuì 30%할인 \| 大甩卖 dàshuǎimài 헐값으로 팔다, 바겐세일 \| 买二送一 mǎièrsòngyī 두 개를 사면 하나를 더 준다 \| 服务态度 fúwùtàidu 서비스 태도 \| 售后服务 shòuhòufúwù A/S \| 退货 tuìhuò 반품하다 \| 退钱 tuìqián 환불하다 \| 交钱 jiāoqián 돈을 내다, 지불하다 |
| 银行 | 存折 cúnzhé 예금 통장 \| 存款 cúnkuǎn 저금(예금)하다 \| 取款 qǔkuǎn 돈을 찾다 \| 填写 tiánxiě (일정한 양식에) 써 넣다 \| 存款单 cúnkuǎndān 예금 증서 \| 取款单 qǔkuǎndān 인출 증서 \| 自动取款机 zìdòngqǔkuǎnjī 현금 자동 인출기 \| 利息 lìxī 이자 \| 存活期 cúnhuóqī 예금자가 수시로 인출할 수 있는 예금을 붓다 \| 存定期 cúndìngqī 정기예금을 붓다 \| 网上银行 wǎngshàngyínháng 인터넷뱅킹 \| 电话银行 diànhuàyínháng 텔레뱅킹 \| 开账户 kāizhànghù 신규계좌를 개설하다 \| 密码 mìmǎ 비밀 번호 \| 按密码 ànmìmǎ 비밀 번호를 누르다 \| 办信用卡 bànxìnyòngkǎ 신용카드를 만들다 \| 换钱 huànqián 환전하다 \| 汇率 huìlǜ 환율 \| 汇款 huìkuǎn 돈을 부치다 \| 寄钱 jìqián 돈을 부치다 \| 身份证 shēnfènzhèng 신분증 |
| 医院 | 病人 bìngrén 환자 \| 患者 huànzhě 환자 \| 家属 jiāshǔ 가족, 식구 \| 照顾 zhàogù 보살피다, 돌보다 \| 挂号 guàhào (병원) 접수하다 \| 挂号处 guàhàochù (병원) 접수처 \| 住院 zhùyuàn 입원하다 \| 出院 chūyuàn 퇴원하다 \| 探视时间 tànshìshíjiān 문병 시간 \| 感冒 gǎnmào 감기, 감기에 걸리다 \| 着凉 zháoliáng 감기에 걸리다 \| 发高烧 fāgāoshāo 고열이 있다 \| 咳嗽 késou 기침하다 \| 头疼 tóuténg 머리가 아프다 \| 量体温 liángtǐwēn 체온을 |

| | |
|---|---|
| 医院 | 재다 \| 门诊 ménzhěn 외래 진찰 \| 开刀 kāidāo 수술하다 \| 手术费 shǒushùfèi 수술비용 \| 护士 hùshi 간호사 \| 护理 hùlǐ 간병하다 \| 检查身体 jiǎncháshēntǐ 건강검진을 받다 \| 打针 dǎzhēn 주사를 놓다, 주사를 맞다 \| 开药 kāiyào 약을 받다 \| 开药方 kāiyàofāng 처방전을 쓰다, 처방전을 받다 \| 打点滴 dǎdiǎndī 링거 주사 맞다, 링거 주사 놓다, 수액하다 \| 输血 shūxuè 수혈하다 \| 验血 yànxiě 혈액 검사를 하다 \| 化验单 huàyàndān 분석 검진표 \| 肚子疼 dùziténg 배가 아프다 \| 腰疼 yāoténg 허리가 아프다 \| 胃疼 wèiténg 위가 아프다 \| 脖子疼 bóziténg 목이 아프다 \| 嗓子疼 sǎngziténg 목안이 아프다 \| 脚脖子疼 jiǎobóziténg 발목이 아프다 \| 胳膊疼 gēboténg 팔이 아프다 \| 胃炎 wèiyán 위염 \| 肝炎 gānyán 간염 \| 咽炎 yānyán 인두염 \| 阑尾炎 lánwěiyán 맹장염 \| 心脏病 xīnzàngbìng 심장병 \| 高血压 gāoxuèyā 고혈압 \| 糖尿病 tángniàobìng 당뇨병 \| 癌症 áizhèng 암 \| 艾滋病 àizībìng 에이즈 \| X光检查 Xguāngjiǎnchá 엑스레이검사 \| 抽血 chōuxuè 피를 뽑아 실험하다 \| 量血压 liángxuèyā 혈압을 재다 \| 失眠 shīmián 잠을 이루지 못하다 \| 健忘 jiànwàng 잘 〔쉽게〕 잊어버리다 \| 耳朵背 ěrduobèi 귀가 어둡다 \| 药罐子 yàoguànzi 자주 병이 나서 약을 먹는 사람 \| 安乐死 ānlèsǐ 안락사 \| 办后事 bànhòushì 장례를 치르다 \| 红白喜事 hóngbáixǐshì 경조사 |
| 饭店 | 餐厅 cāntīng 식당 \| 快餐 kuàicān 패스트푸드 \| 快餐厅 kuàicāntīng 패스트푸드점 \| 小吃店 xiǎochīdiàn 간이식당, 스낵바 \| 小吃 xiǎochī 간단한 음식 \| 大厅 dàtīng 대청, 홀, 로비 \| 包房 bāofáng (아파트·숙박업소의 객실등을) 전세 내다 \| 预定 yùdìng 예약하다 \| 点菜 diǎncài 요리를 주문하다 \| 上菜 shàngcài 요리를 내오다 \| 菜单 càidān 메뉴, 식단, 차림표 \| 酒水单 jiǔshuǐdān 음식 계산서 \| 打包 dǎbāo 음식을 싸 가다 \| 结账 jiézhàng 계산하다 \| 买单 mǎidān 계산서 \| AA制 AAzhì 더치페이하다 \| 各付各的 gèfùgède 각자 계산하다 \| 请客 qǐngkè 한턱 내다 \| 开宴会 kāiyànhuì 연회를 열다 \| 宴会大厅 yànhuìdàtīng 연회장 \| 筷子 kuàizi 젓가락 \| 勺子 sháozi 국자, 주걱, 수저 \| 湿巾 shījīn 물수건 \| 餐巾纸 cānjīnzhǐ (식탁용의) 종이 냅킨 \| 特色菜 tèsècài 독특한 요리 \| 汤 tāng 국 \| 白酒 báijiǔ 바이주〔고량주〕 \| 啤酒 píjiǔ 맥주 \| 饮料 yǐnliào 음료 \| 味道 wèidao 맛 \| 主食 zhǔshí 주식 \| 副食 fùshí 요리류 |
| 酒店 | 前台 qiántái 프런트 \| 客房 kèfáng 객실 \| 单人间 dānrénjiān 싱글 룸 \| 双人间 shuāngrénjiān 더블 룸 \| 登记 dēngjì 체크인하다 \| 退房 tuìfáng 체크아웃 \| 预定 yùdìng 예약하다 \| 叫醒服务 jiàoxǐngfúwù 모닝콜 서비스 |
| 邮局 | 寄 jì (우편으로) 부치다, 보내다 \| 包裹 bāoguǒ 소포, 보따리 \| 邮票 yóupiào 우표 \| 慢件 mànjiàn 일반우편 \| 快件 kuàijiàn 빠른 우편 \| 挂号信 guàhàoxìn 등기 우편 \| EMS 特快专递 EMStèkuàizhuāndì EMS특급 우편 \| 邮编 yóubiān 우편번호의 약칭 \| 信 xìn 편지, 서신, 서한 \| 信封 xìnfēng 편지봉투 \| 写信 |

| | |
|---|---|
| | xiěxìn 편지 쓰다 \| 收信人 shōuxìnrén 수신인 \| 发信人 fāxìnrén 발신인 \| 收件人 shōujiànrén 수취인 \| 寄件人 jìjiànrén 발송인 |
| 火车站 | 售票处 shòupiàochù 매표소 \| 候车室 hòuchēshì 대합실 \| 直达 zhídá 직행하다 \| 快车 kuàichē 급행열차 \| 慢车 mànchē 완행열차 \| 直达快车 zhídákuàichē 직통급행열차 \| 硬座 yìngzuò (기차의) 일반석 \| 软座 ruǎnzuò 부드럽고 편안한 좌석 \| 硬卧 yìngwò (열차 등의) 일반 침대석 \| 软卧 ruǎnwò 중국 열차에서 4인 1실의 일등 침대석 \| 卧铺 wòpù (기차나 장거리 버스의) 침대 \| 站台 zhàntái 플랫폼 \| 12次列车 shí'èrcìlièchē 12호 열차 \| 餐车 cānchē (열차의) 식당칸 \| 车厢 chēxiāng (열차·자동차 등의 사람·물건을 싣는) 객실, 화물칸, 트렁크 |
| 汽车站 | 8路车 bālùchē 8번 버스 \| 始发站 shǐfāzhàn 시발역 \| 终点站 zhōngdiǎnzhàn 종착역 \| 头班车 tóubānchē 첫차 \| 末班车 mòbānchē 막차 \| 交通卡 jiāotōngkǎ 교통카드 \| 接站 jiēzhàn (역·공항 등으로) 마중 나가다 \| 送站 sòngzhàn 정거장까지 배웅하다 |
| 地铁站 | 2号线 èrhàoxiàn 2호선 \| 出口 chūkǒu 출구 \| 入口 rùkǒu 입구 |
| 飞机场 | 办登机手续 bàndēngjīshǒuxù 탑승수속을 하다 \| 登机口 dēngjīkǒu 탑승구 \| 登机牌 dēngjīpái 탑승권 \| 经济舱 jīngjìcāng 이코노미석 \| 商务舱 shāngwùcāng 비즈니스석 \| 往返机票 wǎngfǎnjīpiào 왕복 비행기티켓 \| 空中小姐 kōngzhōngxiǎojiě 스튜어디스 \| 晚点 wǎndiǎn 연착〔연발〕하다 \| 起飞 qǐfēi (비행기) 이륙하다 \| 降落 jiàngluò 착륙하다 \| 正点到达 zhèngdiǎndàodá 정시 도착하다 \| 托运 tuōyùn (짐·화물을) 탁송하다 \| 行李 xíngli 짐, 여행짐 \| 超重 chāozhòng 과적하다 \| 免税店 miǎnshuìdiàn 면세점 \| 免税商品 miǎnshuìshāngpǐn 면세상품 \| 机场大巴 jīchǎngdàbā 공항리무진 |
| 动物 | 猪 zhū 돼지 \| 马 mǎ 말 \| 牛 niú 소 \| 狗 gǒu 개 \| 猫 māo 고양이 \| 鸡 jī 닭 \| 鸭 yā (집)오리 \| 羊 yáng 양 \| 老虎 lǎohǔ 범, 호랑이 \| 猴子 hóuzi 원숭이 \| 狐狸 húli 여우 \| 兔子 tùzi 토끼(의 통칭) \| 野猪 yězhū 멧돼지, 산돼지 \| 鹿 lù 사슴 \| 孔雀 kǒngquè 공작(새) \| 大象 dàxiàng 코끼리 \| 骆驼 luòtuo 낙타 \| 斑马 bānmǎ 얼룩말 \| 猩猩 xīngxing 오랑우탄, 성성이 \| 河马 hémǎ 하마 \| 海豚 hǎitún 돌고래 \| 北极熊 běijíxióng 흰 곰 \| 老鼠 lǎoshǔ 쥐 \| 松鼠 sōngshǔ 다람쥐 |

| 节日 | 양력(阳历) | 元旦 | yuándàn | 一月一日 | 신정 |
|---|---|---|---|---|---|
| | | 妇女节 | fùnǚjié | 三月八日 | 국제 여성의 날 |
| | | 清明节 | qīngmíngjié | 四月五日 | 청명(절) |
| | | 劳动节 | láodòngjié | 五月一日 | 근로자의 날 |
| | | 母亲节 | mǔqīnjié | 五月的第二个星期天 | 어머니 날 |

| | | | | |
|---|---|---|---|---|
| | | 儿童节 | értóngjié | 六月一日 | 어린이날 |
| | | 父亲节 | fùqīnjié | 六月의 第三个 星期天 | 아버지의 날 |
| | | 教师节 | jiàoshījié | 九月十日 | 스승의 날 |
| | | 国庆节 | guóqìngjié | 十月一日 | 국경일 |
| | | 圣诞节 | shèngdànjié | 十二月二十五日 | 크리스마스 |
| | | 情人节 | qíngrénjié | 二月十四日 | 발렌타인데이 |
| | | 白色情人节 | báisèqíngrénjié | 三月十四日 | 화이트데이 |
| | 음력(阴历) | 春节 | chūnjié | 正月初一 | 설날, 구정 |
| | | 元宵节 | yuánxiāojié | 正月十五 | 정월 대보름 |
| | | 端午节 | duānwǔjié | 五月初五 | 단오 |
| | | 中秋节 | zhōngqiūjié | 八月十五 | 추석 |

**饮食**

川菜 chuāncài 사천 요리 | 咸 xián 짜다 | 淡 dàn 싱겁다 | 咸淡 xiándàn (짜고 싱거운)맛, 간 | 酸 suān 시다 | 甜 tián 달다 | 苦 kǔ 쓰다 | 辣 là 맵다 | 米饭 mǐfàn 쌀밥 | 面条儿 miàntiáor 국수 | 油条 yóutiáo 여탸오 [밀가루 반죽을 발효시켜 길이 30센티 정도의 길쭉한 모양으로 만들어 기름에 튀긴 푸석푸석한 식품, 주로 아침 식사로 먹음] | 豆浆 dòujiāng 두유, 콩국 | 牛奶 niúnǎi 우유 | 面包 miànbāo 빵 | 馒头 mántou 찐빵 [소를 넣지 않고 밀가루만을 발효시켜 만든 것] | 饺子 jiǎozi 만두, 교자 | 包子 bāozi 왕만두 | 小笼包 xiǎolóngbāo (작은 찜통에 찐) 소가 든 만두 | 粥 zhōu 죽 | 汤 tāng 국 | 自助餐 zìzhùcān 뷔페 | 盒饭 héfàn 도시락(밥) | 工作餐 gōngzuòcān 사내 급식 | 柴米油盐 cháimǐyóuyán (땔감·곡식·기름·소금 등) 생활 필수품 | 粗茶淡饭 cūchádànfàn 변변치 않은 검소한 음식 | 风味小吃 fēngwèixiǎochī 향토 음식 | 家常便饭 jiāchángbiànfàn 평소에 집에서 먹는 식사 | 拉客 lākè (여관·식당에서) 손님을 끌다, 호객하다 | 回头客 huítóukè 단골손님 | 叫外卖 jiàowàimài 음식을 배달시키다 | 比萨饼 bǐsàbǐng 피자 | 必胜客 Bìshèngkè 피자헛 | 意大利面 Yìdàlìmiàn 스파게티

**旅游**

护照 hùzhào 여권 | 办护照 bànhùzhào 여권을 신청하다 | 签证 qiānzhèng 비자 | 办签证 bànqiānzhèng 비자를 신청하다 | 旅行社 lǚxíngshè 여행사 | 导游 dǎoyóu 가이드 | 跟团走 gēntuánzǒu 여행상품으로(여행사를 따라) 여행하다 | 自助旅行 zìzhùlǚxíng 자유여행 | 游客 yóukè 여행객 | 七日游 qīrìyóu 7일 여행 | 门票 ménpiào 입장권 | 景点 jǐngdiǎn 관광 명소

**爱好**

画画儿 huàhuàr 그림을 그리다 | 画展 huàzhǎn 미술전람회 | 书法 shūfǎ 서예 | 美术馆 měishùguǎn 미술관 | 书展 shūzhǎn 도서전 | 博物馆 bówùguǎn 박물관 | 钓鱼 diàoyú 낚시를 하다 | 养花 yǎnghuā 꽃을 가꾸다 | 养鱼 yǎngyú 관상어를 기르다 | 养宠物 yǎngchǒngwù 애완동물을 기르다 | 集邮 jíyóu 우

| | |
|---|---|
| 爱好 | 表를 수집하다 \| 看电影 kàndiànyǐng 영화를 보다 \| 登山 dēngshān 등산하다 \| 逛街 guàngjiē 거리를 거닐다 \| 聊天儿 liáotiānr 잡담을 하다 \| 看书 kànshū 책을 보다 \| 唱歌 chànggē 노래를 하다 \| 跳舞 tiàowǔ 춤을 추다 \| 京剧 jīngjù 경극 \| 话剧 huàjù 연극 \| 表演 biǎoyǎn 공연, 쇼 \| 马戏团 mǎxìtuán 서커스단 \| 杂技 zájì 서커스 \| 魔术 móshù 마술 |
| 运动 | 足球 zúqiú 축구 \| 篮球 lánqiú 농구 \| 排球 páiqiú 배구 \| 羽毛球 yǔmáoqiú 배드민턴 \| 乒乓球 pīngpāngqiú 탁구 \| 台球 táiqiú 당구 \| 棒球 bàngqiú 야구 \| 网球 wǎngqiú 테니스 \| 高尔夫球 gāo'ěrfūqiú 골프 \| 游泳 yóuyǒng 수영을 하다 \| 瑜伽 yújiā 요가 \| 滑冰 huábīng 스케이팅 \| 滑雪 huáxuě 스키 \| 滑水 huáshuǐ 수상 스키 \| 跳水 tiàoshuǐ 다이빙 \| 体操 tǐcāo 체조 \| 跨栏 kuàlán 허들 (레이스) \| 短跑 duǎnpǎo 단거리 경주 \| 长跑 chángpǎo 장거리달리기를 하다 \| 竞走 jìngzǒu 경보 \| 马拉松赛 mǎlāsōngsài 마라톤 \| 跳远儿 tiàoyuǎnr 멀리뛰기 \| 跳高 tiàogāo 높이뛰기 \| 拔河 báhé 줄다리기(하다) \| 攀岩 pānyán 암벽등반 \| 蹦极 bèngjí 번지 점프 |
| 表示态度和感情色彩的词语 | 责怪 zéguài 책망하다, 탓하다 \| 批评 pīpíng 지적하다, 질책하다 \| 称赞 chēngzàn 칭찬하다 \| 后悔 hòuhuǐ 후회하다 \| 遗憾 yíhàn 유감이다 \| 埋怨 mányuàn 탓하다, 불평하다 \| 发脾气 fāpíqi 성질부리다, 화내다 \| 发泄 fāxiè 쏟아 내다, 발산하다, 해소하다 \| 谦虚 qiānxū 겸손하다 \| 认真 rènzhēn 진지하다, 착실하다, 진솔하다 \| 骄傲 jiāo'ào 오만하다 \| 嘲笑 cháoxiào 비아냥거리다, 조롱하다 \| 冷笑 lěngxiào 냉소하다, 조소하다 \| 鼓励 gǔlì 격려하다 \| 愤怒 fènnù 분노하다 \| 平静 píngjìng 차분하다, 평온하다 \| 肯定 kěndìng 긍정적으로 평가하다, 좋다고 인정하다 \| 否定 fǒudìng (어떤 존재나 사실을) 부정하다 \| 生气 shēngqì 화내다, 성나다 \| 兴奋 xīngfèn 흥분하다 \| 高兴 gāoxìng 즐겁다 \| 得意 déyì 득의하다, 대단히 만족하다 \| 激动 jīdòng 감격하다, 흥분하다, 감동하다 \| 闷闷不乐 mènmènbúlè 마음이 답답하고 울적하다 \| 微笑 wēixiào 미소짓다 \| 苦笑 kǔxiào 쓴웃음을 짓다 \| 哭 kū 울다 \| 愁眉苦脸 chóuméikǔliǎn 걱정과 고뇌에 쌓인 표정, 우거지상 \| 眉开眼笑 méikāiyǎnxiào 싱글벙글하다, 몹시 좋아하다 |
| 描述人物外貌特征的词语 | 面善 miànshàn (용모가) 온화하고 선량하다 \| 金发 jīnfà 금발머리 \| 细高 xìgāo (키가) 삐죽 크다 \| 大胡子 dàhúzi 긴 수염 \| 长发 chángfà 장발 \| 短发 duǎnfà 단발머리 \| 卷发 juǎnfà 파마머리 \| 瓜子脸 guāzǐliǎn 갸름한 얼굴 \| 长脸 chángliǎn 긴 얼굴 \| 单眼皮 dānyǎnpí 외꺼풀 \| 双眼皮 shuāngyǎnpí 쌍꺼풀 \| 高鼻梁 gāobíliáng 오뚝한 코 \| 大眼睛 dàyǎnjing 큰 눈 \| 小眼睛 xiǎoyǎnjing 작은 눈 \| 高个儿 gāogèr 키다리 \| 浓眉 nóngméi 짙은 눈썹 |
| 中国戏曲 | 话剧 huàjù 연극 \| 歌剧 gējù 오페라 \| 皮影戏 píyǐngxì (가죽 인형) 그림자극 |

| | |
|---|---|
| | 黄梅戏 huángméixì 황매희, 황메이(黄梅)극 [안후이(安徽)성 중부 지방에서 유행한 지방극, 주된 곡조가 후베이(湖北)성 황메이(黄梅) 지역의 채다조(采茶調)에서 변하였기 때문에 붙여진 명칭]<br><br>京剧 jīngjù 경극 [중국 주요 전통극의 하나로, 18세기말 휘극(徽劇)과 한극(漢劇)이 북경으로 들어와, 서피(西皮)·이황(二黃)을 주요 곡조로 하여 점차 융합 발전하여 완성되었음]. 중국 경극은 '동양의 오페라'로 불리우는 정통 중국의 국수(國粹)로 베이징(北京)에서 형성되었다 하여 경극으로 불리운다.<br><br>相声 xiàngsheng 만담, 재담 [설창 문예의 일종]<br><br>秧歌 yāngge 앙가 [주로 북방 농촌에 유행하는 한족(漢族)의 민간 가무의 하나, 노래하고 춤을 추며 징과 북으로 반주함]<br><br>二人转 èrrénzhuàn 이인전 [두 사람이 진행하는 일종의 극인데 재치 있는 입담으로 관중을 웃기는 게 포인트이다.]<br><br>小品 xiǎopǐn 단막극의 일종으로 무대배경을 많이 바꾸지 않고 동작이나 말로 표현하는 극이다.<br><br>越剧 yuèjù 월극 [중국 저장(浙江)성 성(嵊)현 지방에서 나온 민속극과 그 음악. 기본 표현 수단은 노래이며, 필요한 대목에서는 대사도 씀. 저장(浙江)·상하이(上海)·쑤난(苏南) 등 지에서 유행함] |
| 寓言故事 | 井底之蛙 jǐngdǐzhīwā 우물 밑에서 올려다 본 하늘이 세상 전체인 줄 알고 있는 우물 안 개구리 [성어, 비유] 견문이 좁고 세상 물정에 어두운 사람<br><br>画蛇添足 huàshétiānzú 뱀을 그리는 데 다리를 그려 넣다. [성어, 비유] 쓸데없는 짓을 하여 도리어 일을 잘못되게 하다, 재주를 피우려다 일을 망치다, 사족을 가하다<br><br>亡羊补牢 wángyángbǔláo 양을 잃은 후에라도 서둘러 울타리를 수리하면 그래도 늦은 편은 아니다 [성어, 비유] 손실을 입거나 문제가 발생한 후에 서둘러 보완하여 유사한 상황이 재차 발생하지 않도록 하다.<br><br>鹬蚌相争，渔人得利 yùbàngxiāngzhēng, yúréndélì 도요새와 조개가 서로 싸우다 둘 다 어부에게 잡히다 [성어, 비유] 쌍방이 다투는 사이에 제삼자가 힘들이지 않고 이득을 챙기다, 어부지리를 얻다<br><br>南辕北辙 nányuánběizhé 속으로는 남쪽으로 가려 하면서 수레는 도리어 |

| | |
|---|---|
| | 북쪽으로 몰다 [성어, 비유] 하는 행동과 목적이 상반되다 |
| | 庖丁解牛 páodīngjiěniú 솜씨가 뛰어난 포정이 소의 뼈와 살을 발라낸다는 뜻으로, 신기(神技)에 가까운 솜씨를 비유하거나 기술의 묘(妙)를 칭찬할 때 비유하여 이르는 말 [성어, 비유] 사물의 객관적인 규율을 꿰뚫고 나면 일을 자유자재로 할 수 있다. |
| | 囫囵吞枣 húlúntūnzǎo 대추를 통째로 삼키다 [성어, 비유] 기계적으로 〔무비판적으로〕 받아들이다 |
| | 守株待兔 shǒuzhūdàitù 나무 밑에서 죽은 토끼를 기다린다 [성어, 비유] 힘 안들이고 이득을 보려고 한다 |
| **寓言故事** | 杯弓蛇影 bēigōngshéyǐng 잔에 비친 뱀 모양의 활 그림자 [옛날에 진(晉)나라의 악광(樂廣)이란 사람이 손님들을 식사에 초대하였는데, 손님 중 한 사람이 벽에 걸린 활이 술잔에 비친 것을 술잔 속에 뱀이 있다고 오인하고, 뱀을 삼켰으니 독에 중독되었다고 생각하여 병에 걸렸다는 고사에서 유래함] [성어, 비유] 쓸데없는 의심 〔걱정〕을 하다, 의심이 병이 되다. 괜히 놀라거나 두려워하다 |
| | 五十步笑百步 wǔshíbùxiàobǎibù 오십보백보. 전쟁에서 오십 걸음 도망간 병사가 백 걸음 도망간 병사를 비웃다 [성어, 비유] 같은 결점이나 잘못을 가지고 있지만 정도가 경미한 사람이 정도가 심한 사람을 비웃다, 겨 묻은 개가 똥 묻은 개를 나무란다 |
| | 刻舟求劍 kèzhōuqiújiàn 각주구검. [초나라 사람이 배에서 칼을 물 속에 떨어뜨리고 그 위치를 뱃전에 표시하였다가, 나중에 배가 움직인 것을 생각하지 않고 칼을 찾았다는 고사에서 유래함] [성어, 비유] 융통성 없이 현실에 맞지 않는 낡은 생각을 고집하는 어리석음 |
| | 掩耳盗铃 yǎn'ěrdàolíng 귀를 막고 방울을 훔치다 [성어, 비유] 자신이 자신을 속이다, 눈 가리고 아웅하다 |
| | 拔苗助长 bámiáozhùzhǎng 알묘조장. [《맹자·공손추상(孟子·公孫丑上)》편에서, 전국(戰國) 시대 송(宋)나라에 어떤 사람이 벼이삭이 너무 더디게 자란다고 조금씩 손으로 이삭을 뽑아서 빨리 자라게 하였다는 고사에서 유래함] [성어, 비유] 일을 급하게 이루려고 하다가 도리어 일을 그르치다 |
| | 愚公移山 yúgōngyíshān 우공(寓公)이 산을 옮기다. 우공(愚公)이란 사람은 나이가 이미 90에 가까운데, 두 산이 집 앞을 가로막아 돌아다녀야 |

하는 불편을 덜고자 자식들과 의논하여 산을 옮기기로 하였다. 흙을 발해만(渤海灣)까지 운반하는 데 한 번 왕복에 1년이 걸렸다. 옥황상제는 우공의 정성에 감동하여 가장 힘이 센 과아씨의 아들을 시켜 두 산을 들어 옮겼다. [성어, 비유] (일을 함에) 위험과 곤란을 두려워하지 않고 강인한 끈기로 밀고 나가다

买椟还珠 mǎidúhuánzhū 진주 상자는 사고 진주는 되돌려 주다 [《한비자 · 외제설좌상(韓非子 · 外儲說左上)》에서, 초(楚)나라 사람이 정(鄭)나라에 진주를 팔러 가면서 진주 상자를 아주 화려하게 장식했는데, 정(鄭)나라 사람이 진주를 사고 나서 진주 상자만 가지고 진주는 되돌려주었다는 고사에서 유래함] [성어, 비유] 안목이 없어 취사선택을 잘못하다, 본말이 전도되다

塞翁失马 sàiwēngshīmǎ 새옹지마, 북방 국경 근방에 점을 잘 치는 늙은이가 살고 있었는데, 하루는 그가 기르는 말이 아무런 까닭도 없이 도망쳐 오랑캐들이 사는 국경 너머로 가버렸다. 몇 달 후 뜻밖에도 도망갔던 말이 오랑캐의 좋은 말을 한 필 끌고 돌아왔다. 그런데 집에 좋은 말이 생기자 전부터 말타기를 좋아하던 늙은이의 아들이 그 말을 타고 달리다가 말에서 떨어져 다리가 부러졌다. 그런 지 1년이 지난 후 오랑캐들이 대거하여 쳐들어왔다. 장정들이 활을 들고 싸움터에 나가 모두 전사하였는데 늙은이의 아들만은 다리가 병신이어서 부자가 모두 무사할 수 있었다. [성어, 비유] 나쁜 일이 마냥 나쁜 일만은 아니라, 경우에 따라서는 전화위복(轉禍爲福)이 될 수 있다.

望洋兴叹 wàngyángxīngtàn 옛날 황허(黃河)에 하백(河伯)이라는 신이 살고 있었는데, 어느 날 하백은 강의 끝을 보려고 동쪽으로 따라 내려갔다. 하백은 북해(北海)에 도착하여, 그 넓은 바다를 보고 감탄하며 이렇게 말하였다. "만일 내가 이곳을 보지 못하였다면 위태로울 뻔했습니다. 오래도록 내가 도를 아는 척 행세하여 웃음거리가 되었을 테니까 말입니다." 북해의 신 약(若)은 웃으며 다음과 같이 말하였다. "지금 그대는 벼랑 가에서 나와 큰 바다를 보고, 비로소 그대의 어리석음을 깨달았으니, 이제야말로 큰 이치를 말할 수 있게 된 것이 아니겠소?" [성어, 비유] 여기서 望洋兴叹은 가없는 진리의 길을 보고 스스로 자기가 이루었다고 생각했던 것을 부끄럽게 여긴다는 의미로 사용되었다. 오늘날에는 뜻을 넓게 해석하여 자기의 힘이 미치지 못함을 탄식한다는 의미로도 쓰인다.

郑人买履 zhèngrénmǎilǚ 춘추시대 정(鄭)나라의 한 사람이 신발을 사기 위해 끈으로 발의 치수를 쟀는데, 끈을 집에 둔 채로 시장에 갔다. 시장에 도착해서야 끈을 집에 두고 온 것을 알았다. 집에 돌아와서 끈을 가

지고 다시 시장에 갔을 때는 이미 파장하고 난 다음이었다. 뜻인즉, 일을 함에 있어 너무 고지식하여 융통성이 없음을 말한다.

田忌赛马 tiánjìsàimǎ 제(齊)나라 齐威王의 상, 중, 하급의 말과 田忌의 상, 중, 하급의 말이 시합을 하게 되었는데, 치웨이왕의 각 등급의 말들은 모두 톈지의 말보다 좋기 때문에 田忌는 백전백패 할 수밖에 없었다. 그래서 田忌의 친구 孙膑이 강구해낸 방법이 말의 출전순서를 바꾸는 거였다. 즉 田忌의 하급 말로 齐威王의 상급 말, 田忌의 상급 말로 齐威王의 중급 말, 田忌의 중급 말로 齐威王의 하급 말과 시합을 하도록 하여, 田忌가 2:1로 이기게 되었다. 뜻인즉, 나의 장점과 상대방의 단점을 잘 이용하여 상대를 제압하는 방법을 말한다.

自相矛盾 zìxiāngmáodùn 楚나라 사람이 공격용 무기인 창(矛)과 방어용 무기인 방패(盾)을 팔고 있었다. 천하제일의 창(矛)과 방패(盾)이라고 하지만 결국은 공격할 수도 없고, 방어할 수도 없는 자아모순에 빠지게 되었다. [성어, 비유] (언행이) 앞뒤가 서로 맞지 아니하고 모순되다, 자가당착이다, 자체 모순이다

黔驴技穷 qiánlǘjìqióng 옛날에 일 만들기를 좋아하는 사람이 黔이라는 곳에 당나귀 한 마리를 들여왔는데, 당나귀를 한 번도 본 적이 없는 범은 처음에는 무서워하다가 차츰 당나귀가 고작 뒷발질하는 재주밖에 없음을 알게 되었다. 결국 당나귀의 단점을 안 범은 당나귀를 잡아 먹어버렸다. [성어, 비유] 얼마 안 되는 재주도 다 써 버리다, 쥐꼬리만한 재주마저 바닥이 나다

先见之明 xiānjiànzhīmíng 蔡京이라는 사람이 张进士을 청하여 손자들에게 글을 가르치게 하였다. 张进士는 아이들에게 글을 가르치기는커녕, 달리기만 시켰다. 참다못한 아이들이 왜 글을 가르치지 않느냐고 물으니, 너희들의 조상들이 너무 간사하고 교만하고 사치스러워서 언젠가는 백성들의 원성을 받게 될 탠데, 너희들은 아무런 죄가 없으니 빨리 도망가야만 목숨을 건질 수 있다고 하였다. [성어, 비유] 선견지명. 어떤 일이 일어나기 전에 미리 앞을 내다보고 아는 지혜〔판단력〕

杞人忧天 qǐrényōutiān 옛날 杞나라에 하늘이 무너질까 봐 두려워하는 한 사람이 있었다. 그래서 잠도 잘 못 자고 밥도 잘 먹지 못했다. 다른 사람의 하늘의 원리에 대한 설명을 듣고서야 마음을 놓게 되었다.
[성어, 비유] 하늘이 무너질까 봐 걱정하다

左右逢源 zuǒyòuféngyuán 도처에 수원을 얻다. 맹자가 학문하는 방법에 대해 말한 대목이다. 곧 학문을 하기 위해서는 올바른 방법으로 하되, 가까이에 있는 것부터 깊이 연구해 그 근원까지 탐구해야 한다는 것을 간곡하게 이른 것이다. 하나에서 열까지 차근차근 깊이 연구하다 보면 자연히

| | 그 핵심에 이르게 된다. [성어, 비유] 일처리가 원만해서 주위 관계를 매끄럽게 처리하다, 일하는 게 융통성이 있어 누구에게나 환심을 사다 |
|---|---|
| 历史人物 | **공자(孔子)**<br>중국 고대의 사상가, 유교의 시조. 최고의 덕을 인이라고 보았다. 인(仁)에 대한 공자의 가장 대표적인 정의는 '극기복례(克己復禮)' 곧, "자기 자신을 이기고 예에 따르는 삶이 곧 인(仁)"이라는 것이다. 그 수양을 위해 부모와 연장자를 공손하게 모시는 효제(孝悌)의 실천을 가르치고, 이를 인(仁)의 출발점으로 삼았다.<br><br>**노자(老子)**<br>중국 고대의 철학자, 도가(道家)의 창시자. 주나라의 쇠퇴를 한탄하고 은퇴할 것을 결심한 후 서방(西方)으로 떠났다. 그 도중 관문지기의 요청으로 상하 2편의 책을 써 주었다고 한다. 이것을 《노자》라고 하며 《도덕경(道德經)》이라고도 하는데, 도가사상의 효시로 일컬어진다.<br><br>**맹자(孟子)**<br>중국 전국시대의 유교 사상가. 전국시대에 배출된 제자백가(諸子百家)의 한 사람이다. 공자의 유교사상을 공자의 손자인 자사(子思)의 문하생에게서 배웠다. 도덕정치인 왕도(王道)를 주장하였으나 이는 현실과 동떨어진 이상적인 주장이라고 생각되어 제후에게 채택되지 않았다. 그래서 고향에 은거하여 제자교육에 전념하였다.<br><br>**장자(莊子)**<br>중국 고대의 사상가, 제자백가(諸子百家) 중 도가(道家)의 대표자. 도(道)를 천지만물의 근본원리라고 보았다. 이는 도는 어떤 대상을 욕구하거나 사유하지 않으며(無爲), 스스로 자기존재를 성립시키며 절로 움직인다(自然)고 보는 일종의 범신론(汎神論)이다.<br><br>**증자(曾子)**<br>증자는 중국 전국 시대의 유가(儒家) 사상가이다. 이름은 삼(參), 자는 자여(子輿)이며, 증자는 존칭이다. 공자의 만년의 제자로서 공자보다도 46세 연하이다. 공자 사후 유가의 유력한 일파를 형성하여 공자사상의 유심주의적 측면을 발전시켰다. 그는 당시 진행 중이던 봉건제의 붕괴를 제지하기 위하여 씨족제로부터 비롯된 '효(孝)'라는 덕목을 강조하였다. "하루에 세 번 내 몸을 살펴본다"라고 하여 공자 사상의 근본을 충서(忠恕)라는 말로 표현하여 공자 사상의 계승자로서의 그의 입장을 보이고 있다. 증자의 학통은 자사를 거쳐, 맹자에로 발전하여 유가의 도통을 전하는 데 큰 역할을 다하였다. |

**历史人物**

### 시황제 (始皇帝)

중국 최초의 중앙 집권적 통일제국인 진(秦)나라를 건설한 전제군주. 강력한 부국강병책을 추진하여 중국대륙의 군소 국가를 모두 통일했다. 중앙집권정책을 추진하여 법령을 정비하고, 군현제를 실시했으며, 문자·도량형·화폐를 통일하였다.

### 태종 이세민 (太宗 李世民)

당(唐)나라의 제2대 황제(재위 626~649). 당나라를 수립하고 군웅을 평정하여 중국을 통일하였다. 공정한 정치로 후세 제왕의 모범이 되었다.

### 측천무후 (則天武后, 武則天)

중국에서 여성으로 유일하게 황제가 되었던 인물로 당(唐) 고종(高宗)의 황후였지만 690년 국호를 주(周)로 고치고 스스로 황제가 되어 15년 동안 중국을 통치하였다.

### 징기스칸 (成吉思汗)

1189년 몽골씨족연합의 맹주에 추대되어 칭기즈칸이라는 칭호를 얻었다. 1206년 몽골제국의 칸에 오르면서 군사조직에 바탕을 둔 천호라고 하는 유목민집단을 95개 편성하였다. 1215년 금나라의 수도 베이징에 입성했으며 1219년에는 서역 정벌을 떠나 인더스 강변까지 진출했다. 다른 종교와 문화에 관대했으며 특히 위구르 문화를 사랑했다.

### 서태후 (西太后, 慈禧太后)

청나라 함풍제의 후궁이며, 동치제의 생모인 자희황태후. 동치제와 광서제의 섭정(攝政)을 지냈고 광서제가 입헌파 캉유웨이(康有爲)와 입헌군주제를 위한 전환을 꾀하자 무술정변을 일으켰다. 말년에는 신정을 실시했으나 중국의 반식민지화는 더욱 심각해졌다.

### 푸이(溥儀 마지막 황제)

중국 청(淸)의 마지막 황제인 선통제(宣統帝). 1908년 3살의 나이로 청(淸)의 12대 황제가 되었지만 1912년 신해혁명(辛亥革命)으로 퇴위하였다. 1934년 일본에 의해 만주국의 황제가 되었으나 일본의 패전으로 소련에 체포되었다가 중국으로 송환되었다.

➡ 중국에 관한 기본 상식을 어느 정도 숙지하고 있으면, 문제의 요지를 유추할 수 있다.

1. 중국인들은 자전거를 타고 출퇴근을 많이 한다.
2. 아침식사로는 죽을 먹을 때가 많으며, 또 집에서 해먹지 않고 밖에 나가서 먹는 경우가 많다.
3. 점심에 잠깐 낮잠을 자는 습관이 있다.
4. 저녁이나 주말에도 나가서 외식하지 않고 집에서 손수 해먹는다.
5. 중국은 아이를 하나밖에 못 낳게 한다.
6. 아이가 하나이다보니 초등학생 같은 경우 부모가 직접 아이를 학교에 바래 다주고 끝나면 학교 앞까지 가서 아이를 집으로 데려온다.
7. 중국은 맞벌이 부부가 95%를 넘는다.
8. 가사일을 부부가 함께 하는 것은 당연한 것이고, 남편이 더 많이 하는 경우도 흔히 볼 수 있다.
9. 젊은이들은 어르신들 앞에서 고개 돌려 술을 마시지 않아도 되며, 술잔을 돌리지도 않는다.
10. 중국인들은 건강에 매우 신경을 쓴다. 중국요리에 쓰이는 식품재료는 아주 다양하며, 요리를 만드는 방법 또한 아주 다양하다.


➡ 출제하시는 선생님들 대부분이 베이징에서 살고 있기 때문에 베이징에 관한 기본 상식을 알아두면 문제풀기가 훨씬 쉬어진다.

1. 베이징은 봄에 황사 현상이 심하고(风沙大, 황사현상이 심하다 ; 沙尘暴, 황사현상), 여름에는 덥고 건조(干燥)하다. 그러나 가을에는 날씨가 아주 좋다.
2. 출퇴근할 때 짧은 거리는 자전거(骑车·骑自行车, 자전거를 타다)를 타고 다니고 먼 거리는 지하철이나 버스를 이용한다. 아직까지 자가용으로 출퇴근하는 사람은 한국같이 많지 않지만, 모두들 자동차에 대해 관심이 아주 많기 때문에 자동차에 관한 문제가 의외로 많다.
3. 베이징에는 역사유적지가 아주 많다. 따라서 베이징에 있는 长城、故宫、颐和园、天坛公园、明十三陵、北京海洋公园、北京景山公园、中国科学技术馆、北京动物园、北京植物园 등을 미리 익혀 두면 시험에 유리하다.
4. 베이징 사람들의 문화생활은 아직 그다지 다양하지 않다. 따라서 일반적으로 취미생활은 배드민턴 (羽毛球) , 탁구 (乒乓球), 수영 (游泳), 축구 (足球), 농구 (篮球), 영화 (看电影) 등 정도이다.

➡ HSK 5급 작문은 자유주제로 하는 작문이 아니라 제한이 있는 작문시험이다. 즉 주어진 단어로 문장만들기, 그림을 보고 문장만들기, 그리고 완성된 문장을 요약하기 이다. 세 가지 형식에는 모두 5급에 해당되는 기본적인 문법이 포함되어 있다. 따라서 시험에 나올만한 문법을 미리 익혀두면 아주 유리할 것이다. 다음은 HSK 5급에 해당되는 문법으로써 시험에 출제될 가능성이 아주 높으므로 꼭 기억해 두길 바란다.

1. 심리동사와 조동사의 용법: 심리동사(心理動詞)는 '喜欢, 爱, 想' 등과 같이 인식이나 정서적인 경험을 나타내는 동사를 가리키고, 조동사는 '应该, 能, 可以, 会, 要' 등을 가리킨다. 작문할 때 심리동사와 조동사는 반드시 다른 동사 앞에 와야 한다.

他　　喜欢　　　看　　　　　中国电影。그는 중국 영화보기를 좋아한다.
↳ 주어　↳ 심리동사　↳ 일반동사　↳ 목적어

他　　　能　　　听懂　　一点儿　　日语。그는 일본어를 좀 알아들을 수 있다.
↳ 주어　↳ 조동사　↳ 동사　↳ 수식어　↳ 목적어

2. 형용사 술어문: 일반 형용사 술어문의 어순은 '주어+부사+형용사' 이다. 하지만 시험에 출제되는 형용사술어문의 주어 앞에는 수식어가 오는 경우가 많다. 즉 '수식어+주어+부사+형용사' 의 형식을 취한다.

金庸写的　　武侠小说　十分　　有趣。　　김용이 쓴 무협소설은 아주 재미있다.
↳ 수식어　↳ 주어　　↳ 부사　↳ 술어

这件衣服的　　颜色　　怎么样?　　이 옷의 색상은 어떤가?
↳ 수식어　　↳ 주어　↳ 怎么样?

3. 동사 술어문: 일반 동사 술어문의 어순은 '주어+술어동사+목적어' 이다. 하지만 시험에 출제되는 동사술어문의 주어와 목적어 앞에는 수식어가 오고, 술어 앞에는 부사가 오는 경우가 많다. 즉 '수식어+주어+부사+술어+수식어+목적어' 의 형식을 취한다.

每个人　　都　　喜欢　　幽默的　老师。모든 사람들은 유머스러운 선생을 좋아한다.
↳ 주어　↳ 부사　↳ 동사　↳ 수식어　↳ 목적어

现在　有能力的　　人　非常　　受　欢迎。지금은 능력 있는 사람이 환영을 받는다.
↳ 시간사　↳ 수식어　↳ 주어　↳ 부사　↳ 동사　↳ 목적어

4. 동작의 완료를 나타내는 '了' : 동작의 완료를 나타내는 '了'는 동사 뒤이나 문장의 맨 마지막에 모두 올 수 있다. 그러나 목적어에 수식어가 있을 경우, '了'는 동사 뒤에 위치 한다.

他们　　提供　　了　　　　　　　　　　　一些　　　参考材料。
↳ 주어 ↳ 동사 ↳ 동작의 완료를 나타내는 '了' ↳ 수식어 ↳ 목적어
그들은 일부 참고자료를 제공했다.

무엇을 했느냐는 질문의 어순은 '주어+동사+(수식어+)목적어+了+吗?' 이다. 참고로 술어 뒤에 결과보어가 올 수도 있다.

你　　　听　　明白　　我说的　　话　　了　　吗?
↳ 주어 ↳ 동사 ↳ 결과보어 ↳ 수식어 ↳ 목적어 ↳ 了 ↳ 吗
내가 한 말 알아들었어?

5. 비교문: 비교문의 어순은 다음과 같다.
A+比+B+형용사+一点儿/一些(차이가 크지 않음을 나타냄)
A+比+B+형용사+多了/得多(차이가 크다는 것을 나타냄)
A+比+B+형용사+수사+양사(구체적으로 얼마나 차이 난다는 것을 나타냄)

我　　比　　小张　　高　　一点儿。　　나는 샤오장보다 키가 조금 더 크다.
↳ A ↳ 比　↳ B　　↳ 형용사 ↳ 一点儿

6. 중국어의 부정: 중국어의 부정은 술어동사를 부정할 수도 있고, 술어동사 앞에 오는 부사도 부정할 수 있고, 주어 뒤에 오는 전치사도 부정할 수 있다. 즉 부정하고자 하는 품사 앞에 부정 부사 '不/没'를 붙이면 된다. 예컨대 '저의 아버님은 대학에서 근무하지 않습니다' 란 대학이 아닌 다른 곳에서 근무한다는 뜻이기 때문에 부정 부사 '不'를 '工作' 앞에 놓으면 안 되고, '在大学' 앞에 놓아야 한다.

我爸爸　　不　　　在　　　大学　　工作。
↳ 주어 ↳ 부정부사 ↳ 전치사 ↳ 장소 ↳ 술어동사
저의 아버님은 대학에서 근무하지 않습니다.

7. 종속절: '知道, 告诉, 打算' 등 동사 뒤에 오는 목적어가 한 단어가 아니라, 한 문장일 경우 종속절이라고 한다. 이때 어순은 다음과 같다. '주어+(不+)知道(告诉, 打算)+종속절' 이다. 종속절이란 주어, 술어와 목적어로 구성된 문장을 가리킨다. 주어나 목적어는 생략할 수도 있다.

她    不    知道    老师的电话号码    是    多少。

↳ 주어  ↳ 부정부사  ↳ 知道  ↳ 종속절

그는 선생님의 전화번호가 몇 번인지 모른다.

8. 경험태: 경험태란 어떤 동작이 과거에 이미 발생하였거나 어떤 경험이 있었다는 것을 가리킨다. 경험태는 동사 뒤에 동태조사 '过'를 붙이면 된다. '过'의 부정은 '没'로 한다.

我    去    过    中国。그는 중국에 가본 적이 있다.

↳ 주어  ↳ 동사  ↳ 동태조사  ↳ 목적어

我    没    去    过    中国。

↳ 주어  ↳ 부정부사  ↳ 동사  ↳ 동태조사  ↳ 목적어

그는 중국에 가본 적이 없다.

9. 정도보어: 정도보어란 동사나 형용사 뒤에 놓여 동작이나 상태가 어느 정도에 도달했는가를 나타내는 보어를 가리킨다. 정도보어는 아래의 두 가지 형식으로 표현할 수 있다.

他    唱    歌    唱    得    很好。

↳ 주어  ↳ 동사  ↳ 목적어  ↳ 동사  ↳ 得  ↳ 정도보어

그는 노래를 잘 부른다.

他的    汉语    说    得    非常好。

↳ 수식어  ↳ 목적어  ↳ 동사  ↳ 得  ↳ 정도보어

그는 중국어를 아주 잘 한다.

10. 방향보어의 파생적 의미: '起来, 下去, 过去, 过来, 下来' 등 방향보어가 다른 동사 뒤에서 방향을 나타내는 기본 의미 외에 파생적 의미를 나타내기도 한다.

**出来:** 숨겨져 있던 것을 밖으로 드러내다.
　　　　快点儿找出来。빨리 찾아 내.

**出去:** 비밀을 누설하다
　　　　这是秘密，你可别说出去。이것은 비밀이니, 말하면 안 돼

**起来1:** 흩어져 있던 것을 한 곳으로 모여놓다.
　　　　衣服我已经都收起来了。내가 이미 옷을 다 거두어 놓았어.

**起来2**: …하기 시작하다. (起와 来사이에 목적어가 온다)

　　外边下起雨来了。밖에 비가 내리기 시작하였다.

**下来1**: 정적인 상태로 남겨놓기 위하여 카메라에 담는다든가 아니면 종이에 글을 적다 라는 뜻을 나타낸다.

　　彩虹真美, 快照下来。무지개가 너무 아름답다. 빨리 찍어.

**下来2**: 기차·눈·비 등이 점점 멈추다 라는 뜻을 나타낸다.

　　火车慢慢地停下来了。기차가 천천히 멈추기 시작하였다.

**下去**: 계속~하다　　　　说下去。계속 말해.

**过来1**: 원래 상태나 정상적인 상태로 돌아오다, 혹은 더 나은 상태로 변환하다.

　　他醒过来了。그가 깨어났다.

**过来2**: 수량이 너무 많아서 다 ~할 수 없다는 뜻을 나타낸다.

　　这么多菜, 我都吃不过来了。

　　반찬이 너무 많아서 무엇을 먹었으면 좋을지 모르겠다.

11. '把' 자문: '把' 자문은 동작이 어떤 사물을 어떻게 처리했는가와 그 처리 결과를 강조하여 설명하는 경우에 주로 쓰이며, 특징은 목적어를 술어동사 앞에 놓는 것이다. '把' 자문의 형식은 '주어+把+목적어+동사+기타성분(어떻게 처리되었는지 혹은 처리의 결과)' 이다. 여기서 기타성분은 '了', 결과보어, 정도보어, 동사의 중첩 등이 해당된다.

　　他　　　把　　　录音机　　　摔　　　坏了。그는 카세트를 망가뜨렸다.
　　↳ 주어　　↳ 把　　↳ 목적어　　↳ 동사　　↳ 기타성분(결과보어)

12. '被' 자문: 주어가 동작의 대상이 되어 피동을 나타내는 문장을 '被' 자문이라고 한다. '被' 자문은 전치사 '被, 让, 叫'를 써서 동작의 주체를 이끌어 낸다. '被' 자문의 형식은 '목적어+被/让/叫+주어+동사+기타성분' 이다. 여기서 기타 성분은 '了', 결과보어, 정도보어, 동사의 중첩 등이 해당된다.

　　录音机　　被　　他　　　摔　　　坏了。카세트는 그에 의해 망가졌다.
　　↳ 목적어　↳ 被　　↳ 주어　　↳ 동사　　↳ 기타성분(결과보어)

## ★ 쓰기 응시 비법

1. 빠른 속도로 주어진 단어, 그림을 묵독하되, 잘못 읽거나 빠지지 않도록 하나하나 잘 체크하면서 묵독해야 한다.

2. 문장을 쓸 때 문법을 염두에 두고 작문해야 한다. 따라서 사전에 기본적인 문법을 숙지해야 하며 문장을 통째로 외우는 것도 좋은 방법이다.

3. 자신이 쓴 문장을 작은 소리로 한 번 읽어보면 어색하고 잘못된 부분을 찾아낼 수 있다.

4. 그림을 보고 작문할 때 너무 욕심내지 말고 자신의 수준에 맞는 문장을 만드는 것이 훨씬 유리하다. 괜히 어려운 문장을 만들다가 착오가 생기면 낭패를 볼 수 있다.

## ★ 원고지 작성법

1. 문장의 시작 부분은 두 칸을 띄워 써야 한다.

2. 문장 부호가 한 칸을 차지해야 하지만, 줄이 바뀔 때에는 문장부호가 줄의 맨 앞에 올 수 없다.

3. 중국어는 한국어와 달리 단어와 단어 사이에 띄어 쓰지 않는다.

4. 문장 부호까지 포함해서 80자 내외의 단문을 지으면 된다.

5. 단문을 지을 때, 기본적으로 쉼표, 느낌표, 마침표만 사용하여 문장을 만들면 된다. 주의할 점은 같은 자격의 어구가 열거될 때에 쉼표를 쓰는 것이 아니라 '、: 頓号(dùnhào)'를 써야 한다.

## 원고지 작성 예

| | | 这 | 是 | 安 | 全 | 出 | 口 | 指 | 示 | 牌 | ， | 您 | 可 | 能 | 在 | 很 | 多 | 地 | 方 |
|---|---|---|---|---|---|---|---|---|---|---|---|---|---|---|---|---|---|---|---|
| 见 | 过 | 这 | 样 | 的 | 牌 | 子 | 。 | 当 | 发 | 生 | 紧 | 急 | 情 | 况 | 的 | 时 | 候 | ， | 请 |
| 您 | 不 | 要 | 惊 | 慌 | ， | 也 | 不 | 要 | 害 | 怕 | ， | 您 | 要 | 做 | 的 | 第 | 一 | 件 | 事 |
| 情 | 是 | 要 | 找 | 到 | 安 | 全 | 出 | 口 | ， | 然 | 后 | 迅 | 速 | 离 | 开 | 。 | | | |
| | | | | | | | | | | | | | | | | | | | |

머리에 쏙쏙!

실전모의고사 1회
정답 및 해설

# 第一套模拟试题答案

## 一、听力

### 第一部分

| | | | | |
|---|---|---|---|---|
| 1. D | 2. B | 3. C | 4. B | 5. B |
| 6. A | 7. B | 8. C | 9. D | 10. D |
| 11. A | 12. D | 13. A | 14. D | 15. C |
| 16. D | 17. C | 18. D | 19. D | 20. D |

### 第二部分

| | | | | |
|---|---|---|---|---|
| 21. C | 22. C | 23. A | 24. C | 25. B |
| 26. D | 27. B | 28. D | 29. A | 30. B |
| 31. D | 32. A | 33. A | 34. D | 35. B |
| 36. D | 37. D | 38. C | 39. D | 40. A |
| 41. A | 42. A | 43. A | 44. C | 45. D |

## 二、阅读

### 第一部分

| | | | | |
|---|---|---|---|---|
| 46. A | 47. C | 48. A | 49. A | 50. C |
| 51. A | 52. D | 53. A | 54. C | 55. C |
| 56. B | 57. A | 58. C | 59. B | 60. A |

### 第二部分

| | | | | |
|---|---|---|---|---|
| 61. A | 62. B | 63. D | 64. C | 65. D |
| 66. C | 67. D | 68. C | 69. D | 70. C |

### 第三部分

| | | | | |
|---|---|---|---|---|
| 71. B | 72. C | 73. D | 74. D | 75. D |
| 76. C | 77. B | 78. A | 79. D | 80. D |
| 81. D | 82. C | 83. D | 84. D | 85. D |
| 86. B | 87. D | 88. D | 89. B | 90. C |

# 三、书写

## 第一部分

91.　孩子突然大哭起来。

92.　运动可以调节抑郁的心情。

93.　考试成绩很理想。

94.　小李受过严格的训练。

95.　玻璃被打碎了。

96.　他的汉语说得非常地道。

97.　我国农业面临严重危机。

98.　下午得把资料复印一下。

## 第二部分

99.　　昨天上午我跟爱人和孩子一起去家乐福了，给我爱人买了一件衬衫，给我的孩子买了一双袜子，还在那里吃了午饭，那里的饺子特别好吃。下午我们又去了游乐园，因为是星期天，所以人很多。不过挺热闹的，我的孩子非常高兴。

100.　　这是安全出口指示牌，您可能在很多地方见过这样的牌子。当发生紧急情况的时候，请您不要惊慌，也不要害怕，您要做的第一件事情是要找到安全出口，然后迅速离开。

# 一、听力

## 第 一 部分

★ 유형파악 & 공략하기
듣기 1부분은 5급 문제 중 가장 쉬운 부분이기 때문에, 문제를 풀 때 크게 당황하지 말고 보기 내용을 하나하나 체크하면서 녹음을 잘 들으면 문제를 쉽게 풀 수 있다. 핵심어를 파악하는 것이 중요하다.

第1-20题: 请选出正确答案。　　　　　　1번~20번 문제: 정확한 답을 고르세요.

**1**

女: 后天早上6点在学校正门见。　　　여: 모레 아침 6시에 학교 정문 앞에서 만나자.
男: 那么早我可起不来。　　　　　　　남: 그렇게 일찍 나 못 일어나는데.
问: 男的是什么意思?　　　　　　　　문: 남자의 말 뜻은 무엇인가?
A　6点他能来　　　　　　　　　　　A　그는 6시에 올 수 있다
B　他要去中国　　　　　　　　　　　B　그는 중국에 가려고 한다
C　6点有点儿晚　　　　　　　　　　C　6시는 좀 늦는 것 같다
D　6点有点儿早　　　　　　　　　　D　6시는 좀 이른 것 같다

어휘　起不来 qǐbulái 못 일어난다
해설　핵심어는 '那么早我可起不来, 그렇게 일찍 나 못 일어나는데' 이다. 따라서 정답은 D이다.

**2**

男: 瞧你高兴的样子, 有什么好事儿啊?　남: 기뻐하는 거 보니, 뭐 좋은 일 있어?
女: 我爱人去香港出差的时候, 给我　　여: 남편이 홍콩으로 출장 갔을 때 스위스
　　买了块儿瑞士手表, 这块手表我期待　　손목시계를 사줬어, 이 시계는 내가 오
　　很久了!　　　　　　　　　　　　　　래 전부터 갖고 싶었던 거야.
问: 女的是什么语气?　　　　　　　　문: 여자의 말투는 어떠한가?
A　伤心　　　　　　　　　　　　　　A　상심하다
B　高兴　　　　　　　　　　　　　　B　기뻐하다
C　遗憾　　　　　　　　　　　　　　C　유감스럽다
D　担心　　　　　　　　　　　　　　D　걱정하다

어휘　瞧 qiáo 보다 | 样子 yàngzi 모습, 꼴 | 期待 qīdài 기대하다
해설　무슨 좋은 일이 있느냐는 남자의 질문에, 여자는 남편이 스위스 손목시계를 사줬다면서 자랑하고 있었다. 이로써 여자의 말투는 '기뻐하다' 라는 것을 알 수 있다.

**3**

女： 张先生，这次我们给贵公司介绍的生意，你们考虑给多少佣金？

男： 按规定应该给3％，但是考虑到订货量大，所以再给你们加2％。

问： 关于佣金，下列哪项正确

A　给2％

B　给3％

C　给5％

D　不给佣金

여： 장선생님, 이번에 소개해드린 거래에 대해, 커미션을 얼마 주실 건가요?

남： 규정대로라면 3%를 지급해야 하는데, 주문량이 많은 걸 고려해서 2%를 더 드리겠습니다.

문： 커미션에 관해, 보기 내용 중 정확한 것은?

A　2%를 준다

B　3%를 준다

C　5%를 준다

D　커미션을 안 준다

**어휘** 佣金 yòngjīn 커미션 | 订货量 dìnghuòliàng 발주액 | 支付 zhīfù 지불하다 | 项 xiàng 항목

**해설** 커미션을 얼마나 줄 수 있느냐는 여자의 질문에, 남자가 원칙대로라면 3%지만, 2%를 더 준다고 했으니, '5%를 준다' 가 정답이다.

**4**

男： 您什么时候能交稿？这本书一定要赶在开学之前出。

女： 基本上写完了，但还需要最后一次审稿，估计再过一个星期就可以了。

问： 这本书什么时候能交稿？

A　这个星期

B　一个星期以后

C　两个星期以后

D　一个月以后

남： 원고를 언제 제출할 수 있나요? 이 책은 반드시 개학 전에 서둘러 내야 하거든요.

여： 거의 다 썼는데요, 마지막 검토가 필요합니다. 일주일만 더 있으면 될 것 같습니다.

문： 이 책의 원고를 언제 마칠 수 있는가?

A　이번 주

B　1주 후

C　2주 후

D　한 달 후

**어휘** 交稿 jiāogǎo 원고를 제출하다 | 赶 gǎn 서두르다 | 在…之前 zài … zhīqián …전에 | 基本上 jīběnshang 거의 | 审稿 shěngǎo 원고를 심사하다 | 估计 gūjì 짐작하다

**해설** 원고를 언제 마칠 수 있느냐는 질문인데, 핵심어는 '估计再过一个星期就可以了, 일주일만 더 있으면 될 것 같습니다' 이다. 이로써 B가 정답이라는 것을 알 수 있다.

**5**

女： 都八点了，你怎么还不起床啊？

男： 今天是双休日，干吗要起早啊？

问： 关于男的，下列哪项正确？

A　有病了

B　今天休息

C　昨晚没睡好

D　不想去上班

여： 벌써 8시가 됐는데, 왜 아직도 안 일어나?

남： 오늘은 주말 연휴잖아, 뭐 하러 일찍 일어나?

문： 남자에 대해 보기 내용 중 정확한 것은?

A　병에 걸렸다

B　오늘은 쉰다

C　어제 저녁에 잠을 잘 못 잤다

D　출근하지 않으려고 한다

双休日 shuāngxiūrì 토·일요일 연휴 | 干吗 gànmá 왜
해설 왜 안 일어나느냐는 여자의 질문에 남자는 '今天是双休日, 오늘이 주말 휴일이잖아' 라고 했으므로, '오늘은 쉰다' 가 정답이다.

6  男: 你别跟自己过不去，那样的人不值      남: 너 자신을 괴롭히지 마, 그런 사람은
       得你这么伤心。                            네가 속 썩을 가치가 없어.
    女: 我跟他交往了八年，分手也要有个      여: 나 그 사람하고 8년 사귀었거든, 갈라
       理由，我要去问个清楚。                    서는데도 이유가 있어야지, 내가 가서
                                               확실하게 물어볼 거야.
    问: 女的跟她的男朋友怎么了?               문: 여자는 남자친구와 어떻게 되었나?
    A  分手了                                 A  헤어졌다
    B  吵架了                                 B  다퉜다
    C  和解了                                 C  화해했다
    D  男的生气了                             D  남자가 화났다

어휘 别跟自己过不去 biégēnzìjǐguòbúqù 스스로를 못살게 굴지 마 | 交往 jiāowǎng 교제하다
해설 남자가 그런 사람 때문에 속상해 하지 말라고 여자를 위로해 주고 있고, 또 여자는 '나 그 사람하고 8년 사귀었거든, 갈라서는데도 이유가 있어야지' 라고 하는 걸로 미뤄볼 때, 여자는 남자친구와 화해하거나 다툰 것이 아니라, 헤어졌다는 것을 알 수 있다.

7  女: 昨天那部电影怎么样?                    여: 어제 그 영화 어땠어요?
    男: 看完之后我深有感触，人一定要诚      남: 보고 나서 저는 깊은 감명을 받았습니
       实、要勤奋、要有毅力，否则是不            다. 사람은 반드시 성실하고, 부지런하
       会成功的。                                고, 끈기가 있어야 돼요. 아니면 성공
                                               할 수 없어요.
    问: 男的是什么意思?                        문: 남자의 말 뜻은 무엇인가?
    A  不想成功                               A  성공하고 싶지 않다
    B  很受感动                               B  아주 감동을 받았다
    C  电影没意思                             C  영화가 재미없었다
    D  想看那部电影                           D  그 영화를 보고 싶어한다

어휘 深有感触 shēnyǒugǎnchù 깊은 감명을 받다 | 勤奋 qínfèn 부지런하다 | 毅力 yìlì 굳센 의지
해설 어제 영화가 어땠느냐는 여자의 질문에, 남자는 '看完之后我深有感触, 보고 나서 저는 깊은 감명을 받았습니다' 라고 했으므로, 정답은 '아주 감동을 받았다' 이다.

**8**

男: 你是不是讨厌我啊？我觉得你总是在躲着我。

女: 哪儿啊！我觉得我们互相了解还需要时间，总之，我不想操之过急，我想慢慢来。

问: 女的是什么态度？

A 积极

B 主动

C 犹豫

D 拒绝

남: 제가 싫은가요? 계속 저를 피하는 느낌이 들어서요.

여: 그럴 리가 있겠어요! 서로를 아는데 시간이 필요할 것 같아요. 어쨌든 성급하게 서두르고 싶지 않아요. 천천히 하고 싶어요.

문: 여자의 태도는 어떠한가?

A 적극적이다

B 주동적이다

C 망설이다

D 거절한다

**어휘** 躲 duǒ 피하다 | 总之 zǒngzhī 어쨌든 | 操之过急 cāozhīguòjí 너무 성급하게 일을 처리하다 | 犹豫 yóuyù 망설이다 | 拒绝 jùjué 거절하다

**해설** 핵심어는 '我觉得我们互相了解还需要时间, 서로를 아는데 시간이 필요할 것 같아요' 이다. 이로써 여자가 남자에 대한 태도는 '망설이다' 라는 것을 알 수 있다.

**9**

女: 你家的孩子晚上睡觉的时候闹不闹？

男: 以前闹得非常厉害，最近我带他去看了中医，现在一点儿也不闹了。

问: 关于男人的孩子，可以知道什么？

A 很帅

B 很聪明

C 身体不好

D 最近睡眠很好

여: 당신 아이는 저녁에 잘 때 보채지 않나요?

남: 예전에는 아주 심하게 보챘는데요, 최근에 아이를 데리고 한의사에게 진찰을 받았더니, 지금은 하나도 안 보채요.

문: 남자의 아이에 대해 무엇을 알 수 있나?

A 아주 잘 생겼다

B 아주 총명하다

C 건강이 안 좋다

D 요즘 잠을 잘 잔다

**어휘** 闹 nào (애기가) 보채다 | 厉害 lìhai 심각하다 | 中医 zhōngyī 중국 전통 의학

**해설** 핵심어는 '最近我带他去看了中医，现在一点儿也不闹了, 최근에 아이를 데리고 한의사에게 진찰을 받았더니, 지금은 하나도 안 보채요' 이다. 이로써 남자의 아이는 '요즘 잠을 잘 잔다' 라는 것을 알 수 있다. 따라서 D가 정답이다.

**10**

男: 今天的演唱会是由你来主持吗？

女: 张总安排我和李艳一起主持，不过我的主持经验还不太丰富，所以我很紧张。

问: 关于演唱会，可以知道什么？

남: 오늘 콘서트는 당신이 MC를 보나요?

여: 장 총지배인께서 나와 리옌보고 함께 MC를 보라고 했어요. 그런데 저는 MC 경험이 그다지 많지 않아 긴장이 되네요.

문: 콘서트에 관해 무엇을 알 수 있나?

| | |
|---|---|
| A 明天举行 | A 내일 연다 |
| B 由李艳主持 | B 리옌이 MC를 본다 |
| C 来的人很多 | C 사람들이 아주 많이 왔다 |
| D 两个人主持 | D 두 사람이 MC를 본다 |

어휘 演唱会 yǎnchànghuì 콘서트 | 由…来主持 yóu…láizhǔchí …가 사회〔MC〕를 보다 | 经验 jīngyàn 경험 | 丰富 fēngfù 풍부하다

해설 오늘 콘서트 MC를 누가 보느냐는 남자의 질문에 여자는 자기와 리옌이 함께 본다고 했으므로, '두 사람이 MC를 본다'가 정답이다.

11　女: 你不要浪费我们的感情，快点儿好
　　　　不好?
　　男: 大家都坐好，来! 看这儿，"茄子!"

　　问: 根据对话，可以知道什么?
　　A　他们在照相
　　B　他们在吃饭
　　C　女的生气了
　　D　他们在聊天儿

여: 우리 감정 허비하지 마시고 빨리 찍으세요.
남: 여러분 잘 앉으세요. 자, 여기 보시고요. "김-치"

문: 대화를 통해 무엇을 알 수 있나?
A　그들은 사진을 찍고 있다
B　그들은 밥을 먹고 있다
C　여자는 화가 났다
D　그들은 잡담하고 있다

어휘 浪费 làngfèi 낭비하다 | 感情 gǎnqíng 감정 | 茄子 qiézi 원래는 가지란 뜻이지만, 사진을 찍을 때는 '김-치'란 뜻을 나타냄

해설 핵심어는 '来! 看这儿，茄子! 자, 여기 보시고요. 김-치'이다. 이로써 그들은 지금 사진을 찍고 있다는 것을 알 수 있다.

12　男: 我是经济系的学生，你是新生吧?
　　　　要不要我帮你拿东西?
　　女: 谢谢! 我是今年刚入学的新生，也
　　　　是经济系的，今天刚到。

　　问: 关于他们俩，可以知道什么?
　　A　在旅游
　　B　在买东西
　　C　是老同学
　　D　是同一个系的

남: 저는 경제학과 학생인데요, 신입생이시죠? 제가 물건을 들어드릴까요?
여: 감사합니다! 저는 올해 막 입학한 신입생입니다. 저도 경제학과예요, 오늘 막 도착했거든요.

문: 두 사람에 대해 무엇을 알 수 있나?
A　여행을 하고 있다
B　물건을 사고 있다
C　옛 동창이다
D　같은 학과이다

어휘 经济系 jīngjìxì 경제학과 | 新生 xīnshēng 신입생 | 同一个系 tóngyígexì 같은 학과

남자는 본인이 경제학과 학생이라고 밝히면서, 여자의 짐을 들어주려고 하자, 여학생은 '我是今年刚入学的新生，也是经济系的, 저는 올해 막 입학한 신입생입니다. 저도 경제학과에요' 라고 했으므로, 두 사람은 같은 학과라는 것을 알 수 있다.

**13**

女: 今天是正月十五元宵节，所以今晚我们吃元宵，你想吃炸的还是煮的?

男: 炸的太腻，我想吃煮的，咱妈好像也爱吃煮的。

问: 今天几月几号?

A 正月十五

B 四月五号

C 五月五号

D 八月十五号

여: 오늘 정월 대보름이니까 저녁은 원소를 먹읍시다. 튀긴 것 드실래요, 아니면 삶은 것 드실래요?

남: 튀긴 것은 너무 느끼해요, 삶은 거 먹을래요. 우리 어머님도 삶은 거 좋아하시는 것 같은데.

문: 오늘은 몇 월 며칠인가?

A 정월 대보름

B 4월 5일

C 5월 5일

D 8월 15일

**어휘** 正月 zhēngyuè 정월 | 元宵节 yuánxiāojié 정월 대보름, 원소절 | 炸 zhá 튀기다 | 煮 zhǔ 삶다

**해설** 오늘이 몇 월 며칠이냐는 질문인데, 핵심어는 '今天是正月十五元宵节, 오늘은 정월 대보름이다' 이다.

**14**

男: 哎呀，我忘了带交通卡了，你有没有零钱?

女: 我找找看，噢，正好有五块。来，给你。

问: 他们最可能在哪儿?

A 银行

B 商店

C 饭店

D 汽车站

남: 아이구, 교통카드 가지고 오는 걸 잊었네. 잔돈 있어?

여: 찾아볼게, 어, 마침 5위안이 있네. 자, 여기 있어.

문: 그들은 어디에 있을 가능성이 가장 큰가?

A 은행

B 상점

C 식당

D 버스정류장

**어휘** 交通卡 jiāotōngkǎ 교통카드 | 零钱 língqián 잔돈 | 正好 zhènghǎo 마침

**해설** 장소를 묻는 질문인데, 핵심어는 '哎呀，我忘了带交通卡了，你有没有零钱? 아이구, 교통카드 가지고 오는 걸 잊었네. 잔돈 있어?' 이다. 이로써 그들이 버스정류장에 있을 가능성이 가장 크다고 볼 수 있다.

15　女：咱家小强本来就不爱学习，放假以后就更不学习了，整天就知道上网玩儿游戏。

　　男：要不送他去夏令营怎么样？

　　问：男的建议女的把孩子送到哪儿？

　　A　外国
　　B　补习班
　　C　参观学习
　　D　寄宿学校

여：우리 샤오챵은 원래부터 공부하기 싫어하는데다가, 방학하고 나니 더욱 공부하지 않아요. 온 종일 인터넷게임 하는 것밖에 몰라요.

남：아니면 여름 캠프에 보내는 건 어때요?

문：남자는 여자에게 아이를 어디로 보내라고 제의했나?

A　외국으로
B　보습학원으로
C　견학하며 공부하라고
D　기숙사학교로

어휘　夏令营 xiàlìngyíng 여름 캠프 | 补习班 bǔxíbān 보습학원

해설　아이가 방학 때 게임만 하고 공부를 하지 않는다는 여자의 말에 남자는 '要不送他去夏令营怎么样？ 아니면 여름 캠프에 보내는 건 어때요?'라고 제안했으므로, 정답은 C이다.

16　男：这些食品怎么卖得这么便宜啊？是不是过期食品啊？

　　女：你真老外，这是促销的一种手段，是为了招揽更多的顾客，同时还可以做免费广告。

　　问：这些食品为什么那么便宜？
　　A　过期了
　　B　剩的不多了
　　C　正在做广告
　　D　正在搞促销活动

남：이 식품들은 왜 이렇게 싸게 팔죠? 유통기한이 지난 식품이 아닌가요?

여：정말 문외한이시네요. 이것은 일종의 판촉 수단이지요. 더 많은 고객들을 끌어오기 위해서입니다. 동시에 무료로 광고도 할 수 있어요.

문：이 식품들은 왜 이렇게 싼 것인가?
A　기한이 지나서
B　얼마 남지 않아서
C　지금 광고를 하고 있어서
D　판촉 이벤트를 하고 있어서

어휘　过期食品 guòqīshípǐn 유통기한이 지난 식품 | 老外 lǎowài 문외한 | 促销 cùxiāo 판촉하다 | 招揽 zhāolǎn 끌어 모으다 | 同时 tóngshí 그리고, 또한

해설　이 식품들이 왜 이렇게 싸느냐는 남자의 질문에, 여자는 지금 판촉활동을 하고 있기 때문이라고 했다. 따라서 정답은 D이다.

17　女：今年你们公司效益怎么样？

　　男：比去年好多了，听说还能发点儿奖金。

　　问：男的是什么意思？

여：올해 너희 회사 영업 이익은 어때?

남：작년에 비해 많이 좋아졌어, 들은 바로는 보너스도 좀 줄 수 있대.

문：남자의 말 뜻은 무엇인가?

| A | 效益不如去年 | A | 이익이 작년보다 못하다 |
|---|---|---|---|
| B | 不会发奖金的 | B | 보너스를 주지 않을 것이다 |
| C | 可能会发奖金 | C | 아마 보너스를 줄 것이다 |
| D | 公司效益一直不好 | D | 회사 이익은 계속 좋지 않다 |

**어휘** 效益 xiàoyì 이익, 성과 | 发 fā (월급, 보너스 등을) 주다 | 奖金 jiǎngjīn 보너스

**해설** 올해 회사의 이익이 어떠냐는 질문에, 남자는 작년보다 많이 좋아져서, 보너스도 조금 줄 수 있다고 했으므로, '아마 보너스를 줄 것이다' 가 정답이다.

18  男: 这次去海南岛玩儿得怎么样?   남: 이번 해남도 여행 어땠어?

女: 住得舒服, 吃得也好, 风景更是没   여: 묵는 데도 편안했고, 먹는 것도 좋았고,
的说, 只是老天不作美。   풍경은 말할 것도 없었는데, 단지 하늘이 도와주지 않았어.

问: 女的对这次旅行的哪方面不太满   문: 여자는 이번 여행의 어떤 점에 대해 만
意?   족하지 않나?

| A | 住的 | A | 묵는 곳 |
|---|---|---|---|
| B | 吃的 | B | 먹는 것 |
| C | 导游 | C | 가이드 |
| D | 天气 | D | 날씨 |

**어휘** 没的说 méideshuō 두말 할 필요가 없다 | 老天 lǎotiān 하늘 | 不作美 búzuòměi 일이 잘 되도록 도와 주지 않다

**해설** 여자는 이번 여행의 어떤 점에 대해 만족하지 않느냐는 질문인데, 핵심어는 '只是老天不作 美, 단지 하늘이 도와주지 않았어' 이다. 이로써 여자가 '날씨' 에 대해 불만이 있다는 것을 알 수 있다.

19  女: 两个大人, 一个小孩儿, 一共多少钱?   여: 어른 둘, 아이 하나요. 모두 얼마죠?

男: 大人得买全票, 小孩儿可以买半   남: 어른은 정가이고요. 아이는 반값입니다.
票, 一共150元。请您拿好票, 游乐   총 150위안입니다. 표를 잘 챙기세요.
园入口在东侧。   놀이공원 입구는 동쪽에 있습니다.

问: 男的最可能是做什么的?   문: 남자는 어떤 일을 하는 사람일까?

| A | 商店服务员 | A | 상점 종업원 |
|---|---|---|---|
| B | 饭店服务员 | B | 식당 종업원 |
| C | 火车站售票员 | C | 기차역 매표원 |
| D | 游乐园售票员 | D | 놀이공원 매표원 |

**어휘** 全票 quánpiào 일반티켓 | 半票 bànpiào 반액권 | 东侧 dōngcè 동쪽

**해설** 어른 둘, 아이 하나인데, 요금이 얼마냐는 여자의 질문에, 남자는 아주 자상하게 설명해 주고, 또 표를 잘 간수하라고 당부하면서, 놀이공원 입구의 위치까지 친절하게 안내해 주는 것으로 미뤄볼 때, 남자가 '놀이공원 매표원' 이라는 것을 알 수 있다.

**20**

男: 乐乐，爸爸来接你了，今天没跟小
朋友打架吧?

女: 没有，我听爸爸、妈妈的话，以后
不会跟小朋友打架的。

问: 现在最可能是什么时候?

A 早上
B 上午
C 中午
D 下午

남: 러러, 아빠가 데리러 왔어. 오늘 친구랑
안 싸웠지?

여: 안 싸웠어요. 아빠, 엄마의 말씀을 잘 듣
고, 앞으로는 친구랑 싸우지 않을 거예요.

문: 지금은 언제인가?

A 아침
B 오전
C 점심
D 오후

**어휘** 打架 dǎjià 싸우다 | 听…的话　tīng… dehuà …의 말을 듣다

**해설** 시간을 묻는 질문이다. 핵심어는 '爸爸来接你了, 今天没跟小朋友打架吧? 아빠가 데리러 왔
어. 오늘 친구랑 안 싸웠지?' 라고 했으므로, 아빠가 유치원에 아이를 데리러 왔다는 것을
유추할 수 있다. 따라서 지금이 오후일 가능성이 가장 크다.

# 第 二 部分

★ 유형파악 & 공략하기

21-34번 문제는 모두 4-5문장으로 구성된 대화이며, 문제와 질문은 크게 어렵지 않
다. 하지만 35-45번 문제는 대화가 아닌 단문 형식이기 때문에 듣고 이해하는 것이
조금은 어렵다. 따라서 녹음 내용을 모두 다 알아들으려고 하지 말고, 이야기의 흐름
을 그리면서 들으면 좀 더 쉽게 접근할 수 있다.

第21-45题: 请选出正确答案。

21번~45번 문제: 정확한 답을 고르세요.

**21**

女: 你不是去中国留学了吗? 什么时候
回来的?

男: 刚回来没几天，你怎么会在这里?

女: 你还不知道吧? 我调到图书馆工作
啦。

男: 是吗? 太好了，我正要查点儿资
料，你帮帮我。

女: 没问题。

问: 根据对话，下列哪项正确?

여: 너 중국에 유학 가지 않았어? 언제 돌
아왔어?

남: 돌아온 지 며칠 안 돼, 너 왜 여기 있어?

여: 너 아직 모르는구나. 나 도서관으로 발
령났어.

남: 그래? 잘 됐다. 자료를 좀 찾으려던 참
인데, 좀 도와줘.

여: 그래.

문: 대화를 통해, 보기 내용 중 정확한 것은?

| | | | | | |
|---|---|---|---|
| A | 他们在中国 | A | 그들은 중국에 있다 |
| B | 他们在办公室 | B | 그들은 사무실에 있다 |
| C | 他们在图书馆 | C | 그들은 도서관에 있다 |
| D | 男的想去中国 | D | 남자는 중국에 가고 싶어한다 |

**어휘** 没几天 méijǐtiān 며칠 안 되어 | 调到 diàodào …로 옮기다, 이동하다, 발령나다 | 查资料 cházīliào 자료를 찾다

**해설** 왜 여기에 있느냐는 남자의 질문에, 여자는 '我调到图书馆工作啦, 나 도서관으로 전근했거든' 라고 하자, 남자는 마침 자료를 좀 찾으려던 중이니 좀 도와달라고 했다. 이로써 대화가 도서관에서 이뤄졌음을 알 수 있다. 따라서 C가 정답이다.

**22**

男: 今天天气真暖和, 简直不像冬天。

남: 오늘 날씨가 정말 따뜻하네, 전혀 겨울 같지가 않아.

女: 可不是嘛, 去年过生日的时候, 我爱人给我买了件貂皮大衣, 你瞧, 一次也没穿上。

여: 글쎄 말이다. 작년 생일 때 남편이 밍크 코트를 사 줬는데, 봐봐, 한 번도 못 입었잖니.

男: 买了那么贵的衣服, 也没机会穿, 真是太可惜了!

남: 그렇게 비싼 옷을 사고도 입을 기회가 없었다니, 정말 아쉽네!

女: 谁说不是呢。

여: 누가 아니래.

问: 根据对话, 可以知道什么?

문: 대화를 통해 무엇을 알 수 있나?

| | | | |
|---|---|---|---|
| A | 女的喜欢冬天 | A | 여자는 겨울을 좋아한다 |
| B | 女的喜欢春天 | B | 여자는 봄을 좋아한다 |
| C | 今年冬天不冷 | C | 올 겨울은 춥지 않다 |
| D | 今天是她的生日 | D | 오늘은 그녀의 생일이다 |

**어휘** 简直 jiǎnzhí 정말로 | 貂皮 diāopí 밍크 모피 | 谁说不是呢 shuíshuōbúshìne 누가 아니래!

**해설** 날씨가 따뜻해서 겨울 같지 않다는 남자의 말에, 여자도 동참했다. 따라서 '올해의 겨울은 춥지 않다' 가 정답이다.

**23**

女: 你的眼睛怎么红了?

여: 눈이 왜 그렇게 빨개?

男: 也不知道是怎么回事, 昨晚邻居家的小孩儿哭了一夜, 弄得我一夜没合眼。

남: 무엇 때문인지 잘 모르겠는데, 어제 옆집 아이가 밤새우는 바람에, 밤새 한숨도 못잤어.

女: 是吗? 那上课的时候发困怎么办啊?

여: 그래? 수업할 때 졸리면 어떡하니?

男: 让我看看课程表, 看看有没有可以让我偷偷睡上一觉的课。

남: 시간표 좀 보자! 몰래 잠 잘 수 있는 과목이 있는지 말이야.

| 问: 关于男的，可以知道什么？ | 문: 남자에 대해 무엇을 알 수 있나? |
|---|---|
| A 是学生 | A 학생이다 |
| B 是老师 | B 선생이다 |
| C 眼睛肿了 | C 눈이 부었다 |
| D 经常睡不着觉 | D 늘 잠을 잘 못 잔다 |

**어휘** 眼睛 yǎnjing 눈 | 邻居 línjū 이웃집, 이웃 사람 | 合眼 héyǎn 잠을 자다, 눈을 붙이다 | 课程表 kèchéngbiǎo 교과 과정표 | 发困 fākùn 졸음이 오다 | 肿 zhǒng 붓다

**해설** 수업할 때 졸리면 어떻게 하느냐는 여자의 질문에, 남자는 '我看看课程表，看看有没有可以让我偷偷睡上一觉的课，时间表跟看！몰래 잠을 잘 수 있는 과목이 있는지 말이야' 라고 했으므로, 그들이 학생이라는 것을 알 수 있다. 따라서 A가 정답이다.

| **24** 男: 听说你最近在学书法和画画儿，你的爱好可真广泛啊！ | 남: 너 요즘 서예랑 그림 그리는 것 배우고 있다고 들었는데, 넌 취미 정말 다양하다! |
|---|---|
| 女: 哪儿啊！只不过是业余爱好而已。 | 여: 아니야, 그저 아마추어 수준일 뿐이야. |
| 男: 我有个德国朋友要回国了，想送点儿有中国特色的礼物，你能帮我挑几张字画吗？ | 남: 독일 친구가 하나 있는데, 곧 귀국하거든, 중국 특색이 있는 선물을 하고 싶은데, 나를 도와 서화를 몇 장 골라줄래? |
| 女: 实在抱歉，我才学没几天，还不太懂行，还是请张老师帮你挑几张吧。 | 여: 정말 미안하지만, 내가 배운지 불과 며칠 안 돼서 그다지 능통하지 않아, 장선생님께 몇 장 골라달라고 하는 것이 나을 걸. |
| 问: 谁懂字画？ | 문: 누가 서화를 아는가? |
| A 男的 | A 남자 |
| B 小王 | B 샤오왕 |
| C 张老师 | C 장선생 |
| D 德国朋友 | D 독일 친구 |

**어휘** 广泛 guǎngfàn 광범(위)하다 | 业余爱好 yèyú'àihǎo 아마추어 | 而已 éryǐ …뿐이다 | 字画 zìhuà 서화, 글씨와 그림

**해설** 서화를 몇 장 골라달라는 남자의 부탁에 여자는 '还是请张老师帮你挑几张吧, 장선생님께 몇 장 골라달라고 하는 것이 나을 거야' 라고 했으므로, 서화를 아는 사람이 '장선생' 이라는 것을 알 수 있다.

| **25** 女: 我最近心情不太好，情绪低落，对一切都感到特别悲观和失望。 | 여: 나 요즘 기분이 그다지 좋지 않거든, 기분이 가라앉아 있고, 세상 모든 것이 비관적이고 실망스러워. |
|---|---|
| 男: 还有什么症状？ | 남: 또 무슨 증상이 있어? |
| 女: 吃不好，睡不好，有时还担心自己患有各种疾病。 | 여: 잘 먹지도 자지고 못하고, 때로는 내가 온갖 질병에 걸린 것 같아 걱정스럽기도 하고. |

| 男: | 这是典型的抑郁症症状，我劝你呀，还是去看看医生吧。 | 남: | 그것은 전형적인 우울증 증상이야, 충고하는데, 병원에 가서 진찰 받아봐. |
|---|---|---|---|
| 问: | 女的最可能得了什么病? | 문: | 여자는 어떤 병에 걸렸을 가능성이 가장 큰가? |

| A | 痴呆症 | A | 치매 |
|---|---|---|---|
| B | 忧郁症 | B | 우울증 |
| C | 心脏病 | C | 심장병 |
| D | 高血压 | D | 고혈압 |

**어휘** 情绪低落 qíngxùdīluò 기분이 가라앉다 | 悲观 bēiguān 비관적이다 | 症状 zhèngzhuàng 증상 | 患 huàn 병에 걸리다 | 疾病 jíbìng 질병 | 典型 diǎnxíng 전형적인 | 抑郁症 yìyùzhèng 우울증 | 痴呆症 chīdāizhèng 치매 | 忧郁症 yōuyùzhèng 우울증

**해설** 남자의 말 '这是典型的抑郁症症状, 그것은 전형적인 우울증 증상이야'가 핵심이다. 녹음에서 들은 '抑郁症'과 보기의 '忧郁症'이 같은 뜻임을 알아야 한다.

**26**

| 男: | 你先把这份传真发出去，然后通知各部门负责人明天下午一点开会。 | 남: | 먼저 이 팩스를 발송하세요. 그리고 각 부처 책임자들에게 내일 오후 1시에 회의를 한다고 통지하세요. |
|---|---|---|---|
| 女: | 明天下午不是有个法国客户要来我们公司参观吗? | 여: | 내일 오후에 프랑스 바이어가 우리 회사를 참관한다고 하지 않았나요? |
| 男: | 哦，瞧我这记性，那就把会议时间定为上午9点吧。 | 남: | 아, 참, 깜박했네요, 그럼 회의 시간을 오전 9시로 하세요. |
| 女: | 知道了，总经理。 | 여: | 알겠습니다, 사장님. |
| 问: | 明天下午他们公司有什么重要的事情? | 문: | 내일 오후에 그들 회사에 무슨 중요한 일이 있나? |

| A | 开会 | A | 회의를 여는 일 |
|---|---|---|---|
| B | 开晚会 | B | 파티를 여는 일 |
| C | 开董事会 | C | 이사회를 여는 일 |
| D | 客户要来参观 | D | 바이어가 참관하러 오는 일 |

**어휘** 负责人 fùzérén 책임자 | 客户 kèhù 바이어 | 记性 jìxing 기억력 | 董事会 dǒngshìhuì 이사회

**해설** 내일 오후에 그들 회사에 무슨 중요한 일이 있느냐는 질문인데, 핵심어는 '明天下午不是有个法国客户要来我们公司参观吗? 내일 오후에 프랑스 바이어가 우리 회사를 참관한다고 하지 않았나요?' 이다. 따라서 정답은 '客户要来参观'이다.

**27**

女： 这就是你说的那只小狗吗？真可爱！

男： 它来我家三年了，我们每天睡在一张床上，如果出远门的话，我就带上它。

女： 狗身上没有味儿吗？

男： 我每天给它洗一次澡，还给它换衣服，干净得很。

问： 关于男的，下列哪项正确？

A 自己洗衣服

B 喜欢养宠物狗

C 每天洗一次澡

D 住在这儿三年了

여： 얘가 네가 말한 그 강아지니? 정말 귀엽다!

남： 얘가 우리 집에 온지 3년이 됐는데, 우리는 매일 한 침대에서 자고, 멀리 나갈 때도 얘를 데리고 가.

여： 강아지 몸에서 냄새 않나?

남： 나는 매일 강아지를 한 번씩 목욕 시키고, 옷도 갈아 입혀 주거든, 아주 깨끗해.

문： 남자에 대해 보기 내용 중 정확한 것은?

A 스스로 옷을 빨아 입는다

B 애완견을 기르기 좋아한다

C 매일 목욕을 한 번 한다

D 여기에서 산지 3년이 되었다

**어휘** 小狗 xiǎogǒu 강아지 | 出远门 chūyuǎnmén 먼 길을 떠나다 | 味儿 wèir 냄새 | 洗澡 xǐzǎo 몸을 씻다 | 宠物狗 chǒngwùgǒu 애완견

**해설** 남자는 강아지랑 한 침대에서 자고, 또 먼 길을 떠날 땐 강아지를 데리고 가는 걸로 미뤄볼 때, 남자가 '애완견을 기르기 좋아한다' 는 것을 알 수 있다.

---

**28**

男： 听说周杰伦来北京了，我很想去听他的演唱会。

女： 门票会不会很贵啊？我也想去，可听说票不好买。

男： 我上网查一下，如果能买到票的话，也帮你买一张，就算是我请客。

女： 真的？那太好了，不管怎样，我先谢谢你一声。

问： 他们在谈什么？

A 演奏会

B 周杰伦

C 网上购物

D 周杰伦演唱会

남： 저우제룬이 베이징에 왔대. 저우제룬 콘서트에 가고 싶은데.

여： 티켓이 비싸지 않을까? 나도 가고 싶은데, 표를 사기 쉽지 않다고 들었어.

남： 내가 인터넷 검색해 볼게. 만약 살 수 있으면, 네 것도 한 장 사줄게. 내가 한 턱 내는 샘 치지 뭐.

여： 정말? 잘 됐다. 어쨌든 고맙다는 인사 먼저 할게.

문： 그들은 무엇에 대해 이야기하고 있나?

A 연주회

B 저우제룬

C 인터넷쇼핑

D 저우제룬 콘서트

**어휘** 演唱会 yǎnchànghuì 콘서트 | 查 chá (뒤져서) 찾아보다 | 算 suàn 간주하다 | 不管怎样 bùguǎnzěnyàng 어쨌든

**해설** 대화의 주제가 무엇이냐는 질문이다. 남자가 저우제룬 콘서트에 가고 싶다고 하자, 여자도 가고 싶다고 하면서, 표를 구하기가 힘들 것 같다고 했다. 이로써 이들이 '저우제룬 콘서트' 에 대해 이야기하고 있다는 것을 알 수 있다.

**29**

女: 你忘了大夫说不让你喝酒了吗?

男: 我也不想喝酒，可是我在人事部工作，每天晚上都有应酬，没办法不喝酒。

女: 好吧，酒我就不逼你戒了，那你答应我，先把烟戒掉。

男: 这个没问题，今天我一支烟也没抽。

问: 女的让男的做什么?

A 戒烟

B 戒酒

C 做饭

D 擦地

여: 의사선생님이 술 마시지 말라고 한 거 잊었어요?

남: 나도 안마시고 싶어요, 그런데 인사부에서 근무하니, 매일 저녁에 손님 접대가 있어서, 안 마실 방법이 없네요.

여: 좋아요. 술은 끊으라고 강요하지 않겠지만, 그럼 약속해요. 먼저 담배부터 끊겠다고.

남: 그건 문제없어요. 나 오늘 담배 한 개피도 안 피웠거든요.

문: 여자는 남자에게 무엇을 하라고 했나?

A 담배를 끊으라고

B 술을 끊으라고

C 밥을 하라고

D 바닥을 닦으라고

**어휘** 应酬 yìngchou 접대하다 | 逼 bī 강요하다 | 戒 jiè (술·담배를) 끊다

**해설** 여자는 남자에게 무엇을 하라고 했느냐는 질문인데, 핵심어는 '那你答应我，先把烟戒掉，그럼 약속해요. 먼저 담배부터 끊겠다고' 라고 했으므로, '戒烟' 이 정답이다.

**30**

男: 妈妈，饭做好了吧? 我饿了。

女: 乖孩子，妈早就把饭做好了，你等着，我给你盛。

男: 快点儿，今天得去参加考试，绝对不能迟到。

女: 哎呀! 我忘了插电了，孩子，今天吃面包吧。

问: 根据对话，可以知道什么?

A 饭做好了

B 饭还没做好

C 孩子不想吃饭

D 孩子喜欢吃面包

남: 엄마, 밥 다 됐어요? 배고파요.

여: 착한 내 새끼, 엄마가 진작에 밥 다 해놓았지. 기다려. 밥 퍼줄게.

남: 빨리요. 오늘 시험 보러 가야 해요. 절대 지각하면 안 돼요.

여: 아이구, 코드 꽂는 걸 잊었네, 얘야. 오늘은 빵 먹어야겠다.

문: 대화를 통해 무엇을 알 수 있나?

A 밥이 다 됐다

B 밥이 아직 안 됐다

C 아이는 밥을 안 먹으려 한다

D 아이는 빵을 먹기 좋아한다

**어휘** 乖 guāi (어린아이가) 착하다 | 盛 chéng 물건을 담다 | 绝对 juéduì 절대로 | 插电 chādiàn 전원을 꽂다

**해설** 엄마가 밥통 코드 꽂는 걸 잊었다며, 아이에게 빵 먹어야겠다고 한 걸로 볼 때 밥이 아직 안 됐음을 알 수 있다.

第31到32题是根据下面一段对话 | 31-32번 문제는 아래의 대화를 듣고 푸는 문제이다.

| | |
|---|---|
| 男: 妈妈，这个星期六我想去动物园。 | 남: 엄마, 이번 주 토요일에 동물원 가고 싶어요. |
| 女: 动物园? 上个月不是去过了吗？ | 여: 동물원? 지난달에 갔었잖아? |
| 男: 老师让我们写有关大熊猫的作文，我想再去好好看看。 | 남: 선생님이 팬더에 관한 작문을 쓰라고 해서요. 다시 한 번 가서 잘 보려고요. |
| 女: 这个星期六我得加班，你问你爸有没有时间。 | 여: 이번 주 토요일에 엄마는 특근을 해야 하니, 아빠한테 시간이 있으시냐고 물어봐. |
| 男: 我不要跟爸爸一起去，我要跟妈妈一起去。 | 남: 아빠랑 가고 싶지 않아요. 엄마랑 갈래요. |
| 女: 那我们下个星期六去怎么样？ | 여: 그럼, 우리 다음 주 토요일에 가는 게 어떠니? |
| 男: 不行，下个星期一就得把作文交上去。 | 남: 안 돼요. 다음 주 월요일에 작문을 제출해야 해요. |
| 女: 那好吧，我跟单位领导请一下假。 | 여: 그럼 좋아, 엄마가 회사 상사한테 휴가 낼게. |

**어휘** 有关 yǒuguān 관련 있는 | 熊猫 xióngmāo 팬더 | 作文 zuòwén 작문 | 交上去 jiāoshangqu 제출하다 | 请假 qǐngjià (휴가·조퇴·외출·결근·결석 등의 허락을) 신청하다

**31** 儿子这个星期六要做什么？
A 出去玩儿
B 去公园儿
C 在家玩儿
D 去看熊猫

문: 아들은 이번 주 토요일에 무엇을 하려고 하나?
A 나가서 논다
B 공원에 간다
C 집에서 논다
D 팬더 보러 간다

**해설** 아들은 팬더에 관한 작문을 써야 하기 때문에 엄마에게 동물원에 가자고 했다. 이로써 정답은 '팬더 보러 간다'이다.

**32** 他们打算什么时候去动物园？
A 这个周六
B 下个周六
C 这个月
D 下个月

문: 그들은 언제 동물원에 갈 예정인가?
A 이번 주 토요일
B 다음 주 토요일
C 이번 달
D 다음 달

**해설** 시간을 묻는 질문이다. 아들은 다음 주 월요일에 팬더에 관한 작문을 제출해야 하기 때문에 이번 주 토요일에 동물원에 가야 한다고 했으므로, A가 정답이다.

第33到34题是根据下面一段对话 | 33-34번 문제는 아래의 대화를 듣고 푸는 문제이다.

| | | | |
|---|---|---|---|
| 女: | 金先生，欢迎，欢迎！ | 여: | 김선생님, 환영합니다. 환영합니다. |
| 男: | 谢谢贵公司的邀请，也谢谢你们的热情款待。 | 남: | 귀사의 초청에 감사 드리며, 따뜻한 환대에도 감사 드립니다. |
| 女: | 哪里，哪里，照顾不周。 | 여: | 별말씀을요. 대접에 미흡한 점이 있었을 겁니다. |
| 男: | 中国给我的第一印象非常好，我觉得中国人很热情、也很善良。 | 남: | 중국에 대한 저의 첫인상은 아주 좋았습니다. 중국인은 아주 친절하고 선량한 것 같아요. |
| 女: | 多谢您的夸奖。 | 여: | 칭찬해 주셔서 감사합니다. |
| 男: | 今天阳光明媚，所以心情也非常舒畅。 | 남: | 오늘은 날씨가 화창해서 기분도 아주 상쾌하군요. |
| 女: | 还是您有福气，我们这里最近几天一直下雨，今天刚开始放晴。 | 여: | 선생님께서 복이 있으신 겁니다. 여기는 최근에 줄곧 비가 내렸었는데, 오늘부터 맑아지기 시작했어요. |
| 男: | 这可真是好兆头，希望我们今后合作愉快！ | 남: | 이것 좋은 징조네요. 우리들의 협력이 잘 되기를 기원합니다! |

**어휘** 邀请 yāoqǐng 초청하다 | 热情 rèqíng 열정적이다 | 款待 kuǎndài 환대하다 | 不周 bùzhōu 주도면밀하지 못하다 | 阳光 yángguāng 햇빛 | 明媚 míngmèi 맑고 아름답다 | 舒畅 shūchàng 상쾌하다 | 福气 fúqi 복 | 放晴 fàngqíng (흐리고 비가 온 후에) 날씨가 개다 | 兆头 zhàotou 전조, 징조 | 合作 hézuò 협력하다 | 游客 yóukè 관광객 | 导游 dǎoyóu 가이드

**33** 男的和女的是什么关系？　　　문: 남자와 여자는 어떤 사이인가?

| | | | | |
|---|---|---|---|---|
| A | 合作伙伴 | A | 협력 파트너 |
| B | 老板和秘书 | B | 사장과 비서 |
| C | 游客和导游 | C | 관광객과 가이드 |
| D | 客人和服务员 | D | 손님과 종업원 |

**해설** 남자와 여자가 어떤 사이냐는 질문인데, 핵심어는 '谢谢贵公司的邀请，也谢谢你们的热情款待, 귀사의 초청에 감사드리며, 따뜻한 환대에도 감사드립니다' 이다. 이로써 두 사람은 '협력 파트너' 라는 것을 알 수 있다.

**34** 男的希望什么？　　　문: 남자는 무엇을 바라나?

| | | | | |
|---|---|---|---|---|
| A | 天气好 | A | 날씨가 좋은 것 |
| B | 服务好 | B | 서비스가 좋은 것 |
| C | 运气好 | C | 운이 좋은 것 |
| D | 合作愉快 | D | 협력이 잘 이뤄지는 것 |

**해설** 핵심어는 '希望我们合作愉快！우리들의 협력이 잘되길 기원합니다!' 이다. 따라서 정답은 '合作愉快' 이다.

第35到36题是根据下面一段话 | 35-36번 문제는 아래 한 단락의 내용을 듣고 푸는 문제이다.

一天晚上，王先生把他家的狗放到屋外小便，然后回来看电视忘了将狗放进来，当他想起狗，给狗开门时吓了一跳，因为他家的狗叼着邻居家的猫，而且猫已经死了。他不敢告诉他的邻居，因此他把死猫洗干净以后，趁天黑把猫放到了邻居家的门口。第二天，他出门上班时，他的邻居对他说："嗨！真是见鬼了，昨天早上我家的猫死了，我把它埋了，今天早上它竟然跟平常一样躺在我家门口。"

어느 날 저녁, 왕 선생은 강아지를 밖으로 내보내 소변을 보도록 했다. 그리고 TV를 보느라 강아지를 데리고 들어오는 것을 잊었다. 강아지가 생각이 나서 문을 열어주었을 때 깜짝 놀랐다. 강아지가 옆집의 고양이를 입에 물고 있었고, 고양이는 이미 죽어 있었기 때문이다. 그는 이웃에게 알리기 난처해서, 죽은 고양이를 깨끗이 씻은 다음, 깊은 밤의 틈을 타 이웃집 문 앞에 놓아두었다. 이튿날, 그가 출근하려고 문을 나설 때, 이웃집 사람이 "거참, 정말 귀신이 곡할 노릇이네요. 어제 아침에 우리 집 고양이가 죽어서 제가 파묻었는데, 오늘 아침에 죽은 고양이가 놀랍게도 여느 때처럼 우리 집 문 앞에 누워 있지 뭐예요." 라고 말했다.

**어휘** 屋外 wūwài 집 밖에 | 小便 xiǎobiàn 소변보다 | 将 jiāng …을 | 吓了一跳 xiàleyítiào 깜짝 놀랐다 | 叼 diāo 입에 물다 | 趁 chèn …을〔를〕 틈타 | 见鬼 jiànguǐ 귀신이 곡할 노릇이다 | 埋 mái 파묻다 | 竟然 jìngrán 뜻밖에도 | 躺 tǎng 눕다 | 处理 chǔlǐ 처리하다 | 反映 fǎnyìng 반응

**35** 王先生是怎么处理那只死猫的？

A 埋了
B 洗干净了
C 给它吃的
D 送给朋友了

문: 왕 선생은 이웃의 죽은 고양이를 어떻게 처리했나?

A 파묻었다
B 깨끗하게 씻었다
C 고양이에게 먹을 것을 주었다
D 친구에게 보냈다

**해설** 왕 선생은 자기네 집의 강아지가 옆집 고양이를 입에 물고 있는 것을 보고, 이웃에게 이 사실을 알리기 난처해서, 죽은 고양이를 깨끗이 씻은 다음 이웃집 문 앞에 놓았다. 따라서 B가 정답이다.

**36** 王先生的邻居看到死猫后有什么反映？

A 很生气
B 很高兴
C 很伤心
D 觉得奇怪

문: 왕 선생님의 이웃은 죽은 고양이를 보고 어떤 반영을 보였나?

A 매우 화났다
B 매우 기뻐했다
C 매우 상심했다
D 이상하게 생각했다

**해설** 왕 선생이 죽은 고양이를 파묻었는데, 이상하게도 다음 날 아침 죽은 고양이가 문 앞에 누워있었으니, 왕 선생님은 이상하게 생각할 수밖에 없다. 따라서 정답은 D이다.

第37到38题是根据下面一段话 | 37-38번 문제는 아래 한 단락의 내용을 듣고 푸는 문제이다.

现在向您播送北京气象台今天早上五点钟发布的天气预报。今天晴，局部地区有雾，最高气温零上6度，最低气温零下4度，西北风3～4级。明天阴，下午有大雪，最高气温3度，最低气温零下8度，西北风4～5级。预计周末受一股冷空气影响，将有7～8级大风，气温将降到零下18℃。各位观众，谢谢大家收看，下次节目再见！

지금부터 베이징기상대에서 오늘 아침 5시에 발표한 일기예보를 알려드리겠습니다. 오늘은 대체로 맑겠으나 일부 지역은 안개가 끼겠습니다. 최고 기온은 영상 6도, 최저 기온은 영하 4도이고, 3-4급의 서북풍이 불겠습니다. 내일은 날씨가 흐리고 오후에는 큰 눈이 내리겠습니다. 최고 기온은 영상 3도, 최저 기온은 영하 8도이며, 4-5급의 서북풍이 불겠습니다. 주말에는 찬 공기의 영향으로 7-8급의 큰 바람이 불겠고, 기온은 영하 18도까지 떨어질 것입니다. 시청해주신 여러분 감사합니다. 다음 이 시간에 다시 뵙겠습니다!

**어휘** 播送 bōsòng 방송하다 | 气象台 qìxiàngtái 기상대 | 发布 fābù 선포하다, 발포하다 | 局部地区 júbùdìqū 일부 지역 | 预计 yùjì 예측하다 | 冷空气 lěngkōngqì 차가운 공기 | 降 jiàng 내려가다 | 收看 shōukàn 시청하다 | 降温 jiàngwēn 기온이 떨어지다

**37** 这是哪个城市的天气预报?

A 天津
B 大连
C 上海
D 北京

문: 이것은 어느 도시의 일기예보인가?

A 텐진
B 다롄
C 상하이
D 베이징

**해설** 어느 도시의 일기예보이냐는 질문인데, 핵심어는 '现在向您播送北京气象台今天早上五点钟发布的天气预报, 지금부터 베이징기상대에서 오늘 아침 5시에 발표한 일기예보를 알려드리겠습니다'이다. 따라서 정답은 D이다.

**38** 根据这段话, 可以知道什么?

A 今天有雨
B 明天有雾
C 周末将降温
D 现在是夏天

문: 이 문장을 통해 무엇을 알 수 있나?

A 오늘은 비가 온다
B 내일은 안개가 낀다
C 주말에 온도가 내려갈 것이다
D 지금은 여름이다

**해설** 녹음을 들을 때 보기 내용을 하나하나 체크하면 정답을 쉽게 찾을 수 있다. 이 문제 같은 경우, 보기에 나와 있는 '周末将降温, 주말에 온도가 내려갈 것이다'를 찾아내면 된다.

第39到42题是根据下面一段话 | 39-42번 문제는 아래 한 단락의 내용을 듣고 푸는 문제이다.

从前有一个人叫东郭先生，有一天他碰到一只狼，狼说："好心人救救我吧，猎人在追杀我。"东郭先生就用口袋把狼装了起来。过了一会儿，猎人追了上来，问东郭先生："先生，看到一只狼没有？"东郭先生说："没看到啊。"猎人走后，东郭先生把狼放了出来，狼说："先生，既然做好事救了我的命，现在我饿极了，你就再做一次好事，让我吃掉你吧。"正在这时，有一位农夫路过，东郭先生拉住他，请农夫评理。农夫问："你是怎么救狼的？"东郭先生说："我把它装进了口袋里。"农夫说："我不信这么小的袋子能装一只狼，除非你试给我看。"于是东郭先生把袋子撑开，狼一下子就钻了进去。农夫很快就把狼打死了。东郭先生吃惊地问："你干吗打死它？"农夫说："你太糊涂了！"

옛날에 동곽 선생이라는 사람이 있었다. 어느 날 그는 늑대 한 마리를 만났는데, 늑대가 "마음씨 좋은 사람이시어, 저를 좀 살려주시오. 사냥꾼이 저를 쫓고 있습니다."라고 하자, 동곽 선생은 늑대를 자루에 집어넣었다. 잠시 후 사냥꾼이 쫓아 와서 동곽 선생에게 "선생님, 늑대 한 마리를 보지 못했어요?"라고 묻자, 동곽 선생은 "못 봤습니다."라고 답했다. 사냥꾼이 가고 난 뒤 동곽 선생은 늑대를 풀어 주었다. 늑대는 "선생님, 기왕 좋은 일을 하시어 저를 살려주셨잖아요, 지금 제가 무척 배고프니, 다시 한 번 좋은 일 하시는 샘 치고, 선생님을 잡아먹게 해주세요."라고 말했다. 때마침 한 농부가 지나갔다. 동곽 선생은 농부를 붙잡고 시비를 가려달라고 부탁했다. 농부는 "선생님은 어떻게 늑대를 구해줬어요?"라고 묻자, 동곽 선생은 "제가 늑대를 자루에 담았습니다."라고 말했다. 그러자 농부가 "저는 이 작은 자루에 늑대 한 마리를 담을 수 있다는 것이 믿기지 않습니다. 저한테 시범을 보여준다면 모를까."라고 말했다. 동곽 선생이 자루를 벌리자 늑대는 단번에 자루 안으로 기어들어갔다. 농부는 재빠르게 늑대를 때려죽였다. 동곽 선생은 놀라서 "왜 늑대를 때려죽이십니까?"라고 하자, 농부는 "선생님은 참 멍청하십니다."라고 말했다.

**어휘** 狼 láng 늑대 | 好心人 hǎoxīnrén 마음씨 착한 사람 | 救 jiù 구하다 | 猎人 lièrén 사냥꾼 | 追杀 zhuīshā 뒤쫓아가서 죽이다 | 口袋 kǒudai 주머니 | 装 zhuāng 담다 | 放 fàng 풀어주다 | 拉住 lāzhù 붙잡다 | 评理 pínglǐ 시비를 가리다 | 除非 chúfēi …한다면 몰라도 | 撑开 chēngkāi 벌리다 | 钻 zuān 기어 들어가다 | 糊涂 hútu 어리석다, 멍청하다 | 治疗 zhìliáo 치료하다 | 获救 huòjiù 구조되다 | 生活 shēnghuó 살다 | 处置 chǔzhì 처치하다 | 赔不是 péibúshi 사과하다 | 替 tì …을〔를〕위하여 | 干活儿 gànhuór 일하다 | 理智 lǐzhì 지적이다 | 虚伪 xūwěi 위선적이다

**39** 东郭先生是怎么救狼的？

A 给狼吃的
B 给狼治疗伤口
C 替狼打死了老虎
D 把狼装进口袋里

문: 동곽 선생은 늑대를 어떻게 구해줬나？

A 늑대에게 먹을 것을 주어서
B 늑대에게 상처를 치료해주어서
C 늑대를 대신하여 호랑이를 때려죽였다
D 자루에 늑대를 집어넣어서

**해설** 이 이야기는 동화 이야기이다. 질문은 동곽 선생이 어떻게 늑대를 구해줬느냐 인데, 핵심어는 '东郭先生就用口袋把狼装了起来, 동곽 선생은 늑대를 자루에 집어넣었다' 이다. 따라서 정답은 '把狼装进口袋里, 자루에 늑대를 집어 넣다' 이다.

**40** 狼获救以后, 对东郭先生说了什么? 　　문: 늑대가 구조된 다음, 동곽 선생에게 무슨 말을 했나?

A 　我要吃你 　　　　　　　　　　A 당신을 잡아먹어야 겠습니다

B 　你想要什么? 　　　　　　　　B 당신은 무엇을 원하십니까?

C 　谢谢东郭先生 　　　　　　　　C 동곽 선생님 감사합니다

D 　我们一起生活吧 　　　　　　　D 우리 함께 삽시다

**해설** 동곽 선생이 사냥꾼에게 쫓기는 늑대를 구해주자, 배은망덕한 늑대는 오히려 동곽 선생을 잡아먹으려고 했다. 따라서 정답은 '我要吃你, 당신을 잡아먹어야 겠습니다' 이다.

**41** 最后农夫是怎么处置狼的? 　　　문: 마지막에 농부는 늑대를 어떻게 처치했나?

A 　把狼打死了 　　　　　　　　　A 늑대를 때려죽였다

B 　让狼赔不是 　　　　　　　　　B 늑대에게 사과하라고 했다

C 　批评了狼一顿 　　　　　　　　C 늑대를 한바탕 혼내주었다

D 　让狼替农夫干活儿 　　　　　　D 농부를 대신해 일을 하도록 하였다

**해설** 농부는 늑대를 어떻게 처치했느냐는 질문인데, 핵심어는 '农夫很快就把狼打死了, 농부는 재빠르게 늑대를 때려죽였다' 이다. 따라서 정답은 '把狼打死了' 이다.

**42** 东郭先生是什么样的人? 　　　　문: 동곽 선생은 어떤 사람인가?

A 　非常糊涂 　　　　　　　　　　A 아주 멍청하다

B 　非常聪明 　　　　　　　　　　B 아주 총명하다

C 　十分理智 　　　　　　　　　　C 아주 이성적이다

D 　非常虚伪 　　　　　　　　　　D 아주 위선적이다

**해설** 농부가 동곽 선생을 잡아먹으려는 늑대를 때려죽이자, 동곽 선생은 왜 늑대를 때려죽이느냐고 묻는 걸로 미뤄볼 때, 동곽 선생은 '아주 멍청하다' 라는 것을 알 수 있다.

第43到45题是根据下面一段话 | 43-45번 문제는 아래 한 단락의 내용을 듣고 푸는 문제이다.

对于分手的旧情人来说，如何处理当初的爱情信物是个棘手的问题。扔掉可惜，留着又可能让新的爱人不高兴。北京的一位叫宫业龙的男青年找到了解决这个苦恼的方法，而且还用它做起了生意。宫业龙说自己的灵感来自一个朋友。这个朋友要结婚了，但是不知道怎么处理自己和前女友的东西，又不舍得扔掉，于是只好寄存在朋友家。后来宫业龙在朋友圈中做了个调查，发现80%的朋友都存在这种情况。因此宫业龙开了一家公司，名为"恐龙的爱情银行"，目前主要服务项目是寄存爱情信物。在这里，存文件、玩具、照片，每件一个月十块钱，此外宫业龙还开设了一个一万块钱以上的"贵重物品寄存箱"项目，但到目前为止还没有人来寄存。

헤어진 옛 애인 입장에서 봤을 때, 그 당시의 사랑의 증표들을 어떻게 처리해야 하는지, 이러한 문제는 난감한 문제이다. 버리자니 아깝고, 남겨두자니 새로운 애인이 좋아하지 않을 것 같고. 베이징에 있는 궁예룽이라는 젊은이가 이 고민을 해결하는 방법을 찾아냈다. 뿐만 아니라 이 방법을 이용하여 장사를 하기 시작했다. 궁예룽은 본인의 사업 아이템을 한 친구로부터 얻었다고 하였다. 그 친구가 결혼을 하려고 하는데, 옛날 여자 친구로부터 받은 사랑의 증거물을 어떻게 처리해야 할지 몰랐다. 버리자니 아깝고 해서 친구네 집에 보관할 수밖에 없었다. 나중에 궁예룽이 친구들을 조사 해봤는데, 80%의 친구들이 이러한 경험이 있었다는 것을 알게 되었다. 그래서 궁예룽은 '공룡의 사랑은 행'이라는 가게를 오픈 했다. 현재 주된 서비스 항목은 사랑의 증거물을 보관하는 것이다. 이곳에 서류, 완구, 사진을 보관하는데, 건당 월 이용료는 10위안이다. 그 밖에 궁예룽은 만 위안 이상하는 '귀중물품 보관함' 항목도 만들었다. 그러나 지금까지 물건을 맡기는 사람은 아직 없다.

**어휘** 旧情人 jiùqíngrén 옛사랑 | 信物 xìnwù 증표 | 棘手 jíshǒu 곤란하다 | 留 liú 남기다 | 苦恼 kǔnǎo 몹시 괴롭다 | 灵感 línggǎn 영감 | 不舍得 bùshěde 아까워하다 | 寄存 jìcún 맡겨 두다, 보관시키다 | 圈 quān 주위 | 恐龙 kǒnglóng 공룡 | 项目 xiàngmù 항목 | 寄存箱 jìcúnxiāng 보관함 | 到…为止 dào…wéizhǐ …까지 | 婚姻 hūnyīn 혼인 | 开设 kāishè 개설하다 | 账户 zhànghù 계좌

**43** 宫业龙开公司的灵感来自哪里？

A **朋友**
B 调查
C 年轻夫妇
D 他的旧情人

문: 궁예룽이 가게를 오픈 하게 된 계기는 무엇인가?

A 친구
B 조사
C 젊은 부부
D 그의 옛 애인

**해설** 핵심어는 '宫业龙说自己的灵感来自一个朋友, 궁예룽은 본인의 영감은 한 친구로부터 얻었다고 하였다'이다. 따라서 A가 정답이다.

**44** 宫业龙的公司主要服务项目是什么?

A  婚姻介绍
B  拍婚纱照
C  寄存爱情信物
D  为情人开账户

문: 궁예룽 가게의 주된 서비스 항목은 무엇인가?

A  혼인소개
B  웨딩 촬영
C  사랑의 증거물 보관
D  애인을 위해 계좌를 개설하는 것

해설  핵심어는 '目前主要服务项目是寄存爱情信物, 현재 주된 서비스 항목은 사랑의 증거물을 보관하는 것이다' 이다. 따라서 C가 정답이다.

**45** "恐龙的爱情银行" 最贵的服务项目收费是多少?

A  十块钱
B  一百块钱
C  一千块钱
D  一万块钱

문: '공룡의 사랑은행'에서 가장 비싼 서비스 항목의 가격은 얼마인가?

A  10위안
B  100위안
C  천 위안
D  만 위안

해설  문장의 맨 마지막에서 '공룡의 사랑은행' 서비스 항목의 가격을 나열하고 있는데, 이를 살펴보면 가장 비싼 서비스 항목이 만 위안이 넘는 귀중물품 보관함이라는 것을 알 수 있다. 따라서 정답은 D이다.

听力考试现在结束。| 듣기시험이 끝났습니다.

# 二、阅读

## 第 一 部分

★ 유형파악 & 공략하기
이 부분의 문제는 몇 편의 단문으로 구성되어 있으며, 단문 가운데에는 여러 개의 빈칸이 있다. 빈칸은 단어 하나 혹은 문장 하나로 채워져야 한다. 빈칸에 들어갈 단어를 고를 땐, 우선 보기에 나와 있는 단어의 뜻을 하나하나 파악한 다음 문장에 넣어 번역을 해보면 정답을 고를 수 있다. 간혹 보기 중 비슷한 단어가 두 개 정도 있을 때가 있다. 이럴 때는 어떤 단어는 어떤 단어와 결합하여 사용하는지 잘 생각하여 접근하면 문제를 쉽게 풀 수 있다. 그리고 빈칸에 들어갈 문장을 고를 땐, 전체 문맥의 흐름을 잡는 것이 관건이다.

第46－60题：请选出正确答案。

### 46-48

在一个拍卖会上，最后拍卖的是一张非常古老的邮票，全世界只有两张。经过一番 **46 激烈** 的竞价，最后落入郭楠的手中。他走上前台，**47 举** 起那张邮票，得意的向台下的观众展示，大家既羡慕又嫉妒。这时郭楠拿出打火机，当着众人的面把邮票给烧了。大家都很 **48 吃惊**。郭楠笑着拿出一张一模一样的邮票说："刚才拍卖的那张邮票，在全世界只有两张，一张值500万美元，现在被我烧掉了一张，所以只剩这一张了，你们说，这张价值多少？"

한 경매장에서 마지막으로 경매에 내 놓은 것은 아주 오래된 한 장의 우표였는데, 전세계에서 단 두장 밖에 없다. 한 차례 **46 치열한** 가격 경쟁을 거쳐 궈난에게 낙찰되었다. 그는 무대 앞쪽으로 올라가 그 우표를 **47 들어올리면서** 만족스러운 듯 아래에 있는 관중들에게 보여주었다. 모두들 부러워하면서도 질투가 났다. 이 때 궈난은 라이터를 꺼내더니 관중들이 보는 앞에서 그 우표를 태워버렸다. 모두들 몹시 **48 놀랐다**. 궈난은 웃으며 똑 같이 생긴 우표를 한 장 꺼내면서, "방금 경매된 우표는 전세계에서 단 두 장밖에 남지 않은 것이었는데, 한 장에 500만 달러였습니다. 지금 제가 한 장을 태워버렸기에, 이제 한 장밖에 남지 않았습니다. 여러분, 이 우표의 가치는 얼마나 될까요?" 라고 말했다.

**어휘** 拍卖会 pāimàihuì 경매장 | 拍卖 pāimài 경매하다 | 竞价 jìngjià 가격을 경쟁하다 | 落入…手中 luòrù…shǒuzhōng …손에 떨어지다 | 前台 qiántái 무대 앞쪽 | 举 jǔ 들다, 들어올리다 | 得意 déyì 대단히 만족하다 | 展示 zhǎnshì 전시하다 | 烧 shāo 태우다 | 一模一样 yìmúyíyàng 똑 같다 | 值 zhí …의 값어치가 나가다〔있다〕| 剩 shèng 남다 | 价值 jiàzhí 가치 | 沉默 chénmò 침묵하다

**46**

A 激烈          A 치열하다

B 激动          B 감격하다

C 紧张          C 긴장하다

D 精彩          D 멋지다

**해설**   经过一番 46 激烈 的竞价

↓

이 문장은 경매장에서 우표를 경매하는 장면을 서술하고 있기 때문에, '竞价, 가격을 경쟁하다' 를 수식할 수 있는 형용사는 '激烈, 치열하다' 밖에 없다. 보기 중의 "감동적이다, 긴장하다, 멋있다" 는 모두 정답이 될 수 없다.


**47**

A 搬          A 옮기다

B 看          B 보다

C 举          C 들어올리다

D 卖          D 팔다

**해설**   47 举 起那张邮票

↓

'举' 는 '들어올리다' 라는 뜻을 나타내고, '搬' 은 '(비교적 무거운 물건을) 옮기다' 라는 뜻을 나타낸다. 문장에서 궈난이 우표를 관중들에게 보여주려고 하기 때문에 '举' 를 써야한다.


**48**

A 吃惊          A 놀라다

B 兴奋          B 흥분하다

C 沉默          C 침묵하다

D 高兴          D 기뻐하다

**해설**   大家都很 48 吃惊

↓

낙찰된 우표를 태워버리는 행동에, 모두들 몹시 놀랐을 것이다. 따라서 빈칸에 들어갈 단어는 '吃惊' 이다.

孟子很小的时候，父亲就去世了，母亲没有再结婚。母亲带着孟子住在墓地旁边，孟子就和邻居的小孩儿一起玩起办丧事的游戏。孟子的妈妈看到以后非常 __49 生气__ ，她说："不行！我不能让我的孩子住在这里！"

孟子的妈妈就带着孟子搬到集市，靠近杀猪的地方去住。到了集市，孟子又和邻居的小孩儿，学起 __50 老板__ 做生意和杀猪的样子。孟子的妈妈知道了，又皱起眉头，说："这个地方也不 __51 适合__ 我的孩子居住！"

于是，他们又搬家了。这一次，他们搬到了学堂附近。孟子开始变得有礼貌，喜欢读书了。这时候，孟子的妈妈才满意地点着头说："这才是我儿子 __52 应该住的地方__！"

后来，大家用"孟母三迁"来表示人应该接近好的人、事、物，才能学到好的东西。

맹자가 아주 어렸을 때 아버지가 돌아가셨는데, 어머니는 다시 재가하지 않고, 맹자를 데리고 묘지 옆에 살고 있었다. 맹자는 이웃집 아이들과 함께 장례를 치르는 소꿉놀이를 하면서 놀았다. 맹자의 어머니가 보더니 __49 화를 내면서__ "안 돼! 내 아이를 이런 곳에서 살게 할 수는 없지!"라고 말했다.

맹자의 어머니는 맹자를 데리고 시장으로 이사 가, 돼지 도살장과 가까운 곳에 살았다. 시장에 오니 맹자는 또 이웃집 애들과 함께 __50 가게 주인__ 이 장사를 하고 돼지를 잡는 시늉을 하기 시작했다. 맹자의 어머니가 그것을 알고 또 이마를 찌푸리면서 "여기도 내 아이가 살기에는 __51 적합하지__ 않구나"라고 말했다.

그리하여 그들은 또 이사를 갔다. 이번에는 학당근처로 이사를 갔는데, 맹자는 예의가 바르고, 책 읽기를 좋아하는 아이로 변했다. 이때 맹자의 어머니는 매우 흡족해하며 머리를 끄덕이고, 말하기를 "__52 이곳이 비로소 내 아들이 마땅히 살아야 할 곳이로구나__!"

그후, '맹모삼천'은 사람은 마땅히 좋은 사람, 좋은 일, 좋은 물건을 가까이 해야만 비로소 좋은 것을 배울 수 있다는 의미로 쓰였다.

**어휘** 去世 qùshì 돌아가다 | 墓地 mùdì 묘지 | 丧事 sāngshì 장례 | 集市 jíshì 재래 시장 | 杀猪 shāzhū 돼지를 도살하다 | 皱起眉头 zhòuqǐméitóu 이맛살을 찌푸리다 | 学堂 xuétáng 학당 | 点头 diǎntóu 고개를 끄덕이다 | 孟母三迁 Mèngmǔsānqiān 맹모삼천 [맹자(孟子)의 어머니가 아들의 교육을 위해 환경이 좋은 곳을 찾아 세 번이나 이사했다는 고사]

**49**

A 生气
B 小气
C 兴奋
D 严格

A 화를 내다
B 인색하다
C 흥분하다
D 엄격하다

**해설** 孟子的妈妈看到以后非常 __49 生气__

⬇

맹자가 장례를 치르는 소꿉놀이를 하면서 노는 것을 본 맹자의 어머니는 화가 났을 것이다. 따라서 빈칸에 들어갈 단어는 '生气'이다.

50
A 领导
B 老师
C 老板
D 农民

A 상사
B 선생
C 가게주인
D 농민

해설 学起 50 老板 做生意和杀猪的样子

⬇

장사를 하고 돼지를 도살하는 사람은 '가게 주인'이다. 보기 중의 '상사, 선생님, 농민'은 장사를 하거나 돼지를 도살하는 일을 할 수 없기 때문에 빈칸에 들어갈 단어는 '老板'밖에 없다.

51
A 适合
B 应该
C 可以
D 可能

A 적합하다
B 마땅히
C …해도 된다
D 가능하다

해설 这个地方也不 51 适合 我的孩子居住

⬇

맹자의 어머니가 맹자의 교육을 위해서 두 번째로 이사간 곳에서, 맹자가 장사를 하고 돼지를 도살하는 가게 주인 시늉을 하고 있는 것을 본 맹자의 어머니는 "여기도 내 아이가 살기에는 적합하지 않구나!"라고 말했을 것이다. 따라서 빈칸에 들어갈 단어는 '适合'이다.

52
A 应该说的话
B 要交的朋友
C 搬了三次家
D 应该住的地方

A 마땅히 해야 할 말
B 교제할 친구
C 이사를 세 번 했다
D 마땅히 살아야 할 곳

해설 这才是我儿子 52 应该住的地方

⬇

맹자의 어머니가 맹자의 교육을 위해서 마지막으로 이사간 곳이 학당근처였다. 맹자가 예의가 바르고, 책 읽기를 좋아하는 아이로 변한 것을 본 어머님은 '이곳이 비로소 내 아들이 마땅히 살아야 할 곳이로구나'라고 했을 것이다. 따라서 빈칸에 들어갈 말은 '应该住的地方'이다.

三只小猪为了躲避狼的追赶，分别建造了草屋、木屋和砖屋三个 <u>53 小屋</u>。可是有一天，狼 <u>54 弄坏</u> 了草屋、木屋和砖屋，三只小猪吓得拼命地跑，但还是被狼追上了。小猪绝望地说："你太没有良心了，不仅弄坏了我们的房子，而且还要吃掉我们。我们这么弱小，也打不过你，你随便处置我们好了。"这时，狼大笑着说："快 <u>55 告诉</u> 我小红帽在哪里！"原来 <u>56 狼要找小红帽</u>。

세 마리의 새끼 돼지는 늑대가 쫓아 오는 것을 피하기 위해, 초가집, 통나무집, 벽돌집 3채의 <u>53 작은 집</u>을 지었다. 그런데 어느 날, 늑대가 초가집, 통나무집, 벽돌집을 <u>54 망가뜨렸다</u>. 세 마리의 새끼 돼지는 놀라서 죽을 힘을 다해서 도망쳤지만, 그래도 늑대에게 잡히고 말았다. 새끼 돼지는 절망해서 말하길, "넌 너무 양심이 없어. 우리 집을 망가뜨렸을 뿐만 아니라, 우리를 먹어버리려고까지 하다니. 우리가 이토록 약소하고 너를 이길 수도 없으니, 네 마음대로 처치해." 늑대는 웃으면서 "빨간 모자가 어디 있는지 빨리 <u>55 알려 줘</u>!"라고 말했다. 알고보니 <u>56 늑대는 빨간 모자를 찾고 있는 중이었다</u>.

**어휘** 躲避 duǒbì 숨다 | 狼 láng 늑대 | 追赶 zhuīgǎn 뒤쫓다 | 建造 jiànzào 건축하다 | 草屋 cǎowū 초가집 | 木屋 mùwū 통나무집 | 砖屋 zhuānwū 벽돌집 | 拼命 pīnmìng 죽을힘을 다하다 | 追上 zhuīshàng 따라 잡다 | 绝望 juéwàng 절망하다 | 处置 chǔzhì 처치하다 | 小红帽 xiǎohóngmào 작은 빨간 모자

**53**
A 小屋　　　　　　　A 작은 집
B 小猪　　　　　　　B 새끼 돼지
C 孩子　　　　　　　C 아이
D 东西　　　　　　　D 물건

**해설** 分别建造了草屋、木屋和砖屋三个 <u>53 小屋</u>
⬇
'草屋，木屋，砖屋'는 모두 집이다. 빈칸에 들어갈 단어는 '草屋，木屋，砖屋'와 동격이어야 하기 때문에, '小屋, 작은 집'이 정답이다.

**54**
A 打扫　　　　　　　A 청소해 놓다
B 盖好　　　　　　　B (집을) 지어 놓다
C 弄坏　　　　　　　C 망가뜨리다
D 弄好　　　　　　　D 수리해 놓다

해설　狼 _54 弄坏_ 了草屋、木屋和砖屋

**↓**

‘草屋，木屋，砖屋’ 앞에 올 수 있는 술어 동사를 찾으면 되는데, 문장에서 돼지가 늑대를 피하기 위하여 집을 지었다고 했으므로, 늑대가 돼지의 집을 ‘지어 놓다, 청소해 놓다. 수리해 놓다’ 는 정답이 될 수 없다. 따라서 정답은 ‘弄坏, 망가뜨리다’ 이다.

55　A 通知　　　　　　　　A 통지하다
　　B 知道　　　　　　　　B 알다
　　C 告诉　　　　　　　　C 알려주다
　　D 重视　　　　　　　　D 중요시하다

해설　快 _55 告诉_ 我小红帽在哪里!

**↓**

이 문제 같은 경우, 문장의 뜻이 파악되면, 문제를 쉽게 풀 수 있다. ‘빨간 모자가 어디 있는지 빨리＿＿＿＿＿!’ 에서, 보기 중의 단어를 하나하나 모두 넣어보면 ‘告诉, 알려주다’ 가 정답이라는 것을 알 수 있다.

56　A 小猪被狼吃了　　　　　A 늑대가 새끼 돼지를 잡아먹었다
　　B 狼要找小红帽　　　　　B 늑대는 작은 빨간 모자를 찾고자 한다
　　C 小猪跑不过狼　　　　　C 새끼 돼지는 늑대를 뛰어서 앞지를 수 없다
　　D 狼没弄坏草屋　　　　　D 늑대는 초가집을 망가뜨리지 않았다

해설　原来 _56 狼要找小红帽_

**↓**

돼지들은 늑대가 자기들을 잡아먹을 까봐 걱정했는데, 의외로 늑대는 빨간 모자가 어디에 있느냐고 물었다. 따라서 문장의 마지막 부분에 들어갈 말은 ‘알고보니 늑대는 빨간 모자를 찾고 있는 중이었다.’ 이다.

57 据 统计，目前在世界上经常参加足球比赛的球队约80万支，登记注册的运动员约4000万人，其中职业运动员约10万人。一场 58 精彩 的足球比赛，吸引着成千上万的观众，它已成为电视节目中的重要内容，有关足球的消息，常登在世界各大报纸的头版头条上。足球运动适合各个年龄段的人们，59 它不受场地的限制，当今足球运动已 60 成为 人们生活中不可缺少的一部分。

통계에 57 의하면 현재 전세계에서 시합에 자주 참가하는 축구팀은 약 80만개라고 한다. 등록한 선수는 약 4000만명인데, 그 중 프로선수는 약 10만명이 된다. 한 번의 58 멋진 축구 시합은 수천 수만명의 관중을 끌어들일 수 있다. 축구시합은 이미 TV프로그램의 중요한 내용이 되었으며, 축구에 관한 보도는 자주 세계 유명신문 제1면의 헤드라인뉴스가 되고 있다. 축구운동은 각 연령층 사람들에게 모두 적합하며, 59 장소의 구애도 받지 않는다. 오늘날의 축구는 이미 사람들의 생활에서 없어서는 안 될 한 부분이 60 되었다.

**어휘** 据统计 jùtǒngjì 통계에 따르면 | 球队 qiúduì (구기 종목의) 팀 | 登记注册 dēngjìzhùcè 등재하고 등록하다 | 职业运动员 zhíyèyùndòngyuán 프로 운동선수 | 成千上万 chéngqiānshàngwàn 수천 수만 | 消息 xiāoxi 기사, 보도, 소식 | 头版头条 tóubǎntóutiáo 1면 머릿기사 | 场地 chǎngdì 장소 | 不可缺少 bùkěquēshǎo 없어서는 안 된다

**57**
A 据　　　　　　　A …에 의하면
B 靠　　　　　　　B 의지하다
C 看　　　　　　　C 보다
D 能　　　　　　　D 할 수 있다

**해설** 57 据 统计

↓

'靠'은 '의지하다'란 뜻을 나타내고, '据'는 '…에 의하면'이라는 뜻을 나타내기 때문에, 빈칸에 들어갈 단어는 '据'이다.

**58**
A 豪华　　　　　　A 호화롭다
B 糟糕　　　　　　B 엉망이다
C 精彩　　　　　　C 멋있다
D 漂亮　　　　　　D 예쁘다

一场 _58 精彩_ 的足球比赛

➡

어떤 공연이나 시합이 '멋있다' 라고 표현할 때는 '精彩, 멋지다' 를 써야한다. 참고로 '漂亮' 은 사람이나 풍경이 아름답다는 뜻을 나타내고, '棒' 은 (성적이) 좋다, (수준이) 높다, (체력이나 능력이) 강하다는 뜻을 나타낸다.

**59**  A  大家都不喜欢足球              A  모두 축구를 좋아하지 않는다

B  它不受场地的限制              B  축구는 장소의 구애를 받지 않는다

C  它受很多条件的限制           C  축구는 많은 여건의 제한을 받는다

D  它是非常激烈的运动           D  축구는 아주 과격한 운동이다

**해설**  足球运动适合各个年龄段的人们，  _59 它不受场地的限制_

➡

문장에서 사람들이 축구시합 관람하는 것을 좋아한다고 하였다. 따라서 '足球运动适合各个年龄段的人们' 뒤에 이어서 올 말은 축구의 장점이 될 것이다. 즉 '它不受场地的限制' 이다.

**60**  A  成为                           A  …으로 되다

B  发展                           B  발전하다

C  担任                           C  담임하다

D  属于                           D  …에 속하다

**해설**  当今足球运动已 _60 成为_ 人们生活中不可缺少的一部分

➡

빈칸 채우기 문제를 풀 때, 우선 문장의 뜻부터 파악해야 한다. 이 문장 같은 경우, '오늘날의 축구는 이미 사람들의 생활에서 없어서는 안 될 한 부분이.................' 라고 했으므로, 빈칸에 들어갈 단어는 '成为, … 이 〔가〕 되다' 밖에 없다. 보기 중의 '발전하다, 담임하다, … 에 속하다' 는 문장의 뜻에 맞지 않으므로 정답이 될 수 없다.

★ 유형따악 & 공략하기

제2부분의 문제는 하나의 단문과 4개의 선택 항목으로 구성되어 있다. 보기 중에서 단문 내용과 일치하는 것을 선택하면 된다. 문제를 풀 때, 우선 단문에 나와 있는 인물, 시간, 장소, 주제 등을 연필로 체크해 놓으면, 정답을 쉽게 찾을 수 있다.

第61-70题: 请选出与试题内容一致的一项。

**61** 我们学校每年秋天都会举行运动会，秋天气候凉爽，是举行运动会的最好季节。今年的运动会将在这周五举行，我将参加100米短跑比赛，去年我夺得了亚军，希望今年能取得更好的成绩。

A 今年我想得冠军
B 去年我得了第一名
C 运动会在下周五举行
D 今年我不能参加比赛了

우리 학교는 매년 가을에 운동회를 연다. 가을은 날씨가 시원하고 상쾌하여 운동회를 여는 가장 좋은 계절이다. 올해의 운동회는 이번 주 금요일에 열리는데, 나는 100m 단거리 달리기 시합에 참가할 것이다. 작년에 2등을 했는데, 올해는 더 좋은 성적을 거두길 바란다.

A 올해 나는 1등을 하고 싶다
B 나는 작년에 1등을 했다
C 운동회는 다음 주 금요일에 열린다
D 올해 나는 운동회에 참가할 수 없게 되었다

**어휘** 凉爽 liángshuǎng 서늘하다 | 短跑 duǎnpǎo 단거리 경주 | 亚军 yàjūn 준우승(자) | 冠军 guànjūn 우승(자)

**해설** 보기의 B C D는 모두 문장 내용과 상충하지만, 문장의 마지막 부분 즉 '올해는 더 좋은 성적을 거두길 바란다' 는 보기 A의 내용과 일치한다. 따라서 정답은 A이다.

**62** 汽车是人们生活中必不可少的一种交通工具，它给我们的生活带来了很多方便，但同时也严重污染了环境。近几年政府和汽车制造商已经意识到了这一问题的严重性，纷纷研发新型环保汽车，改进汽车技术，以此减少环境污染。

자동차는 우리의 생활에 없어서는 안 될 일종의 교통수단이다. 자동차는 우리 생활에 편리함을 가져다 줬으며, 환경도 심하게 오염시켰다. 최근 들어 정부와 자동차 제조상들은 이러한 문제의 심각성을 깨닫기 시작하여, 신형 친환경 자동차를 잇달아 연구 개발 하였으며, 자동차 기술이 개선됨으로써, 환경오염을 줄일 수 있게 되었다.

| A 汽车将被淘汰 | A 자동차는 장차 도태될 것이다 |
|---|---|
| B 新型环保汽车可以减少污染 | B 신형 친환경 자동차는 환경오염을 줄일 수 있다 |
| C 政府已经解决了环境污染问题 | C 정부는 이미 환경오염 문제를 해결하였다 |
| D 工厂排放的污水造成了环境污染 | D 공장에서 배출한 폐수가 환경오염을 초래했다 |

**어휘** 必不可少 bìbùkěshǎo 없어서는 안 되다 | 污染 wūrǎn 오염시키다 | 制造商 zhìzàoshāng 제조업체 | 意识到 yìshídào 의식하다 | 严重性 yánzhòngxìng 심각성 | 纷纷 fēnfēn 잇달아 | 研发 yánfā 연구 개발하다 | 环保 huánbǎo 환경보호의 약칭 | 减少 jiǎnshǎo 감소하다 | 淘汰 táotài (쓸데없거나 적합하지 않은 것 등을) 도태하다, 추려 내다, 제거하다 | 排放 páifàng 배출하다 | 污水 wūshuǐ 폐수

**해설** 보기의 A와 C는 상식적으로 봐도 오답이라는 것을 알 수 있다. 그리고 D는 문장에서 언급하지 않은 내용이므로 B가 정답이라는 것을 알 수 있다.

---

**63**

日前，一项调查显示，随着城市居民收入不断提高，赡养父母、孝敬老人的方式越来越多样化了。从为父母买吃穿用的物品，发展到送保健品、送父母去旅游了。从这里我们可以看出，人们孝敬父母的方式越来越注重健康和时尚了。

일전의 한 조사에서, 도시주민들의 수입이 계속하여 증가함에 따라서, 부모님을 부양하고 어르신을 섬기고 공경하는 방식이 점점 다양해지고 있다고 하였다. 부모님께 먹을 것과 입을 것을 사 드렸던 것으로부터 건강식품을 사 드리고, 부모님을 여행 보내드리는 것으로 발전하였다. 이로써 사람들이 부모님께 효도하는 방식이 점점 건강과 유행을 중시하게 되었다는 것을 알 수 있다.

| A 现在老年人喜欢旅游 | A 지금 어르신들은 여행을 좋아한다 |
|---|---|
| B 过去人们不孝敬老人 | B 옛날에는 사람들이 어르신들을 섬기고 공경하지 않았다 |
| C 现在人们的生活水平不太高 | C 지금 사람들의 생활수준은 그다지 높지 않다 |
| D 人们孝敬父母的方式改变了 | D 사람들이 부모님께 효도하는 방식이 바뀌었다 |

**어휘** 日前 rìqián 일전 | 显示 xiǎnshì 나타나다 | 随着 suízhe …따라서 | 赡养 shànyǎng (부모를) 봉양하다 | 孝敬 xiàojìng 효도하다 | 保健品 bǎojiànpǐn 건강 보조 식품 | 时尚 shíshàng 시류

**해설** 문장에서 부모님께 효도하는 방식이 먹을 것과 입을 것을 사 드렸던 것으로부터 건강식품을 사 드리고, 부모님을 여행 보내드리는 것으로 발전하였다고 했다. 이것은 사람들이 부모님께 효도하는 방식이 바뀌었다는 뜻이다. 따라서 정답은 D이다.

**64**

老年人一般喜欢早上六点钟去锻炼身体，他们认为这样可以呼吸到新鲜的空气，有助于身心健康。但由于早上六点钟时空气中的有害物质还没有消散，所以专家主张老年人应该在十点以后进行锻炼。

A 六点以前空气清新
B 老年人喜欢在十点锻炼
C 专家建议十点以后锻炼
D 早上去锻炼能使身体更加健康

노인들은 일반적으로 아침 6시에 신체단련하기를 좋아한다. 노인들은 이렇게 하면 신선한 공기를 마실 수 있고, 심신의 건강에도 도움이 된다고 생각한다. 그러나 아침 6시 때에는 공기 중의 유해물질이 사라지지 않았기 때문에, 전문가들은 노인들이 10시이후에 단련해야 한다고 주장한다.

A 6시 전에는 공기가 맑고 상쾌하다
B 노인들은 10시에 단련하기를 좋아한다
C 전문가들은 10시 이후에 단련할 것을 건의했다
D 아침에 운동하면 몸이 더욱 건강해 질 수 있다

**어휘** 有助于 yǒuzhùyú …에 도움이 되다 | 身心健康 shēnxīnjiànkāng 심신 건강 | 有害 yǒuhài 해롭다 | 物质 wùzhì 물질 | 消散 xiāosàn 사라지다 | 主张 zhǔzhāng 주장하다

**해설** 이 문장에서 6시가 두 번이나 나왔는데, 첫 번째 6시는 어르신들이 운동하기 좋아하는 시간이고, 두 번째 6시는 공기 중의 유해물질이 사라지지 않아 운동하기에 적합하지 않은 시간이라고 했으므로, 보기의 A B D는 모두 정답이 될 수 없다. 따라서 정답은 C이다.

**65**

因为养孔雀她多次被邻居举报，不仅辞去了设计师的工作，还欠了数十万元的债。如今为了扶持她养孔雀，政府给建了4000平方米的养殖场，27户村民加入了她的合作社，她的目标是带领50户村民共同致富；目前她养殖的孔雀已由最初的6只，变成了近千只。

A 她为了还债养孔雀
B 因为辞去工作她欠债十万
C 为了养孔雀，她卖了房子
D 为了养孔雀政府给她建了养殖场

공작새를 길렀기 때문에 그녀는 이웃에 의해 여러 번 신고를 당했고, 설계사 일도 그만두었을 뿐만 아니라, 수 십만위안의 빚을 지기도 했다. 지금은 공작새 기르는 것을 돕기 위해 정부에서 그녀에게 4000평방미터나 되는 양식장을 지어주었으며, 27가구의 마을 주민들이 그녀의 협동 조합에 가입했다. 그녀의 목표는 50가구의 마을 주민들을 인솔하여 부자가 되는 것이다. 현재 그녀가 양식한 공작새는 최초의 6마리에서 천마리 가까이 되었다.

A 그녀는 빚을 갚기 위해 공작새를 길렀다
B 일을 그만두었기에 그녀는 10만 위안의 빚을 졌다
C 공작새를 기르기 위해 그녀는 집을 팔았다
D 공작새를 기를 수 있도록 정부에서는 그녀에게 양식장을 지어주었다

**어휘** 孔雀 kǒngquè 공작(새) | 举报 jǔbào 신고하다 | 辞去 cíqù 사직하다 | 欠债 qiànzhài 빚지다 | 村民 cūnmín 마을 주민 | 扶持 fúchí 지지하다, 돕다 | 建 jiàn (건물 등을) 짓다 | 养殖场 yǎngzhíchǎng 양식장 | 合作社 hézuòshè 협동 조합 | 致富 zhìfù 부유해지다

**해설** 문장을 읽을 때, 전체 문맥의 흐름을 우선 파악해야 한다. 즉 누가 언제 어떤 이유로 어떻게 되었는지 파악이 되면 문제를 쉽게 풀 수 있다.

**66** 各地区的地理、气候、文化风俗直接影响着各地区的建筑风格。中国北方的建筑讲究对称，宏伟壮观；而中国南方的建筑则追求婉转曲折，细腻精巧。二者形成了鲜明的对照，这充分体现了两地人的性格特征。

A　气候影响人的性格
B　北方建筑都是圆的
C　南北方建筑差别显著
D　南方人和北方人性格一样

각 지역의 지리, 기후, 문화풍습은 그 지역의 건축양식에 직접적인 영향을 미친다. 중국 북방 건축은 대칭을 중요시하며, 웅장하고 장관이다. 그러나 중국 남방 건축은 부드럽고 구불구불한 것을 추구하며, 섬세하고 정교하다. 양자는 선명한 대조를 이루고 있으며, 이러한 것들은 두 지역 사람들의 성격적 특징이 충분히 드러난 것이다.

A　기후가 사람의 성격에 영향을 미친다
B　북방 건축은 모두 원형이다
C　남북방 건축의 차이는 아주 현저하다
D　남방인과 북방인의 성격은 같다

**어휘** 建筑风格 jiànzhùfēnggé 건축 양식 | 对称 duìchèn 대칭이다 | 宏伟 hóngwěi 웅장하다 | 壮观 zhuàngguān 장관이다 | 婉转 wǎnzhuǎn 완곡하다 | 曲折 qūzhé 구불구불하다 | 细腻精巧 xìnìjīngqiǎo 섬세하고 정교하다 | 对照 duìzhào 대조하다 | 体现 tǐxiàn 드러내다

**해설** A와 D는 상식적으로 봐도 오답이라는 것을 알 수 있다. 그리고 B는 문장에서 언급하지 않은 내용이다. 따라서 정답은 C이다.

**67** 随着网络的普及，手机支付市场发展迅速，银行及各大通信公司都纷纷加快了拓宽手机业务的步伐。最新数据显示，2009年中国手机支付市场规模已达到19.74亿元，用户规模达到8250万人。预计到2010年我国手机支付市场规模将达到28.45亿元，手机支付用户总数将突破1.5亿人。

A　手机用户逐渐在减少
B　手机市场发展非常缓慢
C　手机用户总数已达到1.5亿人
D　2010年手机支付市场规模将扩大

인테넷의 보급에 따라, 모바일폰 결제 시장도 빠르게 발전하고 있다. 은행 및 각 통신회사는 잇달아 휴대폰 업무 개척에 박차를 가하고 있다. 최근 데이터에 의하면 2009년 중국 모바일폰 결제 시장규모가 이미 19.74억 위안에 달했고, 고객규모는 8250 만명에 달했다. 2010년에 우리나라 모바일폰 결제 시장규모가 28.45억 위안에 달할 것이며, 모바일폰 결제 수단 이용객의 총수는 1.5억명을 돌파할 것으로 보인다.

A　휴대폰 사용자가 점점 적어지고 있다
B　휴대폰 시장의 발전 속도는 아주 느리다
C　휴대폰 사용자의 총수는 이미 1.5억명에 달했다
D　2010년의 모바일폰 결제 시장의 규모는 확대될 것이다

**어휘** 网络 wǎngluò 네트워크 | 普及 pǔjí 보급되다 | 支付 zhīfù 지불하다 | 通信公司 tōngxìngōngsī 통신회사 | 拓宽 tuòkuān 확장하다 | 步伐 bùfá 속도 | 数据 shùjù 데이터 | 显示 xiǎnshì 나타내다 | 用户 yònghù 사용자 | 总数 zǒngshù 총수 | 突破 tūpò 돌파하다

A와 B는 상식적으로 봐도 오답이라는 것을 알 수 있다. 그리고 문장에서 '2010년에 모바일폰 결제수단 이용객의 총수가 1.5억명을 돌파할 것으로 보인다'라고 했는데, 보기 C에서는 '휴대폰 사용자의 총수가 이미 1.5억명에 달했다'라고 했으므로 오답이다. 따라서 정답은 D이다.

## 68

庙会是我国的传统节日，早期庙会只是一种祭祀活动，但随着经济的发展和人们交流的增多，逐渐加进了集市交易活动和娱乐活动。这样一来人们在逛庙会的时候，不仅可以烧香拜佛，还可以购物，并欣赏到一些娱乐节目。

A 庙会在早上举行

B 大家不喜欢逛庙会

C 现在庙会上有娱乐活动

D 每年春节的时候一定要祭祀

재회는 우리나라의 전통 명절이다. 초창기 재회는 단지 일종의 제사활동이었는데, 경제발전과 사람들의 교류가 증가함에 따라, 시장의 물물교환 활동과 오락활동이 점차적으로 추가되었다. 그리하여 사람들은 설날 재회 구경을 할 때 향을 피우며 불상에 절을 올릴 수도 있을 뿐만 아니라, 쇼핑도 할 수 있고, 오락구경도 할 수 있게 되었다.

A 재회는 아침에 연다

B 사람들은 재회를 구경하는 것을 좋아하지 않는다

C 지금 재회에는 오락 활동이 있다

D 매년 춘절 때 반드시 제사를 지내야 한다

**어휘** 庙会 miàohuì 재회(齋會), 절 안이나 부근에 세운 시장. [명절이나 규정된 날에만 열림] | 早期 zǎoqī 초기 | 祭祀 jìsì 제사 지내다 | 加进 jiājìn 더하다, 넣다, 가하다 | 交易 jiāoyì 거래 | 烧香拜佛 shāoxiāngbàifó 향을 피우고 불상에 절을 올리다

**해설** 객관식 보기는 하나의 정답과 매력적인 오답들로 구성된다. 세 개의 오답은 대부분 같은 양상일 가능성이 크다. 따라서 객관식 문제는 오답을 지워나가는 것이 좋은 접근 방법이다. 보기의 A B D는 모두 문장에서 언급하지 않은 내용이기 때문에 정답이 될 수 없다. 따라서 정답은 C이다.

## 69

由于受到金融危机的影响，很多人都失业了，这给刚刚毕业的大学生造成了很大的压力。由于他们刚走出校门，又没有社会经验，很难找到工作。因此这些没有经济来源的大学生，在毕业之后仍然依赖父母，跟父母要零用钱。在中国，管这种人叫"吃闲饭的"。

A 现在找工作很容易

B 大学生都能找到工作

C 大学生要给父母零用钱

D 金融危机使很多人失去了工作

금융위기의 영향으로 말미암아 많은 사람들이 실직하였다. 이는 막 졸업한 대학생들에게 큰 스트레스를 주고 있다. 그들은 이제 막 학교 교문을 벗어났기 때문에 사회경험도 없어 일자리를 찾기가 힘들다. 이렇게 되어 수입원이 없는 대학생들은 졸업 후에도 여전히 부모에게 의존하며 또 부모에게 용돈을 받는다. 중국에서 이런 사람들을 "무위도식하는 사람"이라고 한다.

A 지금은 일자리를 찾기 쉽다

B 대학생들은 모두 일자리를 찾을 수 있다

C 대학생들은 부모님께 용돈을 드려야 한다

D 금융위기는 많은 사람들로 하여금 일자리를 잃게 했다

金融危机 jīnróngwēijī 금융 위기 | 失业 shīyè 실업하다 | 经济来源 jīngjì láiyuán 수입원 | 依赖 yīlài 의지하다 | 管…叫… guǎn…jiào… …무엇을…라고 부른다 | 吃闲饭的 chīxiánfànde 백수

문장의 맨 앞부분에서 '금융위기의 영향으로 말미암아 많은 사람들이 실직하였다' 고 했는데, 이는 보기 D의 내용과 일치한다.

**70**

一个人在高山的鹰巢里，抓到了一只小鹰，他把小鹰带回家，养在鸡笼里。这只小鹰每天和鸡吃住在一起，它以为自己是一只鸡。这只鹰渐渐长大，主人想把它训练成猎鹰，可是这只鹰由于整天和鸡混在一起，它已经变得和鸡完全一样，根本没有飞的欲望了。主人试了各种办法，但都没有效果，最后把它带到山顶上，一把将它扔了出去。这只鹰像块石头似的，直跌下去，慌乱之中它拼命地扑打翅膀，就这样，它终于飞了起来！

A 这只小鹰是鸡
B 主人想把它吃了
C 鹰最终飞起来了
D 这只鹰最后变成了石头

어떤 한 사람이 높은 산에 있는 매 둥지에서 새끼 매 한 마리를 잡았다. 그는 새끼 매를 집으로 가져와 닭우리에 키웠다. 이 새끼 매는 매일 닭과 같이 먹고 자고 하면서, 자기가 닭인 것으로 알고 있다. 이 새끼 매가 점차 커지자 주인은 사냥매로 훈련시키고 싶었다. 그러나 이 새끼 매는 매일 닭과 같이 섞여 있어, 닭과 완전히 똑같이 변해서, 날고싶은 욕망이 전혀 없다. 주인은 여러 방법을 시도해봤지만 모두 효과가 없었다. 마지막에 매를 산 정상에 데리고 올라가 던져버렸다. 이 매는 마치 돌맹이처럼 직선으로 떨어지다가, 당황한 상태에서 필사적으로 날개를 푸다닥거리더니, 끝내 날기 시작하였다.

A 이 새끼 매는 닭이다
B 주인은 매를 잡아 먹으려고 한다
C 매는 끝내 날기 시작하였다
D 이 매는 마지막에 돌로 변했다

鹰巢 yīngcháo 매 둥지 | 小鹰 xiǎoyīng 작은 매 | 鸡笼 jīlóng 닭장 | 猎鹰 lièyīng 사냥매, 보라매 | 混在一起 hùnzàiyìqǐ 같이 어울리다 | 欲望 yùwàng 욕망 | 山顶 shāndǐng 산꼭대기 | 石头 shítou 돌 | 跌 diē (물체가) 떨어지다, 낙하하다 | 慌乱 huāngluàn 허둥거리다 | 扑打 pūdǎ 가볍게 털다 | 翅膀 chìbǎng 날개 | 飞了起来 fēileqǐlái 날기 시작하였다

맨 마지막 부분에서 '它终于飞了起来! , 매는 끝내 날기 시작했다!' 라고 했는데, 이는 보기 C의 내용과 일치한다. 따라서 정답은 C이다.

# 第 三 部 分

★ 유형파악 & 공략하기
제3부분은 제시된 단문 뒤에 몇 개의 질문이 주어지는데, 질문에 해당하는 정답을 보기 중에서 고르면 된다. 이 부분의 문제 유형은 본문에서 이야기를 서술한 다음, 문장의 맨 마지막에 계시, 교훈, 주장 등의 메시지가 담겨있다. 따라서 문제를 풀 때, 문장의 전체적인 의미 파악과 문장의 주제를 찾는 것이 관건이다.

第71－90题：请选出正确答案。

## 71-73

有个老人在河边钓鱼，一个小孩儿走过去看他钓鱼，老人技术高超，所以没多久就钓上了很多鱼，老人见小孩儿很可爱，就要把钓到的鱼都送给他，小孩儿摇摇头，老人惊异的问道："你为什么不要？"小孩儿说："这些鱼没多久就吃完了，要是我有鱼竿，我就可以自己钓，那我的鱼一辈子也吃不完。"

你也许会说：好聪明的小孩儿。错了，如果他只有鱼竿，那他一条鱼也吃不到。因为，钓鱼重要的不在鱼竿，如果不懂钓鱼的技巧，光有鱼竿是没用的。现在，在社会上有很多人认为自己拥有了人生道路上的鱼竿，再也无须恐惧路上的风雨，因此，难免会跌倒在泥泞的地上。就如小孩儿看老人，以为只要有鱼竿就有吃不完的鱼，像职员看老板，以为只要当上老板，就可以发大财。要想成功一定要有自己独特的经营方式和技术。

### 이야기의 서술

한 노인이 강가에서 낚시를 하고 있었는데, 어떤 아이가 다가와 낚시하는 것을 구경했다. 노인의 낚시 솜씨가 뛰어나서, 얼마 안 되어 많은 고기를 낚아 올렸다. 노인은 아이가 너무 귀여워 보여 잡은 물고기를 모두 그 아이에게 주겠다고 하자, 아이는 고개를 저었다. 노인은 놀라 물었다. "왜 싫은데?" 아이는 "이 고기는 얼마 안 지나서 다 먹어버리지만, 만약 저에게 낚싯대가 있다면, 제가 직접 낚시를 해서 평생 동안 먹을 수 있잖아요." 라고 말했다.

### 이야기로부터 얻은 계시

당신은 아마 이렇게 말할 수도 있다: 아주 똑똑한 아이라고. 그렇다면 당신은 틀렸다. 낚싯대만 있다면, 그 아이는 물고기를 한 마리도 먹을 수 없을 것이다. 왜냐하면 고기를 낚는데 중요한 것은 낚싯대에만 있는 것이 아니다. 만약 고기를 낚는 기교를 모르고 낚싯대만 있어서는 소용이 없다. 지금 사회에서 많은 사람들은 자신의 인생길에서 낚싯대를 가지면 어떤 역정도 더는 두려워할 필요가 없다고 생각한다. 그런 생각을 갖고 있다면 진창에 걸려 넘어지는 것을 면하기 어렵다. 마치 아이가 노인을 보고 낚싯대만 있으면 평생 먹을 물고기를 얻을 수 있을 거라고 여기는 것처럼, 마치 직원들이 사장을 보고 사무실에 앉아 있기만 하면 재물이 굴러 들어올 거라고 여기는 것처럼 말이다. 성공하기 위해서는 반드시 자신만의 특별한 경영방식과 기술이 있어야 한다.

어휘 高超 gāochāo 특출나다 | 摇头 yáotóu 고개를 가로젓다 | 惊异 jīngyì 이상하다, 놀랍다 | 鱼竿 yúgān 낚싯대 | 技巧 jìqiǎo 기교 | 无须 wúxū 필요없이 | 恐惧 kǒngjù 두려워하다 | 风雨 fēngyǔ 비바람 | 泥泞 nínìng 질퍽거리다 | 难免 nánmiǎn …하게 마련이다 | 跌倒 diēdǎo 넘어지다 | 发财 fācái 큰돈을 벌다

**71** 小孩儿为什么不要老人的鱼?　　　아이는 왜 노인의 물고기를 원하지 않았나?

A 他不会钓鱼　　　　　　　　　A 그 아이가 낚시를 할 줄 모르기 때문에

B 他想要鱼竿　　　　　　　　　B 그 아이가 낚싯대를 원하기 때문에

C 他不喜欢吃鱼　　　　　　　　C 그 아이가 물고기를 좋아하지 않기 때문에

D 他家有很多鱼　　　　　　　　D 그 아이의 집에 많은 고기가 있기 때문에

해설 첫 번째 단락 마지막 부분에 아이가 한 말 '这些鱼没多久就吃完了，要是我有鱼竿，我就可以自己钓，那我的鱼一辈子也吃不完。'을 통해 아이가 원하는 것이 노인의 물고기가 아니라 낚싯대라는 것을 알 수 있다.

**72** 作者认为怎样才能钓到鱼?　　　저자는 어떻게 해야만 비로소 고기를 낚을 수 있다고 생각하는가?

A 只要有钱就行　　　　　　　　A 돈만 있으면 된다

B 只要有鱼竿就行　　　　　　　B 낚싯대만 있으면 된다

C 有鱼竿和钓鱼技术　　　　　　C 낚싯대와 고기를 낚는 기술이 있으면 된다

D 拥有人生道路上的鱼竿　　　　D 인생 길에서의 낚싯대가 있으면 된다

해설 钓鱼重要的不在鱼竿，如果不懂钓鱼的技巧，光有鱼竿是没用的。'을 통해 고기를 낚으려면, 낚싯대와 고기를 낚는 기술이 있어야 한다는 것을 알 수 있다.

**73** 作者认为成功的人:　　　　　　작가가 생각하는 성공한 사람은:

A 都坐在办公室里　　　　　　　A 모두 사무실에 앉아 있다

B 经常会跌倒在地上　　　　　　B 자주 넘어진다

C 有很多职员和财富　　　　　　C 많은 직원과 재산이 있다

D 有自己的经营方式和技术　　　D 자신만의 경영 방식과 기술이 있다

해설 마지막 분분의 '要想成功一定要有自己独特的经营方式和技术'를 통해 작가가 생각하는 성공한 사람은 자신만의 경영 방식과 기술이 있어야 한다는 것을 알 수 있다.

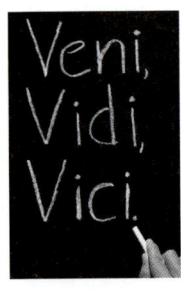

故事发生在美国的一所大学。快下课时，教授对同学们说："我和大家做个游戏，谁愿意配合我一下？"一名女生走上讲台。教授说："请在黑板上写一下你难以忘记的十个人的名字。"女生照做了。有她的邻居、朋友、亲人等等。教授说："请你划掉一个你认为最不重要的人。"女生划掉了她邻居的名字。教授又说："请你再划掉一个。"女生又划掉了她的朋友。……最后，黑板上只剩下她的父母、丈夫和孩子。教授平静的说："请再划掉一个。"女生艰难的做着选择……她划掉了父母的名字。"请再划掉一个。"她惊呆了，**哆哆嗦嗦**地举起粉笔划掉了儿子的名字。

教授问道："和你最亲的人应该是你的父母和你的孩子，而丈夫是可以重新再找的，为什么丈夫反倒是你最难割舍的人呢？"女生平静而又缓慢地说："随着时间的流逝，父母会先我而去，孩子长大成人后肯定也会离我而去，真正陪伴我度过一生的只有我丈夫。其实，生活就像洋葱，一片一片地剥开，总有一片会让我们流泪的。"

## 이야기의 서술

이야기는 미국의 한 대학에서 일어난 일이다. 수업이 막 끝나갈 무렵 교수가 학생들에게 "여러분 저랑 게임 하나 합시다. 누가 협조를 좀 해주겠습니까?" 라고 하자, 한 여학생이 강단으로 올라왔다. 교수가 "칠판에 학생이 잊을 수 없는 10명의 이름을 써 보세요." 라고 하자, 여학생은 교수님의 말씀대로 했다. 그녀의 이웃, 친구, 친척 등이 있었다. 교수가 "이 중에서 가장 중요하지 않다고 생각되는 사람의 이름을 지워버리세요." 라고 하자, 여학생은 이웃의 이름을 지워버렸다. 교수는 또 말하기를 "한 명을 더 지우세요." 여학생은 그녀의 친구 이름을 지웠다. …… 마지막에 칠판에 그녀의 부모, 남편과 아이만 남았다. 교수는 조용히 말하기를 "한 사람을 더 지우세요." 여학생은 아주 힘들어하면서 선택을 하였다 …… 그녀는 부모의 이름을 지웠다. "한 사람을 더 지우세요." 그녀는 놀라서 어리둥절했다. 그녀는 부들부들 떨면서 분필을 집어들고 아들의 이름을 지웠다.

## 이야기의 결말

교수가 "학생과 가장 가까운 사람은 당연히 학생의 부모와 아들이어야 하지 않나요. 남편은 다시 얻을 수 있는데, 왜 남편이 오히려 가장 버릴 수 없는 사람이죠?" 라고 묻자, 여학생은 차분하고도 침착하게 말하기를, "시간이 흐르면 부모님은 저보다 먼저 세상을 떠나게 될 것이고, 아이도 성인이 되면 반드시 저를 떠날 것입니다. 진정 저와 함께 일생을 보낼 수 있는 사람은 저의 남편뿐입니다. 사실 삶이라는 것은 양파와 같아서 한겹 한겹 벗기다 보면, 언젠가는 우리로 하여금 눈물을 흘리게 하는 한겹이 있기 마련입니다"

**어휘** 配合 pèihé 협력하다 | 讲台 jiǎngtái 강단 | 照做 zhàozuò 시키는 대로 하다 | 划掉 huádiào 지워버리다 | 惊呆 jīngdāi 놀라 얼이 빠지다 | 哆哆嗦嗦 duōduosuōsuō 부들부들 [덜덜·벌벌] 떨다 | 粉笔 fěnbǐ 분필 | 亲 qīn 관계가 밀접하다 | 反倒 fǎndào 오히려 | 割舍 gēshě 내버리다 | 流逝 liúshì 흐르는 물처럼 지나가다 | 先我而去 xiānwǒ'érqù 나보다 먼저 세상을 떠나다 | 离我而去 líwǒ'érqù 나를 떠나다 | 洋葱 yángcōng 양파 | 剥开 bāokāi 벗기다, 까다 | 流泪 liúlèi 눈물을 흘리다

**74** 教授的游戏是：

A 在黑板上画画

B 给难以忘记的人写信

C 跟女生的邻居和亲人通电话

D 写出难忘的人的名字，然后划掉

교수의 게임은：

A 칠판에 그림 그리기

B 잊을 수 없는 사람에게 편지 쓰기

C 그녀의 이웃과 친척에게 전화걸기

D 잊을 수 없는 사람들의 이름을 쓰고 지워버리기

**해설** 첫 번째 단락에서 교수는 학생들과 게임을 했는데, 게임의 방식은 잊을 수 없는 10명의 사람의 이름을 쓴 다음, 중요하지 않는 순서대로 지우는 것이었다. 따라서 정답은 D이다.

**75** 第一段中画线词语"哆哆嗦嗦"最可能是什么意思？

A 身体虚弱

B 心情激动

C 非常生气

D 紧张得发抖

첫 번째 단락에 밑줄 친 단어 '哆哆嗦嗦'의 뜻으로 가장 근접한 것은？

A 몸이 허약하다

B 마음이 흥분되다

C 몹시 화나다

D 긴장해서 떨다

**해설** 她惊呆了，**哆哆嗦嗦**地举起粉笔划掉了儿子的名字

↓

밑줄 친 단어 '哆哆嗦嗦'의 뜻을 알면 문제를 쉽게 풀 수 있지만, 뜻을 몰라도 앞뒤 문맥의 흐름으로 단어의 뜻을 유추할 수 있다. 이 문제 같은 경우 여학생이 아들을 버리고 남편을 선택하는 과정을 설명하고 있기 때문에, 긴장하고 떨고 있다는 것을 유추할 수 있다. 따라서 정답은 D이다.

**76** 关于女生划掉孩子的名字，下列哪项正确？

A 孩子可以再生

B 她不喜欢孩子

C 孩子长大后会离开

D 孩子将来不会养她

여학생이 아이의 이름을 지운 것에 대해, 보기 내용 중 정확한 것은？

A 아이는 다시 낳을 수 있다

B 여학생은 아이를 좋아하지 않는다

C 아이는 크면 떠날 것이다

D 아이는 장래에 그녀를 봉양하지 않을 것이다

**해설** '孩子长大成人后肯定也会离我而去'를 통해 여학생이 아이의 이름을 지운 이유를 알 수 있다.

**77** 女生到最后也没有划掉她丈夫的名字，其原因在哪里？

A 丈夫会养她

B 丈夫将陪伴她一生

C 孩子是最难割舍的人

D 父母永远不会离她而去

여학생이 마지막까지 남편의 이름을 지우지 않은 이유는 무엇인가？

A 남편이 그녀를 부양하기 때문에

B 남편은 평생 그녀와 함께 하기 때문에

C 아이는 버리기 가장 힘든 존재이기 때문에

D 부모가 영원히 그녀를 떠나지 않기 때문에

**해설** '真正陪伴我度过一生的只有我丈夫'를 통해 여학생이 마지막까지 남편의 이름을 지우지 않는 이유를 알 수 있다.

图德跟他的朋友一起从家里偷了一些水果和奶制品，跑到野外去玩。那时还没有保存食物的方法，看着吃剩下的食物在阳光下烂掉，他们却没有一点办法。

一次，他们沿着冰封的湖畔散步，图德突然说："还记得咱们从家里偷东西出来吃的事吗？"他的朋友说："当然记得，可惜剩下的食物都烂掉了！"图德指着湖面问："看见那些冰了吗？这里的冬天到处是冰，为什么不把这些冰运到炎热的加勒比海的一些港口去卖呢？"他的朋友嘲笑他说："别傻了，冰到了那里早化成水了！"

几年后，21岁的图德再次找到当年的朋友，想让他和自己一起做冰的买卖，可朋友再次拒绝了他，并劝他别异想天开。

后来，图德在别人的资助下，花费1万美元，将130吨冰用船运往马堤尼克岛。此后，图德的生意越做越大，最后成为了世界冰王和亿万富翁。图德的做法给科学家们以启发，终于引出了冰箱的问世。当年那个朋友却依然过着普通的生活，他没想到，那些被他忽视的冰会成就一个人的梦想。

### 투더 어린 시절의 이야기

투더는 친구와 함께 집에서 과일과 유제품을 몰래 가지고 나와 야외에서 놀았다. 그 때는 음식을 보관하는 방법이 없어, 먹고 남은 음식이 햇빛아래에서 상해버리는 것을 보고만 있을 뿐, 아무런 방법이 없었다.

한 번은 그들이 얼음이 뒤덮힌 호수가를 따라 산책을 하고 있을 때, 투더가 갑자기 "너 아직도 우리가 집에서 음식을 몰래 가지고 나와 먹었던 일 생각나니?"라고 말하자, 그의 친구가 "당연히 기억하고 있지, 그런데 남은 음식들이 다 상해버려서 너무 아까웠지!"라고 말했다. 투더가 호수의 수면을 가리키면서 "저 얼음 봤니? 이곳의 겨울은 온통 얼음이잖아, 왜 여기에 있는 얼음을 더운 카리브해 항구에 싣고 가서 팔지 않을까?"라고 하자, 그의 친구가 그를 비웃으며 말하기를, "바보 같은 짓 하지 마! 얼음이 그곳에 도착하면 이미 녹았을 거야!"라고 말했다.

### 투더 성년 시절의 이야기

몇 년 후, 21살이 된 투더는 다시 옛 친구를 찾아가 자기와 함께 얼음장사를 하자고 하였다. 그러나 그 친구는 다시 한 번 그를 거절하면서 엉뚱한 생각을 하지 말라고 했다.

### 투더의 성공 이야기

그 후 투더는 다른 사람이 자금을 대주어 만 달러를 들여 130톤의 얼음을 배로 마르티니크 섬으로 운반했다. 그로부터 투더는 얼음장사를 점점 크게 하여, 세계 얼음왕과 억만장자가 되었다. 투더의 행동은 과학자들에게 영감을 주었고, 끝내 냉장고의 출시를 이끌어냈다. 그때 그 친구는 여전히 평범한 삶을 살고 있었다. 그 친구는 그가 소홀히 여겼던 얼음이 한 사람의 꿈을 이뤄줄 수 있다는 것을 생각하지 못했다.

**어휘** 奶制品 nǎizhìpǐn 유제품 | 保存 bǎocún 보존하다 | 烂掉 làndiào 썩어버리다 | 冰封 bīngfēng 얼음으로 뒤덮이다 | 湖畔 húpàn 호반 | 湖面 húmiàn 호수의 수면 | 冰 bīng 얼음 | 炎热 yánrè 무덥다 | 加勒比 Jiālèbǐ 카리브(Caribbean)해 | 港口 gǎngkǒu 항구 | 嘲笑 cháoxiào 비웃다 | 化 huà 녹다 | 异想天开 yìxiǎngtiānkāi 허황된 생각을 하다 | 资助 zīzhù (재물로) 돕다 | 运往

yùnwǎng …로 운송하다 | 马堤尼克岛 Mǎdīníkèdǎo 마르티니크섬 | 亿万富翁 yìwànfùwēng 억만장자 | 启发 qǐfā 계발, 깨우침, 영감 | 问世 wènshì (저작물·발명품·신상품 등이) 세상에 나오다 | 忽视 hūshì 소홀히 하다 | 成就 chéngjiù 이루다 | 梦想 mèngxiǎng 꿈 | 销售 xiāoshòu 판매하다 | 机遇 jīyù 기회

**78** 根据上文，可以知道图德：

A 喜欢观察和思考
B 经常跑到野外去玩
C 经常吃烂掉的食物
D 喜欢沿着冰封的湖畔散步

문장을 통해 투더에 대해 알 수 있는 것은：

A 관찰하고 생각하는 것을 좋아한다
B 자주 야외에 가서 논다
C 상해버린 음식을 자주 먹는다
D 얼음이 덮힌 호수가를 산책하기 좋아한다

**해설** 두 번째 단락에서 투더는 얼음을 보고 열대지역에 가져가 팔 생각을 했으므로, 투더가 평소에 관찰하고 생각하는 것을 좋아한다는 것을 알 수 있다. 따라서 정답은 A이다.

**79** 图德看到冰后想到：

A 把冰化成水
B 和朋友一起拿冰玩
C 去加勒比海的港口玩
D 把冰运到热带去销售

투더가 얼음을 보고 생각한 것은：

A 얼음을 물로 녹이는 것
B 친구와 함께 얼음을 갖고 노는 것
C 카리브해 항구에 가서 노는 것
D 얼음을 열대지역으로 싣고 가서 파는 것

**해설** 두 번째 단락에서 투더의 말 '这里的冬天到处是冰，为什么不把这些冰运到炎热的加勒比海的一些港口去卖呢?'를 통해 투더가 얼음을 보고 생각한 것이 얼음을 열대지역으로 싣고 가서 파는 것이라는 것을 알 수 있다.

**80** 图德的朋友拒绝和他一起做生意，是因为：

A 他不喜欢做生意
B 他认为图德不会做生意
C 他认为图德的想法很好
D 他认为图德的想法不现实

투더의 친구가 투더와 함께 장사하는 것을 거절한 이유는：

A 그가 장사하기를 좋아하지 않기 때문에
B 투더가 장사할 줄 모른다고 생각했기 때문에
C 투더의 아이디어가 매우 좋다고 생각했기 때문에
D 투더의 아이디어가 비현실적이라고 생각하기 때문에

**해설** 세 번째 단락의 '可朋友再次拒绝了他，并劝他别异想天开'를 통해 친구가 투더를 거절한 이유는 투더의 생각이 엉뚱하다고 생각했기 때문이라는 것을 알 수 있다. 따라서 정답은 D이다.

**81** 图德成为亿万富翁的真正原因是：     투더가 억만장자가 된 진정한 이유는:

    A 异想天开                      A 허황된 생각 때문에

    B 别人的资助                 B 다른 사람이 자금을 대줬기 때문에

    C 朋友的启发                 C 친구의 깨우침 때문에

    D 敢于创新，并会抓住机遇     D 대담하게 새것을 창조하고 기회를 잡았기 때문에

**해설** 본문에서 투더는 냉장고가 출시되기 전에, 얼음을 열대지역으로 싣고 가서 파는 파격적인 아이디어로 억만장자가 되었다고 하였기에, 투더의 성공비결은 바로 대담하게 새것을 창조하고 기회를 놓치지 않았기 때문이라는 것을 알 수 있다.

**82** 为什么图德的朋友没有成功？     투더의 친구는 왜 성공하지 못했나 ?

    A 没有资金                       A 자금이 없어서

    B 不会做生意                  B 장사할 줄을 몰라서

    C 没有抓住机会               C 기회를 잡지 못해서

    D 不如图德聪明               D 투더만큼 총명하지 못해서

**해설** 투더의 친구는 투더가 얼음을 열대지역으로 싣고 가서 팔자는 제안을 거절했기 때문에 성공의 기회를 놓쳐버린 것이다. 따라서 정답은 C이다.

《论语》流传2500多年, 影响了世世代代的中国人, 它的经典语句, 很多中国人都能倒背如流。《论语》的真谛, 就是告诉大家, 怎样才能过上人们所向往的那种快乐的生活。为帮助人们真正理解《论语》的哲理性, 于丹教授针对21世纪人类面临的心灵困惑, 运用女性特有的细腻情感, 从中国人的宇宙观、心灵观、处世之道、交友之道、人格修养之道、理想和人生观等七个方面解读了《论语》。

于丹是北京师范大学的教授, 2006年在中央电视台十一黄金假日的百家讲坛节目中, 她连续七天为广大观众解读《论语》, 受到了观众的热烈欢迎。短短7天, 她迅速成为一颗明星, 受到了大众的喜爱和追捧。此外, 《于丹<论语>心得》在全国创下了销量第一的记录。她用百姓喜闻乐见的方式解读《论语》, 是她的书走红的重要原因。

但也有人对于丹持否定的态度, 有些学者认为于丹把《论语》庸俗化、简单化了。一时间各种评论充斥媒体, 形成众说纷纭、各抒己见的热闹局面, 人们称之为"于丹现象"。"于丹现象"出现在当今社会, 并非偶然。在中国经济崛起而文化相对滞后的当前, 人们开始回归传统文化, 进而掀起了寻根和学习传统文化的热潮。

### 《논어》와 위딴에 대한 개괄적인 소개

《논어》는 2500여 년간 전해내려 오면서 대대손손의 중국인들에게 영향을 주었다. 논어의 경전어구는 많은 중국인들이 줄줄이 외울 수 있을 정도다. 《논어》의 참뜻은 어떻게 해야만 비로소 사람들이 갈망하는 즐거운 삶을 살 수 있는 가를 알려주는 것이다. 사람들이 진정으로 《논어》의 철학적 이치를 이해하는데 도움을 주기 위하여, 위딴교수는 21세기 인류가 직면한 마음의 곤혹에 초점을 맞추어, 여성의 독특하고 섬세한 감정을 활용하여, 중국인들의 우주관, 심리관, 처세술, 친구를 사귀는 방법, 인격수양의 방법, 이상과 인생관 등 7개의 방면에서 《논어》를 분석했다.

### 위딴에 대한 자세한 소개

위딴은 북경사범대학교의 교수이다. 2006년 10월 1일 황금연휴 때 CCTV의 백가강단 프로그램에서, 그녀는 시청자들을 위하여 7일 동안 연이어 《논어》를 분석했는데 이것이 시청자들로부터 뜨거운 환영을 받았다. 짧은 7일 동안 그녀는 아주 빠르게 스타가 되었으며, 대중들의 사랑과 추종을 받았다. 《위딴〈논어〉소감》은 전국 판매 1위를 기록하였다. 위딴은 백성들이 즐겨 듣고 즐겨 보는 방식으로 《논어》를 분석했고, 이것이 그녀의 책이 인기를 얻은 중요한 원인이다.

### 위딴 현상에 대한 소개

그러나 위딴에 대해 부정적인 태도를 보이고 있는 사람도 있다. 일부 학자들은 위딴이 《논어》를 저속화, 간단화 하였다고 비평했다. 일순간 각양각색의 평론이 각 언론 매체를 가득 채웠으며, 사람들의 의견이 분분하며, 각자 자기의 의견을 발표하는 떠들썩한 국면이 형성되었다. 사람들은 이러한 현상을 '위딴 현상' 이라고 하였다. '위딴 현상' 이 오늘날의 사회에 나타난 것은 결코 우연이 아니다. 중국 경제가 고속 성장하고 문화가 상대적으로 정체된 현재에, 사람들은 전통문화를 그리워하며, 더 나아가 전통문화에 대한 뿌리찾기와 배움의 붐이 일어난 것이다.

论语 Lúnyǔ 논어 | 流传 liúchuán 전해지다 | 世世代代 shìshìdàidài 대대손손 | 经典语句 jīngdiǎnyǔjù 경전어구 | 真谛 zhēndì 참뜻 | 过上 guòshang …삶을 살 수 있다 | 向往 xiàngwǎng 갈망하다 | 针对 zhēnduì 초점을 맞추다 | 面临 miànlín 직면하다 | 困惑 kùnhuò 곤혹하다, 당혹하다 | 运用 yùnyòng 운용하다 | 细腻 xìnì 섬세하다 | 宇宙观 yǔzhòuguān 세계관 | 之道 zhīdào …의 방법 | 处世 chǔshì 처세하다 | 交友 jiāoyǒu 친구를 사귀다 | 人格修养 réngéxiūyǎng 인격 수양 | 解读 jiědú 해독하다 | 黄金假日 huángjīnjiàrì 황금연휴 | 百家 bǎijiā 서로 다른 학파를 가리킴 | 讲坛 jiǎngtán 토론장 | 追捧 zhuīpěng 열렬하게 추종하다 | 销量 xiāoliàng 판매량 | 喜闻乐见 xǐwénlèjiàn 즐겨 듣고 즐겨 보다 | 走红 zǒuhóng 인기가 있다 | 宇宙 yǔzhòu 우주 | 庸俗化 yōngsúhuà 저속화, 비속화 | 充斥 chōngchì 가득 채우다 | 媒体 méitǐ 대중 매체 | 众说纷纭 zhòngshuōfēnyún 여러 사람들의 의론이 분분하다 | 各抒己见 gèshūjǐjiàn 각자 자기의 의견을 발표하다 | 并非 bìngfēi 결코 …이 아니다 | 崛起 juéqǐ 흥기하다, 우뚝 일어나다 | 滞后 zhìhòu 정체하다, 낙후하다 | 回归 huíguī 회귀하다, (원래의 곳으로) 되돌아가다 | 掀起 xiānqǐ 불러일으키다 | 寻根 xúngēn 뿌리를 캐다, 근원을 밝히다 | 热潮 rècháo 열기, 붐

**83** 根据上文，《论语》是：

A 中国人的宇宙

B 大家都不喜爱读的书

C 有关女性情感的一本书

D 影响中国人生活的一部书

문장을 통해, 《논어》는:

A 중국인의 우주이다

B 사람들이 읽기 싫어하는 책이다

C 여성 감정에 관한 책이다

D 중국인의 생활에 영향을 주는 책이다

해설 맨 앞부분의 '《论语》流传2500多年，影响了世世代代的中国人'을 통해 정답을 쉽게 고를 수 있다.

**84** 关于《于丹<论语>心得》，下列正确的是：

A 销量不太大

B 主要写的是于丹

C 与《论语》内容类似

D 是深受人们喜爱的一本书

《위딴〈논어〉소감》에 대해, 보기 내용 중 정확한 것은:

A 판매량이 많지 않다

B 주요하게 위딴에 대해 썼다

C 《논어》 내용과 비슷하다

D 사람들의 사랑을 많이 받는 책이다

해설 두 번째 단락의 '《于丹<论语>心得》在全国创下了销量第一的记录'를 통해 《위딴〈논어〉소감》이 인기가 아주 많다는 것을 알 수 있다. 따라서 정답은 D이다

**85** 为什么会出现"于丹现象"？

'위딴 현상'이 형성된 이유는 무엇인가?

A 于丹的讲座是免费的

A 위딴의 강좌가 무료이기 때문에

B 于丹是很有权威的教授

B 위딴은 아주 권위가 있는 교수이기 때문에

C 人们的生活水平提高了

C 사람들의 생활수준이 높아졌기 때문에

D 人们开始回归传统文化

D 사람들이 전통문화에 대한 뿌리 찾기의 붐이 일어났기 때문에

**해설** 마지막 단락의 '在中国经济崛起而文化相对滞后的当前，人们开始回归传统文化，进而掀起了寻根和学习传统文化的热潮'를 통해 '위딴 현상'이 형성된 이유를 알 수 있다.

**86** 上文主要谈的是：

문장에서 주요하게 이야기하고 있는 것은:

A 《论语》

A 《논어》

B 于丹和她的书

B 위딴과 그녀의 책

C "十一"黄金假日

C 10월 1일 황금연휴

D 百家讲坛的讲座

D 백가강단의 강좌

**해설** 이 문장에서 주로 위딴과 위딴의 책에 대해 소개하고 있기 때문에, 정답은 B이다.

人生就像是一次旅行。我们总是忙于奔赴目的地，**却往往忽略了路边的风景。**

生命的列车行驶着，春天鲜花盛开，秋天果实累累……。

遗憾的是，我们一直在追求完美和成功，不懂得欣赏和享受。真的很遗憾，这段路，就非得走过去吗？就不能一路欣赏着过去吗？我们年轻时，为了眼前的东西，错过了很多欣赏和享受的机会，现在，我只想看看远处的风景。

也许随着年龄的增长，我们会越来越无暇去寻求生活中的惊奇和美丽，而只在乎地位、财富和权力。大多数的人为了不落人后，花掉了自己大部分的时间与精力。他们已经没有什么闲情逸致来欣赏路边的风景了，他们只是马不停蹄地奔赴目的地。等到他们到达目的地时，却发现最美好的东西，已经被自己错过了。

我们为什么要一生忙于追求名利，而错过人生旅途中的美景呢？其实，现代人不必活得那么累，为什么不给自己留一点时间来欣赏一下美好的风景呢？人生旅途中的所有东西，不会因你的担忧而不失去，如果你用心去欣赏，也会有属于你的灿烂风景。

### 결론

인생은 마치 여행과 같다. 우리는 늘 서둘러 목적지를 향해 달려가기 때문에, 오히려 길옆의 풍경을 소홀히 한다.

### 결론에 대한 부연 설명

생명의 열차는 달려가고 있다. 봄에는 꽃이 만발하고, 가을에는 과실이 주렁주렁하다……. 유감스러운 것은 우리는 줄곧 완벽함과 성공만을 추구했지, 감상하며 즐길 줄을 모른다는 것이다. 정말 유감이다. 이 길을 꼭 걸어서 지나가야만 하는가? 감상하면서 걸어가면 안 되는가? 우리는 젊었을 때, 눈앞의 것 때문에 감상하고 즐기는 기회를 많이 놓쳐버렸다. 지금 나는 단지 멀리 있는 풍경을 바라보고 싶을 뿐이다.

어쩌면 나이를 먹어갈수록 우리는 점점 생활 속의 경이로움과 아름다움을 찾을 겨를도 없이, 지위, 재산과 권력에만 연연할 수도 있다. 대다수의 사람들은 남에게 뒤처지지 않기 위하여, 자신의 대부분의 시간과 정력을 써버렸으며, 길옆의 풍경을 감상할 한가한 심정과 여유로운 정취도 이미 없어졌다. 그들은 단지 쉬지 않고 목적지를 향해 계속 달려갈 뿐이다. 그리고 목적지에 도착했을 땐, 가장 아름다운 것들은 스스로에 의해 놓쳐버렸다는 것을 깨닫게 된다.

### 문제 제의 및 해결 책

우리는 무엇 때문에 평생 명예와 이익에 연연하면서, 인생 여정 속의 아름다운 풍경을 놓쳐버리는 것일까? 사실 현대인들은 그렇게 힘들게 살 필요가 없다. 왜 자신에게 아름다운 풍경을 감상할 여유를 남겨두지 않는가? 인생 여정의 모든 것은 당신의 걱정으로 인해 잃지 않는 것은 아니다. 당신이 아름다운 마음으로 감상한다면, 당신만의 찬란한 풍경이 생길 수도 있다.

**어휘** 忙于 mángyú …에 바쁘다 | 奔赴 bēnfù 서둘러 가다 | 忽略 hūlüè 등한시하다 | 行驶 xíngshǐ 운행하다, 달리다 | 盛开 shèngkāi 활짝 피다 | 果实 guǒshí 과실 | 累累 léiléi 주렁주렁하다 | 错过 cuòguò 놓치다 | 无暇 wúxiá 틈〔짬·겨를〕이 없다 | 寻求 xúnqiú 탐구하다 | 惊奇 jīngqí 놀라며 의아해하다 | 在乎 zàihu 신경 쓰다 | 不落人后 búluòrénhòu 남에게 뒤처지지 않다 | 马不停蹄 mǎbùtíngtí 잠시도 쉬지 않고 계속 나아가다 | 闲情逸致 xiánqíngyìzhì 한가한 심정과 안일한 정취 | 名利 mínglì 명예와 이익 | 担忧 dānyōu 걱정하다 | 属于 shǔyú …의 소유다, …에 속하다

**87** 人生的遗憾是什么?

인생의 유감은 무엇인가?

A 花钱坐豪华游艇

A 호화 유람선을 타는 데 돈 쓰는 것

B 年轻时不去旅行

B 젊었을 때 여행을 하지 않는 것

C 看不到美丽的风景

C 아름다운 풍경을 볼 수 없는 것

D 不断追求而不会享受

D 끊임없이 추구만 하고 즐길줄 모르는 것

**해설** 두 번째 단락의 '遗憾的是, 我们一直在追求完美和成功, 不懂得欣赏和享受'를 통해 감상할 줄도 모르고, 즐길 줄도 모르는 것이 인생의 유감이라는 것을 알 수 있다.

**88** 随着年龄的增长, 人们热衷于什么事情?

나이를 먹어갈수록 사람들은 어떤 일에 열중하는가?

A 去旅游

A 여행하는 것

B 坐火车旅行

B 열차를 타고 여행하는 것

C 欣赏车窗外的美景

C 차창밖의 아름다운 경치를 감상하는 것

D 追逐地位、财富和权力

D 지위, 재물, 권력을 추구하는 것

**해설** 세 번째 단락의 '也许随着年龄的增长, ……只在乎地位、财富和权力'를 통해 나이를 먹어갈수록 사람들은 지위, 재물, 권력에 열중한다는 것을 알 수 있다.

**89** 人们为什么会错过人生旅途中的美丽风景?

사람들은 왜 인생 여정의 아름다운 풍경을 지나치는 것인가?

A 风景不美丽

A 풍경이 아름답지 않기 때문에

B 忙于追求名利

B 명예와 이익을 쫓는 것에 급급하기 때문에

C 经常坐车旅行

C 늘 차를 타고 여행하기 때문에

D 年龄不断增长

D 나이가 계속하여 많아지기 때문에

**해설** 마지막 단락의 '我们为什么要一生忙于追求名利, 而错过人生旅途中的美景呢?'를 통해 사람들이 인생 여정의 아름다운 풍경을 지나치는 이유를 알 수 있다. 즉 명예와 이익을 쫓는 것에 급급하기 때문이다.

**90** 第一段中"却往往忽略了路边的风景"的意思是:

첫 번째 단락의 '오히려 길옆 풍경을 소홀히 한다'의 뜻은:

A 路边的风景不太美

A 길옆의 풍경이 아름답지 않다

B 忘了看路边的风景

B 길옆의 풍경을 보는 것을 잊었다

C 不懂得欣赏和享受

C 감상하며 즐길 줄을 모른다

D 没时间看路边的风景

D 길옆의 풍경을 볼 시간이 없다

**해설** 첫 번째 단락에서 인생은 여행과 같으며, 우리는 늘 서둘러 목적지를 향해 달려가기 때문에 길옆의 풍경을 소홀히 한다고 했다. 따라서 '却往往忽略了路边的风景, 오히려 길옆의 풍경을 소홀히 한다'란 인생의 길에서 감상하며 즐길 줄 모른다는 뜻이다.

# 三、书写

## 第 一 部分

第91-98题：完成句子。

例如：发表　　这篇论文　　什么时候　　是　　的

　　　这篇论文是什么时候发表的?

91-98문제 : 문장을 완성 하세요.

예 : 발표하다　이 논문　언제　…이다　…의
　　　이 논문은 언제 발표된 것입니까?

★ 유형따악 & 공략하기

이 부분의 문제는 여러 개의 단어가 제시되어 있다. 주어진 단어를 사용하여 하나의 문장을 만들면 된다. 문장을 만들 때 중국어의 어순과 문법을 염두에 두고 문장을 만들어야 올바른 문장을 만들 수 있다.

91　大哭　突然　起来　孩子　➡　**孩子突然大哭起来。**

**아이가 갑자기 크게 울기시작 하였다.**

**해설** 주어진 단어 중에서 사람이름이나 인칭대사가 있으면, 우선 주어라고 생각하고, 그 뒤에 동사를 붙여 문장을 만든다. 그리고 주어 뒤에는 부사가 올 수 있다는 것을 함께 알아두면, 작문이 훨씬 쉬워질 것이다.

孩子　　突然　　　大　　哭　　起来。
↳ 주어　↳ 부사　↳ 부사어　↳ 술어　↳ '…하기 시작하다'

'起来' 는 동사 뒤에 와서 여러 가지 파생적 의미를 나타내는데, 여기서 '起来' 는 '…하기 시작하다' 란 뜻을 나타낸다.

**92** 心情 运动 可以 调节 抑郁的 ➡ 运动可以调节抑郁的心情。

운동은 울적한 마음을 조절할 수 있다.

**해설** 문장을 만들 때 우선 주어진 단어 중에서 동사를 찾는다. 만약 동사가 두 개일 경우, 동사의 배열 순서를 알아야 하는데, 중국어에서 동사의 배열순서는 조동사가 가장 앞에 오고, 그 다음 일반동사가 온다. 이 문장에는 '可以'와 '调节' 두 개의 동사가 있는데, '可以'는 조동사이기 때문에 일반 동사 '调节' 앞에 와야 한다. 따라서 이 문장은 아래와 같이 만들 수 있다.

运动 可以 调节 抑郁的 心情。
↳ 주어 ↳ 조동사 ↳ 일반동사 ↳ 수식어 ↳ 목적어

**93** 理想 考试 成绩 很 ➡ 考试成绩很理想。

시험 성적이 아주 이상적이다.

**해설** 주어진 단어에 '很, 非常, 更' 등 부사와 형용사가 있으면 우선 형용사 술어문을 이용하여 작문한다는 생각부터 해야 한다. 형용사 술어문의 어순은 '(수식어+)주어+부사+형용사'이다. 보기 중의 '很'은 부사이고, '理想'는 형용사이다. 따라서 이 문장은 아래와 같이 만들 수 있다.

考试 成绩 很 理想。
↳ 수식어 ↳ 주어 ↳ '很' ↳ 형용사

**94** 严格的 小李 训练 受过 ➡ 小李受过严格的训练。

샤오리는 엄격한 훈련을 받은 적이 있다.

**해설** 주어진 단어에 '동사+过'가 있으면, 우선 과거의 경험을 나타내는 '동사+过'의 형식을 이용하여 작문한다는 생각부터 해야 한다. '过'는 동사 뒤에 와서 '…한 적이 있다'란 뜻을 나타낸다. 따라서 이 문장은 다음과 같이 만들 수 있다.

小李 受 过 严格的 训练。
↳ 주어 ↳ 술어 ↳ '…한적이 있다' ↳ 수식어 ↳ 목적어

**95** 打 玻璃 被 了 碎 ➡ 玻璃被打碎了。

유리가 깨졌다.

해설 주어진 단어에 '被'가 있으면, 우선 '被' 자문으로 작문을 한다는 생각부터 해야 한다. 그 다음 '被' 자문의 문법을 이용하여 문장을 만들면 된다. '被' 자문의 가장 큰 특징은 목적어가 문장의 맨 앞에 오는 것이다. '被' 자문의 형식은 '목적어+被/让/叫+주어+동사+기타 성분'이다. 여기서 기타 성분은 '了', 결과보어, 정도보어, 동사의 중첩 등이 해당된다.

玻璃　　被　　打　　碎　　　　了。
└ 목적어　└ '被'　└ 술어　└ 결과보어　└ 동작의 완료를 나타냄

> 원래 '被' 뒤에 주어가 와야 하는데, 이 문장에서는 특별히 누구에 의해 유리가 깨졌다는 것을 언급할 필요가 없기 때문에 생략한 것이다.

**96**　汉语　非常　他的　说得　地道　➡　他的汉语说得非常地道。

그는 제대로 된 중국어를 구사한다.

해설　주어진 단어에 '동사+得'가 있으면, 정도보어를 이용하여 작문한다는 생각부터 해야 한다. 정도보어의 가장 큰 특징은 '…을 아주 잘한다'라고 할 때 쓰이는 것이다. 정도보어의 형식은 다음 두 가지가 있다.

1) 주어 + 술어 + 목적어 + 술어 + 구조조사 '得' + 정도보어

他　　唱　　歌　　唱　　得　　　　非常好
└ 주어　└ 술어　└ 목적어　└ 술어　└ 구조조사 '得'　└ 정도보어

2) 수식어 + 的 + 목적어 + 술어 + 구조조사 '得' + 정도보어

他　　的　　汉语　　说　　得　　　　非常地道。
└ 수식어　└ '~의'　└ 목적어　└ 술어　└ 구조조사 '得'　└ 정도보어

**97**　严重　危机　农业　面临　我国　➡　我国农业面临严重危机。

우리나라 농업은 심각한 위기에 직면해 있다.

해설　문장을 만들 때 우선 주어진 단어 중에서 동사를 찾는다. 그 다음 동사 앞에 주어를 놓고, 동사 뒤에 목적어를 놓으면 된다. 그리고 주어와 목적어 앞에 수식어가 올 수 있다는 것을 함께 알아두면, 작문이 훨씬 쉬워질 것이다.

我国　　农业　　面临　　严重　　危机。
└ 수식어　└ 주어　└ 술어　└ 수식어　└ 목적어

**98** 下午　资料　一下　得　复印　把　➡　下午得把资料复印一下。

오후에 자료를 복사해야 한다.

**해설**　주어진 단어에 '把'가 있으면, 우선 '把' 자문으로 작문을 한다는 생각부터 해야 한다. 그 다음 '把' 자문의 문법을 이용하여 문장을 만들면 된다. '把' 자문의 가장 큰 특징은 목적어가 술어 앞에 온다는 것이다. '把' 자문의 형식은 '시간사+주어(생략할 수 있음)+조동사+把+목적어+동사+기타성분' 이다. 여기서 기타 성분은 '了', 결과보어, 정도보어, 동사의 중첩 등이 해당된다.

┌ 주어가 생략되었음
下午　　　得　　　把　　　资料　　　复印　　　一下。
↳ 시간사　↳ 조동사　↳ '把'　↳ 목적어　↳ 술어　↳ 기타성분

# 第 二 部分

第99-100题：写短文。　　　　99-100문제: 단문을 만드세요.

**99**　请结合下列词语(要全部使用)，写一篇80字左右的短文。

아래의 단어를 이용하여 (모두 사용해야 함) 80자 정도의 단문을 완성하세요.

昨天上午、吃、游乐园、人、热闹

어제 오전, 먹다, 놀이공원, 사람, 시끌벅적하다

**유형파악&공략하기**

주어진 단어가 몇 개 안 되지만, 상상력을 발휘하여 스토리를 떠올려 본다. '어제 오전, 먹다, 놀이공원, 사람, 시끌벅적하다'의 단어가 나와 있으니, '놀이 공원에 놀러 간 이야기'를 쓰면 된다.

**참고답안**

|  |  | 昨 | 天 | 上 | 午 | 我 | 跟 | 爱 | 人 | 和 | 孩 | 子 | 一 | 起 | 去 | 家 | 乐 | 福 | 了， |
| 给 | 我 | 爱 | 人 | 买 | 了 | 一 | 件 | 衬 | 衫 | ， | 给 | 我 | 的 | 孩 | 子 | 买 | 了 | 一 | 双 |
| 袜 | 子 | ， | 还 | 在 | 那 | 里 | 吃 | 了 | 午 | 饭 | ， | 那 | 里 | 的 | 饺 | 子 | 特 | 别 | 好 |
| 吃 | 。 | 下 | 午 | 我 | 们 | 又 | 去 | 了 | 游 | 乐 | 园 | ， | 因 | 为 | 是 | 星 | 期 | 天 | ， |
| 所 | 以 | 人 | 很 | 多 | 。 | 不 | 过 | 挺 | 热 | 闹 | 的 | ， | 我 | 的 | 孩 | 子 | 非 | 常 | 高 |
| 兴 | 。 |  |  |  |  |  |  |  |  |  |  |  |  |  |  |  |  |  |  |

**번역**　어제 오전에 나는 남편, 아이와 함께 까르푸에 갔다. 남편에게는 셔츠를 하나 사 주었고, 아이에게는 양말 한 켤레를 사 주었다. 그리고 그곳에서 점심식사를 했는데, 그곳의 만두는 아주 맛이었다. 오후에 우리는 또 놀이공원에 갔는데 일요일이라서 사람이 아주 많았다. 그러나 매우 재미있었고 아이도 아주 기뻐하였다.

**100** 请结合这张图片写一篇80字左右的短文。

제시된 그림을 근거로, 80자 내외로 구성된 단문을 작성하세요.

**유형파악&공략하기**

그림을 보고 단문을 쓸 때, 우선 그림 내용부터 잘 파악해야 한다. 그리고 작문할 때 너무 욕심내지 말고, 자신의 수준에 맞는 문장을 만드는 것이 훨씬 유리하다. 따라서 그림을 묘사하기 보다는 그림의 뜻을 생각한 다음, 자신의 느낌을 쓰면 된다. 이 문제 같은 경우 비상구에 대한 설명이나 옛날에 있었던 비상구에 관한 에피소드를 써도 된다.

**참고 답안**

| | | 这 | 是 | 安 | 全 | 出 | 口 | 指 | 示 | 牌 | ， | 您 | 可 | 能 | 在 | 很 | 多 | 地 | 方 |
|---|---|---|---|---|---|---|---|---|---|---|---|---|---|---|---|---|---|---|---|
| 见 | 过 | 这 | 样 | 的 | 牌 | 子 | 。 | 当 | 发 | 生 | 紧 | 急 | 情 | 况 | 的 | 时 | 候 | ， | 请 |
| 您 | 不 | 要 | 惊 | 慌 | ， | 也 | 不 | 要 | 害 | 怕 | ， | 您 | 要 | 做 | 的 | 第 | 一 | 件 | 事 |
| 情 | 是 | 要 | 找 | 到 | 安 | 全 | 出 | 口 | ， | 然 | 后 | 迅 | 速 | 离 | 开 | 。 | | | |
| | | | | | | | | | | | | | | | | | | | |

**번역** 이것은 비상구 표지판입니다. 아마도 많은 곳에서 이러한 표지판을 보셨을 겁니다. 긴급 상황이 발생했을 때, 당황하거나 두려워하지 마세요. 당신이 가장 먼저 해야 할 일은 비상구를 찾아서 신속하게 피하는 것입니다.

실전모의고사 2회

정답 및 해설

# 第二套模拟试题答案

## 一、听力

### 第一部分

| 1. C | 2. D | 3. C | 4. D | 5. D |
|------|------|------|------|------|
| 6. A | 7. D | 8. C | 9. B | 10. C |
| 11. D | 12. A | 13. B | 14. D | 15. B |
| 16. C | 17. C | 18. D | 19. D | 20. A |

### 第二部分

| 21. D | 22. C | 23. D | 24. A | 25. D |
|-------|-------|-------|-------|-------|
| 26. D | 27. C | 28. C | 29. C | 30. B |
| 31. C | 32. D | 33. D | 34. D | 35. B |
| 36. D | 37. D | 38. A | 39. A | 40. D |
| 41. D | 42. B | 43. D | 44. A | 45. C |

## 二、阅读

### 第一部分

| 46. B | 47. A | 48. C | 49. A | 50. D |
|-------|-------|-------|-------|-------|
| 51. B | 52. B | 53. C | 54. A | 55. B |
| 56. C | 57. A | 58. B | 59. D | 60. D |

### 第二部分

| 61. D | 62. D | 63. B | 64. D | 65. C |
|-------|-------|-------|-------|-------|
| 66. A | 67. B | 68. A | 69. D | 70. C |

### 第三部分

| 71. D | 72. D | 73. C | 74. B | 75. D |
|-------|-------|-------|-------|-------|
| 76. D | 77. C | 78. A | 79. D | 80. D |
| 81. D | 82. A | 83. D | 84. C | 85. C |
| 86. D | 87. D | 88. D | 89. D | 90. D |

## 三、书写

### 第一部分

91. 他偶尔会去健身房健身。
92. 开车的时候一定要小心。
93. 春节是一个传统的节日。
94. 北京给他留下了深刻的印象。
95. 我有时候能看到他。
96. 他已经把房间打扫干净了。
97. 这些东西一共198块钱。
98. 他的电影赢得了观众的好评。

### 第二部分

99.
| | 周 | 末 | 我 | 正 | 在 | 跟 | 朋 | 友 | 一 | 起 | 在 | 超 | 市 | 买 | 东 | 西 | 的 | 时 |
|---|---|---|---|---|---|---|---|---|---|---|---|---|---|---|---|---|---|---|
| 候 | ， | 一 | 家 | 单 | 位 | 突 | 然 | 打 | 来 | 电 | 话 | ， | 让 | 我 | 马 | 上 | 去 | 面 | 试 |
| 我 | 提 | 着 | 好 | 几 | 袋 | 儿 | 东 | 西 | ， | 穿 | 的 | 衣 | 服 | 也 | 很 | 随 | 便 | ， | 特 |
| 别 | 狼 | 狈 | ， | 更 | 别 | 说 | 自 | 信 | 了 | ， | 面 | 试 | 失 | 败 | 也 | 在 | 意 | 料 | 之 |
| 中 | 。 | | | | | | | | | | | | | | | | | | |

100.
| | 请 | 大 | 家 | 看 | 地 | 图 | ， | 我 | 来 | 介 | 绍 | 一 | 下 | 这 | 次 | 的 | 旅 | 行 |
|---|---|---|---|---|---|---|---|---|---|---|---|---|---|---|---|---|---|---|
| 路 | 线 | 。 | 我 | 们 | 先 | 去 | 广 | 州 | ， | 然 | 后 | 去 | 杭 | 州 | ， | 从 | 杭 | 州 | 坐 |
| 火 | 车 | 去 | 上 | 海 | ， | 最 | 后 | 从 | 上 | 海 | 返 | 回 | 台 | 湾 | 。 | 广 | 州 | 位 | 于 |
| 中 | 国 | 的 | 南 | 部 | ， | 所 | 以 | 气 | 温 | 比 | 较 | 高 | ， | 而 | 杭 | 州 | 气 | 温 | 要 |
| 比 | 台 | 湾 | 低 | 得 | 多 | ， | 所 | 以 | 大 | 家 | 要 | 带 | 几 | 件 | 厚 | 衣 | 服 | 和 | 薄 |
| 衣 | 服 | 。 | | | | | | | | | | | | | | | | | |

# 一、听力

## 第 一 部分

★ 유형따악 & 공략하기
듣기 1부분은 5급 문제 중 가장 쉬운 부분이기 때문에, 문제를 풀 때 크게 당황하지 말고 보기 내용을 하나하나 체크하면서 녹음을 잘 들으면 문제를 쉽게 풀 수 있다. 핵심어를 따악하는 것이 중요하다.

| 第1-20题: 请选出正确答案。 | 1번~20번 문제: 정확한 답을 고르세요. |
|---|---|

**1**

女: 下午一点集合，你可别迟到了。
男: 放心吧，我肯定早到。
问: 男的主要是什么意思?
A 他可能会晚
B 他不会去的
C 他一定会早到
D 他不会提前到

여: 오후 한 시에 집합이야, 지각하면 안 돼.
남: 걱정 하지 마, 틀림없이 일찍 도착할 거야.
문: 남자의 말은 무슨 의미인가?
A 그는 아마 늦을 것이다
B 그는 가지 않을 것이다
C 그는 반드시 일찍 도착할 것이다
D 그는 미리 도착하지 않을 것이다

**어휘** 集合 jíhé 집합하다 | 迟到 chídào 지각하다 | 肯定 kěndìng 틀림없이

**해설** 핵심어는 '我肯定早到, 틀림없이 일찍 도착할 거야'이다. 따라서 정답은 '그는 반드시 일찍 도착할 것이다'이다.

**2**

男: 你怎么了? 满脸不高兴的样子。
女: 我考砸了，我妈答应给我买新手机的，看样子买不成了。

问: 女的是什么语气?
A 平静
B 孤独
C 愉快
D 难过

남: 너 왜 그래? 수심에 찬 표정을 짓고 말이야.
여: 시험을 망쳤어, 우리 엄마가 새 휴대폰을 사 준다고 했는데, 보아하니 물 건너 간 것 같다.

문: 여자의 말투는 어떠한가?
A 차분하다
B 외롭다
C 즐겁다
D 괴롭다

**어휘** 满脸 mǎnliǎn 온 얼굴 | 考砸 kǎozá 시험을 망치다 | 答应 dāying 승낙하다 | 平静 píngjìng 차분하다 | 孤独 gūdú 외롭다 | 难过 nánguò 괴롭다

**해설** 왜 수심에 찬 표정을 짓고 있느냐는 남자의 질문에, 여자는 시험을 망쳐버렸다고 했다. 이로써 여자의 말투는 '괴로워하다'라는 것을 알 수 있다.

3　女: 这次进口项目，货款金额比较大，我们希望采用分期付款的方式，

男: 考虑到贵方的具体情况，也为了我们今后的贸易往来，这次我们可以采用分期付款的方式。

问: 关于货款的支付，下列哪项正确？

A　一次付清
B　用美元支付
C　可以分期付款
D　用人民币支付

여: 이번에 수입하는 품목의 물품대금이 좀 많기 때문에, 분할 지불방식을 채택했으면 합니다.

남: 귀사의 실제 상황을 고려하고, 또 우리 앞으로의 무역거래를 위하여, 이번 건은 분할 지불 방식을 채택할 수 있습니다.

문: 물품대금의 지불에 관하여, 보기 내용 중 정확한 것은?

A　일시불로 지불한다
B　달러로 지불한다
C　분할해서 지불해도 된다
D　인민폐로 지불한다

**어휘** 货款 huòkuǎn 상품 대금 | 金额 jīn'é 금액 | 采用 cǎiyòng 채택되다 | 分期付款 fēnqīfùkuǎn 분할 지불 | 具体 jùtǐ 특정의, 실제의 | 支付 zhīfù 지불하다 | 付清 fùqīng 청산하다

**해설** 물품 대금을 분할 지불 방식으로 하자는 여자의 제안에, 남자가 '这次我们可以采用分期付款的方式，이번 건은 분할 지불 방식을 채택할 수 있습니다' 라고 했으므로, 정답은 '可以分期付款' 이다.

4　男: 我看你整天都在埋头写论文，今年能不能毕业啊？

女: 怎么可能呢！论文题目还没定下来呢。这可是博士论文啊，怎么也得两三年。

问: 她什么时候能毕业？
A　今年春天
B　今年秋天
C　明年
D　两三年以后

남: 너 만날 논문 쓰는데 몰두하고 있던데, 올해 졸업할 수 있는 거야？

여: 그럴 리가 없지！ 논문 주제도 아직 정하지 못했는데. 박사논문이란 말이야, 적어도 2,3년은 걸려.

문: 그녀는 언제 졸업할 수 있나？
A　올 봄
B　올 가을
C　내년
D　2,3년 후

**어휘** 埋头 máitóu 몰두하다 | 定下来 dìngxialai 결정되다 | 怎么也得 zěnmeyědéi 적어도 ~해야 하다(이다)

**해설** 그녀는 언제 졸업할 수 있느냐는 질문인데, 핵심어는 '怎么也得两三年, 적어도 2,3년은 걸려' 이다. 따라서 정답은 '两三年以后' 이다.

**5**

| | |
|---|---|
| 女: 不是说好了你去接孩子吗？ | 여: 당신이 아이를 데리러 간다고 약속하지 않았어요? |
| 男: 对不起，老婆，公司里还有点儿事 需要我处理。 | 남: 미안해요, 여보. 회사에 내가 처리해야 할 일이 좀 있어서요. |
| 问: 关于男的，下列哪项正确？ | 문: 남자에 대해, 보기 내용 중 정확한 것은? |
| A 要出差 | A 출장가려고 한다 |
| B 去会餐 | B 회식하러 간다 |
| C 去开会 | C 회의하러 간다 |
| D 不能去接孩子 | D 아이를 데리러 갈 수 없다 |

**어휘** 说好 shuōhǎo 약속하다 | 老婆 lǎopo 마누라 | 处理 chǔlǐ 처리하다

**해설** 아이를 데리러 간다고 약속하지 않았느냐는 여자의 질문에, 남자는 '미안해요, 여보. 회사에 내가 처리해야 할 일이 좀 있어서요'라고 했으므로, '不能去接孩子'가 정답이다.

**6**

| | |
|---|---|
| 男: 我们打的吧，估计也就是起步价。 | 남: 우리 택시 타자, 기껏해야 기본요금일 거야. |
| 女: 要坐你一个人坐吧，我觉得还是坐 地铁方便。 | 여: 타려면 너 혼자 타, 난 그래도 지하철 이 편하거든. |
| 问: 女的要做什么？ | 문: 여자는 무엇을 하려고 하나? |
| A 坐地铁 | A 지하철을 타려고 |
| B 坐出租车 | B 택시를 타려고 |
| C 骑自行车 | C 자전거를 타려고 |
| D 坐公共汽车 | D 버스를 타려고 |

**어휘** 打的 dǎdī 택시를 타다〔잡다〕 | 估计 gūjì 추측하다 | 起步价 qǐbùjià (택시의) 기본요금

**해설** 택시를 타자는 남자의 제안에, 여자는 지하철이 더 편하다고 했으므로, 여자가 지하철을 타려는 것을 알 수 있다.

**7**

| | |
|---|---|
| 女: 《三国演义》？是卡通版的？ | 여: 《삼국연의》？ 만화로 된 거야? |
| 男: 对，原著看起来太费劲，但这种卡 通书通俗易懂，而且还有图画，看 起来很有趣。 | 남: 그래, 원작을 보면 너무 어려운데, 만 화는 통속적이고 이해하기가 쉽고 또 그림도 있어, 보면 재미있어. |
| 问: 男的是什么意思？ | 문: 남자의 말뜻은 무엇인가? |
| A 喜欢看散文 | A 산문 보기를 좋아한다 |
| B 看原著更好 | B 원작을 보면 더 좋다 |
| C 原著没意思 | C 원작이 재미없다 |
| D 看原著太难 | D 원작이 너무 어렵다 |

어휘　三国演义 SānGuóYǎnyì 《삼국연의》 | 卡通版 kǎtōngbǎn 만화로 된 판본 | 原著 yuánzhù 원작 |
费劲 fèijìn 힘이 들다 | 通俗易懂 tōngsúyìdǒng 통속적이어서 알기 쉽다 | 散文 sǎnwén 산문

해설　핵심어는 '原著看起来太费劲, 원작을 보면 너무 어렵다' 이다. 따라서 정답은 '看原著太难, 원
작은 보기가 너무 어렵다' 이다.

8　男：听说你要结婚啦, 恭喜你呀!　　　　　남：듣자하니 너 결혼한다며, 축하해!

女：真没想到结婚会这么累, 最近我每　　여：결혼한다는 것이 이렇게 힘든 줄 몰랐
　　天忙于购物, 累得我腰酸腿疼。　　　　어, 요즘 매일 서둘러 물건을 사느라
　　　　　　　　　　　　　　　　　　　　　힘들어서 허리도 시리고 다리도 아파.

问：关于女的, 可以知道什么?　　　　　　문：여자에 대해 무엇을 알 수 있나?

A　不想结婚　　　　　　　　　　　　　　A　결혼할 생각이 없다
B　身体不好　　　　　　　　　　　　　　B　몸이 좋지 않다
C　快要结婚了　　　　　　　　　　　　　C　곧 결혼할 것이다
D　喜欢买东西　　　　　　　　　　　　　D　쇼핑하기를 좋아한다

어휘　恭喜 gōngxǐ 축하하다 | 忙于 mángyú …하느라고 바쁘다 | 购物 gòuwù 물건을 사다 | 腰酸
腿疼 yāosuāntuǐténg 허리가 시리고 다리가 아프다

해설　핵심어는 '听说你要结婚啦, 恭喜你呀! 듣자하니, 결혼한다며, 축하해!' 이다. 이로써 여자
가 곧 결혼할 것이라는 것을 알 수 있다.

9　女：你的U盘找到了没有?　　　　　　　여：USB를 찾았나요?

男：找到了, 可是U盘里的文件都打不开　　남：찾았어요. 그런데 USB 안의 파일이 모
　　了, 下午我打算去趟电子商城, 但　　　　두 안 열려요. 오후에 전자상가에 가려
　　愿能修好。　　　　　　　　　　　　　고요. 고칠 수 있으면 좋겠어요.

问：男的去电子商城做什么?　　　　　　　문：남자는 전자상가에 무엇을 하러 가나?

A　买U盘　　　　　　　　　　　　　　　A　USB를 사러
B　修U盘　　　　　　　　　　　　　　　B　USB를 수리하러
C　买电脑　　　　　　　　　　　　　　　C　컴퓨터를 사러
D　修电脑　　　　　　　　　　　　　　　D　컴퓨터를 수리하러

어휘　U盘 Upán USB | 但愿 dànyuàn 오로지 〔단지·다만〕 …을 〔를〕 원하다

해설　남자가 전자상가에 무엇을 하러 가느냐는 질문인데, 핵심어는 '可是U盘里的文件都打不开
了, 그런데 USB 안의 파일이 모두 안 열려요' 이다. 이로써 남자가 전자상가에 가는 이유
가 '修U盘, USB를 수리하러' 라는 것을 알 수 있다.

10　男：会议资料都准备好了吗?　　　　　　남：회의 자료는 모두 준비됐나요?

女：资料已经都准备好了, 不过投影仪　　여：자료는 이미 준비됐습니다. 그런데 OHP
　　好像有点儿问题。　　　　　　　　　　에 문제가 좀 있는 것 같아요.

问：关于会议, 可以知道什么?　　　　　　문：회의에 관해 무엇을 알 수 있나?

| | | | | |
|---|---|---|---|---|
| A | 一点开始 | | A | 한 시에 시작한다 |
| B | 已经结束了 | | B | 이미 끝났다 |
| C | 还没准备好 | | C | 준비가 아직 안 됐다 |
| D | 已经准备好了 | | D | 회의준비가 이미 끝났다 |

**어휘** 资料 zīliào 자료 | 投影仪 tóuyǐngyí OHP

**해설** 회의 자료는 이미 준비됐지만, OHP에 문제가 좀 있는 것 같다고 했으므로, 회의 준비가 덜 됐다는 것을 알 수 있다. 따라서 '준비가 아직 안 됐다' 가 정답이다.

11  女: 没想到会来这么多人，我还以为大家    여: 이렇게 많은 사람들이 올 줄은 생각지
　　　 对演讲赛不像足球赛那么感兴趣呢。    　　도 못했어. 나는 사람들이 강연 대회에
　　　   　　대해 축구시합같이 재밌어할 줄 몰랐어.

　　 男: 因为这次比赛邀请了著名歌星刘若英。    남: 왜냐하면 이번 강연 대회에 유명 가수
　　　   　　류뤄영을 초청했거든.

　　 问: 他们在看什么？    문: 그들은 무엇을 보고 있나?

| | | | | |
|---|---|---|---|---|
| A | 演唱会 | | A | 콘서트 |
| B | 足球赛 | | B | 축구시합 |
| C | 篮球赛 | | C | 농구시합 |
| D | 演讲比赛 | | D | 강연 대회 |

**어휘** 以为 yǐwéi …인 줄 알다 | 演讲赛 yǎnjiǎngsài 강연 대회 | 著名 zhùmíng 유명하다

**해설** 듣기에서 '演讲赛, 강연 대회' 가 나왔으니, 보기의 '演讲比赛, 강연 대회' 를 찾아내면 된다.

12  男: 这是您定做的结婚礼服，看看合不    남: 이것은 손님이 맞추신 결혼 예복입니다.
　　　 合您的意。    　　마음에 드시는 지 보세요.

　　 女: 我的还可以，不过我对象的好像有    여: 제 것은 괜찮은데요. 우리 그이 것이 품
　　　 点儿肥，袖子还有点儿长。    　　이 좀 넓고, 소매도 좀 길어요.

　　 问: 对话最可能发生在什么地方？    문: 대화가 어디에서 이뤄질 가능성이 가장 큰가?

| | | | | |
|---|---|---|---|---|
| A | 婚纱店 | | A | 웨딩샵 |
| B | 咖啡厅 | | B | 커피숍 |
| C | 照相馆 | | C | 사진관 |
| D | 汽车里 | | D | 자동차 안 |

**어휘** 定做 dìngzuò 주문 제작하다 | 礼服 lǐfú 예복 | 合…的意 hé…deyì …의 마음에 들다 | 对象 duìxiàng 결혼 상대 | 肥 féi 헐렁헐렁하다 | 袖子 xiùzi 소매 | 婚纱店 hūnshādiàn 웨딩드레스 샵 | 婚礼 hūnlǐ 혼례

**해설** 장소를 묻는 질문인데, 핵심어는 '这是您定做的结婚礼服, 이것은 손님이 맞추신 결혼 예복입니다' 이다. 이로써 대화가 '婚纱店, 웨딩샵' 에서 이뤄졌다는 것을 알 수 있다.

**13**

女: 今天是三八妇女节，是我们女人的节日，所以下午女员工全部休息，男的照常工作。

男: 知道了，经理，您也回家好好休息吧。

问: 今天是什么日子?

A　经理的生日
B　三八妇女节
C　五一劳动节
D　十一国庆节

여: 오늘은 3·8 여성의 날입니다, 우리 여성들의 명절이기 때문에 오후에 여직원들은 모두 쉬고 남자들은 평소대로 일합니다.

남: 알겠습니다. 사장님, 사장님도 집에 가셔서 푹 쉬세요.

문: 오늘은 무슨 날인가?

A　사장의 생일
B　3·8 여성의 날
C　근로자의 날
D　10·1 국경절

**어휘** 三八妇女节 SānBāFùnǚjié 국제 여성의 날 [매년 3월 8일] | 员工 yuángōng 직원 | 照常 zhàocháng 평소와 같다 | 日子 rìzi 날

**해설** 오늘이 무슨 날이냐는 질문인데, 핵심어는 '今天是三八妇女节, 오늘은 3·8 여성의 날입니다' 이다. 따라서 B가 정답이다.

**14**

男: 这次去哈尔滨玩儿得怎么样?

女: 甭提了，哈尔滨太冷了，我感冒了，到现在还没好。

问: 根据对话，可以知道什么?

A　男的很高
B　男的感冒了
C　女的生气了
D　女的去旅游了

남: 이번에 하얼빈에 가서 잘 놀았어?

여: 말도 마, 하얼빈은 너무 추워, 나 감기 걸렸는데, 아직까지도 안 나았어.

문: 대화를 통해 무엇을 알 수 있나?

A　남자는 키가 크다
B　남자는 감기에 걸렸다
C　여자가 화났다
D　여자가 여행을 갔었다

**어휘** 甭提了 béngtíle 말도 마

**해설** 대화의 맨 앞 부분에서 남자가 여자에게 '이번에 하얼빈에 가서 잘 놀았어?' 라고 했으므로, 여자가 여행을 갔었다는 것을 알 수 있다. 따라서 '女的去旅游了' 가 정답이다.

**15**

女: 今天也没太阳，你干吗戴墨镜啊? 看上去怪吓人的。

男: 昨天打篮球的时候摔倒了，眼睛肿得很厉害，如果不戴墨镜更吓人。

问: 男的为什么戴墨镜?

여: 오늘 햇살도 없는데, 왜 선글라스를 꼈어? 무서워 보여.

남: 어제 농구하다가 넘어졌는데, 눈이 심하게 부어서 선글라스를 안 끼면 더 무서워.

문: 남자는 왜 선글라스를 꼈나?

| A | 阳光太强 | | A | 햇볕이 너무 강해서 |
|---|---|---|---|---|
| B | 眼睛受伤了 | | B | 눈을 다쳐서 |
| C | 看上去很酷 | | C | 멋있게 보이기 위해서 |
| D | 视力不太好 | | D | 시력이 그다지 좋지 않아서 |

**어휘** 阳光 yángguāng 햇볕 | 戴墨镜 dàimòjìng 선글라스를 끼다 | 干吗 gànmá 뭐해? 왜 | 吓人 xiàrén 무섭다 | 肿 zhǒng 부어오르다 | 酷 kù 쿨하다 | 视力 shìlì 시력

**해설** 남자는 왜 선글라스를 꼈느냐는 질문인데, 핵심어는 '昨天打篮球的时候摔倒了，眼睛肿得很厉害, 어제 농구하다가 넘어졌는데, 눈이 심하게 부었다'이다. 따라서 '眼睛受伤了, 눈을 다쳤다'가 정답이다.

---

**16**

男: 是什么味儿啊?
女: 是中药味儿，今天我去看了中医，我觉得吃中药比吃西药好，中药虽然见效慢，但没有副作用。

问: 女的在做什么?

남: 무슨 냄새지?
여: 한약 냄새야, 오늘 한의사에게 진찰을 받았거든. 난 한약 먹는 것이 양약 먹는 것보다 좋은 것 같아, 한약은 비록 효과가 서서히 나타나지만, 부작용은 없잖아.

문: 여자는 무엇을 하고 있나?

| A | 做饭 | | A | 밥을 짓고 있다 |
|---|---|---|---|---|
| B | 买西药 | | B | 양약을 사고 있다 |
| C | 熬中药 | | C | 한약을 달이고 있다 |
| D | 看中医 | | D | 한의사에게 진찰을 받고 있다 |

**어휘** 味儿 wèir 냄새 | 见效 jiànxiào 효험을 보다 | 副作用 fùzuòyòng 부작용 | 熬 áo 달이다

**해설** 무슨 냄새냐는 남자의 질문에, 여자는 한약 냄새라고 했으므로, 지금 여자가 한약을 달이고 있다는 것을 알 수 있다. 따라서 C가 정답이다.

---

**17**

女: 王经理，您觉得我们什么时候签合同比较合适?
男: 我得回去跟总经理汇报一下，过两天给您答复。

问: 他们打算什么时候签合同?

여: 왕 사장님, 우리 언제 계약서에 서명하는 것이 좋을까요?
남: 제가 돌아가서 사장님께 보고 드리고요, 며칠 후에 답변을 드리겠습니다.

문: 그들은 언제 계약서에 서명할 예정인가?

| A | 过两天 | | A | 이틀 후 |
|---|---|---|---|---|
| B | 过几天 | | B | 며칠 후 |
| C | 还不清楚 | | C | 아직 잘 모른다 |
| D | 一个星期以后 | | D | 일주일 후 |

**어휘** 签合同 qiānhétong 계약서에 서명하다 | 汇报 huìbào 종합하여 (상급자나 대중에게) 보고하다 | 答复 dáfù 답변하다

**18**

男: 小姐，这个电话是不是有什么毛病？怎么打不出去呀？

男: 아가씨, 이 전화기가 문제 있는 거 아니에요? 전화가 왜 안 되죠?

女: 您没拨 "零" 吧？这是内线电话，打外线要先拨 "零"。

여: 영번을 누르지 않으셨죠? 구내전화라서 외선은 영번을 눌러야 합니다.

问: 电话为什么打不出去？

문: 전화는 왜 외부로 연결이 안 될까?

A 坏了

A 고장이 나서

B 得先交钱

B 돈을 먼저 내야 하기 때문에

C 只能打内线

C 구내전화만 할 수 있기 때문에

D 拨打的方法不对

D 전화를 거는 방법이 맞지 않아서

**어휘** 拨零 bōlíng 0번을 누르다 | 外线 wàixiàn 외선 | 拨打 bōdǎ 전화를 걸다

**해설** 전화가 왜 외부로 연결이 안 되느냐는 질문인데, 핵심어는 '您没拨零吧? 这是内线电话, 打外线要先拨零, 영번을 누르지 않으셨죠? 구내전화라서 외선은 영번을 눌러야 합니다'이다. 이로써 전화가 안 되는 이유가 '拨打的方法不对, 전화를 거는 방법이 맞지 않다'라는 것을 알 수 있다.

**19**

女: 这是我女儿，我想给她配副眼镜。

여: 제 딸인데요, 애한테 안경을 맞춰 주려고요.

男: 来，我先帮您的女儿测一下视力，然后再帮她挑一下镜架。

男: 자, 먼저 따님의 시력을 한 번 측정해 볼게요. 그리고 나서 안경테를 골라드릴게요.

问: 男的最可能是做什么的？

문: 남자는 어떤 일을 할 가능성이 가장 큰가?

A 老师

A 선생님

B 牙科大夫

B 치과의사

C 眼科大夫

C 안과의사

D 配眼镜的

D 안경을 맞추는 사람

**어휘** 配眼镜 pèiyǎnjìng 안경을 맞추다 | 测 cè 측정하다 | 镜架 jìngjià 안경테

**해설** 딸의 안경을 맞추려고 온 여자에게, 남자는 우선 시력을 측정한 다음 안경테를 골라 준다고 했으므로, 남자의 직업이 '配眼镜的, 안경을 맞추는 사람'이라는 것을 알 수 있다.

**20**

男: 我每天坐公共汽车上下班，没想到地铁里人会这么多。

男: 난 매일 버스를 타고 출퇴근 하거든, 지하철에 사람이 이렇게 많을 줄 생각도 못했어.

女: 现在是高峰期，大家都急着去上班，人当然要多啦。

여: 지금은 러시아워잖아, 다들 서둘러 출근 중이니, 사람이 당연히 많을 수밖에 없지.

问: 现在最可能是什么时候？

문: 지금은 언제일 가능성이 가장 큰가?

| A | 早上 | | A | 아침 |
|---|------|---|---|------|
| B | 中午 | | B | 점심 |
| C | 下午 | | C | 오후 |
| D | 晚上 | | D | 저녁 |

**어휘** 高峰期 gāofēngqī 러시아워 | 急着 jízhe 서두르다

**해설** 지금은 언제일 가능성이 가장 크냐는 질문인데, 핵심어는 '现在是高峰期，大家都急着去上班, 지금은 러시아워라서, 다들 서둘러 출근 중이야' 이다. 이로써 지금은 '早上' 이라는 것을 알 수 있다.

# 第 二 部 分

★ 유형파악 & 공략하기

21-34번 문제는 모두 4-5문장으로 구성된 대화이며, 문제와 질문은 크게 어렵지 않다. 하지만 35-45번 문제는 대화가 아닌 단문 형식이기 때문에 듣고 이해하는 것이 조금은 어렵다. 따라서 녹음 내용을 모두 다 알아들으려고 하지 말고, 이야기의 흐름을 그리면서 들으면 좀 더 쉽게 접근할 수 있다.

第21-45题，请选出正确答案。　　　　21~45번 문제: 정확한 답을 고르세요.

21　女：您好！好久没到我们这儿来了。　　여: 안녕하세요! 오랜만에 오셨네요.
　　男：是啊，最近我忙着办出国手续。　　남: 그렇네요, 요즘 출국수속을 하느라 바빠요.
　　女：您要出国啊？　　여: 출국 하시려고요?
　　男：不是我要出国，是给我儿子办出国　　남: 제가 출국하려는 게 아니고, 아들의 출
　　　　手续。　　　　국 수속을 하고 있어요.
　　问：关于男的，可以知道什么？　　문: 남자에 대해 무엇을 알 수 있나?
　　A　要出国　　A　출국하려고 한다
　　B　要办护照　　B　여권을 만들려고 한다
　　C　要办签证　　C　비자를 신청하려고 한다
　　D　他儿子要出国　　D　남자의 아들이 출국하려고 한다

**어휘** 办手续 bànshǒuxù 수속을 하다 | 护照 hùzhào 여권 | 签证 qiānzhèng 비자

**해설** 핵심어는 '不是我要出国，是给我儿子办出国手续, 제가 출국하려는 게 아니고, 아들의 출국 수속을 하고 있어요' 이다. 이로써 출국하려는 사람이 남자의 아들이라는 것을 알 수 있다. '不是…是…' 은 '…이 아니고, …이다' 라는 관용구이다. 예) 不是我不想去，是我妈妈不让我去。 내가 가기 싫은 게 아니고, 엄마가 못 가게 하는 거야.

| 22 | | |
|---|---|---|

22 男: 你平时不是骑车上班吗? 　　남: 너 평소에 자전거를 타고 출근하지 않았어?

女: 今天外面下雪了，我不敢骑。 　　여: 오늘은 눈이 내렸잖아, 감히 자전거를
　　　　　　　　　　　　　　　　　　　　　　　못 타겠어.

男: 是啊! 路这么滑，很容易摔倒。 　　남: 맞아! 길이 이렇게 미끄러우면 넘어지기 쉬워.

女: 你开车也要小心点儿。 　　여: 너도 운전 조심해.

问: 女的平时怎么上班? 　　문: 여자는 평소에 어떻게 출근하나?

A 开车 　　A 운전해서

B 坐地铁 　　B 지하철을 타고

C **骑自行车** 　　C 자전거를 타고

D 坐出租车 　　D 택시를 타고

**어휘** 平时 píngshí 평소 | 骑车 qíchē 자전거를 타다 | 不敢 bùgǎn 감히 …하지 못하다 | 滑 huá 미끄럽다

**해설** 남자의 말 '你平时不是骑车上班吗? 너 평소에 자전거를 타고 출근하지 않았어?'를 통해 여자가 평소에 자전거를 타고 출근한다는 것을 알 수 있다. '不是…吗?'은 '… 아니야?'의 반어문 형식으로 긍정의 뜻을 나타내고 있다.

23 女: 你不是说要考博吗? 怎么突然改变 　　여: 너 박사시험에 응시한다고 하지 않았
　　　主意了? 　　　　　　　　　　　　　어? 왜 갑자기 마음이 바뀐 거야?

男: 我父亲有病住院了，妈妈为了照顾 　　남: 우리 아버지가 입원해서 엄마도 아버지
　　　父亲也提前退休了，所以我不得不 　　　때문에 앞당겨 퇴직했거든. 그래서 나도
　　　暂时放弃学业。 　　　　　　　　　　어쩔 수 없이 잠시 학업을 포기할 수
　　　　　　　　　　　　　　　　　　　　　밖에 없어.

女: 你这个高材生，不念博士太可惜 　　여: 너 같은 수재가 박사공부를 안 한다니
　　　了! 　　　　　　　　　　　　　　　너무 아깝다!

男: 是金子在哪里都会发光的。 　　남: 금이라면 어디에 있어도 빛이 나겠지.

问: 关于男的，可以知道什么? 　　문: 남자에 대해 무엇을 알 수 있나?

A 妈妈病了 　　A 어머니가 아프다

B 觉得倒霉 　　B 재수 없다고 생각한다

C 博士毕业了 　　C 박사를 졸업했다

D **不念博士了** 　　D 박사 공부를 하지 않을 것이다

**어휘** 考博 kǎobó 박사 시험에 응시하다 | 照顾 zhàogù 돌보다 | 退休 tuìxiū 퇴직하다 | 放弃 fàngqì 포기하다 | 学业 xuéyè 학업 | 高材生 gāocáishēng 우등생, 수재

**해설** 핵심어는 '你不是说要考博吗? 怎么突然改变主意了? 너 박사시험에 응시한다고 하지 않았어? 왜 갑자기 마음이 바뀐 거야?' 이다. 이로써 남자가 '박사 공부를 하지 않을 것이다'라는 것을 알 수 있다.

**24**

男：为了出国留学，昨天我去检查身体了，检查结果出来以后吓了我一跳。

女：怎么了？不会是癌症之类吧？

男：那倒不是，大夫说我胃里有个小小的肿瘤，是良性的，得切除。

女：你平时看上去那么健康，还会得病，看样子我也得定期做做检查了。

问：男的最近怎么了？

A 有病了
B 很后悔
C 拿到驾照了
D 开始运动了

남：외국으로 유학 가는 것 때문에 어제 신체검사하러 갔었거든, 검사결과가 나왔는데 깜짝 놀랐어.

여：왜? 설마 암 같은 거 아니겠지?

남：그런 것은 아니지만, 의사선생님의 말로는 내 위에 작은 종양이 하나 있는데, 양성이고 절제해야 한대.

여：너 평소에 아주 건강해 보였었는데, 병에 걸리다니, 보아하니 나도 정기적으로 신체검사를 받아야겠다.

문：남자는 최근에 어떠한가?

A 병에 걸렸다
B 매우 후회한다
C 면허증을 땄다
D 운동을 시작했다

어휘 | 吓了一跳 xiàleyítiào 깜짝 놀라다 | 癌症 áizhèng 암 | 之类 zhīlèi 따위 | 胃 wèi 위(장) | 肿瘤 zhǒngliú 종양 | 良性 liángxìng 양성의 | 切除 qiēchú 잘라 내다 | 拿到 nádào 취득하다

해설 | 남자의 말 '大夫说我胃里有个小小的肿瘤, 의사선생님의 말로는 내 위에 작은 종양이 하나 있대'는 남자가 아프다는 것을 의미한다. 따라서 '有病了'가 정답이다.

**25**

女：这些画儿都是你画的吗？真漂亮，都可以开个画展了。

男：你过奖了，我只是个业余爱好者。我喜欢画草啊、花啊、树啊什么的，所以每个周末都去野外写生。

女：那你下次去野外的时候，可不可以带上我啊？

男：可以是可以，不过你可能会觉得无聊，因为我埋头写生，没时间陪你玩儿。

问：男的每个周末做什么？

A 旅游
B 散步
C 登山
D 画画儿

여：이 그림들 모두 네가 그린 거야? 정말 예쁘다, 그림 전시회 해도 되겠다.

남：과찬의 말씀, 단지 아마추어 수준일 뿐이야. 난 풀, 꽃, 나무 같은 거 그리기 좋아해서 주말마다 야외에 가서 그려.

여：그럼, 다음번에 야외에 그림 그리러 갈 때, 나 데리고 가면 안 돼?

남：가능하긴 가능한데 아마 심심할 걸, 왜냐하면 내가 그림 그리는 데 몰두하기 때문에, 너랑 놀아줄 시간이 없거든.

문：남자는 주말마다 무엇을 하는가?

A 여행
B 산책
C 등산
D 그림을 그린다

어휘 | 画展 huàzhǎn 그림 전시회 | 过奖 guòjiǎng 과찬이십니다 | 业余 yèyú 아마추어 | 草 cǎo 풀 | 野外 yěwài 야외 | 写生 xiěshēng 사생하다, 그림 그리다

해설 | 남자는 주말마다 무엇을 하느냐는 질문인데, 핵심어는 '每个周末都去野外写生, 주말마다 야외에 가서 그림을 그린다'이다. 따라서 D가 정답이다.

**26**

男： 西直门附近发生火灾了，你跟摄影师小李去现场采访一下，现在马上出发。

女： 车呢？您总不会让我们自己开车去吧？

男： 现在人手紧，不能给你们派司机，开你的车或者小李的车去吧。

女： 知道了。

问： 男的让女的做什么？

A　打车

B　救火

C　摄影

D　**去采访**

남： 시즈먼 근처에 화재가 발생했으니, 당신하고 촬영기사 샤오리는 현장에 가서 취재하세요. 지금 바로 출발하세요.

여： 차는요? 우리보고 직접 운전해서 가라는 것은 아니겠죠?

남： 지금 일손이 딸려서 기사를 따로 보낼 수 없으니, 당신 아니면 샤오리 차로 가세요.

여： 알겠습니다.

문： 남자는 여자에게 무엇을 하라고 했나?

A　택시를 타라고

B　불을 끄라고

C　촬영을 하라고

D　취재하러 가라고

**어휘**　火灾 huǒzāi 화재 | 摄影师 shèyǐngshī 촬영사 | 采访 cǎifǎng 취재하다 | 人手紧 rénshǒujǐn 일손이 부족하다 | 专职 zhuānzhí 전임 | 救火 jiùhuǒ 화재를 진압하다

**해설**　남자가 여자에게 '你跟摄影师小李去现场采访一下, 당신하고 촬영기사 샤오리는 현장에 가서 취재하세요'라고 했으므로, D가 정답이다.

---

**27**

女： 这是什么时候的照片？在哪儿照的？

男： 那是我在北京上大学的时候照的，记得有一年冬天北京特别冷，下了很多雪，我和同学们一起去滑雪场玩儿得非常开心。

女： 我是南方人，从来没见过雪，我好想亲眼看一下雪景。

男： 趁现在还没结婚，多出去旅游旅游，等结婚了，出去旅游就难了！

问： 关于女的，下列哪项正确？

A　会滑雪

B　喜欢照相

C　**没见过雪景**

D　在北京念大学

여： 이것은 언제 찍은 사진이야? 어디에서 찍은 거야?

남： 그것은 내가 베이징에서 대학을 다닐 때 찍은 거야, 어느 해 겨울 베이징은 아주 추웠어, 눈도 많이 오고, 나는 친구들과 함께 스키장에 가서 신나게 놀았던 기억이 나네.

여： 난 남방사람이라서 지금껏 눈을 본 적이 없거든, 난 내 눈으로 직접 설경을 보고 싶어.

남： 아직 결혼하지 않았을 때 여행 많이 해, 결혼한 후에는 여행 가기가 힘들어!

문： 여자에 대해, 보기 내용 중 정확한 것은?

A　스키를 탈 줄 안다

B　사진 찍기를 좋아한다

C　설경을 본 적이 없다

D　베이징에서 대학 다닌다

**어휘**　滑雪场 huáxuěchǎng 스키장 | 亲眼 qīnyǎn 직접 | 雪景 xuějǐng 설경 | 趁 chèn …을 틈타 | 念大学 niàndàxué 대학에 다니다

**해설**　핵심어는 '我是南方人, 从来没见过雪, 난 남방사람이라서 지금껏 눈을 본 적이 없거든'이다. 이로써 여자가 '설경을 본 적이 없다'는 것을 알 수 있다.

28 男： 听说你当妈妈了，祝贺你呀！是儿子还是女儿啊？

女： 是儿子，可我想要个女儿，女儿又可爱，又听话，长大以后还可以成为我的朋友。

男： 以前大家都想要儿子，现在呢，人们的观念都发生了变化，想要女儿的人越来越多。

女： 如果让生第二胎的话就好了，那我就可以再生个女儿了。

问： 根据对话，可以知道什么？

A 女的想辞职
B 男的当爸爸了
C 女的想要女儿
D 男的有个儿子

남： 엄마가 되었다고 들었는데, 축하해! 아들이야, 딸이야?

여： 아들, 그런데 나는 딸을 가지고 싶어. 딸은 귀엽고 말도 잘 듣고, 크면 나의 친구도 될 수 있잖아.

남： 옛날에는 사람들이 모두 아들을 원했지만, 지금은 사람들의 생각이 바뀌어서, 딸을 원하는 사람들이 점점 많아지고 있어.

여： 둘째 아이 낳는 것을 허락했으며 좋겠다. 그러면 딸을 하나 낳을 수도 있는데 말이야.

문： 대화를 통해 무엇을 알 수 있나?

A 여자는 사직하려고 한다
B 남자는 아버지가 되었다
C 여자는 딸을 갖고 싶어 한다
D 남자는 아들이 하나 있다

**어휘** 成为 chéngwéi …이 되다 | 观念 guānniàn 관념, 생각 | 第二胎 dì'èrtāi 두 번째 아이 | 辞职 cízhí 사직하다

**해설** 핵심어는 '是儿子, 可我想要个女儿, 아들이야, 그런데 나는 딸을 가지고 싶어'이다. 따라서 정답은 '女的想要女儿, 여자는 딸을 갖고 싶어 한다'이다.

29 女： 这双皮鞋质量也太差了，才穿了一天，鞋跟儿就掉了，我不要了，你给我退钱吧。

男： 不会吧，我们店里的皮鞋都是全国名优产品，怎么会有这种事呢？你给我看看发票。

女： 在这儿，你好好看看吧，我是昨天买的。

男： 小姐，这收据不是我们这里的，是对面那家商店的。

问： 关于女的，可以知道什么？

A 在买鞋
B 在卖鞋
C 要退鞋
D 要开发票

여： 이 구두는 질이 너무 나빠요. 겨우 하루 신었는데, 뒤축이 떨어졌어요. 저 이거 필요 없으니 환불해주세요.

남： 그럴 리가 없을 텐데요. 저희 매장 구두는 모두 전국에서 유명한 브랜드 제품인데, 어떻게 이런 일이 있겠습니까? 영수증을 좀 보여주세요.

여： 여기요. 잘 보세요. 제가 어제 샀거든요.

남： 아가씨, 이 영수증은 우리 가게 것이 아니고, 맞은 편 저 가게 거네요.

문： 여자에 대해 무엇을 알 수 있나?

A 신발을 사고 있다
B 신발을 팔고 있다
C 신발을 환불하려고 한다
D 영수증을 끊어달라고 한다

**어휘**　差 chà 나쁘다 | 鞋跟儿 xiégēnr 구두 뒤축 | 掉 diào 떨어지다 | 退 tuì (구매한 물건 등을) 물리다 | 名优产品 míngyōuchǎnpǐn 유명하고 품질이 우수한 제품 | 发票 fāpiào 영수증 | 收据 shōujù 영수증

**해설**　여자의 말 '我不要了, 你给我退钱吧, 저 이거 필요 없으니 환불해주세요'를 통해 여자가 '要退鞋, 신발을 환불하려고 한다'라는 것을 알 수 있다.

**30**　男: 这洗手间的门怎么打不开啊?　　　　남: 이 화장실 문이 왜 안 열리는 거야?

女: 让我看看, 是不是被锁上了?　　　　여: 내가 봐줄게, 잠겨있는 거 아니야?

男: 不会吧, 我刚才还洗过手呢, 急死　　남: 그럴 리가 없어, 방금 손을 씻었거든,
我了。　　　　　　　　　　　　　　　나 급해죽겠는데.

女: 瞧你, 这门不是往里推, 而是往外　　여: 으이그, 이 문은 안으로 미는 게 아니
拉。　　　　　　　　　　　　　　　라, 밖으로 당기는 거잖아.

问: 洗手间的门怎么了?　　　　　　　　문: 화장실의 문이 어떻게 된 것인가?

A　坏了　　　　　　　　　　　　　　　A　고장 났다

**B　门没坏**　　　　　　　　　　　　　B　문은 고장이 나지 않았다

C　被锁上了　　　　　　　　　　　　　C　잠겨있다

D　正在修理　　　　　　　　　　　　　D　수리 중이다

**어휘**　打不开 dǎbukāi 안 열린다 | 锁上 suǒshang 잠그다 | 拉肚 lādù 설사하다 | 推 tuī 밀다 | 拉 lā 당기다

**해설**　핵심어는 '瞧你, 这门不是往里推, 而是往外拉, 으이그, 이 문은 안으로 미는 게 아니라, 밖으로 당기는 거잖아'이다. 이로써 문이 정상이라는 것을 알 수 있다. 보기의 '被锁上了, 坏了'는 모두 함정이다.

第31到32题是根据下面一段对话 | 31-32번 문제는 아래의 대화를 듣고 푸는 문제이다.

男: 妈，我不想学钢琴了。

女: 为什么？是不是老师说你了？

男: 不是，我想参加学校足球队。

女: 你要踢足球？学钢琴不好吗？

男: 我对钢琴不感兴趣，另外钢琴太难，我也学不会。

女: 哦，是这样，再学两个月试试看，实在不行的时候再放弃，好不好？

男: 实话告诉你，我已经报名参加学校足球队了，从明天开始我不去学钢琴了。

女: 那好吧，既然你那么不想学钢琴，那我也不强求了，参加足球队也不错。

남: 엄마, 난 피아노 배우고 싶지 않아.

여: 왜? 선생님이 뭐라고 했어?

남: 아니. 학교 축구팀에 들어가고 싶어.

여: 축구 하겠다고? 피아노 배우는 게 안 좋아?

남: 난 피아노에 관심이 없어. 그리고 너무 어려워. 배워도 잘 안 되고.

여: 음, 그래, 그럼 두 달만 더 배워 봐, 도저히 안 되겠다 싶을 때 포기하면 안 될까?

남: 솔직히 말하면, 나 이미 학교 축구팀에 등록했거든. 내일부터 피아노 배우러 안 갈 거야.

여: 그럼 좋아. 네가 피아노를 그렇게 배우기 싫다면 강요하지 않겠다. 축구 하는 것도 괜찮을 것 같다.

**어휘** 说 shuō 야단치다 | 放弃 fàngqì 포기하다 | 实话 shíhuà 솔직한 말 | 报名 bàomíng 등록하다 | 既然 jìrán …인 (된) 이상 | 答应 dāying 허락하다 | 强求 qiángqiú 강요하다

**31** 儿子为什么不想学钢琴?

A　没有时间

B　学费太贵

C　不感兴趣

D　老师说他了

문: 아들은 왜 피아노를 배우려고 하지 않는가?

A　시간이 없어서

B　학비가 너무 비싸서

C　관심이 없어서

D　선생님이 뭐라고 해서

**해설** 아들은 왜 피아노를 배우려고 하지 않느냐는 질문인데, 핵심어는 '我对钢琴不感兴趣, 난 피아노에 관심이 없어' 이다. 이로써 아들이 피아노를 배우려고 하지 않는 이유를 알 수 있다.

**32** 关于妈妈，可以知道什么?

A　是老师

B　让儿子学习

C　让儿子出国

D　答应儿子踢足球

문: 엄마에 대해 무엇을 알 수 있나?

A　선생이다

B　아들에게 공부를 하라고 했다

C　아들에게 외국에 가라고 했다

D　아들이 축구 하는 것을 허락했다

**해설** 피아노를 배우지 않고 축구를 하겠다는 아들에게 엄마는 '既然你那么不想学钢琴，那我也不强求了, 네가 피아노를 그렇게 배우기 싫다면 강요하지 않겠다' 라고 했으므로, 엄마가 아들이 축구 하는 것을 허락했다는 것을 알 수 있다.

第33到34题是根据下面一段对话 | 33-34번 문제는 아래의 대화를 듣고 푸는 문제이다.

| | |
|---|---|
| 女：您好！我叫李新，这是我的名片。 | 여: 안녕하세요? 저는 리신이라고 하는데요, 이 것은 저의 명함입니다. |
| 男：您好！我叫王刚，这是我的名片。 | 남: 안녕하세요? 저는 왕강이라고 하는데요, 이 것은 저의 명함입니다. |
| 女：我对贵公司的丝绸产品非常感兴趣。 | 여: 저는 귀사의 비단제품에 대해 매우 관심이 있습니다. |
| 男：是吗？这些都是我们公司的最新产品，除了这里以外，我们在B区还有一个展位。 | 남: 그래요? 이것은 모두 저희 회사 제품입니다. 여기 외에 B구역에도 저희 부스가 하나 있습니다. |
| 女：我们刚从B区过来，看过贵公司展出的产品。 | 여: 방금 B구역에서 오는 길이에요. 귀사가 전시해 놓은 제품을 봤습니다. |
| 男：您觉得我们公司的产品怎么样？ | 남: 저희 회사의 제품이 어떠세요? |
| 女：以前我们订购过贵公司的丝绸产品，觉得还不错。 | 여: 옛날에 귀사의 제품을 주문한 적이 있는데, 괜찮은 거 같아요. |
| 男：这次展出的产品，无论是式样还是加工技术，都要比往年好得多。 | 남: 이번에 전시한 제품은 디자인이든 가공기술이든 모두 예년 보다 훨씬 좋습니다. |

**어휘** 丝绸 sīchóu 비단 | 区 qū 구역 | 展位 zhǎnwèi 부스 | 展出 zhǎnchū 전시하다 | 订购 dìnggòu 구입하다 | 加工技术 jiāgōngjìshù 가공기술 | 往年 wǎngnián 왕년 | 展销会 zhǎnxiāohuì 전시회 | 化妆品 huàzhuāngpǐn 화장품

**33** 他们最可能在哪儿？
A 酒店
B 会议室
C 公司里
D 展销会会场

문: 그들은 어디에 있을 가능성이 가장 큰가?
A 호텔
B 회의실
C 회사 안
D 전시회장

**해설** 대화가 이뤄진 장소를 묻고 있는데, 녹음 중의 '展位, 부스'와 '这次展出的产品, 이번에 전시한 제품' 등을 통해, 대화가 전시회장에서 이뤄졌음을 알 수 있다.

**34** 女的对什么感兴趣？
A 男的
B 展销会
C 化妆品
D 丝绸产品

문: 여자는 무엇에 관심이 있는가?
A 남자
B 전시회
C 화장품
D 비단 제품

**해설** 여자의 말 '我对贵公司的丝绸产品非常感兴趣, 저는 귀사의 비단제품에 대해 매우 관심이 있습니다'를 통해 여자의 관심 항목이 '丝绸产品'이라는 것을 알 수 있다.

第35到36题是根据下面一段话 | 35-36번 문제는 아래 한 단락의 내용을 듣고 푸는 문제이다.

我已经暗恋她两年了，可是始终没有勇气向她表白。在朋友的鼓励下，我写了一封情书。之后我在路上见到过她几次，但都没有勇气把情书交给她。就这样，错过了好几次机会。终于有一天，不知是从哪里来的勇气，我一见到她，就把那封情书塞进了她的手里，然后逃走了。第二天，她打来电话说，要跟我见面。我又是兴奋又是紧张，我们见面了，她说："昨天你塞给我一百块钱干吗？"

나는 그녀를 짝사랑한지 2년이 되었지만, 지금껏 그녀에게 고백할 용기가 없었다. 친구들의 격려 하에, 나는 연애편지를 썼다. 그리고 나서 길에서 그녀를 몇 번이나 만났지만, 연애편지를 그녀에게 건네줄 용기가 없었다. 이렇게 몇 번의 기회를 놓쳤다. 마침내 어느 날, 어디에서 용기가 나왔는지, 나는 그녀를 만나자마자 바로 연애편지를 그녀의 손에 쑤셔 넣고는 도망가 버렸다. 이튿날, 그녀에게 만나자는 전화가 왔다. 흥분도 되고 긴장도 되었다. 우리는 만났다. 그녀는 나에게 "어제 왜 제 손에 돈 백 위안을 쑤셔 넣었어요?" 라고 말했다.

어휘 暗恋 ànliàn 남몰래 사랑하다 | 始终 shǐzhōng 시종일관 | 表白 biǎobái 고백하다 | 鼓励 gǔlì 격려하다 | 情书 qíngshū 연애 편지 | 终于 zhōngyú 마침내 | 塞进 sāijìn 쑤셔 넣다 | 逃走 táozǒu 도망치다 | 拜托 bàituō 부탁 드리다 | 还 huán 돌려주다 | 拒绝 jùjué 거절하다

35 说话人是怎么表白爱情的？
　　A　给她钱
　　B　写情书
　　C　拜托朋友
　　D　给她买戒指

문: 화자는 어떻게 사랑고백을 했나?
　　A　그녀에게 돈을 주어서
　　B　연애편지를 써서
　　C　친구에게 부탁해서
　　D　그녀에게 반지를 사주면서

해설 화자가 어떻게 사랑고백을 했느냐는 질문인데, 핵심어는 '在朋友的鼓励下，我写了一封情书, 친구들의 격려 하에, 나는 연애편지를 썼다' 이다. 따라서 B가 정답이다.

36 女的给说话人打电话的原因是什么？
　　A　还情书
　　B　出去玩儿
　　C　拒绝男的
　　D　还100块钱

문: 여자가 화자에게 전화를 건 이유는 무엇인가?
　　A　연애편지를 돌려주려고
　　B　나가 놀려고
　　C　남자를 거절하려고
　　D　100위안을 돌려주려고

해설 남자는 여자에게 연애편지를 건네주려고 했는데, 너무 당황한 나머지 돈을 연애편지로 착각하고, 여자에게 돈을 건네주고 도망가 버렸다. 그래서 여자는 돈을 돌려주려고 남자에게 전화한 것이므로 정답은 D이다.

第37到38题是根据下面一段话 | 37-38번 문제는 아래 한 단락의 내용을 듣고 푸는 문제이다.

大家好！这里是《为您寻友》栏目，有个广州的听众给我们发来一封寻人启事，我来给大家念一下。"我住在北京，我的朋友住在国外。我受朋友之托，寻找与这位朋友失去联系多年的一位女同学。我的朋友要我找的人叫李娜，02年毕业于南阳二中。据朋友说他们两人在上大学的时候常有书信往来，后来我的朋友去美国留学，有一年搬家的时候丢失了电话本儿，所以跟这位女同学失去了联系。这件事已经过去七八年了，虽然觉得找到的可能性不太大，但我的朋友仍然期待能有奇迹发生。"

여러분 안녕하세요! 여기는 《친구 찾기》 프로그램입니다. 광저우에 사시는 청취자 한 분이 저희에게 사람 찾기 광고를 보내왔는데요, 청취자 여러분께 읽어드리겠습니다. "저는 베이징에서 살고요, 제 친구는 외국에 삽니다. 친구의 부탁으로 이 친구와 다년간 연락이 끊긴 여자 동창을 찾고자 합니다. 제 친구가 찾고자 하는 사람의 이름은 리나이고요, 02년에 난양 제2고등학교를 졸업했습니다. 친구의 말에 의하면 두 사람은 대학 다닐 때 자주 편지 왕래가 있었고, 나중에 제 친구가 미국으로 유학 갔는데, 어느 해 이사하면서 전화번호 책을 잃어버려서, 이 여자동창과 연락이 끊겼다고 합니다. 이 일은 이미 7,8년이 지났고, 비록 찾을 가능성이 그다지 크지 않겠지만, 제 친구는 여전히 기적이 일어날 것을 기대하고 있습니다."

**어휘** 寻友 xúnyǒu 친구를 찾다 | 栏目 lánmù 프로그램 | 寻人启事 xúnrénqǐshì 사람 찾기 광고 | 受…之托 shòu…zhītuō …의 부탁을 받아 | 寻找 xúnzhǎo 찾다 | 失去联系 shīqùliánxì 연락이 끊기다 | 书信 shūxìn 편지 | 丢失 diūshī 잃어버리다 | 奇迹 qíjì 기적

**37** 《为您寻友》栏目是什么样的栏目？
　　A　播放歌曲
　　B　出售房屋
　　C　经济信息
　　D　寻找失去联系的人

문: 《친구 찾기》는 어떤 프로그램인가?
　　A　노래를 틀어준다
　　B　집을 판매한다
　　C　경제 소식
　　D　연락이 끊긴 사람을 찾아준다

**해설** 핵심단어인 '寻友, 친구를 찾다'의 뜻만 알면 문제를 쉽게 풀 수 있다.

**38** 关于李娜，可以知道什么？
　　A　是女的
　　B　是男的
　　C　住在国外
　　D　住在北京

문: 리나에 대해 무엇을 알 수 있나?
　　A　여자다
　　B　남자다
　　C　외국에서 산다
　　D　베이징에서 산다

**해설** 녹음에서 '女同学'가 들리면 문제를 쉽게 풀 수 있다.

古时候有个农夫，他每天都到田地里辛勤地耕种。有一天，他看见有一只野兔从草丛里窜出来，一头撞在树上，农夫走过去一看：兔子死了。农夫高兴极了，他一点力气也没花，就白捡了一只野兔。他心想：要是天天都能捡到野兔，日子就好过了。

从此以后，那个农夫不再耕种了，每天坐在大树下，等候兔子撞死。日子一天一天地过去了，也没有等到一只兔子，可是那个农夫并不死心，每天还是坐在树下等候兔子撞死。过了好几个月，不仅没捡到兔子，连兔子的影子也没见到。农夫的那几块田地，也因为太久没有耕种，都荒芜了。

옛날에 한 농부가 있었는데 매일 논밭에 나가 열심히 일을 했다. 어느 날, 그는 산토끼 한 마리가 수풀 속에서 뛰쳐나오더니 나무에 곤두박질해 부딪치는 것을 발견했는데, 다가가서 보니 토끼가 죽어있었다. 농부는 아주 기뻤다. 그는 조금도 힘을 들이지 않고 공짜로 산토끼 한 마리를 얻었다. 그는 '만약 매일 산토끼를 줍는다면 살림이 좋아질 텐데' 라고 속으로 생각했다.

그 후 농부는 농사를 짓지 않았다. 매일 나무 밑에 앉아 토끼가 나무에 부딪쳐 죽기를 기다렸다. 시간이 하루하루 지났지만 한 마리의 토끼도 보지 못했다. 그러나 농부는 단념하지 않고, 여전히 매일 나무 밑에 앉아서 토끼가 부딪쳐 죽기를 기다렸다. 몇 개월이 지났지만 토끼를 한 마리도 보지 못했을 뿐만 아니라, 토끼의 그림자조차도 보지 못했다. 농부의 얼마 되지 않는 논도 오랫동안 농사를 짓지 않아 잡초가 무성해졌다.

**어휘** 古时候 gǔshíhou 옛날 | 田地 tiándì 논밭 | 辛勤 xīnqín 부지런하다 | 耕种 gēngzhòng 농사짓다 | 野兔 yětù 산토끼 | 草丛 cǎocóng 풀숲 | 窜 cuàn 마구 뛰어다니다 | 一头 yìtóu 곤두박이로 | 撞 zhuàng 부딪치다 | 力气 lìqi 힘 | 白捡 báijiǎn 공짜로 줍다 | 等候 děnghòu 기다리다 | 不再 búzài 다시 …하지 않다 | 死心 sǐxīn 단념하다 | 影子 yǐngzi 그림자 | 荒芜 huāngwú 잡초가 우거지다 | 糊涂 hútu 멍청하다 | 理智 lǐzhì 지적이다 | 好吃懒做 hàochīlǎnzuò 즐기려고만 하지 일하려고 하지 않는다 | 肥沃 féiwò 비옥하다

**39** 以前农夫是什么样的人?

A **勤快的人**

B 聪明的人

C 善良的人

D 糊涂的人

문: 예전에 농부는 어떤 사람이었나?

A 부지런한 사람

B 총명한 사람

C 선량한 사람

D 멍청한 사람

**해설** 첫 번째 단락 화자의 말 '他每天都到田地里辛勤地耕种, 그는 매일 논밭에 나가 열심히 일을 했다' 을 통해 농부가 아주 부지런했다는 것을 알 수 있다.

40 那个农夫为什么不再耕种了？　　　문: 농부는 왜 더는 농사를 짓지 않았나?
 A 有病了       A 병에 걸려서
 B 没有力气      B 힘이 없어서
 C 搬到了城里     C 시내로 이사 가서
 D 等兔子撞死     D 토끼가 나무에 부딪쳐 죽기를 기다리느라

해설 문장에서 농부는 나무에 부딪쳐 죽은 토끼를 줍고 나서는 농사를 짓지 않고, 매일 나무 밑에 앉아 산토끼가 나무에 부딪쳐 죽기를 기다리고 있었다고 했으므로 D가 정답이다.


41 后来农夫变成了一个什么样的人？　　　문: 나중에 농부는 어떤 사람으로 변했나?
 A 勤快的人      A 부지런한 사람
 B 理智的人      B 이성적인 사람
 C 会生活的人     C 생활할 줄 아는 사람
 D 好吃懒做的人    D 즐기려고만 하지 일하려고 하지 않는 사람

해설 농부는 산토끼의 그림자조차도 보지 못했지만, 역시 매일 나무 밑에 앉아 산토끼가 나무에 부딪쳐 죽기를 기다리고 있는 걸로 미뤄볼 때, 농부가 '즐기려고만 하지 일하려고 하지 않는 사람'으로 전락했다는 것을 알 수 있다.


42 最后农夫的田地怎样了？   문: 마지막에 농부의 밭은 어떻게 되었나?
 A 卖掉了       A 팔아버렸다
 B 荒芜了       B 잡초가 무성해졌다
 C 更肥沃了      C 더욱 비옥해졌다
 D 交给别人来管理了   D 다른 사람이 관리하도록 했다

해설 핵심어는 '农夫的那几块田地，也因为太久没有耕种，都荒芜了, 농부의 얼마 되지 않는 논도 오랫동안 농사를 짓지 않아 잡초가 우거졌다'이다. 따라서 B가 정답이다.

第43到45题是根据下面一段话 | 43-45번 문제는 아래 한 단락의 내용을 듣고 푸는 문제이다.

常听人说"保护名牌"，但我不知道"保护"是什么概念，我只知道名牌靠保护是出不来的。真正的名牌应该是在市场的激烈竞争中，通过现代市场营销手段创造出来，名牌，是现代市场营销的产物。

北京也有很多好东西，像信远斋的酸梅汤，比可乐好喝得多，可在市场上却几乎看不到了。这不是产品质量问题，而是市场营销问题。

我们佳美公司的设备、技术、产品等都达到了国际一流水平，我们的生产车间卫生条件也非常好，就是营销方面弱一些。为此，我们专门成立了公关部，还从外企聘请了高级营销人才。要想创名牌，不在市场营销上狠下功夫是不可能的。好产品还得好营销，营销上去了，我们才能创造出一个响当当的"名牌"

'유명브랜드를 보호하자'라는 말을 늘 듣게 되는데, 나는 '보호하자'라는 개념을 잘 모르겠다. 나는 유명브랜드는 단지 보호에 의존해서 되는 것이 아니라는 것을 안다. 진정한 유명브랜드는 시장의 치열한 경쟁 속에서, 현대 시장 마케팅 수단을 통해 창조해 내야 한다. 유명브랜드는 현대시장마케팅의 산물이다.

베이징에도 좋은 물건들이 많다. 신위안자이의 오매탕은 콜라보다 마시기 좋지만, 시장에서는 거의 찾아볼 수가 없다. 이것은 제품의 품질문제가 아니라 시장의 마케팅문제이다.

우리 쨔메이회사의 설비, 기술, 제품 등은 모두 국제 일류 수준이며, 우리 회사의 생산 작업장의 위생 상태도 매우 좋다. 다만 마케팅이 조금 약하다. 때문에 우리는 홍보부서를 설립했으며, 외국기업으로부터 고급 마케팅 인재를 초빙해 왔다. 유명브랜드를 만들어 내려면 시장 마케팅 부문에서 피나는 노력을 하지 않으면 안 된다. 좋은 제품에 좋은 마케팅이 따라줘야 한다. 마케팅이 잘돼야만 쟁쟁한 '유명브랜드'를 만들어낼 수 있다.

**어휘** 概念 gàiniàn 개념 | 靠 kào 의지하다 | 激烈 jīliè 치열하다 | 营销 yíngxiāo 마케팅하다 | 创造出来 chuàngzàochūlai 만들어내다 | 产物 chǎnwù 산물 | 酸梅汤 suānméitāng 오매탕, 매실을 물에 담그거나 끓인 후 설탕을 넣어 만든 새콤달콤한 여름철 음료 | 一流 yīliú 일류 | 车间 chējiān 작업장 | 卫生条件 wèishēngtiáojiàn 위생 상태 | 公关部 gōngguānbù 홍보(섭외)부 | 下功夫 xiàgōngfu 힘쓰다 | 响当当 xiǎngdāngdāng 쟁쟁하다 | 自动化 zìdònghuà 자동화하다 | 机器人 jīqìrén 로봇 | 缺乏 quēfá 결여되다 | 资金 zījīn 자금 | 跟不上 gēnbúshàng 따라갈 수 없다 | 弱点 ruòdiǎn 약점

**43** 作者对名牌有什么看法？
A  应该保护
B  非常赞赏
C  是广告的作用
D  是营销的产物

문: 저자는 유명브랜드에 대해 어떤 생각인가?
A  마땅히 보호해야 한다
B  매우 높이 평가한다
C  광고의 작용이다
D  마케팅의 산물이다

**해설** 첫 번째 단락 저자의 말 '名牌, 是现代市场营销的产物, 유명브랜드는 현대시장마케팅의 산물이다'를 통해 유명브랜드에 대한 저자의 생각을 알 수 있다.

**44** 关于佳美公司的生产车间，可以知道什么？

A 非常干净
B 非常现代化
C 实现了自动化
D 有10台机器人

문: 쨔메이회사의 생산 작업장에 관해 무엇을 알 수 있나?

A 아주 깨끗하다
B 아주 현대적이다
C 자동화를 실현했다
D 10대의 로봇이 있다

해설 핵심어는 '我们的生产车间卫生条件也非常好, 우리회사의 생산 작업장의 위생 상태도 매우 좋다'이다.

**45** 佳美公司的弱点是什么？

A 缺乏资金
B 缺乏人才
C 营销跟不上
D 产品质量差

문: 쨔메이회사의 약점은 무엇인가?

A 자금이 부족하다
B 인재가 부족하다
C 마케팅이 따라가지 못한다
D 제품의 질이 나쁘다

해설 쨔메이회사의 약점은 무엇이냐는 질문인데, 핵심어는 '就是营销方面弱一些, 다만 마케팅이 조금 약하다'이다. 따라서 C가 정답이다.

听力考试现在结束。| 듣기시험이 끝났습니다.

# 二、阅读

## 第 一 部分

이 부분의 문제는 몇 편의 단문으로 구성되어 있으며, 단문 가운데에는 여러 개의 빈칸이 있다. 빈칸은 단어 하나 혹은 문장 하나로 채워져야 한다. 빈칸에 들어갈 단어를 고를 땐, 우선 보기에 나와 있는 단어의 뜻을 하나하나 파악한 다음 문장에 넣어 번역을 해보면 정답을 고를 수 있다. 간혹 보기 중 비슷한 단어가 두 개 정도 있을 때가 있다. 이럴 때는 어떤 단어는 어떤 단어와 결합하여 사용하는지 잘 생각하여 접근하면 문제를 쉽게 풀 수 있다. 그리고 빈칸에 들어갈 문장을 고를 땐, 전체 문맥의 흐름을 잡는 것이 관건이다.

第46－60题：请选出正确答案。

### 46-48

一个年轻人兴高采烈地向他的老师讲述自己的出游经历："最近，我在喜马拉雅山遇见一位老人，他能预测未来。先生，您也懂这个吗? 我真想学。"

"当然都懂啦!" 老师46 平静 地说，"真正难懂的学问不是这个。"

"那是什么?" 年轻人不 47 理解，"先生，还有比未卜先知更高深的学问吗? "

"天上飞的鸟儿，深山中的树林，人们 48 睁 眼就能见到，但你看得见自己的睫毛吗? 它可是就在你的眼前啊! 所以，我要教给弟子的，不是让他们预见朦胧的未来，而是要看清鲜活的现在。"

한 젊은이가 신바람이 나서 그의 선생님에게 자신이 놀러 가서 겪었던 얘기를 하였다: "최근에 저는 히말라야산에서 한 노인을 만났는데요, 그분은 미래를 예측할 수 있답니다. 선생님도 이런 거 아세요? 저는 정말 배우고 싶습니다."

"당연히 알고 있지"라고 선생이 46 조용히 말했다. "진정으로 어려운 학문은 이런 것이 아니다." "그럼 무엇입니까?" 젊은이는 47 이해가 되지 않았다. "선생님, 선견지명보다 더 심오한 학문이 있나요?"

"하늘에서 나는 새, 깊은 산 속의 숲은 사람들이 눈만 48 뜨면 볼 수 있다. 그러나 자네는 자신의 속눈썹을 볼 수 있는가? 속눈썹이야말로 바로 자네 눈 밑에 있지 않는가! 그래서 내가 제자들에게 가르치고자 하는 것은 몽롱한 미래를 예견하는 것이 아니라, 선명한 현재를 똑똑히 보는 것이라네"

**어휘** 兴高采烈 xìnggāocǎiliè 신바람이 나다 | 讲述 jiǎngshù 이야기하다 | 出游 chūyóu 놀러 나가다 | 喜马拉雅山 Xǐmǎlāyǎshān 히말라야산 | 预测 yùcè 예측하다 | 未卜先知 wèibǔxiānzhī 선견지명이 있다 | 高深 gāoshēn (학문·기술의) 수준이 높다 | 树林 shùlín 숲 | 睁 zhēng (눈을) 크게 뜨다 | 睫毛 jiémáo 속눈썹 | 眼前 yǎnqián 눈 앞 | 朦胧 ménglóng 몽롱하다, 희미하다 | 鲜活 xiānhuó 선명하고 생동적이다

46  A 奇怪                     A 이상하다
     B **平静**                   B 조용하다
     C 冷静                     C 냉정하다
     D 痛苦                     D 고통스럽다

**해설**  老师 _46 平静_ 地说

형용사 뒤에 '地'를 붙이면 동사를 수식할 수 있다. 그리고 '平静'은 '조용하다'란 뜻을 나타내고, '冷静'은 '냉정하다'란 뜻을 나타내고, '痛苦'는 '고통스럽다'란 뜻을 나타낸다. 선생님이 모를 것이라고 생각하고 있던 학생의 질문에 선생님이 의외로 '당연히 알고 있지'라고 말했으므로, 빈칸에 들어갈 단어는 '平静'이다.

47  A **理解**                   A 이해하다
     B 相信                     B 믿다
     C 研究                     C 연구하다
     D 承认                     D 인정하다

**해설**  年轻人不 _47 理解_

우선 보기에 나와 있는 단어의 뜻을 하나하나 파악한 다음 문장에 넣어 번역을 해보면 정답을 찾을 수 있다. 이 문제 같은 경우 젊은이는 선생님의 말씀이 이해가 안 되었던 거였기 때문에 정답은 '理解'이다.

48  A 看                       A 보다
     B 瞪                       B (눈을) 부라리다
     C **睁**                     C (눈을) 뜨다
     D 开                       D 열다

**해설**  人们 _48 睁_ 眼就能见到

'睁'은 '(눈을) 크게 뜨다'란 뜻을 나타내고, '瞪'은 '(화가 났을 때) 눈을 부릅뜨고 노려보다'란 뜻을 나타내기 때문에, 정답은 '睁'이다.

曾子是孔子的弟子。有一天，曾子的妻子要到城里去，小儿子哭着也要一起去。她 __49 哄__ 儿子说："你在家里等着，回来以后我杀猪给你吃。"

妻子回到家以后，看见曾子真的要杀猪，急忙阻拦说："我不过是和孩子说着玩儿的，你何必当真呢？"

曾子说："跟小孩子是不能开这种 __50 玩笑__ 的，孩子年纪小，处处模仿父母，今天你骗了孩子，就是教他骗人。做母亲的欺骗自己的孩子，那孩子就不会相信自己的母亲了。这不是教育孩子的好办法！"曾子的妻子觉得他的话很有 __51 道理__ ，于是帮曾子杀了那头猪， __52 煮了肉给孩子吃。__

쩡즈는 공자의 제자이다. 하루는 쩡즈의 부인이 시내에 나가려고 하는데, 작은 아들이 울면서 따라 가려고 하자, "집에서 기다려, 엄마가 돌아오면 돼지를 잡아줄게"라고 __49 달랬다__.

부인이 집에 돌아오자, 쩡즈가 진짜로 돼지를 잡으려는 것을 보고, 황급히 저지하면서 말하기를, "제가 단지 아이하고 __50 농담한 것인데__, 진짜로 여길 필요가 있습니까?"

"아이에게 그런 농담을 하면 안 됩니다. 아이는 나이가 어리기 때문에 모든 면에서 부모를 따라 배웁니다. 오늘 당신이 아이를 속이는 것은 아이에게 사람을 속이는 것을 가르치는 것입니다. 어머니로써 자기의 아이를 속인다면, 그 아이는 자신의 어머님을 믿지 않을 것입니다. 이것은 아이를 교육하는 좋은 방법이 아닙니다!"라고 쩡즈가 말하자, 쩡즈의 부인은 남편의 말이 __51 일리__ 가 있다고 생각되어, 쩡즈를 도와 __52 돼지를 잡아, 아이에게 돼지고기를 삶아 먹였다.__

**어휘** 弟子 dìzǐ 제자 | 城 chéng 시내 | 哄 hǒng 달래다 | 杀猪 shāzhū 돼지를 도살하다 | 阻拦 zǔlán 저지하다 | 不过 búguò 단지…일 뿐이다 | 说着玩儿 shuōzhewánr 농담하다 | 何必 hébì …할 필요가 있는가 | 当真 dàngzhēn 정말로 여기다 | 模仿 mófǎng 모방하다 | 骗 piàn 속이다 | 欺骗 qīpiàn 속이다 | 道理 dàolǐ 도리, 일리 | 煮 zhǔ 삶다 | 根据 gēnjù 근거 | 集市 jíshì (옛날의) 재래시장

**49**
A 哄
B 教
C 打
D 笑

A 달래다
B 가르치다
C 때리다
D 웃다

**해설** 她 __49 哄__ 儿子说

↓

엄마가 아들에게 돼지를 잡아주겠다고 약속한 걸로 미뤄볼 때, 엄마는 아들을 달래면서 말했을 것이다. 따라서 정답은 '哄, 달래다' 이다.

| 50 | A 消息 | A 소식 |
|----|--------|--------|
|    | B 故事 | B 이야기 |
|    | C 笑话 | C 우스갯소리 |
|    | D **玩笑** | D 농담 |

해설 　跟小孩子是不能开这种 <u>50　玩笑</u> 的

'开玩笑, 농담을 하다' 는 관용구이며, '开…玩笑' 의 형식으로도 쓰인다.
예) 开了个小小的玩笑。 작은 농담을 했다.

| 51 | A 理由 | A 이유 |
|----|--------|--------|
|    | B **道理** | B 도리 |
|    | C 根据 | C 근거 |
|    | D 事实 | D 사실 |

해설 　曾子的妻子觉得他的话很有 <u>51　道理</u>

부인이 아이에게 거짓말을 하면 안 된다는 남편의 말에 동의한 이유는 남편의 말이 일리가
있기 때문이다. 따라서 정답은 "道理, 일리" 이다.

| 52 | A 买了很多小猪 | A 새끼 돼지를 많이 샀다 |
|----|----------------|------------------------|
|    | B **煮了肉给孩子吃** | B 고기를 삶아 아이에게 먹였다 |
|    | C 拿到集市上卖了 | C 시장에 가져가 팔았다 |
|    | D 煮了鸡蛋给孩子吃 | D 계란을 삶아 아이에게 먹였다 |

해설 　于是帮曾子杀了那头猪， <u>52　煮了肉给孩子吃</u>

돼지를 잡아주겠다는 약속을 지키려고 돼지를 잡았으니, 당연히 아이에게 돼지고기를 삶아
먹였을 것이다. 따라서 정답은 B이다.

今天的新闻，说到某地一条流浪狗每天在街头帮一个乞丐捡矿泉水瓶子，令 53 路人 惊叹。据悉，这条狗是被原主人遗弃的流浪狗，在去年冬天某个寒冷的夜晚，这条狗 54 差点儿 被冻死，是乞丐把他抱进自己的屋里，给它食物救活了它，55 从此狗不再流浪了，它每天帮助主人捡矿泉水瓶子。这条狗被人们称赞为懂得感恩的狗。但其实，狗没有社会意识，也不懂得感恩，它帮助主人只不过是尽到它 56 作为 狗的本分罢了。

오늘의 뉴스 중에, 어떤 곳의 떠돌이 개 한 마리가 매일 거리에서 거지를 도와 생수통을 줍고 있어, 53 행인들을 놀라게 한다고 보도했다. 소식에 따르면, 이 개는 원주인에게 버려진 떠돌이 개인데, 작년 겨울 어느 추운 날 밤에 54 하마터면 얼어 죽을 뻔 한 개를 이 거지가 자신의 집으로 안고가 먹을 것을 주어 구해주었다고 한다. 그 후 이 개는 55 떠돌아다니지 않고, 주인을 도와 생수통을 줍기 시작하였다. 이 개는 사람들에게 은혜를 아는 개라고 불려졌다. 그러나 사실 개는 사회의식이 없으며, 또 은혜에 감사할 줄도 모른다. 주인을 돕는 것은 단지 개 56 로서의 본분을 다 할 뿐이다.

**어휘** 流浪 liúlàng 유랑하다 | 街头 jiētóu 길거리 | 乞丐 qǐgài 거지 | 捡 jiǎn 줍다 | 瓶子 píngzi 병 | 路人 lùrén 행인 | 惊叹 jīngtàn 몹시 놀라며 감탄하다 | 据悉 jùxī 아는 바에 의하면 …라고 한다 | 遗弃 yíqì 내버리다 | 寒冷 hánlěng (기온이 내려가) 차다, 춥다 | 差点儿 chàdiǎnr 하마터면 | 抱 bào 안다 | 救活 jiùhuó 생명[목숨]을 구하다 | 从此 cóngcǐ 그로부터 | 称赞 chēngzàn 칭찬하다 | 社会 shèhuì 사회 | 意识 yìshí 의식 | 感恩 gǎn'ēn 은혜에 감격하다 | 尽 jìn (임무 또는 책임을) 다하다 | 本分 běnfèn 본분 | 罢了 bàle 단지…일 뿐이다.

**53**
A 报纸
B 东西
C 路人
D 新闻

A 신문
B 물건
C 행인
D 뉴스

**해설** 令 53 路人 惊叹
↓

'令…惊叹, …로 하여금 몹시 놀라며 감탄하다' 는 관용구이다. '令' 와 '惊叹' 의 사이에는 사람이 와야 한다. 즉 '令+사람+惊叹' 의 형식을 취하다. 따라서 정답은 '路人, 행인' 이다.

**54**
A 差点儿
B 也许
C 好像
D 逐渐

A 하마터면
B 아마
C 마치
D 점차적으로

**해설**  这条狗 <u>54 差点儿</u> 被冻死

↓

'差点儿'은 '하마터면~할 뻔 했다' 란 뜻으로 두 가지의 뜻을 나타낸다.
　1) 안 좋은 일이 일어날 뻔 했는데, 일어나지 않았다.
　　예 差点儿迟到。 하마터면 지각할 뻔 했다.

　2) 일이 성사될 뻔 했는데, 아쉽게도 성사되지 못했다.
　　예 差点儿就赶上了。 따라 잡을 수 있을 뻔 했는데.

이 문장에서는 첫 번째 뜻으로 쓰인 것이다. 개가 얼어 죽었으면 거지를 도와 생수통 줍는 일을 할 수 없었을 것이다. 따라서 정답은 '差点儿' 이다.

**55**　A　狗冻死了　　　　　　　　A　개가 얼어 죽었다
　　　 B　从此狗不再流浪了　　　 B　그 후 개는 떠돌아다니지 않았다
　　　 C　后来狗离家出走了　　　 C　나중에 개는 가출했다
　　　 D　狗被原来的主人带走了　 D　원주인이 개를 데려가 버렸다

**해설**　<u>55 从此狗不再流浪了</u>

↓

거지가 하마터면 얼어 죽을 뻔 했던 떠돌이 개를 살려주어 함께 사는 걸로 미뤄볼 때, "그 후 개는 떠돌아다니지 않았다" 가 정답이라는 것을 알 수 있다.

**56**　A　成为　　　　　　　　A　…이 되다
　　　 B　属于　　　　　　　　B　…에 속하다
　　　 C　作为　　　　　　　　C　…으로서
　　　 D　具有　　　　　　　　D　갖추고 있다

**해설**　它帮助主人只不过是尽到它 <u>56 作为</u> 狗的本分罢了

↓

'作为'은 '…로서' 의 뜻을 나타내고, '成为'은 '…이 되다' 란 뜻을 나타낸다. 문장의 뜻을 해석해 보면 '作为' 가 정답이라는 것을 알 수 있다.

汽车已经 __57 成为__ 我们现代生活中不可缺少的交通工具。司机在路上开车时要 __58 遵守__ 交通规则，要看交通信号灯。但我们大家可能都没有想过交通信号灯为什么是由红、黄、绿三种颜色组成的。那是因为即使是在天气 __59 糟糕__ 的情况下，红色光也能被我们发现，从而减少 __60 交通事故的发生__。而且通常在我们生活中，常以红色代表危险，黄色代表警觉，绿色代表安全。

자동차는 이미 현대 생활에서 없어서는 안 될 교통수단이 __57 되었다__. 운전자는 길에서 운전할 때, 교통법규를 __58 지켜야 하며__, 신호등도 봐야 한다. 그러나 우리는 신호등이 왜 적색, 황색, 녹색 3가지의 컬러로 구성되어 있는지는 아마 생각하지 못했을 것이다. 그것은 설사 날씨가 __59 안 좋은 상황__에서도 적색은 사람들의 눈에 띌 수 있어, __60 교통사고의 발생__을 줄일 수 있기 때문이다. 그리고 우리는 생활에서 통상적으로 빨간색은 위험을 나타내고, 노란색은 경각심을 나타내고, 녹색은 안전을 나타낸다.

**어휘** 不可缺少 bùkěquēshǎo 없어서는 안 된다 | 工具 gōngjù 수단, 방법 | 遵守 zūnshǒu 준수하다 | 规则 guīzé 규칙 | 信号灯 xìnhàodēng 신호등 | 由 yóu …으로 | 组成 zǔchéng 구성하다 | 即使 jíshǐ 설령…하더라도 | 糟糕 zāogāo 엉망이다 | 从而 cóng'ér 그리하여, 그렇게 함으로써 [단문을 연결하여 결과·목적 등을 나타냄] | 减少 jiǎnshǎo 줄이다 | 通常 tōngcháng 일반적이다, 일상적이다 | 代表 dàibiǎo 표시하다, 나타내다 | 危险 wēixiǎn 위험(하다) | 警觉 jǐngjué 경각

**57**
A **成为**　　　　　　　　A …이 되다
B 成长　　　　　　　　　B 성장하다
C 开始　　　　　　　　　C 시작하다
D 形成　　　　　　　　　D 형성되다

**해설** 汽车已经 __57 成为__ 我们现代生活中不可缺少的交通工具

↓

'成为'은 'A가 B로 되다'란 뜻으로 어떤 사람이나 사물이 변화 되었음을 나타낸다. 빈칸 채우기 문제를 풀 때, 우선 문장의 뜻부터 파악해야 한다. 이 문장 같은 경우, '자동차는 이미 현대 생활에서 없어서는 안 될 교통수단이 _____.'라고 했으므로, 빈칸에 들어갈 단어는 '成为, … 이 〔가〕 되다' 밖에 없다. 보기 중의 '성장하다, 시작하다, 형성되다'는 문장의 뜻에 맞지 않으므로 정답이 될 수 없다.

**58**
A 等待　　　　　　　　　A 기다리다
B **遵守**　　　　　　　　B 지키다
C 坚持　　　　　　　　　C 견지하다
D 守约　　　　　　　　　D 약속을 지키다

**해설** 司机在路上开车时要 __58 遵守__ 交通规则

↓

'遵守'은 '(규칙, 규정, 법규 등을) 지키다'란 뜻을 나타내고, '守约'는 '약속을 지키다'란 뜻을 나타낸다.

**59**

A 清晰　　　　　　　　A 뚜렷하다

B 美丽　　　　　　　　B 아름답다

C 干净　　　　　　　　C 깨끗하다

D 糟糕　　　　　　　　D 엉망이다

해설　那是因为即使是在天气 **59** 糟糕 的情况下

↓

'即使, 설령 …하더라도'은 어떤 안 좋은 상황을 가정하는 것이기 때문에, '糟糕, 엉망이다'가 정답이다. 기타 보기는 모두 좋은 것을 나타내기 때문에 정답이 될 수 없다.


**60**

A 汽车的数量　　　　　A 자동차의 수량

B 阳光的刺激　　　　　B 햇빛의 자극

C 生活中的麻烦　　　　C 생활 속의 번거로움

D 交通事故的发生　　　D 교통사고의 발생

해설　从而减少 **60** 交通事故的发生

↓

'从而'은 '이렇게 함으로써'란 뜻으로 단문을 연결하여 결과·목적 등을 나타내는데, 여기서 '이렇게 함으로써'가 가리키는 것은 앞에서 언급한 '설사 날씨가 안 좋은 상황에서도 적색은 사람들의 눈에 띌 수 있다'이다. 따라서 '减少, 감소하다' 뒤에 올 수 있는 말은 적색이 사람들의 눈에 잘 보이는 결과나 목적일 것이다. 즉 '교통사고의 발생'이다. 따라서 정답은 D이다.


# 第 二 部 分


★ 유형파악 & 공략하기

제2부분의 문제는 하나의 단문과 4개의 선택 항목으로 구성되어 있다. 보기 중에서 단문 내용과 일치하는 것을 선택하면 된다. 문제를 풀 때, 우선 단문에 나와 있는 인물, 시간, 장소, 주제 등을 연필로 체크해 놓으면, 정답을 쉽게 찾을 수 있다.

第61 – 70题：请选出与试题内容一致的一项。

**61**

王刚唱歌很好听，每年他都参加学校的歌唱比赛，去年他夺得了全校第一名。今年的比赛将在这周日上午举行，王刚已经做好了准备，他信心十足，但在这节骨眼儿上，他却突然得了病，所以不能参加今年的比赛了。

A 王刚不爱唱歌
B 王刚今年得了第一
C 王刚对比赛没信心
D 王刚因生病不能参加比赛了

왕깡은 노래를 잘 부른다. 그는 매년 학교 노래시합에 참가하는데, 작년에 그는 학교에서 1등을 했다. 올해의 시합은 이번 주 일요일 오전에 하는데, 왕깡은 이미 준비가 완료되었고, 자신감이 넘쳤다. 그러나 결정적으로 중요한 시기에 그는 갑자기 병에 걸려서, 올해의 시합에 참가할 수 없게 되었다.

A 왕깡은 노래 부르기를 싫어한다
B 왕깡은 올해 1등을 했다
C 왕깡은 시합에 자신이 없다
D 왕깡은 병에 걸려서 시합에 참가할 수 없게 되었다

**어휘** 夺得 duódé 달성하다, 얻다 | 全校 quánxiào 전교 | 十足 shízú 넘쳐흐르다 | 节骨眼儿 jiēgǔyǎnr 긴요하고 결정적인 작용을 하는 부분, 중요한 때, 고비

**해설** 문장의 맨 마지막에서 왕깡이 갑자기 병에 걸려서, 시합에 참가할 수 없게 되었다라고 했으므로, D가 정답이라는 것을 알 수 있다.

**62**

以前兰州有"太阳和月亮一个样，晴天和阴天一个样"的说法。为什么会这样呢？因为兰州的大气污染非常严重，造成兰州大气严重污染的首要原因，在于兰州特殊的地理条件。兰州市区地处四面环山的河谷盆地，形状就像一口大"锅"。

A 兰州没有阴天
B 兰州看不到太阳
C 兰州污染不太严重
D 兰州的地形像一口大锅

예전에 란주에는 "태양과 달이 똑 같고, 맑은 날과 흐린 날이 똑 같다."라는 말이 있었다. 왜 이런 말이 있게 되었을까? 그 이유는 란주의 대기 오염이 아주 심하기 때문이다. 란주의 대기가 심각하게 오염된 주된 원인은 란주의 특수한 지리적 여건 때문이다. 란주 시가지는 사면이 산으로 둘러 쌓인 골짜기 분지에 위치하고 있어, 그 형상은 마치 솥 모양과 같았다.

A 란주는 흐린 날이 없다
B 란주는 태양을 볼 수 없다
C 란주의 오염은 심하지 않다
D 란주의 지형은 솥 같다

**어휘** 说法 shuōfǎ 속설 | 造成 zàochéng 초래하다 | 大气污染 dàqìwūrǎn 대기 오염 | 首要 shǒuyào 가장 중요하다 | 气象 qìxiàng 기상 | 环山 huánshān 산으로 둘러싸여 있다 | 河谷 hégǔ 하곡 | 盆地 péndì 분지 | 形状 xíngzhuàng 형상 | 锅 guō 솥

**해설** A와 B는 상식적으로 봐도 정답이 아니라는 것을 알 수 있다. 그리고 C는 문장 내용과 상충하기 때문에, D가 정답이다.

**63** 科学家通过对一千多名儿童进行研究后发现，小孩子每天看电视的时间每增加1小时，注意力不集中的可能性就增加10%。专家说，2到3岁这段时间是幼儿大脑发育最快的时期，如果他们经常被电视画面所迷住的话，就会影响到大脑的正常发育。

A 幼儿看电视时注意力不集中
B 看电视影响幼儿大脑的发育
C 儿童每天只能看1小时电视
D 看电视不影响孩子的注意力

과학자들이 천여 명의 아동을 상대로 연구한 결과, 아이들은 매일 TV를 보는 시간이 1시간씩 증가할 때마다, 집중력이 떨어질 가능성이 10%가 증가한다는 것을 발견했다. 전문가들은 2-3세 때가 유아의 대뇌성장이 가장 빠른 시기이기 때문에, 만약 아이들이 늘 TV화면에 매혹된다면, 대뇌의 정상 발육에 영향을 미치게 될 것이라고 한다.

A 유아는 TV를 볼 때 주의력이 집중되지 않는다
B TV를 보면 유아의 대뇌성장에 영향을 미친다
C 아동은 매일 TV를 1시간만 볼 수 있다
D TV를 보는 것은 아이들의 주의력에 영향을 미치지 않는다

**어휘** 增加 zēngjiā 증가하다 | 注意力 zhùyìlì 주의력 | 集中 jízhōng 집중하다 | 专家 zhuānjiā 전문가 | 大脑 dànǎo 대뇌 | 发育 fāyù 발육하다 | 画面 huàmiàn 화면

**해설** 문장의 맨 마지막 부분에서, 아이들이 늘 TV화면에 매혹되면, 대뇌의 정상 발육에 영향을 미치게 될 것이라고 했으므로, B가 정답이다.

**64** 网络广告是Google最主要的收入来源，其中有12%来自于AOL。由此看出，AOL在Google的网络广告中扮演着十分重要的角色。作为当前最成功的网络广告公司，Google必然不会希望将其最大的客户让给他最主要的竞争对手，因此Google想尽各种办法来维持与AOL的合作关系。

A AOL是一种战略
B Google将不会和AOL合作
C AOL是Google的主要竞争对手
D AOL是Google的主要合作伙伴

인터넷 광고는 Google의 주된 수입원이다. 그 중의 12%는 AOL로부터 온다. 이를 통해 AOL가 Google의 인터넷광고에서 중요한 역할을 한다는 것을 알 수 있다. 현재 가장 성공한 인터넷광고회사로서 Google은 자사의 가장 큰 고객을 그들의 주요 경쟁회사에 넘겨주는 것은 당연히 바라지 않을 것이다. 따라서 Google은 생각할 수 있는 방법을 모두 생각하여 AOL와의 협력 관계를 유지하려고 한다.

A AOL은 일종의 전략이다
B Google은 AOL와 협력하지 않을 것이다
C AOL은 Google의 주요 경쟁사이다
D AOL은 Google의 주요 협력파트너이다

**어휘** 网络 wǎngluò 네트워크 | 来源 láiyuán 내원 | 其中 qízhōng 그 중에 | 来自 láizì …으로부터 오다 | 由此 yóucǐ 이에 따라 | 扮演 bànyǎn …역을 맡아 하다 | 角色 juésè 배역 | 必然 bìrán 필연적이다 | 合作伙伴 hézuòhuǒbàn 협력자, 협력사 | 想尽 xiǎngjìn 생각할 수 있는 것은 다 생각해 보다

**해설** 문장에서 AOL가 Google의 가장 큰 고객이기 때문에, Google은 최선을 다해서 AOL와의 협력 관계를 유지할 것이라고 했으므로, A B C는 모두 정답이 될 수 없고, D가 정답이다.

**65**

最近有位英国作家雷尼森写了一本《福尔摩斯外传》，试图解答关于福尔摩斯的种种疑问。根据他的研究，福尔摩斯一八五四年六月十七日生于离约克郡十二英里的地方，死于一九二九年；他曾在剑桥大学读书，但没有获得学位。当然这些都只是雷尼森的猜测。

A 福尔摩斯毕业于剑桥大学

B 雷尼森解答了关于福尔摩斯的疑问

C 目前并不清楚福尔摩斯生于何时、何地

D 雷尼森对于福尔摩斯的猜测已被学界所接受

최근에 레니슨이라는 영국 작가가 《셜록홈즈 외전》이라는 책을 써서, 셜록홈즈에 관한 갖가지 의문을 풀려고 시도했다. 그의 연구에 의하면, 셜록홈즈는 1854년 6월17일에 요크군에서 12마일 떨어진 곳에서 태어났으며, 1929년에 사망했다고 한다. 그는 캠브리지 대학에서 공부한 적은 있지만, 학위는 받지 못했다. 물론 이 모든 것들은 레니슨의 추측일 뿐이다.

A 셜록홈즈는 캠브리지 대학을 졸업했다

B 레니슨 셜록홈즈에 관한 의문을 풀었다

C 현재 셜록홈즈가 언제, 어디에서 태어났는지 명확하지 않다

D 레니슨이 셜록홈즈에 대한 추측은 이미 학계로부터 인정받았다

**어휘** 试图 shìtú 시도하다 | 解答 jiědá 해답하다 | 种种 zhǒngzhǒng 각종 | 疑问 yíwèn 의문 | 生于 shēngyú …에(서) 태어나다 | 英里 yīnglǐ 마일 | 剑桥大学 Jiànqiáodàxué 캠브리지 대학 | 何时 héshí 언제 | 何地 hédì 어디

**해설** 보기의 A B D는 모두 문장 내용과 상충하기 때문에 정답이 될 수 없다. 따라서 C가 정답이다.

**66**

母亲节前一天，某电视台以抽样方式采访了100位没有和子女一起生活的母亲。她们有的住在养老院，有的单独住在自己家里。当电视台主播问她们，母亲节最希望儿女们送给自己什么样的礼物时，八成以上母亲的回答是："我只希望他们能打个电话回家，说一声，'妈妈，我很平安'。"

A 母亲最大的心愿是子女平安

B 母亲希望儿女们送礼物给她们

C 八成以上的母亲没有和子女一起生活

D 没有和子女一起生活的母亲们都很孤独

어머니의 날 하루 전, 모 TV방송국에서는 표본 추출방식으로 자식들과 함께 살고 있지 않는 100명의 어머니를 방문했다. 어머니들 중, 양로원에 살고 있는 어머니도 있었고, 홀로 집에서 살고 있는 어머니도 있었다. 방송국 진행자가 어머니들에게 어머니의 날에 아들딸로부터 가장 받고 싶은 선물은 무엇이냐는 질문에, 80%의 어머니들은 "단지 그들이 전화를 걸어 '어머니 저 잘 있어요' 라고 말하는 것" 이라고 하였다.

A 어머니의 가장 큰 소망은 자식들의 평안이다

B 어머니는 자식들이 선물을 주기 바란다

C 80%의 어머니들이 자식들과 함께 살지 않는다

D 자식들과 함께 살지 않는 어머니들은 모두 고독하다

**어휘** 母亲节 mǔqīnjié 어머니의 날 | 以…方式 yǐ … fāngshì …의 방식으로 | 抽样 chōuyàng 표본을 추출하다 | 单独 dāndú 단독으로 | 主播 zhǔbō 메인 MC | 八成 bāchéng 10분의 8 | 平安 píng'ān 무사하다 | 心愿 xīnyuàn 소원, 소망

**해설** 문장의 마지막 부분에서 80%의 어머니들이 소망하는 것은 자식들의 평안이라고 했으므로 A가 정답이라는 것을 알 수 있다.

**67**

中国应大幅提高油价，使国内油价与国际油价接轨。当然考虑到消费者的承受能力，短期内不应该提价，但从中长期来看，就是要把国内包括石油在内的能源价格，通过加税的方式，提到甚至比国际市场还要高的水平。从长远来看，上调成品油价格有助于刺激节能技术的研究和推广。

A　应该对汽车使用者加税

B　应把油价提高到国际水平

C　不应在经济危机时提高油价

D　提高油价不必考虑消费者的承受能力

중국은 유가를 대폭적으로 올려 국내 유가와 국제 유가의 수준을 일치하도록 해야 한다. 물론 소비자들이 감당할 수 있는 능력을 고려해서 단 시간 내에 값을 올려서는 안 되겠지만, 중장기적으로 볼 때, 석유를 포함한 국내의 에너지 가격을 과세 방식으로 심지어 국제시장보다 더 높은 수준으로 끌어올려야 한다. 장기적으로 볼 때, 완제품 기름값을 올리는 것은 에너지 절약 기술의 연구와 보급에 도움이 될 것이다.

A　마땅히 자동차 사용자에게 과세해야 한다

B　마땅히 유가를 국제수준으로 끌어올려야 한다

C　경제위기 때 유가를 올리면 안 된다

D　유가를 올릴 때 소비자가 감당할 수 있는 능력을 고려할 필요가 없다

**어휘** 应 yīng 마땅히｜大幅 dàfú 대폭적인｜油价 yóujià 기름값｜接轨 jiēguǐ 일치시키다｜承受能力 chéngshòunénglì 감당할 수 있는 능력｜提价 tíjià 가격을 올리다｜能源 néngyuán 에너지, 에너지원｜加税 jiāshuì 세금을 부과하다｜节能 jiénéng 에너지를 절약하다｜推广 tuīguǎng 널리 보급하다｜有助于 yǒuzhùyú … 에 도움이 되다

**해설** 문장의 맨 앞 부분에서 유가를 대폭적으로 올려 국내 유가와 국제 유가의 수준을 일치하도록 해야 한다고 했으므로 B가 정답이다.

**68**

"双关语"是指在一定的语言环境中，利用某些词语具有多个意义和同音的条件，故意使语句有双重意义，使所说与所指并不相同的修辞方式。双关语可以使语言表达得含蓄、幽默，而且能加深语意，给人以深刻印象。

A　用双关语可以给文章增色

B　双关语形成了一定的语言环境

C　说话时应故意使其具有两种意义

D　含蓄、幽默的语言会引起人们的反感

"쌍관어"란 일정한 언어환경에서 어떤 어휘가 여러 가지 뜻이 있거나 음이 같다는 것을 이용하여, 일부러 어휘로 하여금 이중의 뜻이 있게 하여, 말하는 바와 가리키는 바가 같지 않게 하는 수식방식이다. 쌍관어는 언어를 함축적이면서도 유머러스하게 표현할 수 있을 뿐만 아니라, 말뜻을 깊게 하여 사람들에게 깊은 인상을 줄 수 있게 한다.

A　쌍관어를 사용하면 문장을 빛나게 할 수 있다

B　쌍관어는 일정한 언어환경을 형성했다

C　말 할 때 일부러 두 가지 뜻을 나타나도록 해야 한다

D　함축적이고 유머러스한 언어는 사람들에게 반감을 살 수 있다

**어휘** 双关语 shuāngguānyǔ 쌍관어｜同音 tóngyīn 자음〔독음〕이 같다｜语句 yǔjù 구절｜双重 shuāngchóng 이중의｜所 suǒ (주로 단음절) 동사 앞에 '所+동사'의 형태로 쓰여 그 동사와 함께 명사적 성분이 됨｜修辞 xiūcí 문장〔글〕을 수식하다｜含蓄 hánxù 함축하다｜加深 jiāshēn 깊게 하다｜语意 yǔyì 말〔문장〕의 의미｜使 shǐ 하게 하다｜其 qí 그것｜增色 zēngsè 빛내다｜引起 yǐnqǐ 불러 일으키다

**해설** 문장의 맨 마지막 부분에서 쌍관어는 언어를 함축적이면서도 유머러스하게 표현할 수 있을 뿐만 아니라, 말뜻을 깊게 하여 사람들에게 깊은 인상을 줄 수 있다고 했으므로, A가 정답이다.

**69**

1月30日，在美国首都华盛顿国家动物园，人们冒雪与大熊猫"泰山"告别。**当天，华盛顿国家动物园专门为"泰山"举行公众告别仪式，数百名"泰山"迷前来与"泰山"告别。** 2010年在美国出生的大熊猫"泰山"将于2月4日乘坐美国联邦快递货运飞机返回中国。

A 公众告别仪式在纽约举行

B 举行仪式那天天气非常晴朗

C 大熊猫泰山是在中国出生的

D "泰山"迷舍不得与泰山分开

1월 30일, 미국의 수도 워싱턴 국가 동물원에서 사람들은 눈을 무릅쓰고 팬더 '타이산'과 작별 인사를 하였다. **이 날 워싱턴국가동물원 측은 특별히 '타이산'을 위해 대중고별의식을 거행했는데, 수백명의 '타이산' 팬들이 몰려와 '타이산'과 작별 인사를 하였다.** 2010년 미국에서 태어난 팬더 '타이산'은 2월4일 미국 연방특급화물기로 중국으로 돌아올 것이다.

A 대중고별의식은 뉴욕에서 거행했다

B 의식을 거행하는 날 날씨는 아주 화창했다

C 팬더 타이산은 중국에서 태어났다

D '타이산' 팬들은 타이산과의 이별을 아쉬워했다

**어휘** 冒 mào 무릅쓰다 | 专门 zhuānmén 특별히 | 公众 gōngzhòng 대중 | 告别 gàobié 작별 인사를 하다 | 仪式 yíshì 의식 | 前来 qiánlái 찾아오다 | 联邦 liánbāng 연방(국) | 快递 kuàidì 특급 우편 | 货运 huòyùn 화물 운송 | 返回 fǎnhuí (원래의 곳으로) 되돌아가다

**해설** 보기의 A B C는 모두 문장 내용과 상충하기 때문에 정답이 될 수 없다. 따라서 D가 정답이다.

**70**

我很喜欢听流行歌曲，**可是现在的流行歌曲我不喜欢，** 不是因为自己老了跟不上潮流了，也不是我不喜欢听流行歌曲了，而是现在的流行歌曲实在不好听，没有创新，歌词也不讲究。流行歌曲不动听，也就无法流行。我还是喜欢老歌，以前的流行歌曲，有强烈的时代特色，旋律优美，充满激情，能够引起人们的共鸣，有人甚至说一首歌影响一代人。

A 我只爱听爱情歌曲

B 我不喜欢听流行歌曲了

C 我不欣赏现在的流行歌曲

D 以前的流行歌曲歌词很不讲究

나는 유행가 듣기를 좋아한다. **그러나 지금의 유행가는 좋아하지 않는다.** 내가 늙어서 유행을 따라가지 못해서도 아니고, 유행가를 듣기 싫어진 것도 아니다. 지금의 유행가는 너무 듣기 안 좋고, 창의력도 없고, 가사도 정교하지 않기 때문이다. 유행가가 감동적이지 않으면 유행할 수가 없다. 나는 여전히 옛날 노래가 좋다. 옛날 유행가는 시대적인 색채가 강하며, 선율이 아름답고, 열정이 가득 담겨 있어, 사람들의 공감을 불러 일으킬 수 있다. 어떤 이들은 노래 한 곡이 한 시대의 사람들에게 영향을 미친다고도 한다.

A 나는 사랑 노래만 좋아한다

B 나는 유행가가 싫어졌다

C 나는 지금의 유행가를 좋아하지 않는다

D 옛날의 유행가는 가사가 정교하지 못하다

**어휘** 跟不上 gēnbushàng 따라갈 수 없다 | 潮流 cháoliú (사회적) 추세, 조류 | 歌词 gēcí 가사 | 讲究 jiǎngjiu 정교하다, 훌륭하다 | 动听 dòngtīng 들을 만하다 | 老歌 lǎogē 옛날 노래 | 深情 shēnqíng 깊은 감개 | 旋律 xuánlǜ 선율 | 充满 chōngmǎn 가득차다 | 激情 jīqíng 열정 | 引起 yǐnqǐ 초래하다, 야기하다 | 共鸣 gòngmíng 공감 | 一代 yídài 한 시대

**해설** 문장의 앞부분에서 화자는 지금의 유행가를 좋아하지 않는다고 했으므로, C가 정답이라는 것을 알 수 있다.

# 第 三 部 分

★ 유형따악 & 공략하기
제3부분은 제시된 단문 뒤에 몇 개의 질문이 주어지는데, 질문에 해당하는 정답을 보기 중에서 고르면 된다. 이 부분의 문제 유형은 본문에서 이야기를 서술한 다음, 문장의 맨 마지막에 게시, 교훈, 주장 등의 메시지가 담겨있다. 따라서 문제를 풀 때, 문장의 전체적인 의미 따악과 문장의 주제를 찾는 것이 관건이다.

第71-90题：请选出正确答案。

## 71-73

有个富豪，家里只有一个孩子，父母特别疼爱他，给他取了个名字叫宝顺。这个孩子特别爱吃饺子，每天都要吃。但他特别挑剔，只吃馅儿，不吃皮儿，吃完馅儿以后，就把皮儿扔到小河里去。

好景不长，在宝顺十六岁那年，一把大火把他的家全都给烧光了，父母也相继病逝。他身无分文，又不好意思要饭，邻居家大嫂非常好，每餐给他吃一碗面糊糊。他发奋读书，三年后考取官位回来，一定要感谢邻居大嫂。大嫂对他讲：不要感谢我。我没有给你什么，我给你的是你扔下的东西，当年我捡回你丢下的饺子皮儿，晒干后装了好几麻袋，本来是备急用的，正好你需要，就又还给你了。宝顺思考了很久很久……

人在体验失去拥有的痛苦之后，才会懂得珍惜拥有的东西。然而很多东西在失去之后，是无法再拥有的。有人说，应该珍惜那些昂贵的东西，其实不一定要这样：一束美丽的鲜花，一个会心的微笑，一句关切的问候，对于一个人这便是极其宝贵的财富，不要轻易给它们下结论抛弃它们，当哪一天你真的需要它们时，才会懂得当初拥有它们是多么幸福，所以珍惜我们现在所拥有的才是最重要的。

### 바오쑨의 행복한 어린 시절

한 부잣집이 있었는데 아이가 하나 밖에 없었다. 부모는 아이를 애지중지했으며, 그에게 바오쑨이라는 이름을 지어주었다. 이 아이는 만두 먹기를 아주 좋아하여 매일 만두를 먹어야만 했다. 그런데 이 아이는 몹시 까다로워서 만두 속만 먹고 만두피는 먹지 않았다. 만두소를 다 먹은 후 만두피는 하천에 버렸다.

### 어려움에 처해 있는 바오쑨에게 도움을 주는 아주머니에 대한 이야기

이렇게 좋은 날은 오래 가지 않았다. 바오쑨이 16세 되던 해, 화재로 인해 그의 집이 몽땅 타버렸으며, 부모님도 연이어 돌아가셨다. 그는 돈이 한 푼도 없게 되었지만, 그렇다고 밥 빌어 먹기는 쑥스러웠다. 이웃집 아주머니는 마음씨가 아주 좋았는데, 끼니마다 그에게 밀가루로 쑨 묽은 죽을 한 그릇씩 주었다. 그는 열심히 공부하여 3년이 지난 후 시험에 합격하여 관직을 얻었다. 그래서 그는 이웃집 아주머니에게 꼭 보답하려고 했다. 아주머니가 그에게 말하기를, 나한테 고마워할 것 없어. 내가 너에게 준 것은 아무 것도 없다. 내가 너에게 준 것은 네가 버린 것들이다. 옛날에 나는 네가 버린 만두피를 모아, 햇볕에 말린 후 몇 마대씩이나 담아 두었었거든. 실은 비상용으로 두었었는데 마침 네가 필요로 하니 너에게 줬을 뿐이야. 바오쑨은 한참 동안을 생각했다.

### 이 이야기로부터 얻은 교훈

사람은 가지고 있던 것을 잃었을 때 느끼는 고통을 경험하고 나서야 비로소 가지고 있는 것의 소중함을 알게 된다. 그러나 많은 것들은 잃고 나서는 더 이상 가질 수 없다. 어떤 이는 말하기를, 마땅히 값 비싼 물건을 아껴야 한다고 한다. 사실 꼭 그렇지는 않다. 아름다운 꽃 한 다발, 회심의 미소, 관심어린 안부 한 마디, 이러한 것들이 지극히 진귀한 재산이다. 이러한 것들을 버리겠다고 경솔하게 결론을 내려서는 안 된다. 언젠가 당신이 진정으로 이러한 것들을 필요로 할 때, 당초에 그것들을 가지고 있었을 때가 얼마나 행복했는가를 알 수 있다. 때문에 우리가 현재 가지고 있는 것을 소중히 하는 것이야말로 가장 중요한 것이다.

**어휘** 富豪 fùháo 부자 | 疼爱 téng'ài 매우 귀여워하다, 애지중지하다 | 馅儿 xiànr (만두 등의) 소 | 皮儿 pír (만두)피, 껍질 | 好景不长 hǎojǐngbùcháng 좋은 날이 오래 가지 않는다 | 烧 shāo 태우다 | 相继 xiāngjì 잇따라 | 病逝 bìngshì 병사하다 | 身无分文 shēnwúfēnwén 수중에 돈이 한 푼도 없다 | 要饭 yàofàn 구걸하다 | 大嫂 dàsǎo 아주머니 | 面糊糊 miànhúhu 밀가루로 쑨 묽은 죽 | 发奋 fāfèn 분발하다 | 考取 kǎoqǔ 시험에 합격하여 채용되다 | 官位 guānwèi 관직 | 晒干 shàigān 햇볕에 말리다 | 麻袋 mádài 마대 | 备急用 bèijíyòng 급할 때 쓰기 위하여 | 投靠 tóukào 남에게 의지하다 | 粥 zhōu 죽 | 救济 jiùjì 구제하다

**71** 宝顺家被烧以后，宝顺是依靠什么生活的?

바오쑨의 집이 불에 탄 후, 바오쑨은 무엇에 의지하여 살았나?

A 自己赚钱
B 投靠亲戚
C 父母的遗产
D 邻居家大嫂的救济

A 스스로 돈을 벌어서
B 친척에게 의지해서
C 부모의 유산으로
D 이웃집 아주머니의 구제로

**해설** 바오쑨의 집이 불에 타고 부모님도 돌아가시자, 옆집 아주머니는 어려움에 처해 있는 바오쑨에게 끼니마다 밀가루로 쑨 묽은 죽을 한 그릇씩 주었다고 했으므로, 바오쑨은 옆집 아주머님의 도움으로 살았다는 것을 알 수 있다.

**72** 大嫂给宝顺吃的是:

아주머니가 바오쑨에게 먹인 것은:

A 米饭
B 饺子
C 面条儿
D 用晒干的饺子皮做的粥

A 쌀밥
B 만두
C 국수
D 햇볕에 말린 만두피로 만든 죽

**해설** 옆집 아주머니가 옛날에 바오쑨이 버린 만두피를 모아, 햇볕에 말린 후 비상용으로 마대에 담아 두었었는데, 바오순의 생계가 힘들어지자, 다시 바오쑨에게 죽을 끓여 주었다고 했으므로, D가 정답이다.

**73** 作者想要告诉我们的是:

저자가 우리에게 알려주려는 것은:

A 要努力学习
B 要懂得感恩
C 珍惜拥有的东西
D 要充分利用时间

A 열심히 공부해야 한다
B 은혜에 보답할 줄 알아야 한다
C 가지고 있는 것을 소중히 여긴다
D 시간을 충분히 활용해야 한다

**해설** 문장의 맨 마지막 말 '所以珍惜我们现在所拥有的才是最重要的'를 통해 저자가 우리에게 전달하려는 메시지가 무엇인지를 알 수 있다.

有一个小女孩每天都从家里走路去上学。一天早上天气不太好，到了下午风刮得很大，不一会儿就开始闪电、打雷、下大雨了。小女孩的妈妈很担心，她担心小女孩会被雷声吓着。雨下得越来越大，小女孩的妈妈急忙开着她的车，沿着上学的路线去找小女孩，远远地看到自己的小女儿一个人走在街上，却发现每次闪电时，她都停下脚步，抬头往上看，并露出笑容。妈妈问她："你在做什么啊？"小女孩说："妈妈，你看，上帝在帮我照相，所以我要笑啊！"

拥有童心，才能从身边不起眼儿的小事，甚至坏事中发现快乐。一个人长大以后，会发现自己的烦恼越来越多，而快乐却越来越少，那是因为自己深深的陷入了身边的**琐事**中，失去了童心，失去了发现快乐的本领。所以即使我们早已长大，早已不再单纯，但只要我们在生活中仍然保持一颗童心，快乐就会围绕在我们身边。

### 천진난만한 여자 아이의 이야기

한 여자 아이가 있었는데, 매일 집에서 걸어서 학교에 갔다. 오후가 되니 바람이 더 세차게 불었다. 얼마 안 되어 번개가 번쩍이고, 천둥이 치더니 큰 비가 내리기 시작했다. 아이 어머니는 아이가 벼락 맞을 까봐 걱정을 많이 했다. 비가 점점 더 세게 내리자, 아이의 어머니는 서둘러 차를 몰아 학교로 가는 길을 따라 아이를 찾아 떠났다. 멀리서 딸아이가 혼자 길을 걷고 있는 것을 봤다. 이상하게도 아이는 번개 칠 때 마다 가던 걸음을 멈추고, 머리를 들어 위를 쳐다보며, 웃는 표정을 짓는 것을 발견하였다. 엄마는 "너 지금 뭐 하고 있는 거니?" 라고 묻자, "엄마, 보세요. 하느님이 저에게 사진을 찍어주고 있어요. 그래서 제가 웃고 있어요!" 라고 아이가 말했다.

### 이 이야기로부터 얻은 계시

동심을 유지하고 있어야만 주위에 눈에 띄지 않는 사소한 일들, 심지어 나쁜 일들 가운데서도 즐거움을 발견할 수 있다. 사람은 어른이 돼서 자신의 번뇌가 갈수록 많아지고 즐거움은 날이 갈수록 적어짐을 느끼게 되는데, 그것은 자신이 신변의 자질구레한 일들에 깊게 빠져서 동심을 잃고, 즐거움을 발견하는 능력을 잃었기 때문이다. 설사 우리는 이미 어른이 됐고 더 이상 단순하지 않더라도 생활 속에서 여전히 동심을 유지 할 수만 있다면 즐거움은 곧 우리곁에 있을 것이다.

**어휘** 闪电 shǎndiàn 번개가 번쩍이다 | 打雷 dǎléi 천둥치다 | 吓着 xiàzhao 놀라다 | 急忙 jímáng 황급히 | 沿着 yánzhe 따라서 | 脚步 jiǎobù (발)걸음 | 抬头 táitóu 머리를 들다 | 露出 lùchū 드러내다 | 笑容 xiàoróng 웃는 얼굴〔표정〕 | 上帝 Shàngdì 하느님 | 消极 xiāojí 소극적이다 | 起眼儿 qǐyǎnr 시선을 끌다 | 琐碎 suǒsuì 사소하고 잡다하다

**74** 小女孩的妈妈担心小女孩：

A 去同学家

B 被雷声吓着

C 和朋友去玩

D 消极面对人生

여자 아이의 어머니는 아이의 무엇을 걱정하고 있었나?

A 친구 집에 갔을 까봐

B 천둥 소리에 놀랄 까봐

C 친구하고 놀러 갔었을 까봐

D 인생을 부정적으로 대할 까봐

**해설** 첫 번째 단락 의 '她担心小女孩会被雷声吓着' 를 통해 여자 아이의 어머니가 무엇을 걱정하는 지 알 수 있다.

**75** 第2段中画线词语 "琐事" 最可能是
什么意思?

A 好事

B 坏事

C 大事

D 琐碎的事情

두 번째 단락에 밑줄 친 단어 '琐碎'의 뜻으
로 가장 근접한 것은?

A 좋은 일

B 나쁜 일

C 큰일

D 자질구레하고 잡다한 일

**해설** 那是因为自己深深的陷入了身边的<u>琐事</u>中，失去了童心，失去了发现快乐的本领。

⬇

밑줄 친 단어 '琐事'의 뜻을 알면 문제를 쉽게 풀 수 있지만, 뜻을 몰라도 앞뒤 문맥의 흐
름으로 단어의 뜻을 유추할 수 있다. 이 문제 같은 경우 사람들이 어떤 일에 깊게 빠져서
동심을 잃고, 즐거움을 발견하는 능력을 잃는 다고 했는데, 보기 A, B, C는 조금 억지일
수 있지만, 자질구레한 일에 빠져 동심을 잃는 다는 것은 우리 주변에서 쉽게 찾아볼 수 있
고 또 이해도 된다. 따라서 정답은 D이다.

**76** 关于上帝在给小女孩照相，下列哪项
正确?

A 上帝会照相

B 小女孩喜欢拍照

C 妈妈不让小女孩照相

D 闪电像照相时的闪光灯

하느님이 여자 아이에게 사진을 찍어주는 것에
관해, 보기 내용 중 정확한 것은?

A 하느님은 사진을 찍을 줄 안다

B 여자 아이는 사진 찍기를 좋아한다

C 어머니는 여자아이에게 사진을 못 찍게 한다

D 번개가 마치 사진을 찍을 때의 플래시 같았다

**해설** 첫 번째 단락 아이의 말 '妈妈, 你看, 上帝在帮我照相'을 통해 아이는 번개를 마치 사진을
찍을 때의 플래시 같이 느껴졌다는 것을 알 수 있다.

**77** 上文主要谈的是:

A 要不断努力

B 要学会忍耐

C 要保持童心

D 要关心孩子

이 문장에서 주요하게 이야기하고 있는 것은:

A 끊임없이 노력해야 한다

B 인내하는 것을 배워야 한다

C 동심을 유지해야 한다

D 아이에게 관심을 주어야 한다

**해설** 이 문장에서 한 여자아이가 천둥치는 것을 하느님이 자신에게 사진을 찍어준다고 생각하는
이야기를 서술한 다음, 동심을 유지 할 수만 있다면 즐거움은 곧 우리 곁에 있다고 했으므
로, 이 문장에서 주요하게 이야기하고 있는 것이 '동심을 유지해야 한다'라는 것을 알 수
있다.

阿瓜读三年级，他的成绩在班级里总是倒数第一，但是阿瓜却是班级里最勤快的孩子。每天放学后，阿瓜都会主动留下来倒垃圾。阿瓜总是微笑，他并不介意同学们欺负他，让他做最脏最苦的活儿。

有一次，老师出了一个脑筋急转弯的问题："世界上最贵的蛋是什么蛋？"有人说是金蛋，有人说是原子弹，有人说是脸蛋……这时，阿瓜也举手发言，他高兴地说："是……笨蛋，因为大家都叫我笨蛋！"同学们笑了，老师却没有笑，她走过去轻轻地摸了摸阿瓜的脸蛋说："是的，你是最贵的。"

阿瓜的妈妈每天放学后都会骑自行车到校门口接他。有一天傍晚正下着雨，阿瓜看见一个没带伞的同学，便让妈妈顺路送这个同学回家。可是因为自行车后座儿装了一个铁篮子，无法再多载一个人。回家后，妈妈在厨房忙着做饭时，隐隐约约听到门外传来一阵奇怪的声响，出门一看，见阿瓜正在拆铁篮子……妈妈深深地叹了口气，但眼里却涌出了泪花。多么笨的孩子啊，却又是多么善良的孩子啊！

### 아과에 대한 개괄적인 소개

아과는 3학년이다. 그는 반에서 성적이 늘 꼴찌였다. 그러나 아과는 반에서 가장 부지런한 아이이다. 매일 방과 후, 아과는 늘 자발적으로 남아 쓰레기를 버렸다. 아과는 늘 미소를 지었으며 그는 친구들이 그를 업신여기고, 그에게 가장 더럽고 힘든 일을 하게 하는 것에 개의치 않았다.

### 아과의 선생님이 아과에 대한 평가

한 번은 선생님이 넌센스 퀴즈를 하나 냈다. "세상에서 가장 비싼 알은 무엇일까요?" 어떤 학생은 황금알이라고 하고, 어떤 학생은 원자탄이라고 하고, 어떤 학생은 얼굴이라고 하고…… 이때, 아과도 손을 들어 발언했다. 그는 아주 기뻐하며 "음……바보입니다. 왜냐면 모두들 저보고 바보라고 하거든요!" 라고 말했다. 학생들은 모두 웃었다. 그러나 선생님은 웃지 않았다. 선생님은 천천히 다가가서 아과의 얼굴을 쓰다듬으면서 "그래, 네가 가장 비싸." 라고 말했다.

### 아과의 어머님이 아과에 대한 평가

아과의 어머니는 매일 방과후 자전거를 타고 아과를 데리러 학교 입구에 갔다. 어느 겨울 비가 오는 저녁이었다. 아과는 우산이 없는 친구를 보고 어머니에게 가는 길에 친구를 집까지 데려다 주자고 하였다. 그러나 자전거 뒷좌석에는 철 바구니를 설치해 놓아 한 사람을 더 태울 수가 없었다. 집에 돌아온 후, 어머니는 주방에서 바삐 밥을 하고 있었는데, 어렴풋이 문 밖에서 이상한 소리가 들려왔다. 문을 나서서 보니, 아과가 온 얼굴에 땀범벅이 되어 철 바구니를 뜯어내고 있었다……어머니는 깊게 한 숨을 쉬었지만, 눈에는 눈물이 쏟아졌다. 얼마나 미련한 아이인가! 하지만 또 얼마나 착한 아이인가!

어휘 班级 bānjí 반, 학년 | 倒数 dàoshǔ 거꾸로 세다 | 勤快 qínkuai 부지런하다 | 留下来 liúxiàlai 남다 | 倒 dào 버리다 | 不介意 bújièyì 개의치 않다 | 欺负 qīfu 얕보다, 괴롭히다 | 苦 kǔ 힘들다 | 脑筋急转弯的问题 nǎojinjízhuǎnwāndewèntí 넌센스 퀴즈 | 原子弹 yuánzǐdàn 원자(폭)탄 | 金蛋 jīndàn 황금알 | 脸蛋 liǎndàn 얼굴 | 发言 fāyán 발언하다 | 拍 pāi 치다 | 顺路 shùnlù 가는 길에〔김에〕 | 后座儿 hòuzuòr (자전거의) 뒷좌석 | 铁篮子 tiělánzi 철 바구니 | 载 zài 싣다 | 隐隐约约 yǐnyinyuēyuē 희미하다, 어렴풋하다 | 声响 shēngxiǎng 소리 | 拆 chāi 떼어 내다 | 计算题 jìsuàntí 계산 문제

**78** 阿瓜在班级里：      아과는 반에서 :

A 每天负责倒垃圾      A 쓰레기 버리는 것을 담당했다

B 成绩总是全班第一      B 성적은 늘 반에서 일등이었다

C 总是欺负别的同学      C 늘 다른 학생을 업신여겼다

D 是一个非常聪明的孩子      D 아주 총명한 아이였다

**해설** 보기의 B C D는 모두 본문 내용과 상충하기 때문에, A가 정답이다.

**79** 老师给大家出了什么类型的问题？      선생님은 아이들에게 어떤 문제를 내주었나 ?

A 计算题      A 계산 문제

B 关于学习的问题      B 공부에 관한 문제

C 关于鸡蛋的问题      C 계란에 관한 문제

D 提高想象力的文字游戏      D 상상력을 키워주는 문자 게임

**해설** 두 번째 단락의 '有一次, 老师出了一个脑筋急转弯的问题' 를 통해 선생님이 내준 문제가 아이들의 상상력을 키워주는 문자게임이라는 것을 알 수 있다. 여기서 언급한 '脑筋急转弯的问题, 넌센스 퀴즈' 는 '金蛋, 原子弹, 脸蛋, 笨蛋' 와 같이 마지막 글자의 음이 같은 것을 이용하여 세상에서 가장 비싼 '蛋, 알' 이 무엇인지를 맞추는 넌센스 퀴즈이다.

**80** 老师觉得世界上最贵的蛋是：      선생님 생각에 세상에서 가장 비싼 알은:

A 金蛋      A 황금알

B 脸蛋      B 얼굴

C 原子弹      C 원자탄

D 笨蛋阿瓜      D 바보 아과

**해설** 두 번째 단락에서 아과가 애들이 자신을 '笨蛋, 바보' 이라고 부르기 때문에, 세상에서 가장 비싼 '蛋, 알' 은 자신이라는 말에, 선생님은 '그래, 네가 제일 비싸' 라고 했으므로, 선생님생각에 세상에서 가장 비싼 알은 '笨蛋阿瓜' 라는 것을 알 수 있다.

**81** 阿瓜为什么要妈妈载同学回家？      아과는 왜 엄마에게 동급생을 태워달라고 했나?

A 因为妈妈的自行车很大      A 엄마의 자전거가 크기 때문에

B 因为同学帮助阿瓜学习      B 동급생이 아과의 공부를 도와주기 때문에

C 因为阿瓜的同学爱劳动      C 아과의 동급생이 일을 사랑하기 때문에

D 因为下雨天同学没带伞      D 바가 오는 날 동급생이 우산을 안 가지고 왔기 때문에

**해설** 세 번째 단락에서 비가 오는 날에 동급생이 우산을 안 가지고 온 것을 본 아과는 어머님께 동급생을 태워달라고 했으므로, 정답은 D이다.

**82** 阿瓜的妈妈为什么涌出了泪花？

A 因为阿瓜很善良

B 因为阿瓜成绩提高了

C 因为阿瓜帮妈妈做家务

D 因为阿瓜把自行车修好了

아과의 엄마는 왜 눈물을 흘렸나?

A 아과가 착하기 때문에

B 아과의 성적이 올라갔기 때문에

C 아과가 엄마를 도와 가사일을 했기 때문에

D 아과가 자전거를 수리해 놓았기 때문에

**해설** 공부는 못하지만 남을 배려할 줄 아는 아들의 행동에 어머님이 눈물을 흘렸기에, A가 정답이다.

## 83-86

张艺谋是中国著名电影导演，开始他是一名摄影师，但由于他对电影事业的执着追求和他独有的天赋，他成为了著名导演。1987年，他导演的第一部影片《红高粱》，展示了电影语言的独特魅力，在国内外多次获得大奖。此后几乎每年他都会带着他的电影和大家见面，有《大红灯笼高高挂》、《一个都不能少》、《我的父亲母亲》等影片。2008年张艺谋担任北京奥运会、残奥会开幕式和闭幕式的总导演，梦幻般地展示了中国文化，完美地表现了"同一个世界，同一个梦想"的主题，获得国内外一致好评。

张伟平是张艺谋的好朋友，专门投资张艺谋的电影。2002年，张伟平投资、张艺谋导演的《英雄》上座率特别高，他们两人联手创造了华语电影的票房神话。他们曾比喻对方，"一个是种萝卜的，一个是卖萝卜的。"张艺谋是一个非常勤奋的导演，在同事眼中，他是一个低调、平和的人。张艺谋说，人的潜力是无限的，一个人就像橡皮筋一样，需要不断地拉，在这个过程中挑战自己的极限，不断提高自己的能力。

### 장예모 및 장예모의 영화에 대한 간략한 소개

장예모는 중국에서 유명한 영화감독이다. 처음에 그는 카메라맨이었다. 그러나 그는 영화 사업에 대한 끊임없는 탐구와 독특한 천부적 재질이 있었기에, 유명한 영화감독이 되었다. 1987년 그가 처음으로 감독한 《붉은 수수밭》은 영화 언어의 독특한 매력을 보여주었으며, 국내외에서 여러 번 영화 대상을 받았다. 이 후 그는 거의 매년 그의 영화 작품을 통해 관중들과 만났다. 《홍등》, 《하나가 없어서도 안 된다》, 《나의 아버지, 어머니》 등이 있다. 2008년, 장예모는 베이징올림픽대회, 장애인올림픽대회의 개막식과 폐막식의 총감독을 맡아, 중국 문화를 판타스틱하게 펼쳐 보였으며, '하나의 세계, 하나의 꿈'이란 주제를 완벽하게 표현하여, 국내외의 호평을 받았다.

### 장예모의 사적인 일들

장위평은 장예모의 친한 친구인데, 그는 장예모의 영화에 전적으로 투자했다. 2002년 장위평이 투자하고, 장예모가 감독한 《영웅》은 관객 동원율이 아주 높았다. 두 사람이 손을 잡아, 중국어 영화 흥행 수입의 신화를 창조하였다. 그들은 서로 상대방을 비유하기를 '한 사람은 무를 심는 사람이고, 한 사람은 무를 파는 사람'이라고 한다. 장예모는 매우 노력하는 감독이다. 동료들은 그가 겸손하고 온화한 사람이라고 본다. 장예모는 사람의 잠재력은 무한하여 마치 고무줄과 같아, 끊임없이 끌어당겨야 하며, 이 과정에서 자신의 한계에 도전하여 스스로의 능력을 계속 키워야 한다고 말했다.

**어휘**  执着 zhízhuó 끈기 있다, 끝까지 추구하다 | 导演 dǎoyǎn 감독 | 灯笼 dēnglong 등롱·초롱 | 推向 tuīxiàng 일정한 방향으로 밀다 (추진하다) | 上座率 shàngzuòlǜ 관객 동원율 | 联手 liánshǒu 합작하다 | 票房 piàofáng 흥행 수입 | 华语 Huáyǔ 중국어 | 比喻 bǐyù 비유하다 | 萝卜 luóbo 무 | 残奥会 Cán'àohuì 장애인 올림픽 대회의 약칭 | 开幕式 kāimùshì 개막식 | 闭幕式 bìmùshì 폐막식 | 梦幻般 mènghuànbān 꿈같은 | 展示 zhǎnshì 전시하다 | 表现 biǎoxiàn 나타내다 | 一致 yízhì 일치하다 | 低调 dīdiào 겸손하고 나서지 않는 성격을 가리킴 | 平和 pínghé 온화하다 | 潜力 qiánlì 잠재력 | 无限 wúxiàn 끝이 없다 | 橡皮筋 xiàngpíjīn 고무줄 | 挑战 tiǎozhàn 도전하다 | 极限 jíxiàn 극한

**83** 根据上文，《红高粱》：　　문장에 근거하여, 《붉은 수수밭》은:

A 受到了很多批评　　A 많은 비평을 받았다

B 讲的是张艺谋的故事　　B 장예모의 이야기를 하고 있다

C 由张艺谋担任摄影师　　C 장예모가 카메라맨을 담당하였다

D 是张艺谋导演的第一部电影　　D 장예모가 감독한 첫 번째 영화이다

**해설** 첫 번째 단락의 '1987年，他导演的第一部影片《红高粱》，展示了电影语言的独特魅力，1987년 그가 처음으로 감독한 영화 《붉은 수수밭》은 영화 언어의 독특한 매력을 보여주었다'를 통해《붉은 수수밭》은 장예모가 감독한 첫 번째 영화라는 것을 알 수 있다. 따라서 D가 정답이다.

**84** 关于《英雄》，下列正确的是：　　《영웅》에 대해 보기 내용 중 정확한 것은:

A 是一个神话　　A 하나의 신화이다

B 是张伟平导演的　　B 장위평이 감독한 것이다

C 是张伟平投资的　　C 장위평이 투자한 것이다

D 是在讲卖萝卜的故事　　D 무 파는 이야기를 하고 있다

**해설** 보기의 A B D는 모두 본문 내용과 상충하기 때문에, C가 정답이다.

**85** 张艺谋把人比喻成"橡皮筋"，是因为：　　장예모는 사람을 '고무줄'로 비유했다. 그 이유는:

A 橡皮筋很耐用　　A 고무줄이 질기기 때문에

B 人要低调、平和　　B 사람은 조용하고 부드러워야 하기 때문에

C 人的潜力是无限的　　C 사람의 잠재력은 무한하기 때문에

D 每个人都有橡皮筋　　D 사람마다 고무줄이 있기 때문에

**해설** 마지막 단락의 '人的潜力是无限的，一个人就像橡皮筋一样，需要不断地拉'를 통해 장예모가 사람을 고무줄로 비유한 이유를 알 수 있다. 즉 고무줄을 끌어당기면 늘어날 수 있듯이 사람에게는 잠재력이 있기 때문이다.

## 86

本文主要谈的是：

A 《英雄》

B 张艺谋和张伟平

C 张艺谋和奥运会

D **张艺谋和他的电影**

문장에서 주요하게 이야기하고 있는 것은?

A 《영웅》

B 장예모와 장위평

C 장예모와 올림픽대회

D 장예모와 그의 영화

**해설** 이 문장에서는 장예모와 그의 영화에 대해 소개하고 있기 때문에, 문장의 주제가 장예모와 그의 영화라는 것을 알 수 있다.

## 87-90

在一次聊天时，我的一位从事高速公路设计的朋友说，路不一定是越直越好。他说，在设计高速公路时，遇到山要打隧道，遇到水要架桥梁。虽然两点之间的直线距离最短，但并不是将整个路程都修得笔直，有时候，某段路太直了，还得人为地铺设弯路。路太直了，行驶的时间越长，潜在的危险也越大。所以那段人为设计的弯路，是非常必要的弯路。我听了，非常不解。高速公路，不就是尽最大可能将道路修得笔直，达到畅通无阻的目的吗？怎么还会人为地设置弯路呢？在我的印象中，弯路，并不招人喜欢，在弯路前面，还会竖立提示牌"前方有弯路，请小心驾驶。"有时候，在弯路上还会设路障，强制性地限制速度，从而减少交通事故的发生。朋友说，太多的弯路，肯定不宜高速行驶，而高速公路，直得像一条有始无终的射线，同样，也是不可取的。车速太快，就容易发生交通事故。所以，要在高速公路上人为地设计出一些弯路，让司机明白，高速公路不等于笔直路，也有弯路，得谨慎驾驶。这些必要的弯路，虽然增加了里程，但却保证了高速公路上的安全。

### 고속도로를 모두 직선으로 설계하지 않는 이유

한 번은 한담을 하고 있었는데, 고속도로설계관련 일을 하고 있는 친구가 말하기를, 길이란 곧으면 곧을수록 좋은 것이 아니라고 하였다. 고속도로를 설계할 때, 산을 만나면 터널을 뚫어야 하고, 물을 만나면 다리를 놓아야 한다. 비록 두 점 사이의 거리는 직선이 가장 짧다 하더라도, 고속도로 전 구간을 모두 직선으로 하는 것은 결코 아니다. 때로는 어떤 구간이 너무 직선코스일 경우, 인위적으로 좀 굽은 길로 만들어야 한다. 길이 너무 직선으로 되어있으면, 긴 시간 운전할수록 잠재적 위험은 증가할 수 있다. 따라서 인위적으로 만든 굽은 길은 아주 필요한 길이라고 말했다. 나는 그의 말을 듣고 이해가 되지 않았다. 고속도로라는 것은 가급적이면 최대한 길을 곧게 만들어 장애 없이 원활하게 소통하게 하는 것이 목적이 아닌가? 왜 인위적으로 굽은 길을 설치한다는 것인가? 내 기억으로는 굽은 길은 결코 사람들에게 환대를 받지 못했다. 굽은 길 앞에는 "전방이 우회도로이니, 운전에 조심하시오." 라는 팻말이 세워져 있기도 한다. 때로는 굽은 길에 또 바리케이드를 설치하여, 강제로 속도를 제한하여, 교통사고 발생을 줄이기도 한다. 친구는 굽은 길이 많으면, 분명 고속으로 운전하기 어렵겠지만, 고속도로가 끝이 없는 사선 같아도 바람직하지 않다고 말했다. 그리고 자동차 속도가 너무 빠르면 사고가 발생하기 쉽기 때문에, 고속도로에 인위적으로 일부 굽은 길을 설계하는 것은 운전자로 하여금 고속도로는 직선도로가 아니고 굽은 길도 있으며, 조심성 있게 운전해야 한다는 것을 일깨워준다고 하였다. 이렇게 필요한 굽은 길로 인해 비록 주행거리는 증가하지만, 고속도로의 안전을 보장할 수 있다고 친구는 말했다.

人物同理，人生何尝不是如此？一帆风顺固然令人羡慕，但**走了点弯路**，也不必觉得是吃了亏，因为那是必要的弯路。弯路逼着你抬起头观察前方，从而更加容易地找到通向目标的捷径。

이 이야기로부터 얻은 계시

이 이야기로부터 얻은 계시

사람도 사물과 같은 이치이다. 인생 또한 이와 같지 아니하겠는가? 순풍에 돛을 단 듯 일이 잘 풀리면, 사람들의 부러움을 사겠지만, 굽은 길을 걷는다고 해서 손해를 본다고 생각할 필요는 없다. 왜냐하면 그것은 필요한 굽은 길이기 때문이다. 굽은 길은 당신으로 하여금 강제로 머리를 들어 앞을 관찰하도록 하여, 목적지로 통하는 지름길을 쉽게 찾을 수 있도록 하기 때문이다.

**어휘**  打 dǎ (구멍을) 뚫다 | 隧道 suìdào 터널 | 架 jià 가설하다 | 桥梁 qiáoliáng 교량 | 两点之间 liǎngdiǎnzhījiān 두 점 사이 | 直线距离 zhíxiànjùlí 직선거리 | 笔直 bǐzhí 아주 똑바르다 | 人为 rénwéi 인위적인 | 潜在 qiánzài 잠재하다 | 弯路 wānlù 굽은 길 | 不解 bùjiě 이해하지 못하다 | 畅通无阻 chàngtōngwúzǔ 원활하다 | 招 zhāo 불러일으키다, 초래하다 | 竖立 shùlì 똑바로 〔곧게〕 세우다 | 提示牌 tíshìpái (도로의) 주의 표시판 | 驾驶 jiàshǐ 운전하다 | 路障 lùzhàng 바리케이드 | 强制性 qiángzhìxìng 강제적 | 不宜 bùyí 적당하지 않다 | 有始无终 yǒushǐwúzhōng 시작은 있고 끝이 없다 | 射线 shèxiàn 복사선 〔물체로부터 방출되는 비교적 짧은 전자기파로 적외선, 가시광선, 자외선, 엑스선 등의 통칭(統稱)〕 | 不可取 bùkěqǔ 바람직하지 못하다 | 谨慎 jǐnshèn 신중하다 | 里程 lǐchéng 길, 노정(路程), 이정 | 何尝 hécháng 언제 …한 적이 있었느냐 | 如此 rúcǐ 이와 같다 | 一帆风顺 yìfānfēngshùn 일이 순조롭게 진행되다 | 固然 gùrán 물론 …하 〔이〕 지만 | 逼 bī 강압하다 | 观察 guānchá 관찰하다 | 通向 tōngxiàng …로 통하다 | 捷径 jiéjìng 지름길 | 路牌 lùpái 교통 표지

**87** 为什么路不一定是越直越好？

A 在路上危险少

B 路上有隧道和桥梁

C 两点之间直线最短

D 路太直潜在的危险会增大

왜 길은 곧으면 곧을수록 꼭 좋은 것이 아닌가？

A 길에서 위험이 적기 때문에

B 길에는 터널과 다리가 있기 때문에

C 두 점 사이의 직선이 가장 짧기 때문에

D 길이 너무 곧으면 잠재적 위험이 증가하기 때문에

**해설**  첫 번째 단락의 '路太直了，行驶的时间越长，潜在的危险也越大'를 통해 길이 곧으면 좋지 않은 이유를 알 수 있다. 즉 길이 너무 곧으면 잠재적 위험이 증가하기 때문이다.

**88** 为什么要在弯路上设置路障？

A 因为路太直

B 政府的要求

C 强制人们去看路牌

D 限制速度，减少事故

왜 굽은 길에 바리케이드를 설치하는가？

A 길이 너무 곧기 때문에

B 정부의 요구로

C 사람들로 하여금 강제로 도로표지를 보도록 하기 위하여

D 속도를 제한하여 사고를 줄이기 위하여

**해설**  첫 번째 단락의 '有时候，在弯路上还会设路障，强制性地限制速度，从而减少交通事故的发生' 을 통해 굽은 길에 바리케이드를 설치하는 이유를 알 수 있다. 즉 속도를 제한하여 사고를 줄이기 위해서이다.

**89** 应该怎样设计高速公路?

    A 增加路牌

    B 多设计路障

    C 设计很多弯路

    D 设计必要的弯路

고속도로를 어떻게 설계해야 하는가 ?

    A 도로표지판을 많이 세운다

    B 바리케이드를 많이 설계한다

    C 굽은 길을 많이 설계한다

    D 필요한 굽은 길을 설계한다

**해설** 문장에서 고속도로를 설계할 때 운전자의 주의를 환기시키고, 속도도 줄이기 위하여 인위적으로 일정 구간을 굽은 길로 설치한다고 했으므로, D가 정답이다.

**90** 最后一段中 "走了点儿弯路" 的意思主要是指:

    A 都是弯路

    B 走了弯路

    C 非常顺利

    D 遇到困难和挫折

마지막 단락 '굽은 길을 걷는다' 가 주로 가리키는 것은:

    A 모두 굽은 길이다

    B 굽은 길을 걸었다

    C 아주 순조롭다

    D 어려움과 좌절에 봉착한다

**해설** 맨 마지막 단락에서 사람도 사물과 같은 이치라고 했다. 즉 고속도로에 굽은 길을 설치하면 비록 주행거리는 증가하지만, 안전을 보장할 수 있듯이, 인생의 길에서도 너무 순조로운 것보다 굽은 길을 걷는 것이 그대로 하여금 머리를 들어 앞을 관찰하도록 하여, 목적지로 통하는 지름길을 쉽게 찾을 수 있다고 했다. 따라서 인생에 있어서 '굽은 길을 걷는다' 란 '어려움과 좌절에 봉착하다' 의 의미를 나타낸다.

# 三、书写

## 第 一 部分

第91-98题：完成句子。

例如： 发表　　　这篇论文　　什么时候　　是　　　的

　　　　这篇论文是什么时候发表的？

91-98문제 : 문장을 완성 하세요.

예 : 발표하다　이 논문　　언제　　…이다　　…의
　　　이 논문은 언제 발표된 것입니까？

★ 유형따악 & 공략하기

이 부분의 문제는 여러 개의 단어가 제시되어 있다. 주어진 단어를 사용하여 하나의
문장을 만들면 된다. 문장을 만들 때 중국어의 어순과 문법을 염두에 두고 문장을 만
들어야 올바른 문장을 만들 수 있다.

**91** 健身房　去　他　健身　偶尔会　　➡　他偶尔会去健身房健身。

그는 간혹 헬스클럽에 가서 헬스를 한다.

**해설** 주어진 단어 중에서 사람이름이나 인칭대사가 있으면, 우선 주어라고 생각하고, 그 뒤에 동사
를 붙이면 되는데, 만약 동사가 두 개 이상일 경우, 조동사는 다른 동사 앞에 오고, 기타 동사
의 배열순서는 동작이 발생하는 순서대로 배열하면 된다. 이 문장에 '会', '去', '健身'
세 개의 동사가 있는데, '会' 는 조동사이기 때문에 '去' 와 '健身' 앞에 와야 한다. 그리고
'去' 와 '健身' 을 놓고 볼 때, '去' 는 '健身' 앞에 와야 한다. 그 이유는 가는 동작이 먼저
발생하고, 헬스를 하는 동작이 나중에 발생하기 때문이다. 따라서 이 문장은 아래와 같이 만들
수 있다.

|  | | 조동사 | 동사1 | 동사1의 목적어 | 동사2 |
| 他 | 偶尔 | 会 | 去 | 健身房 | 健身。 |
| 주어 | 부사 | 조동사 | 일반동사1 | 목적어 | 일반동사2 |

**92** 一定　开车的时候　小心　要　　➡　**开车的时候一定要小心。**

　　　　　　　　　　　　　　　　　　　　　运전할 때 반드시 조심해야 한다.

**해설**　'今天，晚上，开车的时候' 등 시간을 나타내는 성분은 주어의 앞이나 뒤에 모두 올 수 있고, '经常，一定，已经' 등 부사는 주어 뒤에 와야 한다. 그리고 주어진 단어에 동사가 두 개가 있을 경우, 조동사는 다른 동사 앞에 와야 한다는 것을 함께 알아두면, 작문이 훨씬 쉬워질 것이다.

　　　　　　　　　　　　┌ 주어가 생략 되었음

开车的时候　　　　　　　　　一定　　　要　　　　小心。

　　└ 시간을 나타내는 성분　└ 부사　└ 조동사　└ 일반동사


**93** 是　春节　节日　一个　传统的　　➡　**春节是一个传统的节日。**

　　　　　　　　　　　　　　　　　　　　춘절은 전통 명절이다.

**해설**　'一条漂亮的裙子, 아주 예쁜 치마 한 벌' 와 같이 수식어가 단순하게 한 단어가 아니라 몇 개의 단어가 합쳐질 경우, 순서는 '수사+양사+형용사+的+중심어' 이다.

　　　　　　　　　　　┌ 수사　┌ 양사　　┌ 형용사　┌ 的　　　┌ 중심어

春节　　　是　　　一　　　个　　　传统　　　的　　　节日。

　└ 주어　└ 술어　└ 목적어


**94** 给　北京　他　留下了　深刻的印象　　➡　**北京给他留下了深刻的印象。**

　　　　　　　　　　　　　　　　　　　　베이징은 그에게 아주 깊은 인상을 주었다.

**해설**　'给…留下了…印象, …은 …에게 …한 인상을 주다' 은 관용구이다. '给' 앞에는 사람이나 사물이 오고, '给' 뒤에 사람이 와야 한다.

北京　　给　　他　　留下　　了　　　　　　　深刻的　　印象。

└ 사물　└ 给　└ 사람　└ 술어　└ 동작의 완료를 나타냄　└ 수식어　└ 목적어

**95** 我　有时候　能　他　看到　➡　我有时候能看到他。

나는 가끔 그를 볼 수 있다.

**해설** 이 문장에 '能'와 '看到' 두 개의 동사가 있는데, '能'은 조동사이기 때문에 '看到' 앞에 와야 한다. 여기서 '看到'은 결과보어지만 그냥 동사로 보면 된다. 참고로 '看'은 'TV를 보다, 책을 보다, 영화를 보다' 등 두 눈으로 무엇을 계속해서 보는 것을 가리키고, '看到'은 어떤 사람이나 사물이 '보인다' 혹은 '봤다' 라고 할 때 쓴다.

我　　有时候　　　　　能　　看到　　他
↳ 주어　↳ 시간을 나타내는 성분　↳ 조동사　↳ 동사　↳ 목적어


**96** 他　房间　把　已经　打扫干净了　➡　他已经把房间打扫干净了。

그는 이미 방을 깨끗하게 청소해 놓았다.

**해설** 주어진 단어에 '把'가 있으면, 우선 '把' 자문으로 작문을 한다는 생각부터 해야 한다. 그 다음 '把' 자문의 문법을 이용하여 문장을 만들면 된다. '把' 자문의 가장 큰 특징은 목적어가 술어 앞에 온다는 것이다. '把' 자문의 형식은 '주어+부사+把+목적어+동사+기타성분' 이다. 여기서 기타 성분은 '了', 결과보어, 정도보어, 동사의 중첩 등이 해당된다.

他　　已经　　把　　房间　　打扫　　干净　　　了
↳ 주어　↳ 부사　↳ '把'　↳ 목적어　↳ 술어　↳ 결과보어　↳ 동작의 완료를 나타냄


**97** 一共　东西　这些　198块钱　➡　这些东西一共198块钱。

이 물건들은 합계가 198위안입니다.

**해설** 중국어에 있어서 형용사, 동사만 술어가 될 수 있는 것이 아니라, 수사와 양사로 이뤄진 수량사도 술어가 될 수 있다. 수량사 술어문의 형식은 '주어+부사+수사+양사' 이다. 주의할 점은 수량사 앞에 '是'가 없다는 것이다.

　　　　　　　　　　　　┌ 수사　┌ 양사
这些　　　　东西　　一共　　　198　块钱。
↳ 수식어　↳ 주어　↳ 부사　↳ 수량사

**98** 观众的　好评　电影　赢得了　他的　➡　**他的电影赢得了观众的好评。**

**그의 영화는 관중들로부터 좋은 평가를 받았다.**

**해설**　문장을 만들 때 우선 주어진 단어 중에서 동사를 찾는다. 그 다음 동사 앞에 주어를 놓고, 동사 뒤에 목적어를 놓으면 된다. 그리고 주어와 목적어 앞에 수식어가 올 수 있다는 것을 함께 알아두면, 작문이 훨씬 쉬워질 것이다.

他的　　　电影　　　赢得　　了　　　　　　　　观众的　　好评

↳ 수식어　↳ 주어　↳ 술어　↳ 동작의 완료를 나타냄　↳ 수식어　↳ 목적어

# 第 二 部分

第99-100题：写短文。　　　　　　99-100문제: 단문을 만드세요.

**99**　请结合下列词语(要全部使用)，写一篇80字左右的短文。
아래의 단어를 이용하여 (모두 사용해야 함) 80자 정도의 단문을 완성하세요.

周末、狼狈、东西、面试、自信
주말, 낭패스럽다, 물건, 면접시험, 자신감

**유형파악&공략하기**
주어진 단어가 몇 개 안 되지만, 상상력을 발휘하여 스토리를 떠올려 본다. '주말, 낭패스럽다, 물건, 면접시험, 자신감'의 단어가 나와 있으니, '면접을 볼 때 낭패를 본 이야기'를 쓰면 된다.

**참고 답안**

| | | 周 | 末 | 我 | 正 | 在 | 跟 | 朋 | 友 | 一 | 起 | 在 | 超 | 市 | 买 | 东 | 西 | 的 | 时 |
|---|---|---|---|---|---|---|---|---|---|---|---|---|---|---|---|---|---|---|---|
| 候 | ， | 一 | 家 | 单 | 位 | 突 | 然 | 打 | 来 | 电 | 话 | ， | 让 | 我 | 马 | 上 | 去 | 面 | 试。 |
| 我 | 提 | 着 | 好 | 几 | 袋 | 儿 | 东 | 西 | ， | 穿 | 的 | 衣 | 服 | 也 | 很 | 随 | 便 | ， | 特 |
| 别 | 狼 | 狈 | ， | 更 | 别 | 说 | 自 | 信 | 了 | ， | 面 | 试 | 失 | 败 | 也 | 在 | 意 | 料 | 之 |
| 中 | 。 | | | | | | | | | | | | | | | | | | |

**번역**　주말에 친구와 함께 슈퍼에서 물건을 사고 있을 때, 갑자기 한 업체에서 빨리 면접 보러 오라는 전화를 받았다. 나는 몇 개나 되는 물건 봉지를 들고, 옷차림도 제멋대로여서, 낭패스럽기 짝이 없었다. 자신감이 없었던 것은 말할 것도 없고, 면접에 실패한다는 것도 예상된 일이었다.

**100** 请结合这张图片写一篇80字左右的短文。

제시된 그림을 근거로, 80자 내외로 구성된 단문을 작성하세요.

**유형파악&공략하기**

그림을 보고 단문을 쓸 때, 우선 그림 내용부터 잘 파악해야 한다. 그리고 작문할 때 너무 욕심내지 말고, 자신의 수준에 맞는 문장을 만드는 것이 훨씬 유리하다. 따라서 그림을 묘사하기 보다는 그림의 뜻을 생각한 다음, 자신의 느낌을 쓰면 된다. 이 문제 같은 경우 빨간색으로 체크되어 있는 4곳에 관한 이야기를 쓰면 되는데, 여행 스케줄을 써도 되고, 가이드 입장에서 관광객들에게 여행 스케줄을 설명하는 내용을 써도 된다.

**참고 답안**

| | | 请 | 大 | 家 | 看 | 地 | 图 | ， | 我 | 来 | 介 | 绍 | 一 | 下 | 这 | 次 | 的 | 旅 | 行 |
|---|---|---|---|---|---|---|---|---|---|---|---|---|---|---|---|---|---|---|---|
| 路 | 线 | 。 | 我 | 们 | 先 | 去 | 广 | 州 | ， | 然 | 后 | 去 | 杭 | 州 | ， | 从 | 杭 | 州 | 坐 |
| 火 | 车 | 去 | 上 | 海 | ， | 最 | 后 | 从 | 上 | 海 | 返 | 回 | 台 | 湾 | 。 | 广 | 州 | 位 | 于 |
| 中 | 国 | 的 | 南 | 部 | ， | 所 | 以 | 气 | 温 | 比 | 较 | 高 | ， | 而 | 杭 | 州 | 气 | 温 | 要 |
| 比 | 台 | 湾 | 低 | 得 | 多 | ， | 所 | 以 | 大 | 家 | 要 | 带 | 几 | 件 | 厚 | 衣 | 服 | 和 | 薄 |
| 衣 | 服 | 。 | | | | | | | | | | | | | | | | | |

**번역** 여러분, 지도를 한 번 보세요. 제가 이번 여행코스에 대해 소개해 드리겠습니다. 우리는 먼저 광저우에 간 다음 항저우로 갑니다. 항저우에서 상하이까지는 기차를 타고 갑니다. 마지막에 상하이에서 대만으로 돌아옵니다. 광저우는 중국의 남부에 위치하고 있기 때문에 기온이 비교적 높지만 항저우의 기온은 대만보다 많이 낮습니다. 때문에 여러분은 두꺼운 옷과 얇은 옷 몇 벌을 더 준비해야 합니다.

머리에 쏙쏙!

# 실전모의고사 3회
# 정답 및 해설

# 第三套模拟试题答案

## 一、听力

### 第一部分

| 1. C | 2. B | 3. D | 4. D | 5. A |
|------|------|------|------|------|
| 6. B | 7. D | 8. B | 9. B | 10. B |
| 11. D | 12. C | 13. D | 14. B | 15. A |
| 16. B | 17. D | 18. A | 19. B | 20. D |

### 第二部分

| 21. D | 22. B | 23. D | 24. C | 25. C |
|-------|-------|-------|-------|-------|
| 26. D | 27. B | 28. D | 29. C | 30. D |
| 31. D | 32. A | 33. D | 34. D | 35. A |
| 36. D | 37. B | 38. C | 39. A | 40. D |
| 41. D | 42. D | 43. C | 44. D | 45. D |

## 二、阅读

### 第一部分

| 46. C | 47. B | 48. C | 49. A | 50. B |
|-------|-------|-------|-------|-------|
| 51. A | 52. D | 53. C | 54. B | 55. D |
| 56. C | 57. B | 58. D | 59. A | 60. C |

### 第二部分

| 61. B | 62. D | 63. D | 64. D | 65. D |
|-------|-------|-------|-------|-------|
| 66. D | 67. D | 68. D | 69. C | 70. A |

### 第三部分

| 71. C | 72. D | 73. C | 74. C | 75. A |
|-------|-------|-------|-------|-------|
| 76. B | 77. D | 78. D | 79. B | 80. D |
| 81. D | 82. D | 83. D | 84. A | 85. C |
| 86. D | 87. D | 88. D | 89. B | 90. D |

### 第一部分

91. 天气突然阴了下来。

92. 这么做会造成心理上的压力。

93. 婚姻生活很美满。

94. 他经历过无数次的挫折。

95. 弟弟被打哭了。

96. 老李的鱼香肉丝做得非常地道。

97. 精彩的表演征服了在场的所有观众。

98. 上午要把工作安排一下。

### 第二部分

99.

| | 我 | 家 | 离 | 单 | 位 | 很 | 远 | ， | 每 | 天 | 上 | 班 | 要 | 一 | 个 | 多 | 小 | 时 | ， |
|---|---|---|---|---|---|---|---|---|---|---|---|---|---|---|---|---|---|---|---|
| 下 | 班 | 也 | 要 | 一 | 个 | 多 | 小 | 时 | ， | 回 | 到 | 家 | 里 | 特 | 别 | 累 | 。 | 所 | 以 |
| 我 | 打 | 算 | 搬 | 家 | ， | 搬 | 到 | 离 | 单 | 位 | 近 | 一 | 点 | 儿 | 的 | 地 | 方 | ， | 但 |
| 是 | 我 | 们 | 单 | 位 | 附 | 近 | 的 | 房 | 子 | 都 | 很 | 贵 | ， | 我 | 没 | 有 | 那 | 么 | 多 |
| 钱 | ， | 真 | 愁 | 人 | 。 | | | | | | | | | | | | | | |

100.

| | 如 | 果 | 你 | 想 | 坐 | 出 | 租 | 车 | 的 | 话 | ， | 得 | 去 | 出 | 租 | 汽 | 车 | 站 |
|---|---|---|---|---|---|---|---|---|---|---|---|---|---|---|---|---|---|---|
| 坐 | 车 | 。 | 你 | 看 | ， | 这 | 就 | 是 | 出 | 租 | 汽 | 车 | 停 | 车 | 站 | 指 | 示 | 牌 | ， |
| 如 | 果 | 你 | 着 | 急 | 走 | 的 | 话 | ， | 你 | 可 | 以 | 打 | 电 | 话 | 叫 | 出 | 租 | 汽 | 车, |
| 如 | 果 | 不 | 着 | 急 | 的 | 话 | ， | 你 | 可 | 以 | 在 | 这 | 里 | 排 | 队 | 等 | 候 | 。 | |
| | | | | | | | | | | | | | | | | | | | |

# 一、听力

## 第 一 部分

★ 유형파악 & 공략하기
듣기 1부분은 5급 문제 중 가장 쉬운 부분이기 때문에, 문제를 풀 때 크게 당황하지 말고 보기 내용을 하나하나 체크하면서 녹음을 잘 들으면 문제를 쉽게 풀 수 있다. 핵심어를 파악하는 것이 중요하다.

第1-20题: 请选出正确答案。      1번~20번 문제: 정확한 답을 고르세요.

**1** 女: 这个周末下午两点你一定要来看我们的话剧表演。

男: 如果那天没什么事的话，我会去的。

问: 男的是什么意思?

A 他不想去

B 没时间去

C 他可能会去

D 他不会去的

여: 이번 주말 오후 2시에 꼭 저희 연극공연을 보러 오셔야 합니다.

남: 만약 그날 별 다른 일이 없으면 갈게요.

문: 남자의 말뜻은 무엇인가?

A 그는 가고 싶은 생각이 없다

B 갈 시간이 없다

C 그는 아마 갈 것이다

D 그는 가지 않을 것이다

**어휘** 话剧 huàjù 연극 | 表演 biǎoyǎn 공연

**해설** 핵심어는 '如果那天没什么事的话, 我会去的, 만약 그날 별 다른 일이 없으면 갈게요'이다. 따라서 정답은 '그는 아마 갈 것이다'이다.

**2** 男: 你怎么了? 愁眉苦脸的。

女: 我男朋友要去美国留学，他没说要跟我分手，但也没说让我等他。

问: 女的是什么语气?

A 恐惧

B 失望

C 激动

D 骄傲

남: 왜그래? 우거지상하고 말이야.

여: 남자친구가 미국에 유학 가는데, 나랑 헤어지자는 말도 없고, 나보고 기다리라는 말도 없어.

문: 여자의 말투는 어떠한가?

A 두려워하는 말투

B 실망하는 말투

C 감격해 하는 말투

D 오만한 말투

**어휘** 愁眉苦脸 chóuméikǔliǎn 우거지상 | 分手 fēnshǒu 헤어지다 | 恐惧 kǒngjù 두려워하다 | 失望 shīwàng 실망하다 | 激动 jīdòng 감격하다 | 骄傲 jiāo'ào 오만하다

**해설** 보기에 감정을 나타내는 '恐惧, 失望, 激动, 骄傲' 등 단어가 나와 있기 때문에, 화자의 말투를 파악하는 문제라는 것을 인식하고 들기를 하면 문제를 쉽게 풀 수 있다.

3 女: 我们公司想做贵公司在中国的独家 여: 우리 회사는 귀사의 중국 독점대리상이
代理。 되기를 바랍니다.
男: 作为独家代理，你们不能把我们的 남: 독점대리상으로서 저희 회사 제품을 중국
产品转口到中国以外的国家去卖， 이외의 다른 나라로 수출하여 판매하면
你们只可以在贵国销售。 안 되고, 중국에서만 판매해야 합니다.
问: 关于独家代理，下列哪项正确? 문: 독점대리상에 관하여, 보기 내용 중 정
확한 것은?

A 价格要统一 A 가격을 단일화해야 한다
B 价格要协商 B 가격을 협상해야 한다
C 得在外国卖 C 외국에서 판매해야 한다
D 只可以在中国卖 D 중국에서만 판매할 수 있다

**어휘** 独家代理 dújiādàilǐ 독점 대리상 | 转口 zhuǎnkǒu 한 국가를 거쳐서 다른 국가로 운송하다 |
销售 xiāoshòu 판매하다 | 统一 tǒngyī 단일화하다 | 协商 xiéshāng 협상하다

**해설** 비즈니스에 관한 문제는 듣기 제1부분에 2~3문제 출제될 정도로 출제 빈도가 높은 편이다.
따라서 비즈니스 관련용어를 미리 숙지해 두면 문제를 쉽게 풀 수 있다. 이 문제 같은 경
우, '独家代理, 독점대리상'의 개념을 알고 있었다면, 보기의 A B C는 모두 정답이 될 수
없고, D만이 정답이 될 수 있다는 것을 알 수 있다. 참고로 独家代理란 어떤 상품을 제한
된 지역에서만 판매하는 것을 가리킨다.


4 男: 我们什么时候能在屏幕上见到您呢? 남: 언제 스크린에서 당신을 볼 수 있습니까?
女: 估计会很快，拍摄工作已基本结 여: 곧 볼 수 있을 겁니다. 촬영은 거의 다
束，大概从下个月开始在全国上 끝났고요, 아마 다음달부터 전국에서
映。 상영될 것입니다.
问: 电影大概什么时候能上映? 문: 영화는 언제 상영될 수 있는가?
A 这个星期 A 이번 주
B 下个星期 B 다음 주
C 这个月 C 이번 달
D 下个月 D 다음 달

**어휘** 屏幕 píngmù 스크린 | 估计 gūjì 추측하다 | 拍摄 pāishè 촬영하다 | 基本 jīběn 대체로 | 上映
shàngyìng 상영하다

**해설** 영화는 언제 상영될 수 있느냐는 질문인데, 핵심어는 '大概从下个月开始在全国上映, 아마
다음달부터 전국에서 상영될 것입니다' 이다.

5　女：　今天怎么没骑车啊？
　　男：　外边下雪了，路太滑，我不敢骑。

　　问：　关于男的，下列哪项正确？
　　A　怕路滑
　　B　怕骑车
　　C　不会骑车
　　D　不喜欢骑车

여：　오늘 왜 자전거를 타지 않았어?
남：　밖에 눈이 왔잖아, 길이 너무 미끄러워 감히 타지 못했어.
문：　남자에 대해, 보기 내용 중 정확한 것은?
A　길 미끄러운 것을 두려워한다
B　자전거 타는 것을 두려워한다
C　자전거를 탈 줄 모른다
D　자전거 타는 걸 좋아하지 않는다

**어휘** 骑车 qíchē 자전거를 타다 | 滑 huá 미끄럽다 | 不敢 bùgǎn 감히 …하지 못하다
**해설** 핵심어는 '路太滑，我不敢骑, 길이 너무 미끄러워 감히 타지 못했어' 이다.

6　男：　算了，丢了就丢了吧。
　　女：　钱倒无所谓，里面有我的身份证、驾照、信用卡什么的，丢了怪麻烦的。

　　问：　关于女的，可以知道什么？
　　A　丢了钥匙
　　B　丢了钱包
　　C　丢了驾照
　　D　丢了信用卡

남：　됐어요. 잃어버렸으면 잃어버렸죠 뭐.
여：　돈을 잃어버린 건 괜찮은데, 안에 신분증, 운전 면허증, 신용카드 등이 있어 잃어버리면 번거롭거든요.
문：　여자에 대해 무엇을 알 수 있는가?
A　열쇠를 잃어버렸다
B　지갑을 잃어버렸다
C　운전 면허증을 잃어버렸다
D　신용카드를 잃어버렸다

**어휘** 算了 suànle 됐어 | 无所谓 wúsuǒwèi 상관없다 | 驾照 jiàzhào 운전 면허증 | 身份证 shēnfènzhèng 신분증 | 信用卡 xìnyòngkǎ 신용 카드 | 钥匙 yàoshi 열쇠
**해설** 보기의 '丢了驾照，丢了信用卡' 도 맞는 답이 될 수 있지만, 여자가 잃어버린 것은 돈, 신분증, 운전 면허증, 신용카드가 들어있는 지갑이다. 따라서 정답은 B이다.

7　女：　是什么东西这么重啊？
　　男：　您叫刘亚菲，对吧？这是您的邮件，请在这儿签一下名。

　　问：　他们是什么关系？
　　A　明星和观众
　　B　记者和明星
　　C　经理和职员
　　D　邮递员和顾客

여：　뭔데 이렇게 무거워요?
남：　류야페이님 이십니까? 당신 앞으로 온 우편물인데요, 여기에 사인 좀 해주세요.
문：　그들은 어떤 사이인가?
A　스타와 관객
B　기자와 스타
C　사장과 종업원
D　우편집배원과 고객

어휘 邮件 yóujiàn 우편물 | 签名 qiānmíng 사인하다 | 明星 míngxīng 스타 | 记者 jìzhě 기자 | 邮递员 yóudìyuán 우편집배원 | 顾客 gùkè 고객

해설 두 사람의 사이를 유추할 수 있는 핵심어는 '邮件'와 '签一下名'이다. 이 두 단어만 놓치지 않는다면 정답을 쉽게 찾을 수 있다.

## 8

男: 北京的交通可真让人头疼，到处都堵车，还是坐地铁好，从来不堵车。

女: 不堵是不堵，可是挤啊。你看这人，连站的地方都没有。

问: 他们现在最可能在哪里?

A 火车上
B 地铁里
C 汽车里
D 大街上

남: 베이징의 교통은 정말 골치 아파요. 어디든 길이 막히니 지하철을 타는 게 나아요. 길이 절대로 막히지 않으니까.

여: 막히지는 않지만 붐비잖아요. 이 사람들 좀 보세요, 서있을 자리조차 없잖아요.

문: 그들은 어디에 있을 가능성이 가장 큰가?

A 기차 안
B 지하철 안
C 버스 안
D 큰길에

어휘 挤 jǐ 붐비다 | 连 lián …조차도 | 大街 dàjiē 큰길

해설 지하철을 타면 막히지 않아서 좋다는 남자의 말에, 여자는 막히지는 않는데 너무 붐빈다고 하면서, '你看这人，连站的地方都没有, 이 사람들 좀 보세요, 서있을 자리조차 없잖아요' 라고 했으므로, 이들이 지금 지하철 안에 있다는 것을 알 수 있다.

## 9

女: 你真的戒烟了?

男: 大夫说我再不戒烟的话，可能会有生命危险，所以我把烟戒掉了。

问: 男的为什么戒烟了?

A 为孩子
B 为健康
C 为省钱
D 为女朋友

여: 진짜로 담배를 끊었어요?

남: 의사 선생님의 말로는 내가 담배를 끊지 않으면 생명에 위험이 있다고 하시네요, 그래서 담배를 끊었습니다.

문: 남자는 왜 담배를 끊었나?

A 아이를 위해서
B 건강을 위해서
C 돈을 절약하기 위해서
D 여자친구를 위해서

어휘 戒烟 jièyān 담배를 끊다 | 生命 shēngmìng 생명 | 危险 wēixiǎn 위험하다 | 省钱 shěngqián 돈을 절약하다, 돈이 절약되다, 돈을 아끼다

해설 남자가 왜 담배를 끊었냐는 질문인데, 핵심어는 '大夫说我再不戒烟的话，可能会有生命危险, 의사 선생님의 말로는 내가 담배를 끊지 않으면 생명에 위험이 있다고 하셨어' 이다.

**10**

男：今年的新年联欢晚会，你们系准备了几个节目啊？

女：有个合唱，还有个歌舞，大家的积极性非常高，我们每天都排练到很晚。

问：今年的新年联欢晚会将会怎么样？

A　很无聊

B　很热闹

C　人很少

D　没有表演

남：올해 신년파티에 당신의 학과에서는 몇 개의 프로그램을 준비했습니까?

여：합창 하나와 춤이 하나 있습니다. 모두들 상당히 적극적입니다. 매일 밤늦게까지 연습하고 있는걸요.

문：올해 신년파티는 어떨 것 같나?

A　아주 따분할 것이다

B　시끌벅적할 것이다

C　사람이 아주 적을 것이다

D　공연은 없을 것이다

**11**

女：新娘子真漂亮！什么时候我也能穿上婚纱呢？

男：放心吧，你这么漂亮，又这么善良，你的白马王子很快就会出现在你的眼前的。

问：根据对话，可以知道什么？

A　他们在骑马

B　他们在吃饭

C　女的不想结婚

D　他们在参加婚礼

여：신부가 너무 예쁘다! 난 언제 웨딩드레스를 입을 수 있을까?

남：걱정 마. 너 이렇게 예쁘고 착한데, 네 이상형이 머지않아 곧 네 눈앞에 나타날 거야.

문：대화를 통해 무엇을 알 수 있는가?

A　그들은 승마를 하고 있다

B　그들은 식사하고 있다

C　여자는 결혼하고 싶은 생각이 없다

D　그들은 결혼식에 참석하고 있다

**12**

男：你为什么不信教？你没想过死吗？死了以后能进天堂该有多好啊！

女：人死了就什么也没有了，怎么可能进天堂呢？

问：关于女的，可以知道什么？

남：당신은 왜 종교를 믿지 않아요? 죽음에 대해 생각해본 적이 없어요? 죽어서 천당에 가면 얼마나 좋은데요!

여：사람이 죽으면 남는 게 아무것도 없는데, 어떻게 천당에 갑니까?

문：여자에 대해 무엇을 알 수 있을까?

| A | 信教 | | A | 종교를 믿는다 |
|---|------|---|---|----------------|
| B | 迷信 | | B | 미신을 믿는다 |
| C | **不信教** | | C | 종교를 믿지 않는다 |
| D | 想去教堂 | | D | 성당에 가고 싶어한다 |

**어휘** 信教 xìnjiào 종교를 믿다 | 死 sǐ 죽다 | 天堂 tiāntáng 천당 | 迷信 míxìn 미신을 믿다 | 教堂 jiàotáng 성당

**해설** 여자의 말 '人死了就什么也没有了，怎么可能进天堂呢？ 사람이 죽으면 남는 게 아무것도 없는데, 어떻게 천당에 갑니까?' 를 통해, 여자가 '종교를 믿지 않는다' 라는 것을 유추할 수 있다.

**13**
女: 原来你知道今天是我们结婚一周年纪念日啊？我还以为你忘了呢。

男: 哪能呢？只是单位里有点儿事儿，晚了点儿。你瞧，我还给你买了玫瑰花。

问: 今天是什么日子？

여: 원래 오늘이 우리 결혼 1주년 기념일이라는 것을 알고 있었어요? 나는 또 잊어버린 줄 알았는데.

남: 그럴리가요? 다만 회사에 일이 좀 있어 늦었어요. 봐요, 장미꽃도 사 왔어요.

문: 오늘이 무슨 날인가?

| A | 情人节 | | A | 발렌타인데이 |
|---|--------|---|---|--------------|
| B | 她的生日 | | B | 여자의 생일 |
| C | 孩子的生日 | | C | 아기의 생일 |
| D | **结婚纪念日** | | D | 결혼기념일 |

**어휘** 一周年 yìzhōunián 일 주년 | 纪念日 jìniànrì 기념일 | 以为 yǐwéi …인 줄 알다 | 哪能呢 nǎnéngne 그럴리가 | 单位 dānwèi 직장 | 玫瑰花 méiguihuā 장미꽃

**해설** 오늘이 무슨 날인지 유추할 수 있는 핵심어는 '结婚一周年纪念日, 결혼 1주년 기념일' 이다. 이 단어만 놓치지 않는다면 정답을 쉽게 찾을 수 있다.

**14**
男: 咱俩分工吧，我负责接电话，你负责整理资料。

女: 我们可不可以换一下？电话，由我来接，资料嘛，由你来整理。

问: 对话最可能发生在什么地方？

남: 우리 분담해서 합시다. 제가 전화를 받고, 당신은 서류를 정리하고.

여: 우리 바꿔서 하면 안 될까요? 전화는 제가 받고, 서류는 당신이 정리하고.

문: 대화는 어디에서 이뤄질 가능성이 큰가?

| A | 澡堂 | | A | 대중목욕탕 |
|---|------|---|---|------------|
| B | **办公室** | | B | 사무실 |
| C | 图书馆 | | C | 도서관 |
| D | 卖电话的地方 | | D | 전화기를 판매하는 곳 |

**어휘** 分工 fēngōng 분담하다 | 负责 fùzé 책임지다 | 澡堂 zǎotáng 대중목욕탕

**해설** 대화가 이뤄진 장소를 유추할 수 있는 핵심어는 '接电话' 와 '整理资料' 이다. 이 두 단어만 놓치지 않는다면 정답을 쉽게 찾을 수 있다.

**15**

女： 这么热的天，还要穿西装，打领带，苦了你了，挣钱可真不容易啊！

男： 办公室里有空调，不觉得热，只是去外面办事的时候有点儿难受。

问： 根据对话，可以知道什么？

A 现在是夏季

B 现在是冬季

C 男的挣得多

D 男的喜欢穿西装

여： 이렇게 더운 날에, 양복입고 넥타이까지 매야하니 고생이 많습니다. 돈을 벌기 쉽지 않네요!

남： 사무실에는 에어컨이 있어 더운 줄 모르겠는데, 밖에 나가 볼일 볼 때 조금 힘들어요.

문： 대화를 통해 무엇을 알 수 있는가?

A 지금은 여름이다

B 지금은 겨울이다

C 남자는 돈을 많이 번다

D 남자는 양복 입기를 좋아한다

**어휘** 打领带 dǎlǐngdài 넥타이를 매다 | 苦 kǔ 고통스럽게 하다 | 挣钱 zhèngqián 돈을 벌다

**해설** 여자의 말 '这么热的天'와 남자의 말 '办公室里有空调'를 통해 지금이 여름이라는 것을 유추할 수 있다.

**16**

男： 出来的时候，天还好好儿的，怎么突然下起雨来了呢？

女： 看样子是雷阵雨，我们找个地方躲一躲吧。

问： 女的要做什么？

A 买伞

B 避雨

C 找朋友

D 找饭店

남： 나올 때 날씨가 멀쩡했었는데, 왜 갑자기 비가 오지?

여： 소나기 같은데, 어디 가서 비를 좀 피하자.

문： 여자는 무엇을 하려고 하나?

A 우산을 사려고

B 비를 피하려고

C 친구를 찾으려고

D 호텔을 찾으려고

**어휘** 好好儿的 hǎohāorde 멀쩡하다 | 下起雨来 xiàqǐyǔlái 비가 오기 시작하다 | 雷阵雨 léizhènyǔ 소나기 | 躲 duǒ 피하다 | 避雨 bìyǔ 비를 피하다

**해설** 여자가 무엇을 하려고 할지 묻는 질문인데, 핵심어는 '我们找个地方躲一躲吧, 어디 가서 비를 좀 피하자' 이다.

**17**

女： 公司的订单越来越少了，这样下去公司会不会倒闭啊？

男： 你放心吧，听张经理说，刚接到一个大单子，够我们做两三年的。

问： 男的是什么意思？

여： 회사의 주문서가 점점 줄고 있는데, 계속 이렇게 되면 회사가 파산하는 거 아닐까요?

남： 걱정하지 마세요. 장사장님께 들었는데요, 방금 큰 주문을 받아서 2,3년은 버틸 수 있대요.

문： 남자의 말은 무슨 의미인가?

| A | 他想辞职 | A | 그는 사직하려고 한다 |
|---|---------|---|---------------------|
| B | 他会升职 | B | 그는 승진할 것이다 |
| C | 公司会倒闭 | C | 회사는 파산할 것이다 |
| D | 公司不会倒闭 | D | 회사는 파산하지 않을 것이다 |

**어휘** 订单 dìngdān 주문서 | 倒闭 dǎobì 도산하다 | 单子 dānzi 리스트

**해설** 회사가 파산하는 게 아니냐는 여자의 말에, 남자는 걱정하지 말라고 하면서, 방금 큰 주문을 받아서 2,3년은 버틸 수 있다고 했으므로, '公司不会倒闭'가 정답이다.

---

18  男: 电视剧结束了，我可以看拳击比赛了吧？　　남: 연속극이 끝났으니, 권투 시합을 봐도 되죠？

女: 如果你先帮我擦地的话，我就让你看拳击比赛。　　여: 우선 나를 도와 바닥을 닦아주면, 권투 시합을 보게 해줄게요.

问: 女的让男的先做什么？　　문: 여자는 남자에게 우선 무엇을 하라고 했나？

| A | 擦地 | A | 바닥을 닦으라고 |
|---|------|---|----------------|
| B | 睡觉 | B | 잠을 자라고 |
| C | 看电视剧 | C | 연속극을 보라고 |
| D | 看拳击比赛 | D | 권투 시합을 보라고 |

**어휘** 电视剧 diànshìjù 텔레비전 드라마 | 拳击比赛 quánjībǐsài 권투 시합 | 擦地 cādì 바닥을 닦다

**해설** 여자의 말 '帮我擦地'를 통해 여자가 남자에게 시킨 일이 '擦地'라는 것을 알 수 있다.

---

19  女: 今天我在报纸上看到你爱人的名字了，文章写得真漂亮！　　여: 오늘 신문에서 당신 부인의 이름을 봤어요. 글을 참 잘 썼던데요！

男: 是吗？谢谢您的夸奖，她写过很多篇新闻报导，不过社论, 她还是第一次。　　남: 그래요？ 과찬이십니다. 집사람이 뉴스 보도는 많이 썼는데요, 논평은 이번이 처음이에요.

问: 男人的爱人最可能是做什么的？　　문: 남자의 부인이 어떤 일을 할 가능성이 가장 큰가？

| A | 诗人 | A | 시인 |
|---|------|---|------|
| B | 记者 | B | 기자 |
| C | 明星 | C | 스타 |
| D | 小说家 | D | 소설가 |

**어휘** 文章 wénzhāng 문장 | 夸奖 kuājiǎng 칭찬하다 | 报导 bàodǎo 보도하다 | 社论 shèlùn 논평 | 诗人 shīrén 시인 | 小说家 xiǎoshuōjiā 소설가

**해설** 남자의 부인의 직업을 유추할 수 있는 핵심어는 '新闻报导, 뉴스 보도'와 '社论, 논평'이다. 이 두 단어만 놓치지 않는다면 정답을 쉽게 찾을 수 있다.

**20**

男: 看样子今天是不能正点下班了，中午也没吃好，饿死我了，我们出去吃点儿什么吧。

女: 可以呀，你想吃什么？中餐还是西餐？

问: 现在可能是什么时候？

A 早上
B 上午
C 中午
D 晚上

남: 보아하니 오늘은 정시에 퇴근할 수 없을 것 같네요. 점심도 제대로 못 먹어서, 배가 너무 고파요. 우리 뭐 좀 먹으러 나가요.

여: 좋아요, 무엇을 드시고 싶으세요? 중국 요리 아님 양식?

문: 지금은 언제일 가능성이 큰가?

A 아침
B 오전
C 점심
D 저녁

**어휘** 正点 zhèngdiǎn 정시 | 中餐 zhōngcān 중국 요리 | 西餐 xīcān 서양 요리

**해설** 남자의 말 '中午也没吃好，饿死我了，我们出去吃点儿什么吧, 점심도 제대로 못 먹어서, 배가 너무 고파요. 우리 뭐 좀 먹으러 나가요' 를 통해 지금이 저녁이라는 것을 유추할 수 있다.

# 第 二 部分

★ 유형따악 & 공략하기

21-34번 문제는 모두 4-5문장으로 구성된 대화이며, 문제와 질문은 크게 어렵지 않다. 하지만 35-45번 문제는 대화가 아닌 단문 형식이기 때문에 듣고 이해하는 것이 조금은 어렵다. 따라서 녹음 내용을 모두 다 알아들으려고 하지 말고, 이야기의 흐름을 그리면서 들으면 좀 더 쉽게 접근할 수 있다.

第21-45题: 请选出正确答案。

21~45번 문제: 정확한 답을 고르세요.

**21**

女: 你有什么事儿吗？

男: 我来订个房间。

女: 订房间打个电话不就行了吗？干吗要亲自来一趟？

男: 我们单位有一个重要客户要来，所以我得亲自来看看房间的情况。

女: 哦，原来是这样。

问: 男的来酒店做什么？

여: 무슨 일로 오셨습니까？

남: 방을 예약하려고요.

여: 방 예약은 전화로 하면 되지 않나요？ 왜 직접 오셨죠？

남: 저희 회사의 중요한 바이어가 오시거든요, 제가 직접 방 상태를 체크해야 해서요.

여: 네, 그렇군요.

문: 남자는 호텔에 무엇을 하러 왔나？

A 住宿
B 见客户
C 见朋友
D 预定房间

A 투숙하러
B 바이어를 만나러
C 친구를 만나러
D 방을 예약하러

**어휘** 订 dìng 예약하다 | 亲自 qīnzì 손수 | 客户 kèhù 거래처 | 原来是这样 yuánláishìzhèyàng 그렇군요 | 预定 yùdìng 예약하다 | 住宿 zhùsù 숙박하다

**해설** 남자의 말 '我来订个房间, 방 하나 예약하려고 왔습니다'를 통해 남자가 호텔에 온 이유를 알 수 있다.

**22**

男: 真对不起, 飞机晚了一个多小时, 让你们久等了。
女: 哪里, 哪里, 你也辛苦了。
男: 张经理没来吗?
女: 当然来了, 好像是去洗手间了。
问: 根据对话, 可以知道什么?
A 女的来晚了
B 飞机晚点了
C 张经理没来
D 女的想去洗手间

남: 정말 미안합니다. 비행기가 한 시간 연착됐어요. 오래 기다리셨죠.
여: 아닙니다. 당신도 수고 많으셨습니다.
남: 장사장님은 오시지 않았어요?
여: 당연히 오셨죠. 화장실 가셨나 봐요.
문: 대화를 통해 무엇을 알 수 있는가?
A 여자가 늦게 왔다
B 비행기가 연착됐다
C 장사장은 오지 않았다
D 여자는 화장실에 가려고 한다

**어휘** 晚点 wǎndiǎn 연착하다 | 久等 jiǔděng 오래 기다리다 | 洗手间 xǐshǒujiān 화장실

**해설** 남자의 말 '飞机晚了一个多小时, 비행기가 한 시간 연착됐어요'를 통해 '비행기가 연착됐다'는 것을 알 수 있다.

**23**

女: 你来了, 快进来! 下这么大的雨, 你还来看我。
男: 今天是教师节, 不能不来看您啊!
女: 毕业都这么多年了, 每年教师节的时候都记着来看我, 有这工夫快点儿找个对象结婚吧。
男: 如果有了对象, 我一定第一个通知您。
问: 根据对话, 可以知道什么?

여: 왔어. 어서 들어와! 비가 이렇게 많이 오는데, 나를 보러 오다니.
남: 오늘이 스승의 날이잖아요, 안 올 수가 없죠!
여: 졸업한 지 오래되었는데, 매년 스승의 날에 이렇게 잊지 않고 날 보러 오다니. 이런 시간이 있으면 빨리 결혼 대상을 찾아 결혼이나 할 것이지.
남: 만약 여자친구가 생기면, 제일 먼저 선생님께 알려 드릴게요.
문: 대화를 통해 무엇을 알 수 있는가?

| | | | | |
|---|---|---|---|---|
| A | 女的病了 | A | 여자가 아프다 | |
| B | 男的病了 | B | 남자가 아프다 | |
| C | 男的要结婚 | C | 남자는 결혼하려고 한다 | |
| D | 男的来看老师 | D | 남자는 선생님을 뵈러 왔다 | |

**어휘** 教师节 Jiàoshījié 스승의 날 | 记着 jìzhe 기억하고 있다 | 工夫 gōngfu 시간 | 对象 duìxiàng (연애·결혼의) 상대 | 通知 tōngzhī 통지하다

**해설** 남자의 말 '今天是教师节，不能不来看您啊！ 오늘이 스승의 날이잖아요, 안 올 수가 없죠!' 를 통해 남자가 선생님을 찾아뵙고 있다는 것을 유추할 수 있다.

---

**24**

男： 我拜托你的那件事，你跟小马说了吗？

女： 你是说让他帮你找工作的事儿，对吧？我跟他说了，他说这事他帮不了你。

男： 他交际面广，认识的人又多，为我安排一个位置不会太难，只是不想帮我罢了。

女： 现在是什么时代了，还托人找工作，难怪你找不到工作。

问： 女的说话是什么态度？

A 高兴
B 平静
C 责怪
D 满意

남： 내가 너에게 부탁한 일 샤오마에게 얘기해 봤어?

여： 그에게 네 일자리 찾아봐 달라고 한 것 말이지? 그에게 얘기를 했는데, 도와줄 수 없다고 말하던데.

남： 그는 발이 넓고 아는 사람이 많아, 나에게 일자리 찾아주는 것은 어렵지 않을 텐데, 도와주고 싶지 않을 뿐이지.

여： 지금이 어떤 시대인데, 일자리를 부탁하다니, 어쩐지 네가 일자리를 못 구한다 했어.

문： 여자가 말하는 태도는 어떠한가?

A 기뻐하다
B 조용하다
C 나무라다
D 만족해 하다

**어휘** 拜托 bàituō 부탁하다 | 交际面广 jiāojìmiànguǎng 발이 넓다 | 位置 wèizhi 직위 | 罢了 bàle 단지 …일 따름이다, …일 뿐이다 | 托人 tuōrén (일처리를) 남에게 부탁하다 | 难怪 nánguài 어쩐지 | 平静 píngjìng 조용하다 | 责怪 zéguài 나무라다

**해설** 여자의 태도를 유추할 수 있는 핵심어는 '难怪你找不到工作, 어쩐지 네가 일자리를 못 구한다 했어' 이다.

---

**25**

女： 你怎么了？看上去很累。

男： 自从脚受伤以后一直没锻炼身体，今天起了个大早，跑了一个小时的步，感觉浑身没劲儿。

여： 왜 그래요? 많이 피곤해 보여요.

남： 발을 다치고부터 운동을 하지 않았어요. 오늘 일찍 일어나 한 시간 조깅을 했더니, 기운이 하나도 없네요.

女: 你这个运动健将也不如以前了，岁月不饶人啊！

男: 所以平时一定要坚持锻炼，等有病了，后悔就来不及了。

问: 男的让女的做什么？

A　去医院

B　检查身体

C　锻炼身体

D　早点儿回家

여: 당신 같이 뛰어난 선수도 예전보다 못 하시네요, 세월은 못 속이나 봐요.

남: 그래서 평소에 운동을 지속적으로 해야 합니다. 병에 걸려서 후회하면 너무 늦죠.

문: 남자는 여자에게 무엇을 하라고 했나?

A　병원에 가라고

B　건강검진을 받으라고

C　운동을 하라고

D　일찍 집에 들어 가라고

**어휘** 脚 jiǎo 발 | 起了个大早 qǐlegedàzǎo 아주 일찍 일어나다 | 浑身 húnshēn 온몸 | 没劲儿 méijìnr 기운이 없다 | 运动健将 yùndòngjiànjiàng 뛰어난 선수 | 岁月不饶人 suìyuèbùráorén 나이(세월 은)는 못 속인다 | 坚持 jiānchí 견지하다 | 等 děng 기다리다 | 后悔 hòuhuǐ 후회하다

**해설** 남자의 말 '平时一定要坚持锻炼, 평소 운동을 지속적으로 해야 합니다' 를 통해 남자가 여 자에게 권유한 일이 '锻炼身体' 라는 것을 알 수 있다.

---

**26**

男: 怎么总是对不上账呢？你再点一下货。

女: 我点过好几次了，可还是没发现有什么问题，会不会是小吴算错了账？

男: 小吴来我们公司工作20多年了，从来没出过错。

女: 那我再点一下货，也许是我点错了。

问: 男的让女的做什么？

A　点菜

B　点歌

C　结账

D　清点货物数量

남: 왜 장부의 금액이 자꾸 맞지 않죠? 물 건을 다시한번 검수해 보세요.

여: 몇 번이나 검수했는데 틀린 거 발견하 지 못했어요. 혹시 샤오우가 잘못 계산 한 거 아닐까요?

남: 샤오우가 우리 회사에서 일을 한지 20 년이 넘었는데, 지금까지 실수한 적이 없어요.

여: 그럼 제가 다시 검수해 볼게요. 제가 잘 못 검수했었을 수도 있으니까요.

문: 남자는 여자에게 무엇을 하라고 했는가?

A　요리를 주문하라고

B　선곡하라고

C　계산을 하라고

D　물품의 수량을 하나하나 맞추어 보라고

**어휘** 对不上 duìbúshàng 일치하지 않다 | 账 zhàng 장부 | 点货 diǎnhuò 검수하다 | 算错 suàncuò 잘못 계산하다 | 出错 chūcuò 실수하다 | 点错 diǎncuò 잘못 검수하다 | 结账 jiézhàng 결산하 다 | 清点 qīngdiǎn 철저히 점검하다 | 货物 huòwù 물품

**해설** 남자의 말 '你再点一下货, 물건을 다시 한번 검수해 보세요' 가 핵심어이다. 녹음에서 들은 '点 一下货' 와 보기의 '清点货物数量' 의 의미가 같음을 알아야 한다.

| | | | | | |
|---|---|---|---|---|---|
| 27 | 女: | 你的字写得真漂亮！是不是练过书法啊？ | | 여: | 당신은 글씨를 참 잘 쓰시네요! 서예를 배운 적 있어요? |
| | 男: | 小时候是我妈逼着我练的，后来我觉得越练越有意思，现在我每个周末都去书画社练习书法。 | | 남: | 어렸을 때 엄마가 강제로 시켜서 연습을 좀 했어요. 그 뒤로 연습할수록 재미가 붙어서, 지금은 주말마다 서화사에 가서 서예를 합니다. |
| | 女: | 我小时候不听父母的话，整天贪玩儿，所以也没什么一技之长，现在非常后悔。 | | 여: | 저는 어렸을 때 부모님 말씀을 안 듣고, 노는데 정신이 팔려서, 잘하는 게 하나도 없어요. 지금은 후회 막심입니다. |
| | 男: | 你现在学也来得及啊！ | | 남: | 지금 배워도 늦지 않아요! |
| | 问: | 关于男的，下列哪项正确？ | | 문: | 남자에 대해, 보기 내용 중 정확한 것은? |
| | A | 学习好 | | A | 공부를 잘 한다 |
| | B | 字写得好 | | B | 글씨를 잘 쓴다 |
| | C | 会打太极拳 | | C | 태극권을 할 줄 안다 |
| | D | 不听父母的话 | | D | 부모의 말을 듣지 않는다 |

**어휘** 练 liàn 연습하다 | 书法 shūfǎ 서예 | 逼 bī 강압하다 | 书画社 shūhuàshè 서화사 | 贪玩儿 tānwánr 노는데 정신을 팔다 | 一技之长 yījìzhīcháng 뛰어난 재주

**해설** 핵심어는 '你的字写得真漂亮！ 당신은 글씨를 참 잘 쓰시네요!' 이다.

| | | | | | |
|---|---|---|---|---|---|
| 28 | 男: | 最近天气怎么这么闷热啊？怎么不下场雨呢？ | | 남: | 요즘 날씨가 왜 이렇게 후덥지근하죠? 왜 비가 안 오죠? |
| | 女: | 前一阵天天下雨，蔬菜价格猛涨，最近又干旱，蔬菜价格又在涨。 | | 여: | 얼마 전에는 매일 비가 와서 야채 값이 폭등하더니, 요즘은 또 가물어서 야채 값이 오르고 있네요. |
| | 男: | 什么都在涨，就是工资不涨，我的工资还不够交孩子的学费呢。 | | 남: | 모든 것이 다 오르고 있는데, 월급만 안 오르네요. 제 월급으로는 애 등록금 내기도 부족해요. |
| | 女: | 谁说不是呢，现在供孩子念大学可真不容易啊！ | | 여: | 누가 아니래요. 요즘은 자식 대학 보내는 것이 정말 쉽지 않아요! |
| | 问: | 根据对话，可以知道什么？ | | 문: | 대화를 통해 무엇을 알 수 있는가? |
| | A | 女的想买菜 | | A | 여자는 야채를 사려고 한다 |
| | B | 男的在卖菜 | | B | 남자는 야채를 팔고 있다 |
| | C | 最近总是下雨 | | C | 요즘 만날 비가 온다 |
| | D | 他的孩子在念书 | | D | 남자의 아이는 학교에 다니고 있다 |

**어휘** 前一阵 qiányízhèn 지난 얼마 동안 | 蔬菜 shūcài 야채 | 猛 měng 세차다 | 涨 zhǎng (수위나 물가 등이) 오르다 | 干旱 gānhàn 가뭄 | 供 gōng 제공하다 | 念大学 niàndàxué 대학에 다니다 | 念书 niànshū 학교에 다니다

**해설** 남자의 말 '我的工资还不够交孩子的学费呢, 제 월급으로는 애 등록금 내기도 부족해요'를 통해, 남자의 아이가 학교에 다니고 있다는 것을 알 수 있다.

| | | |
|---|---|---|
| **29** | 女: 小丽又年轻又漂亮，怎么会嫁给一个老头子呢？ | 여: 샤오리는 젊고 예쁜데 왜 늙은이한테 시집을 간 걸까요？ |
| | 男: 老头子？他是因为秃顶才显得老的，其实他才30岁，你不要以貌取人好不好？ | 남: 늙은이라니요？ 그사람이 대머리라서 늙어 보이는 것이지, 30살 밖에 안됐어요. 용모로 사람을 평가하면 안 되죠. |
| | 女: 我又没跟小丽说，跟你说说还不行吗？ | 여: 샤오리와 얘기한 것도 아니고, 당신과 얘기해도 안 돼요？ |
| | 男: 不是我说你，你们女人就是爱管闲事，把自己的事管好就行了，操那么多心干什么。 | 남: 제가 당신을 나무라는 게 아니라, 여자들이란 자신과 상관없는 일에 너무 신경을 써요, 자기 일만 잘하면 되지. 왜 쓸데없는 일에 신경을 쓰는 건지. |
| | 问: 男的为什么说女的？ | 문: 남자는 왜 여자를 나무랬나？ |
| | A 丢了钱包 | A 지갑을 잃어버려서 |
| | B 不管孩子 | B 아이를 챙기지 않아서 |
| | C 说别人的闲话 | C 남의 험담을 해서 |
| | D 忘了给孩子买书 | D 아이한테 책 사주는 것을 잊어서 |

**어휘** 嫁 jià 시집가다 | 老头子 lǎotóuzi 늙은이 | 秃顶 tūdǐng 대머리 | 以貌取人 yǐmàoqǔrén 용모로 사람의 품성·능력을 평가하다 | 管 guǎn 참견하다 | 闲事 xiánshì 자신과 상관없는 일

**해설** 남자의 말 '你们女人就是爱管闲事, 여자들이란 자신과 상관 없는 일에 너무 신경을 써요' 를 통해 남자가 여자를 나무라는 이유를 알 수 있다.

| | | |
|---|---|---|
| **30** | 男: 我想确认一下邮件，可以用一下你的电脑吗？ | 남: 제가 이메일을 좀 체크하려고 하는데, 컴퓨터를 좀 써도 될까요？ |
| | 女: 可以，你用吧。哎，我才想起来，我的电脑没连网，你用我弟弟的吧。 | 여: 네, 쓰세요. 참, 이제서야 생각이 났는데, 제 컴퓨터는 인터넷 연결이 안 돼 있어요. 제 남동생 것 쓰세요. |
| | 男: 麻烦你了。唉，这电脑好像设定了密码，你知道密码吗？ | 남: 감사합니다. 어, 이 컴퓨터에 암호를 설정해 놓은 것 같은데, 암호를 아세요？ |
| | 女: 不好意思，我不知道密码。 | 여: 미안해요. 모르는데요. |
| | 问: 弟弟的电脑怎么了？ | 문: 남동생의 컴퓨터는 어떻게 된 것인가？ |
| | A 坏了 | A 고장이 났다 |
| | B 上不了网 | B 인터넷이 안 된다 |
| | C 染上病毒了 | C 바이러스에 감염됐다 |
| | D 设定了密码 | D 암호를 설정해 놓았다 |

**어휘** 确认 quèrèn 확인하다 | 连 lián 연결하다 | 网 wǎng 인터넷 | 设定 shèdìng 설정하다 | 密码 mìmǎ 비밀 번호 | 染上 rǎnshàng 전염이 되다 | 病毒 bìngdú [컴퓨터] 바이러스

**해설** 핵심어는 '这电脑好像设定了密码, 이 컴퓨터에 암호를 설정해 놓은 것 같아요' 이다.

第31到32题是根据下面一段对话 | 31-32번 문제는 아래의 대화를 듣고 푸는 문제이다.

男： 老婆，我们赶紧要个孩子吧。

남： 여보, 우리 서둘러 애를 가집시다.

女： 可不可以再等两年？

여： 2년 있다가 가지면 안 될까요？

男： 我们结婚两年多了，该要个孩子了。

남： 우리 결혼한 지 2년이 넘었잖아요, 애를 가질 때가 됐어요.

女： 有了孩子，我就不能专心工作，没准儿还得辞职呢。

여： 애를 가지면 일에 전념할 수 없어, 사직해야 할지도 몰라요.

男： 如果你答应给我生孩子的话，我会更加努力工作的。

남： 만약 애를 낳는 다고 하면, 난 더 열심히 일 할 거예요.

女： 现在物价这么高，一个人挣哪够三个人花啊？

여： 물가가 이렇게 높은데, 혼자 벌어서 세 사람이 쓰기에 충분하겠어요？

男： 那也不能不生孩子啊？

남： 그렇다고 아이를 안 낳을 수도 없잖아요？

女： 老公，我正式答应你，两年以后我保证给你生个大胖小子。

여： 여보, 나 정식으로 약속할게요. 2년 후 꼭 떡두꺼비 같은 아들을 낳아 드릴게요.

**어휘** 老婆 lǎopo 마누라 | 赶紧 gǎnjǐn 서둘러 | 该…了 gāi … le …할 때이다 | 专心 zhuānxīn 몰두하다 | 没准儿 méizhǔnr …일지도 모른다 | 答应 dāying 승낙하다 | 更加 gèngjiā 더욱 | 物价 wùjià 물가 | 保证 bǎozhèng 보증하다 | 大胖小子 dàpàngxiǎozi 떡두꺼비 같은 아들

**31** 女的答应了什么？

문： 여자는 무엇을 승낙했나？

A  辞职

A  사직하기로

B  努力工作

B  열심히 일하기로

C  马上生孩子

C  바로 아이를 낳기로

D  两年以后生孩子

D  2년 후에 아이를 낳기로

**해설** 여자가 무엇을 승낙했느냐는 질문인데, 핵심어는 '两年以后我保证给你生个大胖小子, 2년 후 꼭 떡두꺼비 같은 아들을 낳아 드릴게요' 이다.

**32** 根据对话，可以知道什么？

문： 대화를 통해 무엇을 알 수 있는가？

A  结婚两年多了

A  결혼한 지 2년 넘었다

B  女的工作不忙

B  여자는 일이 바쁘지 않다

C  女的工资很高

C  여자의 월급이 높다

D  男的不想要孩子

D  남자는 아이를 가질 생각이 없다

**해설** 남자의 말 '我们结婚两年多了, 우리 결혼한 지 2년이 넘었잖아요' 를 통해 정답을 쉽게 찾을 수 있다.

第33到34题是根据下面一段对话 | 33-34번 문제는 아래의 대화를 듣고 푸는 문제이다.

| | | | |
|---|---|---|---|
| 女: | 我们想订购一批手机，请您给我们介绍一下，好吗? | 여: | 핸드폰을 주문하려고 하는데요, 소개 좀 해 주실 수 있어요? |
| 男: | 好的，这是产品目录，你们先看一下，等会儿我们再去看样品。 | 남: | 그럼요. 이것은 제품 목록입니다. 우선 보세요, 좀 있다가 샘플을 보여 드릴게요. |
| 女: | 我们最关心的是产品质量和功能。 | 여: | 저희는 제품의 품질과 기능에 관심이 가장 많습니다. |
| 男: | 我们最新研发的手机又轻又薄，但功能却非常齐全。 | 남: | 저희가 새로 연구 개발한 핸드폰은 가볍고 얇지만, 기능은 모두 갖추어져 있습니다. |
| 女: | 都有哪些功能? | 여: | 어떤 기능들이 있어요? |
| 男: | 可以用手机听音乐、看电视、收发电子邮件，还可以摄像和照相。 | 남: | 핸드폰으로 음악을 듣고, TV를 시청하고, 이메일을 주고받고, 또 동영상과 사진 촬영도 가능합니다. |
| 女: | 一共有几种颜色? | 여: | 모두 몇 가지 색이 있습니까? |
| 男: | 有黑、白、灰三种颜色。 | 남: | 검정, 흰색, 회색 3가지 색이 있습니다. |

**어휘** 订购 dìnggòu 예매하다 | 产品 chǎnpǐn 제품 | 目录 mùlù 목록 | 样品 yàngpǐn 샘플 | 功能 gōngnéng 기능 | 薄 báo 얇다 | 齐全 qíquán 완전히 갖추다 | 收发 shōufā 송수신하다 | 摄像 shèxiàng 녹화하다

**33** 女的最重视产品的哪方面?

A  式样
B  价格
C  颜色
D  **质量和功能**

문: 여자는 제품의 어떤 점을 가장 중요시 하나?

A  디자인
B  가격
C  색상
D  품질과 기능

**해설** 여자가 제품의 어떤 점을 가장 중요시 하느냐는 질문인데, 핵심어는 '我们最关心的是产品质量和功能, 저희는 제품의 품질과 기능에 관심이 가장 많습니다' 이다.

**34** 手机都有哪些颜色?

A  黑、白、黄
B  黑、白、红
C  黑、白、紫
D  **黑、白、灰**

문: 핸드폰은 어떤 색들이 있는가?

A  검정, 흰색, 황색
B  검정, 흰색, 적색
C  검정, 흰색, 보라색
D  검정, 흰색, 회색

**해설** 녹음에서 '有黑、白、灰三种颜色' 가 들리면 문제를 쉽게 풀 수 있다.

第35到36题是根据下面一段话 | 35-36번 문제는 아래 한 단락의 내용을 듣고 푸는 문제이다.

猴子跑到台球桌上抓起一个球就吞了下去。"嘿！你的猴子怎么啦？它吞下了一个球！"酒吧招待对男人喊道。男人说"它见什么吃什么，我也没办法。"

几天后，这个男人又领着猴子来到了酒吧。这次，猴子从盘子里拿了一粒花生，先塞进肛门里，然后又拿出来塞进嘴里。酒吧招待吃惊地问道"它在做什么？"男人回答说"它还是什么都吃，不过自从上次吃了台球，受过罪以后，现在它每次吃东西前，都要测量一下大小是否合适。"

원숭이는 당구대 위에 뛰어 올라가 공 하나를 집어 냉큼 삼켜 버렸다. "여보시오! 당신 원숭이가 어떻게 된 것입니까? 공을 삼켜버렸어요!" 라고 바텐더가 고함지르자, 남자는 "걔는 보이는 대로 먹어버려서, 저도 방법이 없어요." 라고 말했다.

며칠 지나 그 남자가 또 원숭이를 데리고 술집에 왔는데, 이번에는 접시에 있는 땅콩을 집어 항문에 먼저 쑤셔 넣었다가, 다시 꺼내서 입에 집어넣었다. 바텐더는 놀라서 "원숭이가 뭐하고 있는 거죠?" 라고 묻자, 그 남자는 "걔는 아직도 아무거나 다 먹어요, 그런데 저번에 당구공을 먹고 혼쭐난 후로부터는 매번 먹기 전에 먼저 크기가 적절한지 재어 보고 먹어요." 라고 대답했다.

**어휘** 台球桌 táiqiúzhuō 당구대 | 抓 zhuā 꽉 쥐다 | 吞 tūn (통째로) 삼키다 | 喊道 hǎndào 고함지르다 | 花生 huāshēng 땅콩 | 塞进 sāijìn 쑤셔 넣다 | 肛门 gāngmén 항문 | 受罪 shòuzuì 혼쭐나다 | 测量 cèliáng 측량하다 | 硬 yìng 딱딱하다 | 烫 tàng 몹시 뜨겁다 | 大小 dàxiǎo 크기

**35** 猴子第一次跟主人去酒吧的时候吃了什么？

A 台球
B 气球
C 羽毛球
D 乒乓球

문: 원숭이가 처음으로 주인하고 술집에 갔을 때 무엇을 먹었는가?

A 당구 공
B 풍선
C 배드민턴 공
D 탁구공

**해설** 문장에서 원숭이가 당구대 위에 뛰어 올라가 공을 삼켜버렸다고 했으므로, 원숭이가 삼킨 공이 당구공이라는 것을 유추할 수 있다.

**36** 猴子为什么把花生先放进肛门里，然后再拿出来塞进嘴里？

A 花生太硬
B 花生太烫
C 怕别人发现
D 测量花生的大小

문: 원숭이는 왜 땅콩을 항문에 쑤셔 넣었다가, 다시 꺼내서 입에 집어넣었을까?

A 땅콩이 너무 딱딱해서
B 땅콩이 너무 뜨거워서
C 남들이 발견할 까봐
D 땅콩의 크기를 재보려고

**해설** 문장에서 원숭이가 당구공을 삼킨 이후로부터, 무엇을 먹든 모두 항문에 넣어 크기가 적절한지 재어 보고 먹는다고 했으므로, 원숭이가 땅콩을 항문에 넣었다가 다시 입에 넣는 이유가 '땅콩의 크기를 재보려고' 라는 것을 알 수 있다.

第37到38题是根据下面一段话 | 37-38번 문제는 아래 한 단락의 내용을 듣고 푸는 문제이다.

各位老师、各位同学，大家好! 现在是 "今日要闻"节目时间，我是本节目的主持人，黄英。一年一度的运动会到来了，很多老师和同学想通过广播为班上的同学鼓劲。下面我给大家念一下艺术系同学发来的稿子。"我们在为你加油，你是否听到了我们发自内心的呐喊? 胜利在向你招手，不要犹豫。快去击败困难、快去夺取胜利吧!"

교사, 학생 여러분 안녕하세요! 지금은 '오늘의 중요 뉴스' 타임입니다. 저는 이 프로의 MC 황영입니다. 1년에 한 번씩 있는 운동회가 다가 왔습니다. 많은 선생님들과 학생들이 이 방송을 통해 같은 반 학생들에게 격려의 말씀을 전하려고 합니다. 다음은 예술학과의 학생이 보내온 격려의 편지를 읽어 드리겠습니다. "우리는 당신들을 위해 응원합니다. 우리 마음속의 고함소리가 들리시나요? 승리가 우리들을 향해 손짓하며 부르고 있습니다. 주저하지 말고 빨리 난관을 이겨내어 승리를 쟁취합시다!"

**어휘** 要闻 yàowén 중요한 뉴스 | 主持人 zhǔchírén 진행자 | 一年一度 yìniányídù 1년에 한번씩 | 通过 tōngguò …를 통해 | 鼓劲 gǔjìn 격려하다 | 呐喊 nàhǎn 고함치다 | 招手 zhāoshǒu 손짓하다 | 犹豫 yóuyù 주저하다 | 击败 jībài 격파하다 | 夺取 duóqǔ 쟁취하다 | 播放 bōfàng 방송하다 | 电视台 diànshìtái 텔레비전 방송국 | 广播电台 guǎngbōdiàntái (라디오) 방송국 | 播送 bōsòng 방송하다 | 招生 zhāoshēng 신입생을 모집하다 | 获奖 huòjiǎng 수상하다 | 信息 xìnxi 정보 | 近况 jìnkuàng 근황

**37** "今日要闻"节目最有可能是在哪里播放的?

A　某工厂
B　某大学
C　中央电视台
D　北京广播电台

문: '오늘의 중요 뉴스' 프로는 어느 곳에서 방송 했을까?

A　모 공장
B　모 대학
C　중앙 텔레비전 방송국
D　베이징 라디오 방송국

**해설** 핵심어는 '各位老师', '各位同学' 이다. 이 두 단어만 놓치지 않는다면 정답을 쉽게 찾을 수 있다.

**38** "今日要闻"播送的主要内容是什么?

A　招生情况
B　获奖信息
C　运动会消息
D　老师的近况

문: '오늘의 중요 뉴스'에서 주로 어떤 내용을 방송했나?

A　신입생 모집현황
B　수상 정보
C　운동회 소식
D　선생님의 근황

**해설** '오늘의 중요 뉴스'에서 방송된 내용을 유추할 수 있는 핵심어는 '一年一度的运动会到来了, 1년에 한 번씩 있는 운동회가 다가 왔습니다' 이다. 따라서 정답은 C이다.

第39到42题是根据下面一段话 | 39-42번 문제는 아래 한 단락의 내용을 듣고 푸는 문제이다.

　　齐国的大将田忌，很喜欢赛马，有一次，他和齐威王约定，要进行一场比赛。由于齐威王每个等级的马都比田忌的马强得多，所以比了几次，田忌都失败了。这时田忌的朋友孙膑走了过来，拍着田忌的肩膀说："你按我说的做，肯定会赢的。"

　　比赛又开始了。孙膑先让田忌以下等马对齐威王的上等马，第一局输了。接着进行第二局比赛，孙膑又让田忌拿上等马对齐威王的中等马，获胜了一局。第三局比赛，孙膑这回让田忌拿中等马对齐威王的下等马，又战胜了一局。这下，齐威王目瞪口呆了。比赛的结果是三局两胜，当然是田忌赢了齐威王。可见同样的马匹，只是调换了一下赛马的出场顺序，就转败为胜了。

　　제나라의 대장군 텐지는 경마를 무척 좋아했다. 어느 날 그와 치웨이왕은 시합하기로 약속했다. 치웨이왕의 각 등급의 말들은 모두 텐지의 말보다 좋기 때문에 시합을 몇 번이나 했지만, 텐지가 모두 졌다. 이 때 텐지의 친구 쑨빈이 다가와 텐지의 어깨를 툭 치면서 "내 말대로 하면 꼭 이길 거야." 라고 말했다.

　　시합은 또 시작됐다. 쑨빈은 먼저 텐지에게 하등 말로 치웨이왕의 상등 말과 시합을 하도록 하여 첫 시합을 졌다. 이어서 두 번째 시합을 했는데, 쑨빈은 텐지에게 상등 말로 치웨이왕의 중등 말과 시합을 하도록 하여 한 판을 이겼다. 세 번째 시합에서 쑨빈은 텐지에게 이번엔 중등 말로 치웨이왕의 하등 말과 시합을 하도록 하여 또 한 판을 이겼다. 이렇게 되자 치웨이왕은 어안이 벙벙해졌다. 시합 결과는 3판 2승으로 당연히 텐지가 치웨이왕을 이겼다. 같은 말인데, 말의 출전순서를 바꾸었기 때문에 역전승을 이룰 수 있었던 것이다.

**어휘**　齐国 Qíguó 제나라 | 赛马 sàimǎ 경마하다 | 约定 yuēdìng 약속하여 정하다 | 等级 děngjí 등급 | 拍 pāi (손바닥이나 납작한 것으로) 치다 | 肩膀 jiānbǎng 어깨 | 按 àn …에 따라서 | 以 yǐ …을 〔를〕 가지고 | 下等马 xiàděngmǎ 하등 말 | 上等马 shàngděngmǎ 상등 말 | 局 jú 판 | 中等马 zhōngděngmǎ 중등 말 | 获胜 huòshèng 승리를 얻다 | 战胜 zhànshèng 싸워 이기다 | 这下 zhèxià 이제는 | 目瞪口呆 mùdèngkǒudāi 어리둥절하다 | 三局两胜 sānjúliǎngshèng 3판2승 | 可见 kějiàn …라는 것을 알 수 있다 | 调换 diàohuàn 바꾸다 | 出场 chūchǎng 출전하다 | 顺序 shùnxù 순서 | 转败为胜 zhuǎnbàiwéishèng 역전승하다 | 比 bǐ 대 | 狩猎 shòuliè 사냥하다 | 平 píng 비기다 | 大声 dàshēng 큰소리 | 喊叫 hǎnjiào 외치다 | 喂药 wèiyào 약을 먹이다 | 拉拉队 lālāduì 응원단

**39**　田忌和齐威王比了什么？

A　赛马
B　骑马
C　狩猎
D　喝酒

문: 텐지와 치웨이왕은 어떤 시합을 했는가?

A　경마
B　승마
C　사냥
D　술 마시기

**해설**　텐지와 치웨이왕은 어떤 시합을 했느냐는 질문인데, 시합을 유추할 수 있는 핵심어는 '赛马' 이다. 이 단어만 놓치지 않는다면 정답을 쉽게 찾을 수 있다.

**40** 刚开始的几场比赛结果怎么样?

A　2比2平
B　3比3平
C　田忌赢了
D　**齐威王赢了**

문: 처음의 몇 차례의 시합 결과는 어떠한가?

A　2대2 로 비김
B　3대3으로 비김
C　톈지가 이겼다
D　치웨이왕이 이겼다

**해설** 핵심어는 '比了几次, 田忌都失败了, 시합을 몇 번이나 했지만, 톈지가 모두 졌다' 이다. 이로써 시합의 결과를 알 수 있다.

**41** 孙膑给田忌出了什么主意?

A　大声喊叫
B　请拉拉队
C　给马喂药
D　**调换出场顺序**

문: 쑨빈은 톈지에게 어떤 아이디어를 내주었나?

A　큰소리로 외친다
B　응원단을 모셔 온다
C　말에게 약을 먹인다
D　출전순서를 바꾼다

**해설** 톈지와 치웨이왕이 경마를 할 때, 쑨빈이 생각해낸 아이디어는 말의 출전 순서를 바꾸는 것이었다. 따라서 '调换出场顺序, 출전순서를 바꾸다' 가 정답이다.

**42** 最后比赛的结果怎么样?

A　1比1平
B　2比2平
C　齐威王赢了
D　**2比1 田忌赢了**

문: 가장 마지막 시합의 결과는 어떠한가?

A　1대1로 비김
B　2대2 로 비김
C　치웨이왕이 이겼다
D　2대1로 톈지가 이겼다

**해설** 시합의 결과를 유추할 수 있는 핵심어는 '三局两胜, 3판 2승' 이다. 듣기의 '三局两胜' 과 보기의 '2대1' 의 의미가 같음을 알아야 한다.

第43到45题是根据下面一段话 | 43-45번 문제는 아래 한 단락의 내용을 듣고 푸는 문제이다.

在海燕——优美家体育器材有限公司总经理王大石的办公桌上，放着一个精致的记录本。本子的封面上写着"为健康，为大家。"记录本详细记录着公司从成立以来支持和赞助台球运动的情况。该公司自1987年以来，共赞助支持了13场国际、国内比赛。

该公司赞助支持台球赛事，有一个突出的特点，那就是专门赞助女子台球赛。为扶持、促进中国女子台球的发展，该公司免费为她们传授台球基本功，随后，又连续举办了三届"全国女子台球赛。"随着赛事的增多，女子台球高手也不断涌现出来。

该公司不但花钱举办比赛，还花钱拍摄了台球电视教学片，1987年拍摄的《台球基础》在中央电视台先后播出两次。最近，他们又拍摄了一部四十余集的电视教学片《台球技术与战术》。

하이앤-여우메이찌야스포츠기자재유한회사 왕따스사장의 책상 위에는 정교한 기록 노트가 하나 놓여있는데, 노트의 표지에는 '건강을 위하여, 여러분을 위하여' 란 글귀가 쓰여 있다. 노트에는 회사설립이래로 당구운동을 지원하고 협찬한 상황을 상세하게 기록하였다. 당사는 1987년이래로, 총 13차례의 국제, 국내시합을 협찬 지원했다.

당사가 당구 시합을 지원하고 협찬하는데 있어 두드러진 특징이 하나 있는데, 그것은 바로 오로지 여자당구시합만을 협찬한다는 것이다. 중국 여자당구 발전을 지원하고 촉진하기 위하여 당사는 무료로 선수들에게 당구의 기초 지식과 기술을 전수했다. 그 후 '전국여자당구시합'을 연이어 세 차례 개최하였다. 시합 횟수의 증가에 따라 여자당구 고수들도 계속해서 생겨났다.

당사는 돈을 들여 시합을 개최했을 뿐만 아니라, 또 돈을 들여 당구 시청각교육 비디오도 찍었다. 1987년에 촬영한 《당구기초》는 CCTV에서 잇따라 두 번이나 방영했으며, 최근에 그들은 또 40여 회가 되는 시청각 교육 비디오 《당구기술과 전술》을 촬영했다.

**어휘**  体育器材 tǐyùqìcái 스포츠기자재 | 有限公司 yǒuxiàngōngsī 유한책임회사의 약칭 | 精致 jīngzhì 정교하다 | 记录本 jìlùběn 기록 노트 | 封面 fēngmiàn 겉표지 | 记录 jìlù 기록하다 | 支持 zhīchí 지지하다 | 赞助 zànzhù 협찬하다 | 台球 táiqiú 당구 | 该公司 gāigōngsī (앞에서 언급한) 이 회사 | 突出 tūchū 뛰어나다 | 特点 tèdiǎn 특징 | 专门 zhuānmén 오로지 | 扶持 fúchí 돕다 | 促进 cùjìn 촉진시키다 | 传授 chuánshòu 전수하다 | 基本功 jīběngōng 기본기 | 连续 liánxù 연속하다 | 不断 búduàn 끊임없이 | 涌现 yǒngxiàn 한꺼번에 나타나다 | 拍摄 pāishè 촬영하다 | 电视教学片 diànshìjiàoxuépiàn 시청각 교육 비디오 | 播出 bōchū 방송으로 내보내다 | 战术 zhànshù 전술

**43**  王大石的公司一共赞助了多少场比赛？

A  3场
B  10场
C  13场
D  33场

문: 왕따스의 회사는 모두 몇 차례의 시합을 협찬했나?

A  3 차례
B  10 차례
C  13 차례
D  33 차례

**해설**  왕따스의 회사가 협찬한 시합의 횟수를 유추할 수 있는 핵심어는 '共赞助支持了13场国际、国内比赛, 총 13차례의 국제, 국내시합을 협찬 지원했다' 이다.

**44** 海燕——优美家体育器材有限公司赞
助台球赛事有什么特点？

A　赞助服装
B　赞助场地
C　只赞助国际比赛
D　只赞助女子台球赛

문: 하이앤-여우메이찌야스포츠기자재유한회
사가 당구시합에 협찬하는데 있어 어떠한
특징이 있는가？

A　의류를 협찬한다
B　장소를 협찬한다
C　국제 시합만 협찬한다
D　여자당구시합만 협찬한다

해설　하이앤-여우메이찌야스포츠기자재유한회사가 당구시합에 협찬하는데 있어 어떠한 특징이
있느냐는 질문인데, 핵심어는 '专门赞助女子台球赛, 여자당구시합만을 전적으로 협찬한다'
이다.

**45** 关于《台球基础》，可以知道什么？
A　是书
B　是电影
C　是讲座
D　是电视教学片

문: 《당구기초》에 대해 무엇을 알 수 있나？
A　책이다
B　영화다
C　강좌다
D　텔레비전 시청각 교육 비디오이다

해설　마지막 단락에서 왕따스의 회사는 당구 시합을 협찬했을 뿐만 아니라, 시청각 교육 비디오
도 찍었는데, 그 중 하나가 《당구기초》라고 했으므로, 《당구기초》가 시청각 교육비디오라
는 것을 알 수 있다.

听力考试现在结束。│듣기시험이 끝났습니다.

# 二、阅读

## 第 一 部分

★ 유형따악 & 공략하기
이 부분의 문제는 몇 편의 단문으로 구성되어 있으며, 단문 가운데에는 여러 개의 빈칸이 있다. 빈칸은 단어 하나 혹은 문장 하나로 채워져야 한다. 빈칸에 들어갈 단어를 고를 땐, 우선 보기에 나와 있는 단어의 뜻을 하나하나 따악한 다음 문장에 넣어 번역을 해보면 정답을 고를 수 있다. 간혹 보기 중 비슷한 단어가 두 개 정도 있을 때가 있다. 이럴 때는 어떤 단어는 어떤 단어와 결합하여 사용하는지 잘 생각하여 접근하면 문제를 쉽게 풀 수 있다. 그리고 빈칸에 들어갈 문장을 고를 땐, 전체 문맥의 흐름을 잡는 것이 관건이다.

第46 – 60题：请选出正确答案。

### 46-48

我们几个好朋友约好了周末一起去乡下吃农家菜，我们一行三人来到乡下时，看到一位老农把喂牛的草放到了牛棚上，不免感到 46 奇怪 ，于是就问道："老伯，你为什么不把 47 喂牛 的草放在地上，让牛吃呢？"老农说："这种草草质不好，我要是放在地上，它不会吃的；但是我放到让它勉强 48 够 得着的牛棚上，它会努力去吃，直到把草吃个精光。"

주말에 친구 몇 명과 함께 시골에 가서 시골 음식을 먹기로 약속했다. 우리 일행 세 사람이 시골에 도착했을 때, 한 농부가 소에게 먹일 풀을 외양간 위에 올려놓는 것을 보고, 46 이상하다는 생각이 들어 "어르신, 왜 47 소에게 먹일 풀을 바닥에 놓아 소가 먹게끔 하지 않습니까?" 라고 하자, 농부는 "이 풀은 질이 안 좋아서, 땅에 놓으면 소가 먹으려 하지 않아요. 그러나 내가 이 풀을 소가 48 간신히 닿을 만한 외양간 위에 놓으면, 소는 먹으려고 애를 씁니다. 하나도 남기지 않고 모조리 다 먹어 버립니다." 라고 하였다.

**어휘**  农家菜 nóngjiācài 시골 음식 | 喂牛 wèiniú 소에게 먹이를 주다 | 牛棚 niúpéng 외양간 | 不免 bùmiǎn 면할 수 없다, 피하지 못하다 | 于是 yúshì 그래서 | 草质 cǎozhì 풀의 상태 | 勉强 miǎnqiǎng 간신히 …하다 | 够得着 gòudezháo 닿을 수 있다 | 精光 jīngguāng 조금도 남지 않다, 아무것도 없다

46
A 担心          A 걱정하다
B 吃惊          B 놀라다
C 奇怪          C 이상하다
D 小心          D 조심하다

해설   不免感到 46 奇怪

소에게 먹일 풀을 외양간 위에 올려놓는 농부의 행동에 시골로 놀러 온 세 친구가 이상하게 생각했을 것이다. 따라서 정답은 '奇怪' 이다.


47
A 使用          A 사용하다
B 喂牛          B 소에게 먹이를 먹이다
C 打扫          C 청소하다
D 食用          D 먹다

해설   于是就问道: "老伯，你为什么不把 47 喂牛 的草放在地上，让牛吃呢？"

'草, 풀' 앞에 올 수 있는 수식어를 고르면 되는데, 문장에서 소를 키우는 농부에게 한 질문이므로, 풀 앞에 올 수 있는 수식어는 '喂牛' 이라는 것을 알 수 있다.


48
A 拿            A 들다
B 挂            B 걸다
C 够            C 닿다
D 到            D 도착하다

해설   但是我放到让它勉强 48 够 得着的牛棚上

'够' 은 '(손 등을 뻗어) 닿다, 미치다, 가져오다' 란 뜻을 나타내고, '拿' 는 '(손으로) 쥐다, 잡다, 가지다' 란 뜻을 나타내고, '挂' 는 '(물체 표면에) 붙어 있다, (고리·못 따위에) 걸다' 란 뜻을 나타내고, '到' 는 '도착하다' 란 뜻을 나타낸다. 농부가 소에게 먹일 풀을 외양간 위에 올려 놓았으니, 소가 풀을 먹으려면 '够' 해야 닿을 수 있다. 따라서 '够' 가 정답이다.

老子是中国古代著名的哲学家。有一天，老子的师父生病了，老子就去看他，老子问道："先生的病已经很重了，您没有什么话要 __49 留__ 给弟子吗？"

师父将口张开，指着 50 __口腔__ ，对老子说："你看，我的舌头还在吗？"

老子回答说："舌头还在。"

"我的牙齿还在吗？"

老子回答说："你的牙齿都掉光了，没有了。"

师父便对老子说："你知道其中的 51 __道理__ 吗？"

老子突然明白了师父要讲什么，他回答说："我明白了，您要说的是，舌头还在，不就是因为它是柔软的吗？牙齿没有了，不就是因为它刚强的缘故吗？"

师父见老子领悟得如此之快，非常高兴，他对老子说道："你讲得非常对。天下的道理都在这里面，我再也没有什么 52 __可以告诉你的了__ 。"

노자는 중국고대의 유명한 철학자이다. 하루는 노자의 선생님께서 편찮으셔서 노자가 선생님을 문병하러 갔다. 노자는 "선생님의 병이 이미 심해졌습니다. 제자들에게 __49 남기실__ 말씀이 없으신지요?"라고 말했다.

선생님은 입을 벌린 후, __50 입__ 을 가리키며 노자에게 "보시게, 내 혀가 아직 있는가?"라고 물었다.

노자는 "혀가 아직 있습니다." 라고 대답했다.

"내 이가 아직 있는가?"

노자는 "선생님의 이는 모두 빠졌습니다. 없습니다." 라고 대답하였다.

그러자 선생님은 노자에게 "자네는 그 __51 도리__ 를 알겠나?"라고 물었다.

노자는 선생님이 하고자 하는 말을 갑자기 알게 되었다. "알겠습니다. 선생님의 말씀은 혀가 아직 있는 것은 혀가 부드럽기 때문이 아닙니까? 이가 없어진 것은 이가 억세기 때문이 아닙니까?"라고 대답하였다.

선생님은 노자가 이토록 빨리 깨달은 것을 보고 매우 기뻐하였다. "자네 말이 맞네. 천하의 도리가 모두 이 안에 있으니, 더 이상 __52 자네에게 알려줄 것__ 이 없네." 라고 노자에게 말했다.

**어휘** 哲学家 zhéxuéjiā 철학가 | 弟子 dìzǐ 제자 | 舌头 shétou 혀 | 牙齿 yáchǐ 치아 | 掉光 diàoguāng (머리카락, 이 등이) 다 빠지다 | 柔软 róuruǎn 유연하다 | 刚强 gāngqiáng 굳세다 | 缘故 yuángù 연고 | 领悟 lǐngwù 깨닫다

**49**　A 留　　　　　　　　　　A 남기다

　　　B 读　　　　　　　　　　B 읽다

　　　C 扔　　　　　　　　　　C 버리다

　　　D 卖　　　　　　　　　　D 팔다

**해설**　您没有什么话要 __49 留__ 给弟子吗？

↓

문제를 풀 때, 우선 빈칸이 있는 문장을 번역해 본다. 즉 '제자들에게 _____ 말씀이 없으신지요?' 이다. 그 다음 보기에 나와 있는 단어들을 빈칸에 하나하나 넣어보면 정답을 찾아낼 수 있다.

50 A 头发         A 머리카락

     B 口腔         B 구강

     C 眼睛         C 눈

     D 鼻子         D 코

해설 师父将口张开，指着 50 口腔 ，对老子说：“你看，我的舌头还在吗？”

↓

사부의 말 '你看，我的舌头还在吗? 보시게, 내 혀가 아직 있는가?'를 통해 사부가 '口腔, 구강'을 가리키면서 질문했다는 것을 알 수 있다.

51 A 道理         A 도리

     B 知识         B 지식

     C 原因         C 원인

     D 内容         D 내용

해설 你知道其中的 51 道理 吗?

↓

노자의 사부가 단단한 이는 늙으면 빠질 수 있지만, 부드러운 혀는 죽을 때까지 존재한다는 예를 들어, 부드러운 것이 강한 것을 이길 수 있다는 도리를 노자에게 가르쳐 주고 있기 때문에, 정답은 '道理'이다.

52 A 可以相信的了         A 믿을 것

     B 你不知道的了         B 네가 모르는 것

     C 伤心难过的了         C 마음이 아프고 괴로운 것

     D 可以告诉你的了         D 너에게 알려줄 것

해설 我再也没有什么 52 可以告诉你的了

↓

'왜 단단한 이는 빠졌지만, 부드러운 혀는 죽을 때까지 존재하는가?'란 스승님의 질문에 대한 답을 노자는 이미 알고 있었기에, 스승님은 '더 이상 자네에게 알려줄 것이 없네'라고 말했을 것이다. 따라서 정답은 D이다.

有一天，一片竹林失火了，火越烧越大，越烧越烈。这时，一只小鸟 53 飞 到河边，弄湿了翅膀，然后回到火场 54 上空 。

它一次又一次地取水灭火，天上的诸神看到后非常 55 惊讶 ，他们问它：你为什么这么做？你要知道，这些小水滴是不可能扑灭这么大的火的，这是不可能的。

小鸟回答说：竹林给了我许多，我非常爱它，我出生在这里，56 这里是我的家 ，这里有我的根，就算我不能扑灭大火，我也要不断地洒下爱的水滴，直到死去。

하루는 대나무 숲에 불이 났다. 불은 점점 커지면서 활활 타올랐다. 이 때 작은 새 한 마리가 강가로 53 날아가 날개를 적신 후 화재 현장 54 상공 으로 날아왔다.

새는 한번 또 한번 물에 몸을 적시여 불을 끄고 있었다. 하늘의 여러 신들이 보고 매우 55 의아해서 물었다: 너 왜 이렇게 하는 거니? 이렇게 작은 물방울로 이렇게 큰 불을 끌 수 없다는 것을 너는 알아야 돼. 이것은 근본적으로 불가능한 거야. "

작은 새가 대답하였다: 대나무 숲은 저에게 많은 것을 주었습니다. 저는 죽림을 사랑합니다. 저는 여기에서 태어났고, 56 여기는 저의 집이고 저의 뿌리가 있는 곳입니다. 설령 제가 불을 끌 수 없더라도, 저는 끊임없이 사랑의 물방울을 뿌려야 합니다. 죽을 때까지 말입니다.

**어휘** 竹林 zhúlín 죽림 | 失火 shīhuǒ 불이 나다 | 烧 shāo 태우다 | 烈 liè 맹렬하다 | 翅膀 chìbǎng 날개 | 火场 huǒchǎng 불난 곳 | 取水 qǔshuǐ 물을 가져오다 | 灭火 mièhuǒ 불을 끄다 | 诸神 zhūshén 여러 신 | 惊讶 jīngyà 의아스럽다 | 水滴 shuǐdī 물방울 | 扑灭 pūmiè 진압하다 | 根 gēn 뿌리 | 就算 jiùsuàn …하더라도 | 洒 sǎ 뿌리다

**53**
A 走　　　　　　　A 걷다
B 游　　　　　　　B 헤엄치다
C 飞　　　　　　　C 날다
D 爬　　　　　　　D 기다

**해설** 这时，一只小鸟 53 飞 到河边

⬇

주어가 새이기 때문에 '走, 游, 爬'은 정답이 될 수 없고, '飞'가 정답이다.

**54**
A 里面　　　　　　A 안쪽
B 上空　　　　　　B 상공
C 广场　　　　　　C 광장
D 楼梯　　　　　　D 계단

**해설** 一只小鸟……，弄湿了……，然后回到火场 <u>54 **上空**</u>

↓

'火场, 화재 현장'의 중심어를 찾으면 되는데, 보기의 '广场, 楼梯'는 화재 현장의 중심 어가 될 수 없다는 것이 확실하다. 그리고 이 문장의 주어가 날아다니는 '一只小鸟'이기 때문에 '火场' 뒤에 올 수 있는 중심어는 '里面'이 아니고, '上空'이라는 것을 알 수 있다. 참고로 '火场上空, 화재 현장 상공'와 같이 어떤 장소의 상·하·좌·우·옆을 가리킬 때 수식어와 중심어 사이에 '的'를 생략해도 된다.

**예)** 学校前边 학교 앞 / 银行左边 은행 좌측

**55**

| | |
|---|---|
| A 害怕 | A 무서워하다 |
| B 责怪 | B 탓하다 |
| C 表扬 | C 칭찬하다 |
| D 惊讶 | D 의아스럽다 |

**해설** 天上的诸神看到后非常 <u>55 **惊讶**</u>，他们问它：你为什么这么做？

↓

작은 새 한 마리가 날개를 적셔 불을 끄는 것을 본 하늘의 신들이 '두려워하다, 나무라 다'는 정답이 아니라는 것이 확실하다. 그리고 하느님이 '你为什么这么做? 너 왜 이렇게 하는 거니?'라고 물었으므로, '칭찬하다'도 정답이 아니라는 것을 알 수 있다. 따라서 정 답은 '惊讶, 의아스럽다'이다.

**56**

| | |
|---|---|
| A 我要为它浇水 | A 나는 죽림을 위해 물을 뿌려야 한다 |
| B 我也很喜欢它 | B 나도 죽림을 매우 좋아한다 |
| C 这里是我的家 | C 여기는 우리 집이다 |
| D 滴水是灭不了火的 | D 작은 물방울은 불을 끌 수 없다 |

**해설** 我出生在这里， <u>56 **这里是我的家**</u>， 这里有我的根

↓

하늘의 신들이 '이렇게 작은 물방울로 이렇게 큰 불을 끌 수 없다는 것을 너는 알아야 돼. 이것은 근본적으로 불가능한 거야.'라고 하자, 새는 '我出生在这里, _____, 这里有我的 根'이라고 답했다. 빈 칸에 들어갈 말은 '这里有我的根'와 병렬관계이어야 하기 때문에, 정답은 '这里是我的家'이다.

　　钢琴被称为乐器之王，大概有600多年的历史，__57 分为__ 古钢琴阶段和现代钢琴阶段。钢琴是源自西洋古典音乐中的一种键盘乐器，经常用于演出，也用于作曲。钢琴基本上有八十五至八十八个琴键，有两至三个踏板，弹奏者通过按下键盘上的琴键，__58 弹奏出美妙的乐曲__。立式钢琴价格便宜，占用 __59 空间__ 小，因此一般的业余爱好者都会购买这种立式钢琴。三角钢琴则用于大型演出或专业人士。随着电子技术的发展，现在还 __60 出现__ 了电子钢琴。

피아노는 악기중의 왕으로 불린다. 대략 600여 년의 역사를 지니고 있으며, 클래식 피아노 시기와 모던 피아노시기로 __57 나뉜다__. 피아노는 서양 클래식 음악의 건반악기로부터 유래되었으며, 공연에 사용되기도 하고 작곡할 때도 사용한다. 피아노는 기본적으로 85개에서 88개의 건반이 있으며, 두 개 내지 세 개의 발판이 있다. 연주자는 키보드에 있는 건반을 눌러 __58 아름다운 음악을 연주한다__. 입식 피아노의 가격은 싸고 차지하는 __59 공간__ 이 적기 때문에, 일반 아마추어들은 이런 입식 피아노를 구입한다. 그랜드피아노는 대형공연이라든가 전공하는 사람들이 쓴다. 전자기술의 발전에 따라 지금은 전자피아노도 __60 생겼다__.

**어휘** 乐器 yuèqì 악기 | 历史 lìshǐ 역사 | 阶段 jiēduàn 단계 | 西洋 xīyáng 서양 | 古典 gǔdiǎn 고전적 | 源自 yuánzì …에서 (나)오다 | 键盘 jiànpán 키보드 | 用于 yòngyú …에 쓰다 | 演出 yǎnchū 공연 | 作曲 zuòqǔ 작곡하다 | 基本上 jīběnshang 대개, 대체로 | 琴键 qínjiàn 악기의 건반 | 弹奏 tánzòu 연주하다 | 按下 ànxià 꾹 누르다 | 乐曲 yuèqǔ 악곡 | 踏板 tàbǎn 발판 | 立式 lìshì 입식의 | 占用 zhànyòng 차지하다 | 购买 gòumǎi 구매하다 | 专业人士 zhuānyèrénshì 전공하는 사람 | 随着 suízhe …에 따라서, …뒤 이어 | 出现 chūxiàn 나타나다

**57**
| A 分手 | A 헤어지다 |
|---|---|
| B 分为 | B 나누다 |
| C 分别 | C 구별하다 |
| D 离开 | D 떠나다 |

**해설** 钢琴……，大概有……，__57 分为__ 古钢琴阶段和现代钢琴阶段…

↓

'分手, 헤어지다' 와 '离开, 떠나다' 는 모두 사람을 가리키기 때문에 정답이 될 수 없고, '分别' 도 '이별하다. 구별하다. 따로따로' 란 뜻을 나타내기 때문에 정답이 될 수 없다. 따라서 정답은 '分为, …으로 나누다' 이다.

**58**
| A 到世界各地演出 | A 세계 각지에 가서 공연한다 |
|---|---|
| B 喜欢听别人弹奏 | B 다른 사람이 연주하는 것을 듣기 좋아한다 |
| C 和朋友排练节目 | C 친구와 함께 리허설을 한다 |
| D 弹奏出美妙的乐曲 | D 아름다운 음악을 연주한다 |

**해설** 弹奏者通过按下键盘上的琴键，__58 弹奏出美妙的乐曲__

↓

'연주자는 키보드에 있는 건반을 눌러, ……' 의 문장에서 빈 칸에 들어갈 말은 건반을 누르는 동작을 통해 무엇을 할 수 있다는 것이기 때문에, 정답은 '아름다운 음악을 연주 한다' 이다.

**59**

| A | 空间 | A | 공간 |
|---|------|---|------|
| B | 键盘 | B | 건반 |
| C | 时间 | C | 시간 |
| D | 比重 | D | 비중 |

**해설** 立式钢琴价格便宜, 占用 **59** 空间 小

↓

이 문장의 주어는 '立式钢琴' 이고, 또 입식 피아노의 장점을 이야기 하고 있기 때문에 '占用, 차지하다' 뒤에 올 수 있는 단어는 '空间' 이라는 것을 알 수 있다.

**60**

| A | 形成 | A | 형성되다 |
|---|------|---|---------|
| B | 表达 | B | 표현하다 |
| C | 出现 | C | 나타나다 |
| D | 发展 | D | 발전하다 |

**해설** 现在还 **60** 出现 了电子钢琴

↓

이 문장에서 '电子钢琴' 은 목적어이기 때문에, '表达, 표현하다' 와 '发展, 발전하다' 는 '电子钢琴' 앞에 올 수 없다. 그리고 '出现' 은 '(없었던 것이) 나타나다' 란 뜻을 나타내고, '形成' 은 '(어떤 사물이나 기풍·국면 등이) 형성되다' 란 뜻을 나타내기 때문에 정답은 '出现' 이다.

# 第 二 部 分

★ 유형파악 & 공략하기

제2부분의 문제는 하나의 단문과 4개의 선택 항목으로 구성되어 있다. 보기 중에서 단문 내용과 일치하는 것을 선택하면 된다. 문제를 풀 때, 우선 단문에 나와 있는 인물, 시간, 장소, 주제 등을 연필로 체크해 놓으면, 정답을 쉽게 찾을 수 있다.

第61－70题：请选出与试题内容一致的一项。

**61**

王林很喜欢写作，他的很多篇文章都被刊登在学校的校报上。今年学校举办了一个作文比赛，王林也参加了，他的朋友都认为他会得到第一名，比赛结果将在下周一公布。

A 王林今年得了第一名

B 王林参加了今年的比赛

C 学校每年都有作文比赛

D 王林的朋友也参加了比赛

왕린은 작문을 좋아한다. 그의 여러 편의 글이 학교신문에 게재되었다. 올해는 학교에서 글짓기 대회를 개최했는데 왕린도 참가했다. 그의 친구들은 모두 그가 1등을 할 것이라고 생각한다. 결과는 다음주 월요일에 발표된다.

A 왕린은 올해 1등을 했다

B 왕린은 올래 대회에 참가했다

C 학교는 매년 글짓기 대회가 있다

D 왕린의 친구도 대회에 참가했다

**어휘** 写作 xiězuò 글을 짓다 | 文章 wénzhāng 문장[일반적으로 저작(著作)이나 저술(著述) 등을 가리킴] | 刊登 kāndēng 게재하다 | 校报 xiàobào 학보 | 公布 gōngbù 공포하다

**해설** 보기의 A C D는 모두 문장 내용과 상충하지만, 문장의 중간 부분 즉 '올해는 학교에서 글짓기 대회를 개최했는데 왕린도 참가했다'는 보기 B의 내용과 일치한다. 따라서 정답은 B이다.

**62**

一直与人类相安无事的动物，为什么近年来身上携带的病毒会频频入侵人类的生存领域呢？那是因为人类严重破坏了动物的生存领域，再加上人们对野生动物的奇特食用嗜好，使人类与动物处于零距离的接触之中，从而导致了像口蹄疫、禽流感之类的病毒入侵到我们人类的体内。

A 动物经常侵犯人类

B 动物身上的病毒与人类无关

C 人类对生物圈的破坏不太严重

D 动物身上的病毒会传染给人类

지금까지 인류와 평화롭게 잘 지내던 동물이 최근에는 그들의 몸에 지니고 있었던 바이러스가 왜 빈번히 인류의 생존영역을 침입하는 것일까? 그것은 인류가 동물의 생존영역을 심하게 파괴했으며, 게다가 사람들의 야생동물에 대한 기괴한 식용 기호로 인해 인류와 동물간의 접촉이 아주 가까워져서, 구제역, 조류독감 같은 바이러스가 우리 인류의 몸에 침입하게 된 것이다.

A 동물은 늘 인류를 침범한다

B 동물 몸에 있는 바이러스는 인류와 무관하다

C 인류가 생물계에 대한 파괴는 심각하지 않다

D 동물 몸에 있는 바이러스가 인류에게 감염될 수 있다

**어휘** 相安无事 xiāng'ānwúshì (서로 충돌 없이) 사이좋게 지내다 | 携带 xiédài 휴대하다 | 病毒 bìngdú 바이러스 | 入侵 rùqīn 침입하다 | 生存 shēngcún 생존(하다) | 领域 lǐngyù 영역 | 破坏 pòhuài 파괴하다 | 奇特 qítè 기묘하다, 이상하다 | 频频 pínpín 자꾸 | 嗜好 shìhào 기호 | 处于 chǔyú (어떤 지위나 상태에) 처하다, …에 있다 | 零距离 língjùlí 직접 접하다 | 接触 jiēchù 접촉하다 | 导致 dǎozhì 야기하다 | 口蹄疫 kǒutíyì 구제역 | 禽流感 qínliúgǎn 조류독감 | 生物圈 shēngwùquān 생물계

**해설** 보기의 B와 C는 상식적으로 봐도 정답이 될 수 없다. 그리고 A는 본문에서 언급하지 않은 내용이므로 역시 정답이 아니다. 따라서 정답은 D라는 것을 알 수 있다.

**63**

日本第一大汽车制造商丰田汽车公司宣布，因 "加速失控" 问题在欧洲和中国分别召回200万和7万余辆汽车，之前，丰田因同一原因召回汽车的数量累计已超过了600万辆。最近的事件可能会有损 "日本制造" 的形象。

A 丰田汽车销量世界第一
B 丰田公司这次召回600万辆车
C 这次事件一共召回807万辆车
D 这次事件会影响丰田汽车公司形象

일본에서 제일 큰 자동차 제조업체인 도요타가 '가속페달 겸함' 문제로 유럽과 중국에서 각각 200만대와 7만 여대의 차량을 리콜 했다고 발표했다. 이전에 도요타가 같은 이유로 리콜한 차량 수는 이미 누계로 600만대를 초과했다. 최근의 사고로 '일본 제품' 의 이미지가 손상될 수도 있다.

A 도요타 자동차 판매량은 세계 제일이다
B 도요타회사는 이번에 600만대를 리콜했다
C 이번 사고로 총 807만대를 리콜했다
D 이번 사고로 도요타 자동차회사 이미지에 영향을 미칠 수 있다

**어휘** 丰田 Fēngtián 도요타 | 宣布 xuānbù 발표하다 | 失控 shīkòng 통제력을 잃다 | 召回 zhàohuí 리콜하다 | 累计 lěijì 누계하다 | 有损 yǒusǔn (사람·사물에 대해) 손해를 입히거나 손상을 가져오다 | 形象 xíngxiàng 이미지 | 销量 xiāoliàng 판매량

**해설** 보기의 B와 C는 본문내용과 상충하고, A는 본문에서 언급하지 않은 내용이므로, A B C는 모두 정답이 될 수 없다. 따라서 정답은 D라는 것을 알 수 있다.

**64**

老年人都很注重养生和保健，但他们对高科技的产品却比较陌生，所以送给他们的礼物，一定要本着健康第一的原则。过于花哨、先进的功能对他们来说并不一定就好，简单实用的功能对他们来说反而更合适。

A 老人喜欢收礼物
B 老人喜欢漂亮的东西
C 子女总是送花哨的礼物
D 送老人礼物要以健康为原则

노인들은 보양과 보건을 아주 중요시 하지만 첨단 기술의 제품에 대해서는 다소 생소하다. 때문에 그들에게 선물을 할 때에는 반드시 건강우선의 원칙을 기본으로 해야 한다. 지나치게 화사하거나 선진적인 기능은 그들에게 있어서 꼭 좋은 것만은 아니다. 간단하고도 실용적인 기능이 오히려 그들에게 더욱 적합하다.

A 노인들은 선물 받기를 좋아한다
B 노인들은 예쁜 물건을 좋아한다
C 자녀들은 늘 화사한 선물을 한다
D 노인에게 주는 선물은 건강을 원칙으로 해야 한다

**어휘** 养生 yǎngshēng 보양하다 | 保健 bǎojiàn 건강을 지키다 | 高科技 gāokējì 하이테크, 첨단 기술 | 陌生 mòshēng 낯설다, 생소하다 | 本着…原则 běnzhe…yuánzé …을(를) 기본 지침으로 삼아 | 过于 guòyú 지나치게 | 花哨 huāshao (색채 따위가) 화려하다

**해설** 보기의 A와 B는 문장에서 언급하지 않은 내용이며, C는 문장 내용과 상충하기 때문에 A, B, C는 모두 정답이 될 수 없다. 그러나 문장의 중간 부분 즉 '때문에 노인들에게 선물을 할 때에는 반드시 건강우선의 원칙을 기본으로 해야 한다' 는 보기 D의 내용과 일치한다. 따라서 정답은 D이다.

**65**　日前，两只大熊猫从美国回到了四川老家，由于两个小宝贝在美国出生，一直听着英语长大，所以它们回到老家四川以后，听不懂四川话，也听不懂普通话。为此，动物园正在为他们招聘两名懂英语的老师。

일전에 팬더 두 마리가 미국에서 사천 고향집으로 돌아왔다. 두 마리의 새끼 팬더는 미국에서 출생한 관계로 줄곧 영어를 듣고 자랐기 때문에, 집에 돌아온 그들은 사천 말도 알아듣지 못하고, 표준중국어도 알아듣지 못한다. 그래서 동물원 측은 팬더를 위해 영어를 할 줄 아는 선생을 모집하고 있다.

A　大熊猫会说英语
B　大熊猫能听懂普通话
C　两只大熊猫是在四川出生的
D　聘请会说英语的老师与熊猫交流

A　팬더는 영어를 할 줄 안다
B　팬더는 표준중국어를 알아 듣는다
C　두 마리 팬더는 사천에서 출생했다
D　영어를 할 줄 아는 선생을 초빙하여 팬더와 소통을 하도록 한다

**어휘**　招聘 zhāopìn 모집하다 | 交流 jiāoliú 교류하다

**해설**　문장에서 팬더가 미국에서 태어났기 때문에 사천말과 표준중국어를 알아듣지 못한다고 했으므로, 보기의 A B C는 모두 정답이 될 수 없지만, 문장의 마지막 부분 즉 '그래서 동물원 측은 팬더를 위해 영어를 할 줄 아는 선생을 모집하고 있다'는 보기 D의 내용과 일치한다. 따라서 정답은 D이다.

**66**　现在有一些年轻人被叫做"月光族"，"月光族"是指将每月赚的钱都用光、花光的人。一般都是年轻一代，他们的消费观念与父辈勤俭节约的消费观念截然不同，喜欢追逐时尚，只要吃得好，玩儿得开心，穿得漂亮就行。想买什么就买什么，根本不在乎钱财。

요즘 일부 젊은이들을 '월광족' 이라고 한다. '월광족' 이란 매달 번 돈을 다 쓰고, 다 소비하는 사람을 일컫는 말이다. 대다수가 젊은이들인데, 그들의 소비성향은 아버지 대의 근검절약 하는 소비성향과 완전히 다르다. 그들은 유행을 따르기 좋아하고, 좋은 것을 먹고, 즐겁게 놀고, 예쁜 옷을 입기만 하면 된다. 그들은 사고 싶은 것이 있으면 바로 사며, 재물을 전혀 개의치 않는다.

A　月光族赚得多
B　月光族的父辈都很有钱
C　月光族是指欣赏月亮的人
D　月光族对钱财不是很在意

A　월광족은 돈을 많이 번다
B　월광족의 아버지 대가 모두 돈이 많다
C　월광족은 달을 감상하는 사람을 일컫는 말이다
D　월광족은 재물에 대해 크게 개의치 않는다

**어휘**　月光 yuèguāng 달빛 | 父辈 fùbèi 아버지 대 | 勤俭节约 qínjiǎnjiéyuē 근검절약 | 消费观念 xiāofèiguānniàn 소비관념 | 截然不同 jiéránbùtóng 분명히 다르다, 뚜렷이 다르다 | 追逐 zhuīzhú 쫓다, 추구하다 | 时尚 shíshàng (당시의) 유행(流行) | 在乎 zàihu 신경 쓰다, 마음에 두다, 개의하다 | 钱财 qiáncái 재물

**해설**　보기의 B와C는 문장내용과 상충하고, A는 문장에서 언급하지 않은 내용이기 때문에 모두 정답이 될 수 없다. 그러나 문장의 마지막 부분 '월광족들은 사고 싶은 것이 있으면 바로 사며, 재물을 전혀 개의치 않는다'는 보기 D의 내용과 일치하기 때문에, 정답은 D이다.

**67**

只有早餐摄取足够的热量，人才能在一整天保持一个较好的状态。早餐对学习能力的影响近年来也已得到证实。专家对1000名3－6年级小学生考试成绩的研究结果表明：吃早餐的学生比不吃早餐的学生成绩要好。而且早餐的营养成分和种类也和学习成绩有关。专家还建议早餐最好在7点和8点之间吃。

A 小学生都不爱吃早餐

B 吃早餐就一定学习好

C 早餐和学习成绩没有太大关系

D 是否吃早餐会影响到学生的成绩

사람은 아침 식사 때에 충분한 칼로리를 섭취해야만 하루 내내 비교적 좋은 상태를 유지할 수 있다. 아침 식사는 학습 능력에 영향을 미친다는 것이 최근에 이미 입증된 바 있다. 전문가들이 1000명의 3-6학년 초등학생들을 상대로 한 시험 성적 연구 결과에서, 아침 밥을 먹는 학생은 먹지 않는 학생들보다 성적이 좋다고 밝혀졌다. 뿐만 아니라 아침 식사의 영양 성분과 종류도 학습 성적과 관련이 있다고 한다. 전문가들은 아침 식사는 7시에서 8시 사이에 하는 것이 가장 좋다고 주장한다.

A 초등학생들은 모두 아침 밥을 먹기 싫어한다

B 아침 밥을 먹으면 반드시 공부를 잘 한다

C 아침 식사와 학습 성적은 크게 상관 없다

D 아침 식사의 여부는 학생들의 성적에 영향을 미친다

**어휘** 只有…才… zhǐyǒu…cái… 해야만…이다 | 摄取 shèqǔ (영양 등을) 섭취하다 | 热量 rèliàng 칼로리 | 品行 pǐnxíng 품행 | 得到证实 dédàozhèngshí 입증이 되다 | 表明 biǎomíng 표명하다, 분명하게 나타내다, 분명하게 드러내다

**해설** 문장의 중간 부분에서 '아침 밥을 먹는 학생은 먹지 않는 학생들보다 성적이 좋다고 밝혀졌다'라고 했는데, 이는 보기 D의 내용과 일치한다. 따라서 정답은 D이다.

**68**

品咖啡有时是要用舌头的味觉去感受，而有时是享受咖啡在口里的芳香，"趁热喝"是品咖啡的必要条件。除此之外，还要看喝咖啡时的身体状况、周围的气氛等等。总之，品咖啡是一件非常微妙的事情。

A 咖啡要慢慢喝

B 喝咖啡无益于健康

C 品咖啡是一件很难的事情

D 品咖啡时会受很多因素的影响

커피를 음미할 때 혀의 미각으로 느끼기도 하고, 입 속에 맴도는 향을 즐기기도 한다. '뜨거울 때 마신다'는 커피를 음미하는 필요한 조건이다. 이 밖에 커피를 마실 때의 컨디션과 주위의 분위기와도 상관이 있다. 한 마디로 말해서 커피를 음미한다는 것은 아주 미묘한 일이다.

A 커피는 천천히 마셔야 한다

B 커피를 마시면 건강에 유익하지 않다

C 커피를 음미한다는 것은 매우 어려운 일이다

D 커피를 음미할 때 많은 요소의 영향을 받을 수 있다

**어휘** 品 pǐn 느끼다, 음미하다 | 舌头 shétou 혀 | 味觉 wèijué 미각 | 芳香 fāngxiāng 향기 | 趁 chèn …을〔를〕 틈타 | 除此之外 chúcǐzhīwài 이것 이외에 | 微妙 wēimiào 미묘하다

**해설** 문장의 중간 부분에서 '뜨거울 때 마신다'는 커피를 음미하는 필요한 조건이며, 이 밖에 커피를 마실 때의 컨디션과 주위의 분위기와도 상관이 있다라고 했으므로, 정답은 D이다.

69 古往今来，人们提到庐山，常常把它
和云雾联系在一起。苏轼的名句“不
识庐山真面目”，更使人们对庐山的
云雾产生了神秘感。庐山的云雾变幻
莫测，它有时很薄，就像是一层纱一
样，薄薄地遮住了美丽的风景；有时
又会很厚，好像是给庐山穿了一件很
厚的衣服。

A 苏轼很喜欢庐山

B 庐山的风景不太美

C 庐山的雾有时薄有时厚

D 庐山的雾总是遮住美丽的风景

옛날부터 지금까지 루산을 언급할 때 사람들은
늘 루산을 구름, 안개와 연관을 짓는다. 쑤스의
'루산의 진면목을 알지 못한다' 라는 명언은
사람들로 하여금 루산의 구름, 안개에 대해 신
비감을 더욱 자아낸다. 루산의 구름, 안개는 변
화무상하여 예측할 수 없다. 때로는 아주 얇은
것이 마치 면사같이 아름다운 경치를 얇게 가
린 듯, 때로는 아주 두껍게 쌓여서 마치 루
산에 두꺼운 옷을 입혀놓은 듯하다.

A 쑤스는 루산을 아주 좋아했다

B 루산의 풍경은 별로이다

C 루산의 안개는 때로는 엷고 때로는 두껍다

D 루산의 안개는 늘 아름다운 풍경을 가린다

어휘 云雾 yúnwù 구름과 안개 | 不识 bùshí 식별해 내지 못하다 | 庐山 Lúshān 루산 | 真面目
zhēnmiànmù 진면목 | 神秘感 shénmìgǎn 신비감 | 变幻莫测 biànhuànmòcè 변화무상하
여 예측할 수 없다 | 纱 shā 방직용 가는 실 | 遮住 zhēzhù 가리다

해설 보기의 B와 D는 본문 내용과 상충하고, A는 본문에서 언급하지 않은 내용이므로 모두 정
답이 될 수 없다. 따라서 정답은 C이다.

70 一只小猴子从田地里穿过，依次经过
西瓜地、玉米地和芝麻地。经过西瓜
地的时候，小猴子摘下一只大西瓜抱
走了。到了玉米地，小猴子扔掉西
瓜，摘了几个玉米棒子。等小猴子到
了芝麻地的时候，他又开始不满足于
已经得到的玉米了。最后的结果是：
小猴子到家的时候，手里只剩下了几
粒芝麻。

A 小猴子太贪婪

B 小猴子喜欢吃芝麻

C 小猴子常去田地里玩

D 小猴子带着玉米回家了

새끼 원숭이 한 마리가 논밭을 지나갔다. 수박
밭과 옥수수 밭 그리고 참깨 밭을 차례대로 지
나갔다. 수박 밭을 지날 때 새끼 원숭이는 큰
수박을 하나 따서 안고 갔다. 옥수수 밭에 이
르자 새끼 원숭이는 수박을 버리고 옥수수 몇
개를 땄다. 새끼 원숭이가 참깨 밭을 지날 때,
이미 얻은 옥수수에 만족하지 못했다. 최종 결
과는 새끼 원숭이가 집에 도착했을 때, 손에는
몇 알의 참깨만 남아 있었다.

A 새끼 원숭이는 너무 탐욕스럽다

B 새끼 원숭이는 참깨를 좋아한다

C 새끼 원숭이는 자주 논밭에 가서 논다

D 새끼 원숭이는 옥수수를 가지고 집으로 돌
아왔다

어휘 田地 tiándì 논밭 | 穿过 chuānguò 가로질러 가다 | 依次 yīcì 순서에 따라 | 地 dì 땅, 논,
밭 | 玉米 yùmǐ 옥수수 | 芝麻 zhīma 참깨 | 摘下 zhāixià 떼어내다 | 抱 bào 안다 | 玉米棒
子 yùmǐbàngzi 옥수수의 방언 | 粒 lì 알

해설 문장의 맨 마지막 부분에서 '새끼 원숭이가 집에 도착했을 때, 손에는 몇 알의 참깨만 남아
있었다.' 라고 했는데, 이것은 A의 내용과 일치한다. 따라서 정답은 A이다.

# 第 三 部 分

第71－90题：请选出正确答案。

★ 유형파악 & 공략하기
제3부분은 제시된 단문 뒤에 몇 개의 질문이 주어지는데, 질문에 해당하는 정답을 보기 중에서 고르면 된다. 이 부분의 문제 유형은 본문에서 이야기를 서술한 다음, 문장의 맨 마지막에 계시, 교훈, 주장 등의 메시지가 담겨있다. 따라서 문제를 풀 때, 문장의 전체적인 의미 파악과 문장의 주제를 찾는 것이 관건이다.

## 71-73

有一个爱下象棋的国王，他常和大臣、象棋高手下棋。每次国王都赢，大家都恭维国王，说他是天下第一。

一次国王出宫，看到一个十来岁的小姑娘正和一个年轻人下象棋，那小姑娘把年轻人杀得一败涂地。国王坐下来和小姑娘对弈，结果输得很惨。国王不服输，又和小姑娘下了一盘，结果还是输了。国王这才心服口服，并且还夸小姑娘是象棋高手。小姑娘笑着说："我父亲才是高手呢，他曾经和国王对弈，只是他输给了国王。"国王问："为什么会输给国王呢？"小姑娘笑着说："父亲说，'国王高兴才能国泰民安。'他是故意输给国王的。"

国王回到宫中后想：太平盛世，其实不是我一个人的功劳，还有各种各样的人做出的让步，和众多大臣的辅佐。

### 궁에서 장기를 늘 이기는 국왕의 이야기
장기를 잘 두는 국왕이 있었다. 그는 늘 대신, 장기 고수들과 장기를 두었다. 매번 국왕이 이겼고, 다들 국왕을 천하제일이라고 치켜세웠다.

### 궁 밖에서 장기를 진 국왕의 이야기
한 번은 국왕이 궁을 나섰는데 열 몇 살 되는 여자 아이와 한 젊은이가 장기를 두고 있는 것을 보았다. 젊은이는 그 여자 아이에게 여지없이 패배를 당했다. 국왕은 앉아서 여자 아이와 장기를 두었는데, 결과는 처참하게 졌다. 국왕은 패배에 불복하여 여자 아이와 다시 한 판을 두었고, 결과 또 지고 말았다. 국왕은 그제서야 패배를 진정으로 인정하고, 여자아이를 장기고수라고 칭찬하였다. 여자 아이는 웃으면서 "우리 아버지야말로 고수입니다. 아버지는 예전에 국왕과 대국한 적이 있었는데, 국왕에게 패했습니다"라고 말했다. 국왕이 "무엇 때문에 국왕에게 패했는가?"라고 물으니, 여자 아이는 웃으면서 "아버지가 말씀하시길, '국왕이 기뻐야 나라와 백성이 평안하단다.' 아버지는 일부러 국왕께 져준 거랍니다."라고 말했다.

### 국왕의 깨달음
국왕은 궁에 돌아와서 '태평성세가 과연 나 한 사람의 공로가 아니구나, 각계각층의 사람들이 모두 양보하고, 여러 대신들의 보좌가 있기 때문이구나.' 라고 생각했다.

어휘 下象棋 xiàxiàngqí 장기를 두다 | 大臣 dàchén 대신 | 下棋 xiàqí 장기를 두다, 바둑을 두다 | 恭维 gōngwéi 알랑거리다 | 天下第一 tiānxiàdìyī 천하제일 | 出宫 chūgōng 왕궁을 나서다 | 杀 shā 죽이다, (장기나 바둑을 둘 때) 싸우다, 전투하다 | 一败涂地 yíbàitúdì 철저히 실패하여 돌

이킬 수가 없다 | 惨 cǎn 매우 심하다 | 不服 bùfú 불복하다 | 惨败 cǎnbài 참패하다 | 心服口服 xīnfúkǒufú 마음으로도 감복하고 말로도 탄복하다 | 国泰民安 guótàimín'ān 나라가 평화롭고 백성의 생활이 안정되다 | 太平盛世 tàipíngshèngshì 태평성세 | 功劳 gōngláo 공로 | 棋艺 qíyì 바둑을 두는 솜씨 | 辅佐 fǔzuǒ 보좌하다

**71** 国王的爱好是什么?

A 喝酒

B 射箭

C 下象棋

D 下围棋

국왕의 취미는 무엇인가?

A 술을 마시는 것

B 활을 쏘는 것

C 장기를 두는 것

D 바둑을 두는 것

해설 첫 번째 단락의 '有一个爱下象棋的国王'을 통해 국왕의 취미가 무엇인지 알 수 있다.

**72** 根据本文, 你觉得棋艺最高的是:

A 国王

B 年轻人

C 小姑娘

D 小姑娘的父亲

본문에 근거하여, 당신이 생각하기에 장기 두는 솜씨가 가장 좋은 사람은:

A 국왕

B 젊은이

C 여자 아이

D 여자 아이의 아버지

해설 장기를 가장 잘 두는 사람이 누구냐는 질문인데, 여자 아이가 국왕을 이겼고, 여자 아이의 아버지가 여자아이보다 고수이니, 장기를 가장 잘 두는 사람은 여자 아이의 아버지라는 것을 알 수 있다.

**73** 小姑娘的父亲为什么故意输给了国王?

A 因为父亲不会下棋

B 因为小姑娘赢了国王

C 因为父亲希望国泰民安

D 因为国王的棋艺很高超

여자 아이의 아버지는 왜 일부러 국왕에게 져줬는가?

A 아버지가 장기를 둘 줄 모르기 때문에

B 여자 아이가 국왕을 이겼기 때문에

C 아버지는 나라와 백성이 평안하기를 원하기 때문에

D 국왕의 장기 실력이 매우 뛰어나기 때문에

해설 두 번째 단락 여자 아이의 말 '아버지가 말씀하시길, 국왕이 기뻐야 나라와 백성이 평안하단다.'를 통해 여자 아이의 아버지가 국왕에게 일부러 져준 이유를 알 수 있다.

昨晚，我做了一个梦。在梦中见到了上帝，我问他："您认为人类最奇怪的是什么？"

上帝答道："他们厌倦童年生活，急于长大，而后又渴望**返老还童**；他们用自己的健康来换取金钱，而后又用金钱来恢复健康；他们对未来充满忧虑，但却忘记了现在；于是，他们既不生活于现在，也不生活于未来。"

上帝握住我的手，沉默了片刻。

我问道："作为上帝，你有什么话要告诫我们人类吗？"

上帝笑着答道："你们应该知道，要在所爱的人身上造成创伤只要几秒钟，但是治愈创伤却要花几年的时间；你们应该学会宽恕别人；你们应该知道，金钱可以买到任何东西，但却买不到幸福；你们应该知道，我始终存在。"

我醒后，依然记得梦中的话。这些几乎都是我们生活中最简单的道理，可我们却往往对它们视而不见，似乎只有别人的提醒，我们才能豁然开朗。

## 어제 저녁의 꿈 이야기

어제 밤에 나는 꿈을 꿨는데, 꿈속에서 하느님을 만났다. 나는 "하느님은 인류에게 있어서 가장 이상한 것이 무엇이라고 생각합니까?"라고 물었다.

하느님은 "당신들은 유년 시절을 싫어하고, 급히 어른이 되려고 한다. 그리고 나서는 젊음을 되찾으려고 갈망한다. 당신들은 자신들의 건강으로 금전을 바꾸고, 그리고 나서는 또 다시 금전으로 건강을 회복한다. 당신들은 미래에 대해 근심이 가득하지만, 오히려 현재는 잊어버린다. 그리하여 당신들은 현재의 삶을 사는 것도 아니고 미래의 삶을 사는 것도 아니다."라고 말했다.

하느님은 나의 손을 꼭 잡으면서 잠시 침묵했다.

"하느님으로서, 우리 인간들에게 타일러줄 말씀이 있으십니까?"라고 물었다.

하느님은 웃으면서 "사랑하는 사람에게 상처를 주는 것은 단 몇 초이지만, 상처를 완치하는 데는 몇 년의 시간이 걸린 다는 것을 알아야 한다. 다른 사람을 용서하는 방법을 배워야 하고; 돈으로 무엇이든 살 수 있지만, 오히려 행복은 살 수 없다는 것을 알아야 하며; 당신들은 내가 늘 존재한다는 것을 알아야 한다."고 대답했다.

## 꿈으로부터 얻은 계시

나는 깨어나서도 여전히 꿈속의 말들이 기억난다. 꿈속의 말들은 모두 우리 생활에서의 가장 간단한 도리이다. 그러나 우리는 늘 보고도 못 본척하고, 오직 다른 사람들이 우리를 일깨워 줘야만 갑자기 깨닫게 된다.

어휘 上帝 Shàngdì 하느님 | 答道 dádào 대답하여 말하다 | 厌倦 yànjuàn 싫증나다 | 童年 tóngnián 어린시절 | 急于 jíyú 서둘러 …하려 하다 | 渴望 kěwàng 갈망하다 | 返老还童 fǎnlǎohuántóng 젊음을 되찾다 | 换取 huànqǔ 교환하(여 얻)다 | 充满 chōngmǎn 가득 퍼지다 | 忧虑 yōulǜ 우려하다 | 握住 wòzhù (손을) 꼭 잡다 | 告诫 gàojiè 훈계하다, 타이르다 | 治愈 zhìyù 완치하다 | 创伤 chuāngshāng 상처 | 宽恕 kuānshù 너그러이 용서하다 | 依然 yīrán 여전하다 | 视而不见 shì'érbújiàn 주의하지 않다, 눈길을 주지 않다 | 豁然开朗 huòránkāilǎng 갑자기 각성(覺醒)하다, 문득 크게 깨닫다 | 自相矛盾 zìxiāngmáodùn (언행이) 앞뒤가 서로 맞지 아니하고 모순되다

**74** 上帝感到最奇怪的是人们：

A 生活在古代

B 讨厌童年生活

C 总是自相矛盾

D 认为金钱等于健康

하느님이 사람들을 가장 이상하게 생각하는 것은:

A 고대에서 산다는 것

B 유년 시절을 싫어한다는 것

C 늘 앞뒤가 서로 맞지 아니하고 모순되는 것

D 금전은 건강과 같다고 생각하는 것

**해설** 하느님은 인류가 유년 시절을 싫어하고, 급히 어른이 되려고 하며, 그리고 나서는 젊음을 되찾으려고 갈망하고, 자신들의 건강으로 금전을 바꾼 다음, 또 다시 금전으로 건강을 회복하려고 한다고 했으므로, 하느님이 보기에 인류는 늘 앞뒤가 서로 맞지 아니하고 모순되는 삶을 산다는 것을 알 수 있다. 따라서 정답은 C이다.

**75** 第2段中画线词语 "返老还童" 是什么意思？

A 恢复青春

B 坐车回到童年

C 和上帝一起回到童年

D 老年时的样子和童年一样

두 번째 단락에 밑줄 친 단어 '返老还童' 은 무슨 뜻인가?

A 회춘하다

B 차를 타고 유년시절로 돌아간다

C 하느님과 함께 유년시절로 돌아간다

D 노년 때의 모습이 유년 때와 같다

**해설** 他们厌倦童年生活，急于长大，而后又渴望返老还童
　　　　　　　A　　　　　　　　B

두 번째 단락 하느님 말의 취지는 인류는 늘 앞뒤가 서로 맞지 아니하고 모순되는 삶을 산다는 것이다. 따라서 하느님의 말 "他们厌倦童年生活，急于长大，而后又渴望返老还童。" 에서 A와 B의 내용은 상반 되어야 한다. 이로서 '返老还童' 의 뜻은 '急于长大, 급히 어른이 되려고 한다' 의 반대 뜻을 나타내는 '회춘하다' 라는 것을 알 수 있다.

**76** 关于上帝讲述的生活经验，下列哪项正确？

A 富有的人很多

B 金钱不是万能的

C 拥有财富是最好的

D 治疗伤口要花费很长时间

하느님이 이야기 한 생활경험에 관해서, 보기 내용 중 정확한 것은?

A 부유한 사람이 아주 많다

B 돈은 만능이 아니다

C 재물을 소유하는 것이 가장 좋은 것이다

D 상처를 치료하려면 많은 시간이 필요하다

**해설** 다섯 번째 단락 하느님의 말 '金钱可以买到任何东西，但却买不到幸福' 를 통해 '돈은 만능이 아니다' 라는 하느님의 견해를 알 수 있다.

**77** 我们为什么总是要别人提醒生活中的道理？

A 因为别人懂的多

B 因为我们没有知识

C 因为我们的记忆力不好

D 因为我们总是视而不见

우리는 왜 늘 다른 사람이 우리에게 생활 속의 도리를 일깨워줘야 하는가?

A 다른 사람들이 아는 것이 많기 때문에

B 우리가 지식이 없기 때문에

C 우리의 기억력이 좋지 않기 때문에

D 우리들은 늘 보고도 못 본적하기 때문에

핵심어는 마지막 단락의 '꿈속의 말들은 모두 우리 생활에서의 가장 간단한 도리이다. 그러나 우리는 늘 보고도 못 본척하고, 오직 다른 사람들이 우리를 일깨워 줘야만 갑자기 깨닫게 된다.' 이다.

## 78-82

有一天上美术课，老师要求同学们画一张画。画的内容是：想要感谢的东西。

孩子们高兴地在白纸上描画起来。老师猜想这些贫穷的孩子们想要感谢的东西不会太多，可能大多数孩子会画餐桌上的烤鸭或冰淇淋等。

当娜娜交上她的画时，老师吃了一惊，她画的是一只手。

是谁的手？这种抽象的表达方法使老师疑惑不解。孩子们也纷纷猜测。一个说："这准是上帝的手。"另一个说："是农夫的手。"

老师走到又瘦又小的娜娜面前，弯下腰问她："能告诉我你画的是谁的手吗？"

"这是你的手，老师。"孩子小声答道。

老师想起来了，放学后，她常拉着娜娜粘呼呼的小手，送这个孩子走一段。娜娜家很穷，父亲常喝酒，母亲体弱多病，没有工作，娜娜破旧的衣服总是脏兮兮的。当然，她也常拉别的孩子的手。可这只老师的手对娜娜却有非凡的意义，她要感谢这只手。

我们每个人都有要感谢的，其中不仅有物质上的给予，更有精神上的支持。对很多给予者来说，也许，这种给予是微不足道的，可它的作用却难以估计。因此，我们每个人都应尽自己的所能，给予别人帮助。

### 미술 시간에 그림을 그리는 이야기

하루는 미술시간에 선생님이 학생들에게 그림을 그리게 하였다. 그림의 내용은 감사하고 싶은 것. 아이들은 즐거운 마음으로 백지에 그림을 그리기 시작하였다. 선생님은 빈민가의 아이들이라서 감사하고 싶은 것이 많지 않을 것이며, 아마 대다수의 아이들이 식탁 위에 있는 오리구이나 아이스크림 등을 그릴 것이라고 생각하였다.

나나가 그의 그림을 제출했을 때, 선생님은 깜짝 놀랐다. 나나가 그린 것은 하나의 손이었다.

누구의 손일까? 이런 추상적인 표현은 선생님으로 하여금 의혹을 자아내게 하였다. 아이들도 저마다 추측해 보았다. 한 아이가 "이것은 틀림없이 하느님의 손일 거에요."라고 하자, 또 한 아이가 "농부의 손이에요."라고 말했다.

선생님은 키가 작고 가냘픈 나나에게 다가가 허리를 굽히고 "네가 그린 손은 누구의 손인지 알려줄 수 있니?"라고 물었다.

"선생님의 손이에요. 선생님." 아이는 낮은 소리로 대답하였다.

선생님은 생각이 났다. 학교를 마친 후, 선생님은 늘 끈적끈적한 나나의 작은 손을 잡고 나나를 데려다 주곤 했다. 나나의 집은 아주 가난하며 아버지는 늘 술을 마시고, 어머니는 몸도 약하고 병이 있어 일을 하지 못했다. 나나의 허름한 옷은 늘 꼬질꼬질해 있었다. 물론 선생님은 다른 아이의 손도 잡아주었다. 그러나 선생님의 이 손은 나나에게 있어서 특별한 의미가 있다. 나나는 선생님의 이 손에 감사하고자 한다.

### 이 이야기로부터 얻은 계시

우리 모두에게도 저마다 감사하고자 하는 것이 있다. 그 중에는 물질적인 도움도 있겠지만, 정신적인 도움도 있다. 베푸는 자의 입장에서는, 그 정도의 도움은 하찮아서 언급할 가치가 없을 지도 모르겠지만, 그 영향은 헤아릴 수가 없다. 때문에 우리는 최선을 다하여 다른 사람에게 도움을 줘야 한다.

**어휘** 画 huà 그리다 | 贫穷 pínqióng 가난하다 | 抽象 chōuxiàng 추상적이다 | 疑惑不解 yíhuòbùjiě 의혹이 풀리지 않다 | 纷纷 fēnfēn (많은 사람이나 사물이) 잇달아, 끊이지 않고, 쉴 새 없이, 계속하여 | 弯腰 wānyāo 허리를 굽히다 | 粘呼呼 niánhūhū 끈적끈적하다 | 体弱 tǐruò 몸이 약하다 | 破旧 pòjiù 낡다 | 脏兮兮 zāngxīxī 매우 더럽다 | 非凡 fēifán 보통이 아니다 | 给予 jǐyǔ 주다 | 微不足道 wēibùzúdào 하찮아서 말할〔언급할〕가치도 없다 | 难以 nányǐ …하기 어렵다〔곤란하다〕| 尽…所能 jìn… suǒnéng… 능력이 닿는데 까지 | 感恩节 Gǎn'ēnjié 추수감사절 | 家境 jiājìng 집안 형편 | 贫寒 pínhán 빈곤하다

**78** 老师要求画的是:
A 感恩节
B 老师的手
C 餐桌上的烤鸭
D 孩子们想要感谢的东西

선생님이 요구한 그림 그리기의 내용은:
A 추수감사절
B 선생님의 손
C 테이블 위에 있는 오리구이
D 아이들이 감사하고 싶은 것

**해설** 첫 번째 단락의 '画的内容是: 想要感谢的东西'를 통해 선생님이 요구한 그림 그리기의 내용이 '아이들이 감사하고 싶은 것'이라는 것을 알 수 있다.

**79** 娜娜画的是:
A 上帝的手
B 老师的手
C 农夫的手
D 妈妈的手

나나가 그린 것은:
A 하느님의 손
B 선생님의 손
C 농부의 손
D 어머니의 손

**해설** 마지막으로 세 번째 단락 아이의 말 '这是你的手，老师'를 통해 나나가 그린 것이 선생님의 손이라는 것을 알 수 있다.

**80** 关于娜娜的家境，下面描述错误的是:
A 家境贫寒
B 父亲常喝酒
C 母亲体弱多病
D 有很多新衣服

나나의 가정환경에 관하여, 보기 내용 중 잘못 묘사한 것은:
A 가정 형편이 가난하다
B 아버지가 늘 술을 마신다
C 어머니가 몸이 약하고 병이 있다
D 새 옷이 많다

마지막으로 두 번째 단락에서 '娜娜家很穷, 父亲常喝酒, 母亲体弱多病, 没有工作, 娜娜破旧的衣服总是脏兮兮的' 라고 했으므로, 나나의 가정환경이 아주 어렵고, 옷은 늘 꼬질꼬질해 있다는 것을 알 수 있다. 따라서 A B C은 모두 본문 내용과 부합하고, D만 틀렸다는 것을 알 수 있다.

**81** 为什么娜娜要感谢那只手?　　　나나는 왜 그 손에 감사하는가?

　　A 因为那是爸爸的手　　　　　A 그것은 아빠의 손이기 때문에

　　B 因为那只手很漂亮　　　　　B 그 손이 아주 예쁘기 때문에

　　C 因为那是妈妈的手　　　　　C 그것은 엄마의 손이기 때문에

　　D 因为它给了娜娜精神上的支持　D 그 손이 나나에게 정신적인 도움을 줬기 때문에

해설 마지막으로 두 번째 단락에서 방과 후 선생님은 늘 나나의 작은 손을 잡고 나나를 데려다 주었으며, 이러한 선생님의 행동은 가난한 나나에게 정신적으로 많은 도움이 되었을 것이다. 따라서 D가 정답이다.

**82** 作者想要告诉我们的是:　　　저자가 우리에게 전달하려는 메시지는:

　　A 老师的手很漂亮　　　　　　A 선생님의 손은 아주 예쁘다

　　B 感恩节要吃烤鸭　　　　　　B 추수감사절에는 오리구이를 먹어야 한다

　　C 餐桌上有烤鸭和冰淇淋　　　C 식탁 위에 오리구이와 아이스 크림이 있다

　　D 我们要尽量给予别人帮助　　D 가능한 다른 사람에게 도움을 줘야 한다

해설 맨 마지막 단락에서 저자는 베푸는 자의 입장에서는 하찮아서 언급할 가치가 없을 지도 모르겠지만, 그 영향은 헤아릴 수가 없기 때문에 우리는 최선을 다하여 다른 사람에게 도움을 줘야 한다고 했으므로, 저자가 우리에게 전달하려는 메시지는 '가능한 다른 사람에게 도움을 줘야 한다' 라는 것을 알 수 있다. 따라서 정답은 D이다.

目标是一个追求的目的地，是一个努力想要得到的结果。动力和目标有什么联系呢？像是有一条路，路的终点就是你要达到的目标，而动力就是你在这条路上前进的信念。每当你遇到困难时，动力就会给你力量，帮助你战胜困难。很多人都有过这样的经历，比如，姚明。

很多人都羡慕姚明有高大的身躯，可这不见得就是好事。姚明小时候，个子就很高，当然，他的脚也特别大。父母要给他买双鞋，可能要跑遍整个城市，有时还买不到一双，因为他的脚太大了，只能定做鞋子。姚明听说进NBA有定做鞋子的"特权"。于是姚明定了一个目标——要进NBA，最初的想法只是想不必为鞋子而苦恼。姚明成功了，他成功地进入了NBA。他走过了一条"路"——达到目标的路，不容忽视的是他为达到目标所付出的努力，又是什么赐予了他动力呢？是目标，是对于目标的渴望，姚明是那一段"路"的"胜利者"。

可见动力来源于目标，目标的高低，决定了"路"的长度，也决定了动力的强度。

## 목표와 동력의 관계

목표는 추구하는 목적지이며, 노력해서 얻고자 하는 결과이다. 동력과 목표는 무슨 연관이 있는가? 마치 하나의 길과 같다. 길의 종점은 바로 당신이 도달하고자 하는 목표이며, 동력은 바로 당신이 이 길에서 전진하는 신념이다. 매번 당신이 어려움에 부딪혔을 때, 동력은 곧 당신에게 힘을 주고, 어려움을 이기도록 도와준다. 많은 사람들이 모두 이러한 경험을 겪어 본 적이 있다. 예를 들면, 야오밍이 있다.

## 야오밍의 성공기

많은 사람들은 야오밍의 큰 체격을 부러워한다. 그러나 이것을 꼭 좋은 일이라고만은 할 수 없다. 야오밍은 어렸을 때부터 키가 매우 컸다. 물론 그의 발도 아주 컸다. 부모님이 그에게 신발을 사주기 위해 온 시내를 돌아다녀야 했다. 때로는 사지 못할 때도 있었다. 그의 발이 너무 크기 때문에 주문 제작할 수밖에 없었다. 야오밍은 NBA에 들어가면 신발을 주문 제작하는 '특권'이 있다고 들었다. 그리하여 야오밍은 하나의 목표를 세웠다. 그것은 바로 NBA에 들어가는 것이었다. 애초의 생각은 단지 신발 때문에 고민할 필요가 없기 때문이었다. 야오밍은 성공했다. 그는 성공적으로 NBA에 진출했다. 그는 하나의 '길'을 걸어왔다. 즉 목표에 도달하는 길이었다. 간과할 수 없는 것은 그가 목표에 도달하기 위해 투자한 노력이다. 그런데 무엇이 그에게 동력을 하사한 것일까? 그것은 목표이며, 목표에 대한 갈망이다. 야오밍은 그 '길'의 '승리자'이다.

## 결론

이로부터 동력의 원천은 목표에서 온다는 것을 알 수 있다. 목표의 크고 작음은 '길'의 길이를 결정하고, 동력의 강도를 결정한다.

**어휘** 动力 dònglì 동력 | 终点 zhōngdiǎn 종착점 | 信念 xìnniàn 신념 | 战胜 zhànshèng 싸워 이기다 | 身躯 shēnqū 몸 | 不见得 bújiàndé 반드시 …한 것은 아니다 | 跑遍 pǎobiàn 여기 저기 다 돌아다니다 | 定做 dìngzuò 주문 제작하다 | 不容 bùróng 허락하지 않다 | 忽视 hūshì 소홀히 하다 | 付出 fùchū (돈이나 대가를) 지급하다 | 赐予 cìyǔ 하사하다 | 渴望 kěwàng 갈망하다 | 高低 gāodī 고저

83 根据上文，目标是：　　　　　　　　문장에 근거하여, 목표란:

A 一段路　　　　　　　　　　　　A 한 구간의 길이다

B 努力追求的过程　　　　　　　　B 노력하여 추구하는 과정이다

C 无法指定的地点　　　　　　　　C 지정할 수 없는 지점이다

D 最终想要得到的结果　　　　　　D 최종적으로 얻으려는 결과이다

해설　맨 앞부분의 '目标是一个追求的目的地，是一个努力想要得到的结果'를 통해 이 문장에서 언급한 목표는 '최종적으로 얻으려는 결과'라는 것을 알 수 있다.


84 关于姚明，下列正确的是：　　　　야오밍에 대해, 보기 내용 중 정확한 것은:

A 成功地进入了NBA　　　　　　　A 야오밍은 성공적으로 NBA에 진출했다

B 小时候喜欢买新鞋　　　　　　　B 야오밍은 어렸을 때 새 신발을 사기 좋아했다

C 定做的鞋子不舒服　　　　　　　C 주문 제작한 신발은 불편하다

D 最初想进入NBA是因为父母　　　D 최초에 NBA에 들어간 것은 부모님 때문이다

해설　보기의 B C D는 모두 본문 내용과 상충하기 때문에 정답이 될 수 없다. 따라서 정답은 A 라는 것을 알 수 있다.


85 根据上文，动力是：　　　　　　　문장에 근거하여, 동력이란:

A 路的长度　　　　　　　　　　　A 길의 길이이다

B 目标的起点　　　　　　　　　　B 목표의 기점이다

C 前进的信念　　　　　　　　　　C 전진하는 신념이다

D 目标的终点　　　　　　　　　　D 목표의 종점이다

해설　첫 번째 단락의 '而动力就是你在这条路上前进的信念'을 통해 문장에서 언급한 동력은 '전 진하는 신념'이라는 것을 알 수 있다.


86 上文主要谈的是：　　　　　　　　이 글에서 주요하게 이야기하고 있는 것은 :

A 姚明和他的父母　　　　　　　　A 야오밍과 그의 아버지

B 路的起点和终点　　　　　　　　B 길의 기점과 종점

C 姚明定做鞋的故事　　　　　　　C 야오밍이 신발을 주문 제작하는 이야기

D 目标和动力的关系　　　　　　　D 목표와 동력의 관계

해설　이 문장에서는 야오밍의 성공이야기를 예를 들어 목표와 동력의 관계에 대해 논술하고 있 다. 따라서 문장의 주제는 목표와 동력의 관계라는 것을 알 수 있다.

"为什么是我？为什么我总是遇到这么多的困难？为什么我还不能成功？"每当遇到挫折时，很多人都会这么抱怨。然而在人生的旅途中，又有多少人会没有一点困难呢？又有谁能不经历一点挫折呢？一位成功人士在叙述自己的成功经历时说道："我不断地遇到困难，然后战胜它，重新开始。命运像是在故意和我开玩笑，每当我觉得自己就要成功了时，又遇到了新的困难，再一次受挫。于是我开始拼命地往上爬，可还是一次次的失败，我不知道还要在这里绕多久，但我从来没有想过要放弃，因为这一秒不放弃，下一秒才会有希望。所以，我成功了。"

记得上学的时候老师说过，人要在挫折中成长。在一次次失败中逐渐明白，前面的路途将会更加的艰难，等着自己的将会是种种的困难与挫折。要想不被困难和挫折打倒，那只有打倒它们。每当我们遇到困难和挫折时，最先要做的不是哭泣，不是抱怨，也不是向身边的人滔滔不绝的诉苦，而是应该找出失败的原因，尽快找到解决的办法，只有这样我们才能踏着那些困难、挫折和失败高昂着头走向成功的巅峰。

### 성공한 사람의 경험담

"왜 나 일까? 왜 나는 늘 이렇게 많은 어려움에 봉착 하는가? 왜 나는 여태 성공할 수가 없을까?" 매번 좌절을 겪을 때마다 많은 사람들은 이렇게 투덜거린다. 그러나 인생이라는 여정에서 어려움이 조금도 없는 사람들이 또 얼마나 있을까? 어느 누가 좌절을 조금도 맛보지 않을 수 있을까? 한 성공한 자가 자신의 성공경험담을 말하면서 "나는 끊임없이 어려움에 봉착하고 그리고 그것을 이겨내고, 새롭게 시작하였다. 운명은 마치 일부러 나를 희롱하는 듯 했다. 매번 내가 이번에는 꼭 성공할 것이라고 생각할 때, 또 새로운 어려움에 봉착하게 되고, 또 한 번의 좌절을 맛보게 된다. 그리하여 나는 필사적으로 위로 기어오르기 시작하지만, 번번이 실패를 한다. 나는 여기에서 아직 얼마나 더 빙빙 돌아야 할지 모른다. 그러나 지금까지 포기한다는 생각은 한 번도 해본 적이 없다. 왜냐하면 이 순간에 포기하지 않으면, 다음 순간에 희망이 있기 때문이다. 그래서 나는 성공했다." 라고 말했다.

### 어려움을 이겨내는 방법에 대한 작가의 생각

사람은 좌절을 겪으면서 성장하는 것이라고 한 학창시절 선생님의 말씀이 생각난다. 매 번의 실패 속에서, 앞에 있는 길은 장차 더욱 어려울 것이며, 나를 기다리고 있는 것은 각종의 어려움과 좌절이라는 것을 점차적으로 알게 되었다. 어려움과 좌절에 의해 무너지지 않으려면 그것들을 무너뜨려야만 한다. 매번 우리가 어려움과 좌절에 봉착했을 때 가장 먼저 해야 할 것은 우는 것도 아니고 원망도 아니다. 또 주변의 사람들에게 끊임없이 괴로움을 하소연하는 것도 아니다. 실패의 원인을 찾아내고, 서둘러 빨리 해결의 방법을 찾아내야 하는 것이다. 오직 이렇게 해야만 우리는 비로소 어려움, 좌절과 실패를 밟고 고개를 높이 들어 성공의 정상을 향해 나아갈 수 있다.

**어휘**　挫折 cuòzhé 좌절 | 抱怨 bàoyuàn 불평하다, 투덜거리다, 탓하다 | 旅途 lǚtú 여정 | 叙述 xùshù 서술하다 | 战胜 zhànshèng 싸워 이기다 | 命运 mìngyùn 운명 | 受挫 shòucuò 좌절당하다 | 拼命 pīnmìng 기를 쓰다 | 绕 rào 맴돌다 | 秒 miǎo 초 | 重新 chóngxīn 다시 | 逐渐 zhújiàn 점차 | 艰难 jiānnán 힘들다 | 打倒 dǎdǎo 무너뜨리다 | 哭泣 kūqì 흐느껴 울다 | 滔滔不绝 tāotāobùjué 쉴새없이 말하다 | 诉苦 sùkǔ 억울한 사정을 하소연하다 | 踏 tà 밟다, 디디다 | 高昂 gāo'áng 높이 들다 | 巅峰 diānfēng 산 정상

87 遇到挫折时，很多人会如何抱怨？　　　　좌절에 봉착했을 때 많은 사람들은 어떻게 투
　　　　　　　　　　　　　　　　　　　　　　덜거리는가？

　　A "是我的运气不好。"　　　　　　　　　A "나의 운이 좋지 않았던 것이다"

　　B "我为什么会这么倒霉？"　　　　　　　B "나는 왜 이렇게 재수가 없을까？"

　　C "我的父母为什么这么穷？"　　　　　　C "나의 부모는 왜 이렇게 가난할까？"

　　D "我为什么会遇到这么多的困难？"　　　D "나는 왜 이렇게 많은 어려움에 봉착할까？"

해설　첫 번째 단락의 '为什么我总是遇到这么多的困难？ 为什么我还不能成功？ 每当遇到挫折时，很
　　　多人都会这么抱怨'을 통해 좌절을 만났을 때 많은 사람들이 '나는 왜 늘 이렇게 많은 어
　　　려움에 봉착할까？'라고 투덜거린 다는 것을 알 수 있다.

88 作者认为，在人生的旅途中：　　　　　　저자가 생각하기에, 인생의 여정에서：

　　A 会遇到恩人　　　　　　　　　　　　A 은인을 만날 수 있다

　　B 会遇到很多人　　　　　　　　　　　B 많은 사람을 만날 수 있다

　　C 会发现很多有趣的事情　　　　　　　C 재미있는 일들을 많이 발견할 수 있다

　　D 会遇到各种困难与挫折　　　　　　　D 여러 가지 어려움과 좌절에 봉착할 수 있다

해설　첫 번째 단락의 '然而在人生的旅途中，又有多少人会没有一点困难呢？ 又有谁能不经历一点挫
　　　折呢？'는 반어문이다. 저자는 반어문 형식으로 저자가 생각하는 인생의 여정에 대해 서술
　　　하고 있다. 즉 인생의 여정에서 누구나 어려움이나 좌절에 봉착할 수 있다는 뜻이다. 따라
　　　서 정답은 D이다.

89 作者的老师认为人应该怎样成长？　　　　저자의 선생님은 사람은 어떻게 성장해야 한다
　　　　　　　　　　　　　　　　　　　　　　고 생각하는가？

　　A 无忧无虑地成长　　　　　　　　　　A 근심 걱정 없이 성장 한다

　　B 人要在挫折中成长　　　　　　　　　B 사람은 좌절하면서 성장해야 한다

　　C 在富裕的生活环境中成长　　　　　　C 부유한 생활환경 속에서 성장 한다

　　D 在贫穷的生活环境中成长　　　　　　D 가난한 생활환경 속에서 성장 한다

해설　마지막 단락의 '记得上学的时候老师说过，人要在挫折中成长'을 통해 저자의 선생님은 '사
　　　람은 좌절하면서 성장해야 한다'라고 생각한다는 것을 알 수 있다. 따라서 정답은 B이다.

90 上文主要谈的是什么？　　　　　　　　　이 문장에서 주로 무엇을 이야기하고 있나？

　　A 要有健康的身体　　　　　　　　　　A 건강한 신체이어야 한다.

　　B 很少有人会战胜困难　　　　　　　　B 어려움을 이겨내는 사람은 많지 않다

　　C 每个人都有年轻的时候　　　　　　　C 사람마다 젊은 시절이 있다

　　D 勇于战胜困难才能走向成功　　　　　D 용감하게 어려움을 이겨내야만 성공을 향해
　　　　　　　　　　　　　　　　　　　　　　나아갈 수 있다

해설　첫 번째 단락에서 성공한 사람의 경험담을 이야기 했고, 두 번째 단락에서는 어려움을 이겨
　　　내는 방법을 소개하고 있다. 따라서 문장에서 주로 이야기 하고 있는 것은 '용감하게 어려
　　　움을 이겨내야만 성공을 향해 나아갈 수 있다'이다.

# 三、书写

## 第 一 部分

第91-98题：完成句子。

例如： 发表　　这篇论文　　什么时候　　是　　的

　　　这篇论文是什么时候发表的？

91-98문제 : 문장을 완성 하세요.

예 : 발표하다　　이 논문　　언제　　…이다　　…의
　　　이 논문은 언제 발표된 것입니까？

★ 유형파악 & 공략하기

이 부분의 문제는 여러 개의 단어가 제시되어 있다. 주어진 단어를 사용하여 하나의 문장을 만들면 된다. 문장을 만들 때 중국어의 어순과 문법을 염두에 두고 문장을 만들어야 올바른 문장을 만들 수 있다.

91　　阴　　突然　　下来　　天气　　了　➡　天气突然阴了下来。

날씨가 갑자기 흐리기 시작하였다.

해설　주어진 단어 중에서 사람이름이나 사물이 있으면, 우선 주어라고 생각하고, 그 뒤에 동사를 붙여 문장을 만든다. 그리고 주어 뒤에는 부사가 올 수 있다는 것을 함께 알아두면, 작문이 훨씬 쉬워질 것이다.

天気　　　突然　　　阴　　了　　　　　　　　下来。
　↳ 주어　↳ 시간부사　↳ 술어　↳ 상황의 변화를 나타냄　↳ '…하기 시작하다'

'下来' 는 동사 뒤에 와서 여러 가지 파생적 의미를 나타내는데, 여기서 '下来' 는 좋았던 날씨가 흐린 날씨로 변화되었음을 나타낸다.

**92**　压力　这么做　会　造成　心理上的　➡　这么做会造成心理上的压力。

이렇게 하면 심리적으로 스트레스가 생길 수 있다.

**해설**　문장을 만들 때 우선 주어진 단어 중에서 동사를 찾는다. 만약 동사가 두 개일 경우, 동사의 배열 순서를 알아야 하는데, 중국어에서 동사의 배열 순서는 조동사가 가장 앞에 오고, 그 다음 일반동사가 온다. 이 문장에 '可以'와 '造成' 두 개의 동사가 있는데, '可以'는 조동사이기 때문에 일반 동사 '造成' 앞에 와야 한다. 따라서 이 문장은 아래와 같이 만들 수 있다.

这么做　　会　　造成　　心理上的　　压力
↳ 주어　↳ 조동사　↳ 일반동사　↳ 수식어　↳ 목적어

**93**　美满　婚姻　生活　很　➡　婚姻生活很美满。

혼인 생활이 매우 원만하고 행복하다.

**해설**　주어진 단어에 '很, 非常, 更' 등 부사와 형용사가 있으면 우선 형용사 술어문을 이용하여 작문한다는 생각부터 해야 한다. 형용사 술어문의 어순은 '(수식어+)주어+부사+형용사'이다. 보기 중의 '很'은 부사이고, '美满'는 형용사이다. 따라서 이 문장은 아래와 같이 만들 수 있다.

婚姻　　生活　　很　　美满。
↳ 수식어　↳ 주어　↳ '很'　↳ 형용사

**94**　无数次的　他　挫折　经历过　➡　他经历过无数次的挫折。

그는 수없는 좌절을 겪었다.

**해설**　주어진 단어에 '동사+过'가 있으면, 우선 과거의 경험을 나타내는 '동사+过'의 형식을 이용하여 작문한다는 생각부터 해야 한다. '过'는 동사 뒤에 와서 '…한 적이 있다'란 뜻을 나타낸다. 따라서 이 문장은 다음과 같이 만들 수 있다.

他　　经历　过　　无数次的　　挫折。
↳ 주어　↳ 술어　↳ '…한 적이 있다'　↳ 수식어　↳ 목적어

**95**　打　弟弟　被　了　哭　➡　弟弟被打哭了。

동생은 맞아서 울었다.

**해설** 주어진 단어에 '被'가 있으면, 우선 '被' 자문으로 작문을 한다는 생각부터 해야 한다. 그 다음 '被' 자문의 문법을 이용하여 문장을 만들면 된다. '被' 자문의 가장 큰 특징은 목적어가 문장의 맨 앞에 오는 것이다. '被' 자문의 형식은 '목적어+被/让/叫+주어+동사+기타 성분'이다. 여기서 기타 성분은 '了', 결과보어, 정도보어, 동사의 중첩 등이 해당된다.

弟弟　　　被　　　打　　　哭　　　　了。
↳ 목적어 ↳ '被'　↳ 술어　↳ 결과보어　↳ 동작의 완료를 나타냄

원래 '被' 뒤에 주어가 와야 하는데, 이 문장에서는 특별히 누구에게 맞아서 울었다는 것을 언급할 필요가 없기 때문에 생략한 것이다.

---

**96** 鱼香肉丝　非常　老李的　做得　地道　➡　老李的鱼香肉丝做得非常地道。

라오리가 만든 위샹로우스의 맛은 아주 제대로다.

**해설** 주어진 단어에 '동사+得'가 있으면, 정도보어를 이용하여 작문한다는 생각부터 해야 한다. 정도보어의 가장 큰 특징은 '…을 아주 잘한다'라고 할 때 쓰이는 것이다. 정도보어의 형식은 다음 두 가지가 있다.

1) 주어 + 술어 + 목적어 + 술어 + 구조조사 '得' + 정도보어

他　　　唱　　　歌　　　唱　　　得　　　　　非常好
↳ 주어 ↳ 술어　↳ 목적어 ↳ 술어　↳ 구조조사 '得' ↳ 정도보어

2) 수식어 + 的 + 목적어 + 술어 + 구조조사 '得' + 정도보어

老李　　　的　　　鱼香肉丝　　　做　　　得　　　　　非常地道
↳ 수식어　↳ '~의'　↳ 목적어　↳ 술어　↳ 구조조사 '得'　↳ 정도보어

---

**97** 在场的　所有观众　表演　征服了　精彩的　➡　精彩的表演征服了在场的所有观众。

멋진 연기는 현장에 있는 모든 관중들을 매료시켰다.

**해설** 문장을 만들 때 우선 주어진 단어 중에서 동사를 찾는다. 그 다음 동사 앞에 주어를 놓고, 동사 뒤에 목적어를 놓으면 된다. 그리고 주어와 목적어 앞에 수식어가 올 수 있다는 것을 함께 알아두면, 작문이 훨씬 쉬워질 것이다.

精彩的　　　表演　　　征服　　　了　　　　　　　　在场的　　　所有观众
↳ 수식어　↳ 주어　↳ 술어　↳ 동작의 완료를 나타냄　↳ 수식어　↳ 목적어

**98** 上午　工作　一下　要　安排　把　　➡　上午要把工作安排一下。

오전에 일을 안배해야 한다.

**해설** 주어진 단어에 '把'가 있으면, 우선 '把'자문으로 작문을 한다는 생각부터 한다. 그 다음 '把' 자문의 문법을 이용하여 문장을 만들면 된다. '把'자문의 가장 큰 특징은 목적어가 술어 앞에 온 다는 것이다. '把'자문의 형식은 '시간사+주어(생략할 수 있음)+조동사+把+목적어+동사+기타성 분'이다. 여기서 기타 성분은 '了', 결과보어, 정도보어, 동사의 중첩 등이 해당된다.

┌ 주어가 생략되었음

上午　　　要　　　把　　工作　　安排　　一下。
　↳ 시간사　↳ 조동사　↳ '把'　↳ 목적어　↳ 술어　↳ 기타성분

# 第 二 部分

第99-100题：写短文。　　　99-100문제: 단문을 만드세요.

**99** 请结合下列词语(要全部使用)，写一篇80字左右的短文。

아래의 단어를 이용하여 (모두 사용해야 함) 80자 정도의 단문을 완성하세요.

每天、搬家、单位、房子、愁人
매일, 이사하다, 회사, 집, 걱정스럽다

**유형파악&공략하기**
주어진 단어가 몇 개 안 되지만, 상상력을 발휘하여 스토리를 떠올려 본다. '매일, 이사하다, 회사, 집, 걱정스럽다'의 단어가 나와 있으니, '집이 너무 멀어서 이사해야겠다는 이야기'를 쓰면 된다.

**참고 답안**

| 我 | 家 | 离 | 单 | 位 | 很 | 远 | ， | 每 | 天 | 上 | 班 | 要 | 一 | 个 | 多 | 小 | 时 | ， |
|---|---|---|---|---|---|---|---|---|---|---|---|---|---|---|---|---|---|---|
| 下 | 班 | 也 | 要 | 一 | 个 | 多 | 小 | 时 | ， | 回 | 到 | 家 | 里 | 特 | 别 | 累 | 。 | 所 | 以 |
| 我 | 打 | 算 | 搬 | 家 | ， | 搬 | 到 | 离 | 单 | 位 | 近 | 一 | 点 | 儿 | 的 | 地 | 方 | ， | 但 |
| 是 | 我 | 们 | 单 | 位 | 附 | 近 | 的 | 房 | 子 | 都 | 很 | 贵 | ， | 我 | 没 | 有 | 那 | 么 | 多 |
| 钱 | ， | 真 | 愁 | 人 | 。 |

**번역** 우리 집은 회사에서 매우 멀다. 매일 출근할 때 한 시간, 퇴근할 때도 한 시간이나 걸려서, 집에 돌아오면 몹시 힘들다. 때문에 나는 회사와 좀 가까운 곳으로 이사할 예정이다. 그러나 우리 회사 주위의 집은 매우 비싸고, 나 또한 그만한 돈이 없으니 정말 걱정된다.

**100** 请结合这张图片写一篇80字左右的短文。

제시된 그림을 근거로, 80자 내외로 구성된 단문을 작성하세요.

**유형파악&공략하기**

그림을 보고 단문을 쓸 때, 우선 그림 내용부터 잘 파악해야 한다. 그리고 작문할 때 너무 욕심내지 말고, 자신의 수준에 맞는 문장을 만드는 것이 훨씬 유리하다. 따라서 그림을 묘사하기 보다는 그림의 뜻을 생각한 다음, 자신의 느낌을 쓰면 된다. 이 문장의 경우 택시 표지판에 대한 설명을 써도 되고, 옛날에 택시 탈 때 있었던 에피소드를 써도 된다.

**참고 답안**

| | | 如 | 果 | 你 | 想 | 坐 | 出 | 租 | 车 | 的 | 话 | ， | 得 | 去 | 出 | 租 | 汽 | 车 | 站 |
|---|---|---|---|---|---|---|---|---|---|---|---|---|---|---|---|---|---|---|---|
| 坐 | 车 | 。 | 你 | 看 | ， | | 这 | 就 | 是 | 出 | 租 | 汽 | 车 | 停 | 车 | 站 | 指 | 示 | 牌 | ， |
| 如 | 果 | 你 | 着 | 急 | 走 | 的 | 话 | ， | | 你 | 可 | 以 | 打 | 电 | 话 | 叫 | 出 | 租 | 汽 | 车, |
| 如 | 果 | 不 | 着 | 急 | 的 | 话 | ， | | 你 | 可 | 以 | 在 | 这 | 里 | 排 | 队 | 等 | 候 | 。 | |
| | | | | | | | | | | | | | | | | | | | |
| | | | | | | | | | | | | | | | | | | | |

**번역**

만약 당신이 택시를 타고 싶다면, 택시 정류장에 가서 타야 합니다. 보십시오, 이것이 바로 택시정류장 표지판입니다. 만약 당신이 급히 가야 한다면, 콜택시를 부르면 되고요, 급하지 않다면 여기에서 줄을 서서 기다리면 됩니다.

머리에쏙쏙!

# 실전모의고사 4회
# 정답 및 해설

# 第四套模拟试题答案

## 一、听力

### 第一部分

| | | | | | | | | | |
|---|---|---|---|---|---|---|---|---|---|
| 1. | D | 2. | B | 3. | C | 4. | D | 5. | A |
| 6. | C | 7. | B | 8. | D | 9. | C | 10. | A |
| 11. | D | 12. | A | 13. | C | 14. | B | 15. | D |
| 16. | B | 17. | B | 18. | A | 19. | D | 20. | D |

### 第二部分

| | | | | | | | | | |
|---|---|---|---|---|---|---|---|---|---|
| 21. | D | 22. | B | 23. | C | 24. | D | 25. | D |
| 26. | C | 27. | B | 28. | C | 29. | D | 30. | A |
| 31. | D | 32. | C | 33. | D | 34. | B | 35. | D |
| 36. | C | 37. | A | 38. | B | 39. | D | 40. | A |
| 41. | D | 42. | D | 43. | B | 44. | C | 45. | D |

## 二、阅读

### 第一部分

| | | | | | | | | | |
|---|---|---|---|---|---|---|---|---|---|
| 46. | B | 47. | A | 48. | D | 49. | B | 50. | C |
| 51. | A | 52. | D | 53. | A | 54. | D | 55. | B |
| 56. | D | 57. | B | 58. | A | 59. | A | 60. | C |

### 第二部分

| | | | | | | | | | |
|---|---|---|---|---|---|---|---|---|---|
| 61. | D | 62. | A | 63. | D | 64. | A | 65. | B |
| 66. | A | 67. | D | 68. | D | 69. | D | 70. | B |

### 第三部分

| | | | | | | | | | |
|---|---|---|---|---|---|---|---|---|---|
| 71. | D | 72. | A | 73. | D | 74. | C | 75. | C |
| 76. | D | 77. | D | 78. | D | 79. | D | 80. | A |
| 81. | A | 82. | D | 83. | D | 84. | B | 85. | D |
| 86. | A | 87. | A | 88. | C | 89. | D | 90. | A |

# 三、书写

## 第一部分

91. 他有时候会去乒乓球场打乒乓球。
92. 回家的时候一定要路过我家。
93. 这是一件非常漂亮的衣服。
94. 爸爸给我买了很多书。
95. 早上我经常能听到鸟声。
96. 厂长被抓走了。
97. 中国代表团受到了热烈欢迎。
98. 一会儿得把房间打扫一下。

## 第二部分

99.
| | 我 | 一 | 般 | 去 | 大 | 型 | 超 | 市 | 买 | 东 | 西 | ， | 因 | 为 | 那 | 里 | 的 | 东 |
|---|---|---|---|---|---|---|---|---|---|---|---|---|---|---|---|---|---|---|
| 西 | 又 | 便 | 宜 | 又 | 好 | ， | 而 | 且 | 种 | 类 | 也 | 非 | 常 | 齐 | 全 | ， | 有 | 食 | 品、 |
| 日 | 用 | 品 | 、 | 电 | 子 | 产 | 品 | 和 | 服 | 装 | 等 | 等 | 。 | 每 | 个 | 星 | 期 | 天 | 我 |
| 们 | 全 | 家 | 人 | 一 | 起 | 去 | 大 | 型 | 超 | 市 | 买 | 东 | 西 | ， | 有 | 时 | 还 | 在 | 那 |
| 里 | 吃 | 饭 | 。 | | | | | | | | | | | | | | | | |

100.
| | 今 | 天 | 是 | 妈 | 妈 | 的 | 生 | 日 | ， | 小 | 丽 | 想 | 给 | 妈 | 妈 | 买 | 件 | 礼 |
|---|---|---|---|---|---|---|---|---|---|---|---|---|---|---|---|---|---|---|
| 物 | ， | 下 | 午 | 她 | 去 | 百 | 货 | 商 | 店 | 挑 | 了 | 好 | 长 | 时 | 间 | ， | 最 | 后 | 给 |
| 妈 | 妈 | 买 | 了 | 个 | 钱 | 包 | 。 | 晚 | 上 | 当 | 小 | 丽 | 把 | 买 | 好 | 的 | 礼 | 物 | 送 |
| 给 | 妈 | 妈 | 时 | ， | 妈 | 妈 | 说 | 她 | 正 | 想 | 买 | 个 | 钱 | 包 | ， | 这 | 时 | 小 | 丽 |
| 又 | 拿 | 出 | 了 | 两 | 张 | 飞 | 机 | 票 | ， | 让 | 爸 | 爸 | 妈 | 妈 | 去 | 泰 | 国 | 旅 | 行， |
| 妈 | 妈 | 高 | 兴 | 得 | 合 | 不 | 拢 | 嘴 | 。 | | | | | | | | | | |

# 一、听力

## 第 一 部分

第1-20题: 请选出正确答案。 | 1번~20번 문제: 정확한 답을 고르세요.

**1**

女: 自从我搬家以后，每天上下班都得一个半小时，好累啊！

男: 那也比我好多了。

问: 男的主要是什么意思？

A 他家很近

B 她比他好

C 他想搬家

D 他家更远

여: 난 이사한 이후로부터 매일 출퇴근할 때 1시간 30분이나 걸려, 너무 힘들다!

남: 그래도 나보다 낫네!

문: 남자의 주요한 의미는 무엇인가?

A 그의 집은 가깝다

B 그녀는 그보다 좋다

C 그는 이사하려고 한다

D 그의 집은 더 멀다

**해설** 여자가 집이 멀어서 매일 출퇴근할 때 1시간 30분이나 걸린다고 하자, 남자는 '那也比我好多了, 그래도 나보다 낫네!' 라고 했으므로, 남자의 집이 더 멀다는 것을 알 수 있다.

**2**

男: 我拉肚了，今天恐怕不能去上学了。

女: 你还不知道啊，今天我们不用到校了，改到明天了。

问: 说话双方是什么关系？

A 是同事

B 是同学

C 是亲戚

D 是老师和学生

남: 나 배탈 나서 학교에 못 갈 것 같은데.

여: 너 아직 모르고 있구나, 우리 오늘 학교에 안 가도 돼, 내일 가는 걸로 바뀌었어.

문: 대화하고 있는 두 사람은 어떤 사이인가?

A 동료이다

B 동급생이다

C 친척이다

D 선생님과 학생이다

**어휘** 拉肚 lādù 설사하다 | 恐怕 kǒngpà 아마 …일 것이다 [추측과 짐작을 나타냄] | 到校 dàoxiào 학교에 가다

**해설** 남자가 아파서 학교에 못 간다고 하자, 여자는 오늘은 학교에 안 가고, 내일 가는 걸로 바뀌었다고 했으므로, 대화하고 있는 두 사람이 동급생이라는 것을 알 수 있다. 따라서 B가 정답이다.

**3**

女: 华先生，如果您想在剑桥攻读博士学位，我们可以赞助您。

男: 谢谢您的好意，不过我只有两年的时间，所以想集中精力搞点儿研究，我只想做一个访问学者，至于学位并不是那么重要的。

问: 男的想做什么？

A 讲课
B 旅行
C 访问学者
D 博士学位

여: 화선생님, 당신이 캠브리지대학에서 박사공부를 하신다고 하면 저희가 후원해 드릴 수 있습니다.

남: 당신의 호의에 감사드립니다. 하지만 제가 2년의 시간밖에 없기 때문에 연구에 몰두하고 싶습니다. 저는 다만 방문학자가 되기를 원할 뿐, 학위 같은 건 그렇게 중요하지 않습니다.

문: 남자는 무엇을 하려고 하나?

A 강의
B 여행
C 방문학자
D 박사학위

**어휘** 攻读 gōngdú 공부하다, 전공하다 | 赞助 zànzhù 협찬하다 | 精力 jīnglì 정력

**해설** 남자는 방문학자가 되기를 원할 뿐 박사학위 같은 것은 중요하지 않다고 했으므로 C가 정답이라는 것을 알 수 있다.

**4**

男: 下了飞机以后，你到底去了哪里？电话也打不通。

女: 对不起，在机场的咖啡厅里我拿错了手机，可是拿我手机的人却早已上了飞机。

问: 女人的电话为什么打不通？

A 停机了
B 掉水里了
C 手机坏了
D 手机在飞机上

남: 비행기에서 내린 다음 도대체 어디로 갔었어? 전화도 안 되고.

여: 미안해, 내가 공항 커피숍에서 핸드폰을 잘못 들고 나왔어. 그런데 내 핸드폰을 가져간 사람이 벌써 비행기를 탄 것 있지.

문: 여자의 전화는 왜 불통이었나?

A 정지당해서
B 물에 빠져서
C 핸드폰이 고장이 나서
D 핸드폰이 비행기에 있어서

**어휘** 打不通 dǎbutōng 전화가 불통이다 | 拿错 nácuò 잘못 가져가다 | 掉 diào 떨어지다

**해설** 여자가 잘못해서 다른 사람과 본인의 핸드폰이 바뀌었는데, 핸드폰을 잘못 가져간 사람은 비행기에 있어서 핸드폰이 꺼있었을 것이므로 전화가 불통일 것이다. 따라서 D가 정답이다.

**5**

女: 我想问一下，是不是捐得越多，得到老天保佑的可能性就越大？

男: 有些东西与金钱无关，比如善心。

여: 말씀 좀 여쭙고 싶은데요, 돈을 많이 기부할수록 하느님의 은혜를 받을 가능성이 더 큽니까?

남: 어떤 것들은 돈과 상관없습니다. 예컨대 착한 마음씨 같은 것이요.

问：男的认为什么最重要？

A 善心
B 金钱
C 捐钱
D 信佛

문：남자는 어떤 것을 가장 중요하게 생각하나?

A 착한 마음씨
B 금전
C 돈을 기부하는 거
D 불교를 믿는 거

**어휘** 捐 juān 기부하다 | 老天 lǎotiān 하느님 | 保佑 bǎoyòu 보우하다 | 善心 shànxīn 착한 마음, 선량한 마음 | 信佛 xìnfó 불교를 믿다

**해설** 여자가 돈을 많이 기부할수록 하느님의 은혜를 받을 가능성이 더 크냐고 묻자, 남자는 착한 마음씨는 돈과 상관없다고 했다. 즉 착한 마음씨가 돈보다 더 중요하다는 뜻이다. 따라서 A 가 정답이다.

---

6
男：这只小猩猩真可爱，不过你怎么把它带到家来了？

女：它刚生下来就失去了妈妈，所以我打算把它带到家里来养，我们可以用婴儿奶粉喂养它。

问：女的把什么带到了家里？

A 小鸟
B 婴儿
C 猩猩
D 小狗

남：이 작은 오랑우탄이 정말 귀엽네. 근데 왜 집으로 데리고 왔어？

여：얘가 태어나자마자 엄마를 잃었어. 그래서 집에 데리고 와서 기를 생각이야. 우리 아기분유를 먹여서 키우면 돼.

문：여자는 무엇을 집으로 데리고 왔나？

A 작은 새
B 유아
C 오랑우탄
D 강아지

**어휘** 猩猩 xīngxing 오랑우탄 | 失去 shīqù 잃다 | 奶粉 nǎifěn 분유 | 喂养 wèiyǎng 키우다

**해설** 남자가 '这只小猩猩真可爱，不过你怎么把它带到家来了？ 이 작은 오랑우탄이 정말 귀엽네. 근데 왜 집으로 데리고 왔어？'라고 했으므로, 여자가 오랑우탄을 집에 데리고 왔다는 것을 알 수 있다. 따라서 C가 정답이다.

---

7
女：小李，你的书卖得怎么样？

男：没想到我的书卖得特别好，据统计销售数量已超过一百万本了。

问：关于男人的书，可以知道什么？

A 滞销
B 很畅销
C 是教材
D 还没出版

여：샤오리, 책 잘 팔려？

남：의외로 내 책이 아주 잘 팔려, 통계에 따르면 책의 판매수량이 이미 백만 부를 초과했어.

문：남자의 책에 대해 알 수 있는 것은？

A 판매가 부진하다
B 아주 잘 팔린다
C 교재이다
D 아직 출판되지 않았다

**어휘** 统计 tǒngjì 통계하다 | 销售 xiāoshòu 판매하다 | 畅销 chàngxiāo 판로가 넓다

**해설** 핵심어는 '没想到我的书卖得特别好, 의외로 내 책이 아주 잘 팔린다'이다. 따라서 B가 정답이다.

**8**

男： 你去了哪里？怎么呆了这么长时间？

女： 我去了趟超市。哎呀，我忘了开发票了，如果退货的话，没有它是不行的。

问： 女的要发票做什么？

A 报销

B 记账

C 核对

D 退货的时候用

남： 어디 갔었어? 왜 이렇게 오래 걸렸어?

여： 슈퍼마켓에 갔었어. 아이구, 깜박하고 영수증을 안 받았네, 환불하려면 없으면 안 되는데.

문： 여자는 영수증으로 무엇을 하려고 하나?

A 회사에 청구하려고

B 기장하려고

C 대조 확인하려고

D 환불할 때 필요해서

**어휘** 退货 tuìhuò 반품하다 | 报销 bàoxiāo (사용 경비를) 청구하다 | 记账 jìzhàng 장부에 적다 | 核对 héduì 대조 확인

**해설** 대화의 마지막에 여자가 '如果退货的话, 没有它是不行的, 환불하려면 없으면 안 되는데' 라고 했다. 여기서 "它" 는 영수증을 가리키는 것이다. 따라서 D가 정답이라는 것을 알 수 있다.

**9**

女： 老师，郑洁她躲在厕所里哭呢，不会有什么事吧？

男： 她呀，一输球就哭，过一会儿就会没事的。10分钟以后该你上场了，先热热身。

问： 对话最可能发生在什么地方？

A 考场

B 教室

C 赛场

D 办公室

여： 선생님, 정제가 화장실에 숨어서 울고 있는데, 괜찮을까요?

남： 걔는 구기경기에서 지기만 하면 울잖아. 조금 있으면 괜찮아질 거야. 10분 후 네가 출전할 것이니, 우선 준비 운동 좀 해.

문： 대화가 어디에서 이뤄질 가능성이 가장 큰가?

A 시험장

B 교실

C 경기장

D 사무실

**어휘** 躲 duǒ 피하다 | 输球 shūqiú 구기경기에서 지다 | 上场 shàngchǎng (운동 선수) 출전하다 | 热身 rèshēn 준비 운동을 하다 | 考场 kǎochǎng 시험장 | 赛场 sàichǎng 경기장

**해설** '输球, 구기시합에서 패하다' , '上场, 출전하다' 등 단어가 등장함으로써, 대화가 경기장에서 이뤄질 가능성이 가장 크다. 따라서 C가 정답이다.

**10**

男： 你说什么？张朋在竞选中退出了？

女： 是的，张朋通过学校的广播，宣布了自己退出的消息。

问： 他们在谈论什么？

A 竞选

B 广播

C 买票

D 比赛

남： 뭐? 장펑이 경선에서 물러났다고?

여： 그래, 장펑은 학교 방송을 통해 자기의 탈퇴소식을 전했어.

문： 그들은 무엇에 대해 이야기하고 있나?

A 경선

B 방송

C 표를 사는 일

D 시합

竞选 jìngxuǎn 경선 활동을 하다 | 退出 tuìchū 물러나다 | 广播 guǎngbō 라디오 방송

대화의 맨 앞 부분에서 남자가 의심스러운 목소리로 장평이 정말로 경선에서 탈퇴했냐고 묻자, 여자가 그렇다고 했으므로, 그들이 경선에 대해 이야기하고 있다는 것을 알 수 있다.

---

**11**

女: 我看你爱人经常跟你一起去钓鱼，难道她也喜欢钓鱼吗？

男: 其实她不会钓鱼，但她喜欢看水里的鱼快活地游来游去，然后她自己也跟着快活起来。

问: 男人的妻子为什么去钓鱼？

A 喜欢钓鱼

B 为了陪丈夫

C 喜欢看爱人钓鱼

D <mark>看水里的鱼游玩的样子</mark>

여: 부인이 당신이랑 함께 낚시하러 가는 것을 보았는데, 설마 부인도 낚시를 좋아하시나요?

남: 사실 부인은 낚시를 안 좋아해요. 그러나 부인은 물 안의 물고기들이 즐겁게 왔다 갔다 하는 것을 보기 좋아합니다. 그러면서 부인도 즐거워지기 시작하죠.

문: 남자의 부인은 왜 낚시하러 가는가?

A 낚시를 좋아하기 때문에

B 남편 곁에 있어 주려고

C 남편이 낚시 하는 것을 보기 좋아하기 때문에

D 물 안의 물고기들이 노는 모양을 보기 위해서

难道 nándào 설마 …란 말인가? | 快活 kuàihuo 즐겁다 | 游来游去 yóuláiyóuqù (물 안에서) 노닐다

핵심어는 '但她喜欢看水里的鱼快活地游来游去, 그러나 그녀는 물 안의 물고기들이 즐겁게 왔다 갔다 하는 것을 보기 좋아합니다' 이다. 이로써 남자의 부인이 낚시하러 가는 이유를 알 수 있다. 따라서 D가 정답이다.

---

**12**

男: 这个暑假，你打算做什么？不会是又躲在图书馆里学习吧？

女: 我打算到沙漠去考察烽火台。

问: 暑假女的打算做什么？

A <mark>考察</mark>

B 旅游

C 打工

D 准备考试

남: 이번 여름 방학 때 넌 뭘 거야? 설마 또 도서관에 숨어서 공부하려는 것은 아니겠지?

여: 난 사막에 가서 봉화대를 고찰할 예정이야.

문: 여름 방학 때 여자는 무엇을 할 예정인가?

A 고찰

B 여행

C 아르바이트

D 시험 준비

躲 duǒ 숨다 | 沙漠 shāmò 사막 | 考察 kǎochá 고찰하다 | 烽火台 fēnghuǒtái 봉화대

핵심어는 '我打算到沙漠去考察烽火台, 난 사막에 가서 봉화대를 고찰할 예정이야' 이다. 이로써 여자가 방학 때 계획하고 있던 일이 '考察' 라는 것을 알 수 있다.

---

**13**

女: 我要到法国去旅游，大概一个月后才回来，你帮我照看一下我养的热带鱼好吗？

男: 可以是可以，不过鱼死了可别怪我。

问: 女的让男的做什么？

A 买鱼

B 看家

C 照看鱼

D 收拾行李

여: 내가 프랑스에 여행을 갔다가 대략 한 달 후에 돌아오는데, 내가 기르고 있는 열대어를 대신 좀 길러줄래?

남: 가능하기는 한데, 고기가 죽으면 나를 원망하지 마.

문: 여자는 남자에게 무엇을 하라고 했나?

A 생선을 사달라고

B 집을 봐달라고

C 물고기를 돌봐달라고

D 짐을 정리해 달라고

**어휘** 照看 zhàokàn 보살피다 | 热带鱼 rèdàiyú 열대어 | 怪 guài 책망하다

**해설** 핵심어는 '你帮我照看一下我养的热带鱼好吗？ 내가 기르고 있는 열대어를 대신 좀 길러줄래?' 이다. 따라서 여자가 남자에게 부탁한 일은 '照看鱼, 물고기를 돌보다' 라는 것을 알 수 있다.

**14**

男: 上个星期去看海，感觉怎么样？

女: 别提了，那里没有海滩，只有一个码头，冷冷清清的，很无聊。

问: 女的说话是什么语气？

A 赞成

B 后悔

C 兴奋

D 批评

남: 지난 주 바다구경 갔었을 때, 느낌이 어땠어?

여: 말도 마, 거긴 모래사장도 없고, 부두만 있었는데. 쓸쓸하고 재미없었어.

문: 여자의 말투는 어떠한가?

A 찬성하는 말투

B 후회하는 말투

C 흥분한 말투

D 나무라는 말투

**어휘** 海滩 hǎitān 해변의 모래사장 | 码头 mǎtou 부두 | 冷冷清清 lěnglengqīngqīng 쓸쓸하다 | 后悔 hòuhuǐ 후회하다

**해설** 대화의 가장 마지막에 '冷冷清清的，很无聊, 쓸쓸하고 재미없었어' 라고 했으므로 여자가 바다구경을 간 것을 후회하고 있다는 것을 알 수 있다. 따라서 B가 정답이다.

**15**

女: 你太健忘了，手里拿着钥匙又找钥匙。

男: 你还说我呢，你自己怎么样？你不是也背着孩子给派出所打电话说孩子不见了吗？

问: 关于对话，我们可以知道什么？

A 找钥匙

B 找东西

C 找孩子

D 都很健忘

여: 너 건망증이 너무 심하다. 손에 열쇠 든 채로 또 열쇠를 찾다니.

남: 사돈이 남 말하네, 넌 어떤데? 너도 아이를 등에 업은 채로 파출소에 전화해서 아이가 없어졌다고 안 했어?

문: 대화를 통해 무엇을 알 수 있나?

A 열쇠를 찾고 있다

B 물건을 찾고 있다

C 아이를 찾고 있다

D 모두 건망증이 심하다

**어휘** 钥匙 yàoshi 열쇠 | 背 bēi 등에 업다 | 健忘 jiànwàng 잘 잊어버리다

**해설** 남자는 손에 열쇠를 든 채로 열쇠를 찾고 있고, 여자는 아이를 등에 업은 채로 파출소에 전화해서 아이가 없어졌다고 한 적이 있으니, 대화하고 있는 두 사람은 모두 건망증이 심하다는 것을 알 수 있다. 따라서 D가 정답이다.

---

16 男: 小孟，听说你最近发了？不仅买了车，还买了房子。现在你还有什么遗憾吗？

女: 说心里话，我厌烦了快节奏，现在我想利用假期，好好休息一下。

问: 女的最想要的是什么？

A 钱

B 闲情逸致

C 丈夫的爱

D 事业有成

남: 샤오멍, 너 요즘 큰돈 벌었다면서? 차도 사고 집도 샀는데 지금 무슨 유감 있어?

여: 솔직히 말하자면 난 빠른 것에 싫증났어. 난 지금 휴가를 이용해서 푹 쉬고 싶어.

문: 여자가 가장 가지고 싶은 것은 무엇인가?

A 돈

B 여유로운기분과 흥취

C 남편의 사랑

D 사업의 성공

**어휘** 发 fā 큰 돈을 벌다 | 厌烦 yànfán 싫증나다 | 发达 fādá 발달하다 | 节奏 jiézòu 리듬

**해설** 남자가 여자에게 유감이 무엇이냐고 묻자, 여자가 '我厌烦了快节奏, 난 빠른 것에 싫증이 났어' 라고 했으므로, B가 정답이다.

---

17 女: 昨天我一直发高烧、、咳嗽，一夜没睡好。

男: 我先给您开一点儿药吧，吃药后好好休息。

问: 女的现在最可能在哪里？

A 银行

B 医院

C 学校

D 百货商店

여: 어제 계속 고열이 나고 기침도 해서, 저녁 내내 잠을 잘 못 잤습니다.

남: 우선 약을 좀 처방해 드릴게요, 약을 드시고 푹 쉬세요.

문: 여자가 어디에 있을 가능성이 가장 큰가?

A 은행

B 병원

C 학교

D 백화점

**해설** 장소를 묻는 문제이다. 핵심 포인트는 '我先给您开一点儿药吧, 우선 약을 좀 처방해 드릴게요' 이다. 이로써 대화가 병원에서 이뤄졌다는 것을 알 수 있다.

18  男： 这场比赛是为奥运会选拔候补队    남： 이번 경기는 올림픽을 대비하여 후보선
　　　　员，所以希望大家要尽全力，但也       수를 뽑기 위한 것이니, 여러분 모두 최
　　　　不要太紧张。                      선을 다하시길 바랍니다. 그러나 너무
　　 女： 如果是在我们北京体育馆比，我可          긴장하지는 마세요.
　　　　能还会好一些，可这里陌生得很，    여： 우리 베이징 체육관에서 시합을 한다면 좀
　　　　怎么能不叫人紧张呢？              나을 수도 있는데, 이곳은 너무 낯설어서
　　 问： 女的担心什么？                   어떻게 긴장하지 않을 수 있겠습니까?
　　 A　自己会紧张                    문： 여자는 무엇을 걱정하고 있나?
　　 B　得不了第一                    A　자기가 긴장할 까봐
　　 C　没有熟悉的人                 B　일등을 할 수 없을 까봐
　　 D　不熟悉比赛规则              C　아는 사람이 없어서
　　　　　　　　　　　　　　　　　　　　　　　　　　 D　시합규칙에 대해 익숙하지 않아서

**어휘**　选拔 xuǎnbá 선발하다 | 候补队员 hòubǔduìyuán 후보 선수 | 陌生 mòshēng 생소하다 | 熟悉 shúxī 익숙하다 | 规则 guīzé 규칙

**해설**　핵심어는 '怎么能不叫人紧张呢? 어떻게 긴장하지 않을 수 있겠습니까?' 이다. 이로써 여자가 걱정하고 있는 것이 '自己会紧张' 이라는 것을 알 수 있다.

19  女： 足球赛也看完了，我们快回家吧。    여： 축구시합도 다 봤으니, 우리 빨리 집에 가자.
　　 男： 兴奋之后马上开车，容易引发车祸，    남： 흥분하고 바로 운전하면 사고가 나기 쉽다
　　　　至少应该休息30分钟后再上路。            고 하니, 최소한 30분은 쉬었다가 가야 돼.
　　 问： 他们在谈论什么？                 문： 그들은 무엇에 대해 이야기하고 있나?
　　 A　汽车                            A　자동차
　　 B　车祸                            B　자동차 사고
　　 C　足球赛                         C　축구시합
　　 D　开车回家的事                D　운전하여 집으로 가는 일

**어휘**　兴奋 xīngfèn 흥분하다 | 引发 yǐnfā 일으키다 | 车祸 chēhuò 교통사고 | 上路 shànglù 길에 오르다

**해설**　화제가 무엇이냐는 질문이다. 여자가 빨리 집으로 가자고 하자, 남자는 흥분 후 바로 운전하면 위험하니, 30분 쉬었다가 가자고 했으므로 D가 정답이다.

**20**

男: 大夫，我到底有没有希望？我什么时候可以下地走路啊？

女: 你不要太着急，你要有耐心，相信我，一切都会好的。

男: 我想回到我原来的生活，打电话，开车，打高尔夫，我非常希望能抱起我的儿子。

女: 我保证在不久的将来你一定能够实现你的愿望。

问: 男的现在处于怎样的处境？

A 失业了

B 在开车

C 在飞机里

D 全身瘫痪

남: 의사 선생님, 제가 도대체 희망이 있는 겁니까? 제가 언제쯤 걸을 수 있는 겁니까?

여: 너무 조급해 하지 마세요. 인내심이 있어야 합니다. 저를 믿으세요. 모든 것이 다 좋아질 것입니다.

남: 저는 저의 원래 생활로 돌아가고 싶습니다. 전화도 하고, 운전도 하고, 골프도 치고, 저의 아들을 너무 안아보고 싶습니다.

여: 머지않아 당신의 소망이 이뤄질 것입니다.

문: 남자는 지금 어떤 처지에 처해 있나?

A 실업했다

B 운전 중이다

C 비행기 안에 있다

D 전신 마비 상태이다

**어휘** 耐心 nàixīn 인내심 | 抱 bào 안다 | 处境 chǔjìng 처지 | 全身瘫痪 quánshēntānhuàn 전신마비

**해설** 남자가 원래의 생활 즉, 전화도 하고 운전도 하고 골프도 칠 수 있고 아들도 안아줄 수 있는 정상적인 생활로 돌아가고 싶어 하는 걸로 미뤄볼 때, 지금은 예전과 정 반대인 상태에 처해 있다는 것을 알 수 있다. 즉 전화도 못하고, 운전도 못하고, 아들도 못 안아보는 '전신 마비 상태'이다. 따라서 D가 정답이다.

# 第 二 部分

★ 유형따악 & 공략하기

21-34번 문제는 모두 4-5문장으로 구성된 대화이며, 문제와 질문은 크게 어렵지 않다. 하지만 35-45번 문제는 대화가 아닌 단문 형식이기 때문에 듣고 이해하는 것이 조금은 어렵다. 따라서 녹음 내용을 모두 다 알아들으려고 하지 말고, 이야기의 흐름을 그리면서 들으면 좀 더 쉽게 접근할 수 있다.

第21-45题: 请选出正确答案。　　　　　　　　21~45번 문제: 정확한 답을 고르세요.

**21**

女: 你为什么离开山西来到这里工作啊?

여: 당신은 왜 싼시를 떠나 이곳까지 오셔서 일하는 겁니까?

男: 因为我们那里除了荒山就是黄土，而我对那些又不感兴趣。

남: 그곳은 황산 아니면 황토인데, 저는 그런 것에 흥미도 없기 때문입니다.

女: 那你对什么感兴趣啊?

여: 그럼 무엇에 대해 흥미가 있습니까?

男: 说心里话，我的梦想是当一名画家。

남: 솔직히 말씀 드리면, 제 꿈은 화가가 되는 것입니다.

问: 男的为什么离开了山西?

문: 남자는 왜 싼시를 떠난 것인가?

A　为了挣钱
B　山西太冷
C　为了找工作
D　为自己的梦想

A　돈을 벌기 위해서
B　싼시가 너무 추워서
C　일자리를 찾기 위해서
D　자기의 꿈을 위해서

**어휘** 荒山 huāngshān 황폐한 산 | 黄土 huángtǔ 황토 | 梦想 mèngxiǎng 꿈

**해설** 남자는 자기의 고향에 황산이나 황토밖에 없고, 또 자신이 그런 것에 대해 관심이 없기 때문에 고향을 떠나 이곳에 와서 일을 하고 있으며, 본인의 꿈은 화가가 되는 것이라고 했다. 따라서 남자가 고향 싼시를 떠난 이유가 '为自己的梦想, 자기의 꿈을 위해서' 라는 것을 알 수 있다.

**22**

男: 老人家，你家的信箱怎么被堵死了?

남: 어르신, 우편함을 왜 막아버렸습니까?

女: 是我故意堵死的。

여: 내가 일부러 막아버렸네.

男: 为什么?

남: 왜요?

女: 我想跟你商量点儿事，希望你以后每天给我送报纸时，亲手把报纸递到我手中。因为我的老伴去世了，我的儿子去国外留学了，家里只有我一个人。

여: 상의할 일이 좀 있는데, 자네 앞으로 매일 나에게 신문 배달할 때 신문을 직접 내 손에 건네줬으면 하네. 남편이 돌아가시고, 아들도 외국으로 유학 갔기 때문에 집에 나 밖에 없어서 그러네.

问: 女的为什么把信箱堵死了?

문: 여자는 왜 우편함을 막아 버렸나?

A　要搬家
B　想见人
C　要出远门
D　要卖房子

A　이사하려고
B　사람이 그리워서
C　먼 길을 떠나려고
D　집을 팔려고

**어휘** 堵死 dǔsǐ 막아 버리다 | 递 dì 건네다 | 老伴 lǎobàn 영감, 마누라 | 去世 qùshì 돌아가시다 | 出远门 chūyuǎnmén 먼 길을 떠나다

**해설** 왜 우편함을 막아버렸냐는 질문에, 여자는 집에 혼자밖에 없기 때문에 앞으로 신문을 배달할 때, 신문을 직접 자기 손에 건네달라고 했으므로, 여자가 사람이 그리워서 우편함을 막아버렸다는 것을 알 수 있다. 따라서 B가 정답이다.

**23**

女: 哎呀，烟味儿好大呀！

男: 不好意思，刚才我拉了两个客人，是他们抽的，我早就戒了。

女: 哦，师傅，我要赶11点的飞机，我们走南北高架会快一些，下面堵得太厉害。

男: 可以，你说怎么走就怎么走。

问: 对话最可能发生在什么地方？

A　地铁里

B　火车站

C　出租汽车里

D　公共汽车里

여: 아이구, 담배 냄새가 정말 심하네요!

남: 미안합니다, 방금 손님 두 분을 태웠는데요, 그분들이 피운 겁니다. 저는 벌써 끊었어요.

여: 네, 아저씨, 제가 11시 비행기를 타야 하거든요, 남북 고가도로를 타고 가면 빠를 거예요, 아래는 너무 막혀요.

남: 네, 손님이 말씀하신 대로 가지요.

문: 대화가 어디에서 이뤄질 가능성이 가장 큰가?

A　지하철 안

B　기차역

C　택시 안

D　버스 안

**어휘** 味儿 wèir 냄새 | 拉 lā (손님을 차에) 태우다 | 赶 gǎn (시간이 정해진 장소에) 가다

**해설** 왜 담배 냄새가 이렇게 심하냐는 질문에, 남자가 '방금 손님 두 분을 태웠는데요, 그분들이 피운 겁니다'라고 했으므로, 대화가 택시 안에서 이뤄질 가능성이 가장 크다.

**24**

男: 你来北京怎么不先打个电话告诉我一声呢？

女: 我是昨天晚上突然决定来北京的，太晚了，不好意思打扰你。

男: 你托我的事儿，我已经跟我们导演说了，他说等见了面之后再说。

女: 谢谢你啦！

问: 关于说话双方，我们可以知道什么？

A　是同事

B　是朋友

C　互相不认识

D　女的求男的办点儿事

남: 베이징에 오신다고 왜 미리 말씀하시지 않았어요?

여: 어제 저녁에 갑자기 오기로 결정했거든요. 너무 늦어서 폐를 끼칠까봐 미안해서요.

남: 당신이 부탁한 일을 이미 우리 감독님께 말씀 드렸어요. 감독님이 만나서 얘기하자고 하셨어요.

여: 감사합니다!

문: 대화하고 있는 두 사람에 대해 무엇을 알 수 있나?

A　동료이다

B　친구이다

C　서로 모르는 사이다

D　여자가 남자에게 어떤 일을 부탁했다

**어휘** 托 tuō 부탁하다 | 打扰 dǎrǎo 방해하다 | 导演 dǎoyǎn 감독

**해설** 핵심어는 '你的事儿，我已经跟我们导演说了, 당신의 일을 이미 우리 감독님께 말씀 드렸어요'이다. 이로써 여자가 남자에게 어떤 일을 부탁했다는 것을 알 수 있다. 따라서 D가 정답이다.

**25**

女: 农村人结婚可真热闹，这鞭炮声好大呀，真好玩儿！

여: 시골 사람들의 결혼식은 정말 시끌벅적하네요. 폭죽 소리가 아주 크네요. 너무 재미있어요.

男： 好玩儿什么呀，吵死人啦，浪费钱
不说，还污染空气。

女： 爸，将来我也要找个农村人，这里
的人多纯朴多热情啊！城里人又自
私又花心，靠不住。

男： 你才高一，懂什么呀？

问： 关于女的，可以知道什么？

A 想结婚

B 想找对象

C 喜欢花钱

D 上高中一年级

남： 뭐가 재미있어. 시끄러워 죽겠어. 돈을
낭비하는 것은 말할 것도 없고, 공기도
오염시키고 말이야.

여： 아빠, 나중에 나도 시골 사람이랑 결혼
할 거예요. 여기 사람들은 너무 순진해
요! 도시 사람들은 이기적이고 바람기가
있어 믿을 수가 없어요.

남： 넌 이제 겨우 고1인데, 뭘 알아？

문： 여자에 대해 무엇을 알 수 있나？

A 결혼하고 싶어 한다

B 결혼 상대를 찾으려고 한다

C 돈을 쓰기 좋아한다

D 고등학교 일학년에 재학 중이다

**어휘** 鞭炮声 biānpàoshēng 폭죽 소리 ｜ 吵 chǎo 시끄럽다 ｜ 污染 wūrǎn 오염시키다 ｜ 纯朴
chúnpǔ 순박하다 ｜ 花心 huāxīn 바람기가 있다 ｜ 靠不住 kàobuzhù 믿을 수 없다 ｜ 高一
gāoyī 고1

**해설** 핵심어는 '你才高一，懂什么呀？ 넌 겨우 고1인데, 뭘 알아？' 이다. 이로써 여자는 고등학교
1학년에 재학 중이라는 것을 알 수 있다.

**26**

男： 现在我的打字速度提高了一倍。

女： 你是怎么提高打字速度的？快告诉
我。

男： 原来我用拼音输入法，一分钟只能
打150个字，现在我改用五笔字型，
一分钟能打300多个字啦。你想不想
学？我可以免费教你。

女： 谢谢，不用了。我每天在办公室里
得用中英日三种输入法打字，如果
再让我学什么五笔字型，我的脑袋
就得爆炸了。

问： 女的会几种输入法？

A 一种

B 两种

C 三种

D 四种

남： 지금은 내 타자속도가 배나 빨라졌어.

여： 타자속도가 어떻게 빨라졌어？ 빨리 얘
기해줘.

남： 난 원래 병음 입력방법으로 1분에 150
자 밖에 치지 못했는데, 지금은 오필자
형으로 바꾸어서 1분에 300자나 칠 수
있어. 안 배우고 싶어？ 내가 무료로 가
르쳐줄게.

여： 고마워, 근데 필요 없어. 난 매일 사무실
에서 중영일 3가지 입력방법을 사용해야
하거든, 만약에 오필자형을 더 배우라고
하면 내 머리가 터져버릴지 몰라.

문： 여자는 모두 몇 가지의 입력방법을 할
줄 아는가？

A 한 가지

B 두 가지

C 세 가지

D 네 가지

**어휘** 拼音 pīnyīn 병음 ｜ 输入法 shūrùfǎ 입력방법 ｜ 五笔字型 wǔbǐzìxíng (중국어 입력방법의 일
종)오필자형 ｜ 脑袋 nǎodai 머리 ｜ 爆炸 bàozhà 폭발하다

**해설** '中英日三种输入法'란 중국어, 영어, 일본어 3가지 입력방법을 일컫는 말이다. 따라서 여
자가 3가지 입력방법을 할 줄 안다는 것을 알 수 있다.

| 27 | 女: | 我要去上海，可售票员说白天的票已经卖光了，我想坐夜间的车，可我看了半天时刻表也看不懂。 | 여: | 제가 상하이에 가려고 하는데, 매표원이 낮 시간 때 표는 다 팔렸다고 하시네요. 야간표를 사려고 하는데, 시간표를 한참이나 쳐다봐도 모르겠어요. |
|---|---|---|---|---|

**27**

女: 我要去上海，可售票员说白天的票已经卖光了，我想坐夜间的车，可我看了半天时刻表也看不懂。

男: 我来告诉你，要去上海，得看京沪线，你看，墙上那个大屏幕的下数第二行就是京沪线。

女: 哪儿？哦，看见了。

男: 你看，上面写着 "106次，直快，京沪"。往下看还有特快呢，不过价钱要贵一些。

问: 他们主要在谈论什么？

A 买船票

B 买火车票

C 买飞机票

D 买长途汽车票

여: 제가 상하이에 가려고 하는데, 매표원이 낮 시간 때 표는 다 팔렸다고 하시네요. 야간표를 사려고 하는데, 시간표를 한참이나 쳐다봐도 모르겠어요.

남: 제가 알려 드릴게요. 상하이에 가려면 징후선을 봐야 합니다. 보세요, 벽에 큰 스크린 아래로부터 두 번째 줄이 바로 징후선입니다.

여: 어디요? 네, 봤어요.

남: 보세요, 위에 '106호, 직통 급행열차, 징후선' 이라고 적혀 있잖아요. 아래에 특급 급행열차도 있는데 가격이 조금 비싸요.

문: 그들은 주로 무엇에 대해 이야기하고 있나?

A 배표를 사는 일

B 기차표를 사는 일

C 비행기표를 사는 일

D 시외 버스표를 사는 일

**어휘** 时刻表 shíkèbiǎo 시간표 | 京沪线 jīnghùxiàn 징후선(베이징발 상하이행 열차) | 墙 qiáng 벽 | 屏幕 píngmù 스크린 | 下数第二行 xiàshǔdì'èrháng 아래로부터 두 번째 줄 | 直快 zhíkuài 직통급행열차의 약칭 | 特快 tèkuài 특급 열차의 약칭

**해설** '直快' 는 '직통 급행 열차' 의 줄임 말이다. 이로써 우리는 그들이 기차표 사는 것에 대해 이야기하고 있다는 것을 알 수 있다. 따라서 B가 정답이다.

**28**

男: 今天的这场钢琴演奏会实在是太精彩了！

女: 是啊！我觉得他不是在用手演奏，而是在用心灵演奏。

男: 他的钢琴弹得这么好，真难相信他是个盲人！

女: 他虽然双目失明，但他有一双特别灵敏的耳朵，而且还有一颗酷爱音乐的心。

问: 他们在谈论什么？

A 钢琴

B 灵敏的耳朵

C 盲人钢琴家

D 耳朵和音乐的关系

남: 오늘 피아노 연주회가 너무 멋있어요！

여: 그래요！ 저는 저 사람이 손이 아니라, 마음으로 연주한다고 생각합니다.

남: 저 사람이 피아노를 이렇게 잘 치는데, 맹인이라는 것이 정말 믿어지지가 않아요！

여: 그는 비록 두 눈이 멀었지만, 아주 민감한 두 귀가 있고, 또 음악을 몹시 사랑하는 마음이 있습니다.

문: 그들은 무엇에 대해 이야기 하고 있나?

A 피아노

B 민감한 귀

C 맹인 피아니스트

D 귀와 음악의 관계

**어휘** 演奏会 yǎnzòuhuì 연주회 | 心灵 xīnlíng 심령 | 双目失明 shuāngmùshīmíng 두 눈을 실명하다 | 灵敏 língmǐn 영민하다 | 耳朵 ěrduo 귀 | 酷爱 kù'ài 몹시 사랑하다 | 盲人 mángrén 눈먼 사람

**해설** 핵심 포인트는 '他的钢琴弹得这么好，真难相信他是个盲人！ 저 사람이 피아노를 이렇게 잘 치는데, 맹인이라는 것이 정말 믿어지지가 않아요！' 이다. 이로써 두 사람이 맹인 피아니스트에 대해 이야기하고 있다는 것을 알 수 있다. 따라서 C가 정답이다.

29

女： 你是什么时候来到广州的？

男： 我十四岁就来到广州工作了，在酒店洗过碟子、跑过堂。

女： 但你却一步一步升到了总经理这个位置，你觉得你现在最大的变化是什么？

男： 老实说，在我往上爬的路上，我从未想过过去的我和现在的我有什么不同，我还是我，一个鼻子，两个眼睛。

问： 关于男的，我们可以知道什么？

A 喜欢爬山

B 是广州人

C 在酒店工作

D 现在是总经理

여： 언제 광저우에 오셨어요？

남： 14살 때부터 광저우에 와서 일을 했습니다. 식당에서 설거지도 해봤고, 종업원도 해봤습니다.

여： 그런데 한 걸음 한 걸음 사장 자리까지 올라 왔잖아요, 지금 당신에게 가장 큰 변화는 무엇이라고 생각하세요？

남： 솔직히 말씀 드리면 높은 지위까지 오르는 과정에서, 과거와 현재의 제가 어떤 다른 점이 있다고 생각해 본 적 없습니다. 저는 그냥 저일 뿐, 변한 건 없습니다.

문： 남자에 대해 무엇을 알 수 있나？

A 등산을 좋아한다

B 광저우 사람이다

C 식당에서 일한다

D 지금은 사장이다

어휘 碟子 diézi 접시 | 跑堂 pǎotángr 식당에서 잡일을 하다 | 一步 yíbù 한 걸음 | 不同 bùtóng 다르다 | 鼻子 bízi 코

해설 A와 B는 모두 본문 내용과 상충하기 때문에 정답이 될 수 없다. C는 옛날 얘기이고, 지금은 사장이기 때문에 D가 정답이다.

30

男： 您好！我是体育报的记者，张民。谢谢您接受我们的采访。

女： 哪里哪里，应该的。

男： 我们大家对张慧敏的身体状况非常关心，您能不能给我们的观众详细介绍一下？

女： 体检结果证实张慧敏的身体状况良好，虽然已出现过度疲劳的症状，不过这并不会影响她跑完最后的赛程。

问： 女的最可能是张慧敏的什么人？

A 教练

B 记者

C 朋友

D 私人大夫

남： 안녕하세요！저는 스포츠신문 기자 짱민입니다. 취재에 응해주셔서 대단히 감사합니다.

여： 별말씀을요, 당연한 일인걸요.

남： 모두들 짱훼민의 건강상태에 아주 관심이 많습니다. 시청자 여러분께 자세히 소개 좀 해주실 수 있습니까？

여： 신체검사 결과 짱훼민의 건강 상태는 양호한 편입니다. 비록 과로증상이 있지만, 마지막 코스 완주에는 지장이 없을 겁니다.

문： 여자는 짱훼민의 어떤 사람일까？

A 코치

B 기자

C 친구

D 개인 의사

어휘 体育报 tǐyùbào 스포츠 신문 | 接受 jiēshòu 받아들이다 | 采访 cǎifǎng 인터뷰하다 | 体检 tǐjiǎn 신체 검사(하다) | 证实 zhèngshí 입증하다 | 疲劳 píláo 피로하다, 지치다 | 教练 jiàoliàn 코치

해설 한 스포츠 신문 기자가 운동 선수 짱훼민의 건강상태에 대해 알고 싶어서, 한 여자분을 취재하고 있다. 여자는 현재 짱훼민의 건강 상태와 앞으로의 경기 상황에 대해 아주 잘 알고 있는 걸로 미뤄볼 때, 짱훼민의 코치일 가능성이 가장 크다. 따라서 A가 정답이다.

第31到32题是根据下面一段对话 | 31-32번 문제는 아래의 대화를 듣고 푸는 문제이다.

| | | | |
|---|---|---|---|
| 男: | 有件事儿想跟您说。 | 남: | 상의 드리고 싶은 일이 하나 있는데요. |
| 女: | 什么事儿? 你说说看。 | 여: | 무슨 일입니까? 말씀해 보세요. |
| 男: | 今天有个顾客坚持要买半个南瓜, 还好正好碰上有位大娘想买另一半。 | 남: | 오늘 손님 한 명이 호박 반개를 꼭 사야겠다고 고집하고 있었는데, 다행히도 다른 아주머니 한 분이 오셔서 나머지 반을 사셨습니다. |
| 女: | 你是说我们不应该把所有商品都捆绑在一起销售, 是不是? | 여: | 당신말은 모든 상품을 묶음으로 팔지 않았으면 한다는 뜻인가요? |
| 男: | 是的, 像南瓜和萝卜之类可以卖半个, 这样可以吸引更多的顾客。 | 남: | 네, 호박과 무 같은 것을 쪼개서 판매한다면 더 많은 고객을 유치할 수 있습니다. |
| 女: | 好主意, 小伙子你在哪个部门工作? | 여: | 좋은 아이디어네요. 총각은 어느 부서에서 근무합니까? |
| 男: | 售后服务部。 | 남: | A/S 센터요. |
| 女: | 从明天开始我把你调到策划部去工作, 怎么样? 没问题吧? | 여: | 내일부터 기획부에서 근무하는 게 어때요? 문제없죠? |
| 男: | 谢谢! 我一定不会辜负您的期望。 | 남: | 감사합니다. 기대를 저버리지 않도록하겠습니다. |

**어휘** 坚持 jiānchí 고집하다 | 南瓜 nánguā 호박 | 大娘 dàniáng 큰어머니 | 捆绑 kǔnbǎng 줄로 묶다 | 销售 xiāoshòu 판매하다 | 辜负 gūfù 저버리다 | 策划 cèhuà 기획하다

**31** 男的现在在哪个部门工作?
- A 人事部
- B 销售部
- C 策划部
- D 售后服务部

문: 남자는 지금 어느 부서에서 근무하나?
- A 인사부
- B 판매부
- C 기획부
- D A/S 센터

**해설** 남자는 지금이 아니라 내일부터 기획부에서 근무하는 것이기 때문에 정답은 D이다.

**32** 他们在谈论什么?
- A 家乡
- B 爱好
- C 工作
- D 鱼和肉

문: 그들은 무엇에 대해 이야기하고 있나?
- A 고향
- B 취미
- C 일
- D 생선과 고기

**해설** 호박과 무 같은 것은 하나씩 팔지 말고 쪼개서 팔자는 남자의 제안에 여자는 아주 흔쾌히 받아들이면서 남자를 칭찬해 주었다. 이로써 대화하고 있는 두 사람은 지금 일에 대해 이야기하고 있다는 것을 알 수 있다. 따라서 C가 정답이다.

第33到34题是根据下面一段对话 | 33-34번 문제는 아래의 대화를 듣고 푸는 문제이다.

女: 想开点儿，没什么了不起的，好姑娘也不只她一个。

여: 좋게 생각해, 뭐 그렇게 대단한 일도 아니고, 좋은 아가씨가 그 여자 하나뿐인 게 아니잖아.

男: 话倒是这么说，可我就是想不通，她为什么会一下子变了心呢？

남: 그렇긴하지만, 난 이해가 안 돼. 그녀가 왜 갑자기 마음이 변했을까?

女: 我劝你出去散散心。要不，你来参加我们的暑期活动吧。

여: 나가서 기분 전환을 좀 해봐. 아니면 우리 여름방학 활동에 참석하든지.

男: 什么活动？

남: 무슨 활동인데?

女: 西藏探险游啊，现在已经有八个人报名了。

여: 티벳 탐험여행. 지금 이미 8명이 신청했거든.

男: 我想趁这个假期好好学英语，争取年底考托福。

남: 난 이번 방학 때 영어 열심히 공부해서 연말에 토플 시험 볼 거야.

女: 你想留学啊？

여: 유학 가려고?

男: 我想忘掉这里的一切。

남: 난 여기 모든 것을 잊고 싶어.

**어휘** 想开 xiǎngkāi 생각을 넓게 가지다 | 姑娘 gūniang 아가씨 | 暑期 shǔqī 여름 방학 | 探险游 tànxiǎnyóu 탐험여행 | 托福 tuōfú 토플 시험

**33** 女的暑假打算干什么？

문: 여자는 여름 방학 때 무엇을 할 예정인가?

A 留学
B 学英语
C 回老家
D 去西藏旅游

A 유학하려고
B 영어공부를 하려고
C 고향에 가려고
D 티벳에 여행가려고

**해설** 실연 때문에 아주 상심해 있는 남자에게 여자는 자기가 이번 여름 방학 때 티벳 탐험여행을 가는데 같이 가자고 제안했으므로, 여자가 여름 방학 때 티벳으로 여행 가려는 것을 알 수 있다. 따라서 D가 정답이다.

**34** 关于男的，可以知道什么？

문: 남자에 대해 무엇을 알 수 있나?

A 失败了
B 失恋了
C 得病了
D 没考上大学

A 실패했다
B 실연했다
C 병에 걸렸다
D 대학에 떨어졌다

**해설** 남자가 아주 낙심해 하면서 여자가 왜 갑자기 마음이 변했는지 모르겠다고 했다. 이로써 우리는 남자가 실연했다는 것을 알 수 있다. 따라서 B가 정답이다.

第35到36题是根据下面一段话 | 35-36번 문제는 아래 한 단락의 내용을 듣고 푸는 문제이다.

在广东一所大学的复印机前，学生们排起了长队，那是台提供免费复印服务的复印机。这台机器没有插卡交费的地方，只要放上复印纸，按"开始"键，想复印多少就可以复印多少。为什么可以免费复印呢？其原因就在于复印纸的背面。这种复印纸的背面和普通复印纸不同，背面都印有企业的广告。这样一来，做广告的企业支付广告费，而复印服务就可以免费了。

광둥 한 대학의 복사기 앞에 학생들이 줄을 길게 서 있다. 그 복사기는 무료 서비스를 제공하는 복사기이다. 그 복사기에는 카드를 삽입해 돈을 지불하는 곳이 없다. 복사지를 넣고 '시작' 버튼만 누르면 복사하고 싶은 만큼 복사할 수 있다. 왜 무료로 복사할 수 있을까? 그 이유는 바로 복사지의 뒷면에 있다. 이런 복사지 뒷면에는 일반 복사지와 달리 기업의 광고가 인쇄돼 있다. 이렇게 하면 광고를 낸 기업에서 광고비를 지불하기 때문에 복사 서비스를 무료로 할 수 있었던 것이다.

**어휘** 提供 tígōng 제공하다 | 插卡 chākǎ 카드를 삽입하다 | 键 jiàn 버튼 | 背面 bèimiàn 뒷면 | 复印纸 fùyìnzhǐ 복사지 | 印 yìn 인쇄하다 | 化妆品 huàzhuāngpǐn 화장품

---

**35** 为什么学生们排长队等候复印？

A 便宜
B 服务好
C 要考试了
D 可以免费复印

문: 학생들은 왜 줄을 길게 서서 복사하려고 기다리고 있나?

A 싸기 때문에
B 서비스가 좋기 때문에
C 곧 시험이기 때문에
D 무료로 복사할 수 있기 때문에

**해설** 문장의 맨 앞 부분에서 학생들이 복사를 하려고 줄을 길게 서 있고, 복사기는 무료 서비스를 제공한다고 했다. 이로써 학생들이 줄을 길게 서 있는 이유가 무료로 복사할 수 있기 때문이라는 것을 알 수 있다. 따라서 D가 정답이다.

---

**36** 免费复印纸的背面印有什么？

A 招聘广告
B 时装广告
C 企业的广告
D 化妆品广告

문: 무료 복사지의 뒷면에는 무엇이 인쇄돼 있나?

A 초빙 광고
B 패션 광고
C 기업의 광고
D 화장품 광고

**해설** 무료 복사지의 뒷면에는 무엇이 인쇄되어 있느냐는 질문인데, 문장의 맨 마지막에 복사지 뒷면에 기업의 광고가 인쇄돼 있다고 했으므로 C가 정답이다.

第37到38题是根据下面一段话 | 37-38번 문제는 아래 한 단락의 내용을 듣고 푸는 문제이다.

　　北京时间2月18日，中国选手王濛以43秒048的成绩夺得2010年温哥华冬奥会女子短道速滑500米金牌。开赛后，王濛迅速领先，随后，她又不断拉大与对手之间的距离，并率先撞线。王濛成为这个项目的蝉联冠军，而在王濛之前，世界上也只有美国选手凯西特在这个项目中连续拿过两次金牌。在新闻发布会上，当有记者问她在比赛中是否有压力时，她说，虽然有压力，但当自己把压力化为动力时，自然会发挥得更好。

　　베이징 시간 2월 18일, 중국 선수 왕멍은 43초 048의 성적으로 2010년 동계올림픽 여자 쇼트트랙 스피드스케이팅 500미터 경기에서 금메달을 획득했다. 시합을 시작할 때 왕멍은 잽싸게 선두를 달렸으며, 그 후 계속하여 상대와의 거리를 크게 벌려놓으며 1위로 결승선을 통과하였다. 이로써 왕멍은 이 종목의 2연속 우승자가 되었다. 왕멍 이전에 세계에서 미국 선수 카시트만 이 종목에서 연속 두 번 금메달을 획득한 적이 있다. 기자 회견에서 시합 중 스트레스가 없었느냐는 기자의 질문에, 그녀는 비록 스트레스는 있었지만, 스트레스를 동력으로 받아들이니 아주 좋은 결과를 얻을 수 있었다고 말했다.

**어휘** 夺得 duódé 얻다 | 冬奥会 Dōng'àohuì 동계 올림픽 | 短道速滑 duǎndàosùhuá 쇼트트랙 스피드스케이팅 | 开赛 kāisài 경기를 시작하다 | 领先 lǐngxiān 앞서다 | 拉大 lādà (거리를) 벌려 놓다 | 对手 duìshǒu 상대 | 率先 shuàixiān 먼저 | 撞线 zhuàngxiàn 결승선을 통과하다 | 蝉联冠军 chánliánguànjūn 2연속 우승자 | 新闻发布会 xīnwénfābùhuì 기자 회견 | 化为… huàwéi …로 변하다 | 发挥 fāhuī 발휘하다 | 长跑 chángpǎo 장거리 경주

**37** 王濛参加的是什么比赛？　　　　문: 왕멍은 어떤 시합에 참가했나?

A　滑冰　　　　　　　　　A　스케이팅
B　滑雪　　　　　　　　　B　스키
C　滑水　　　　　　　　　C　수상 스키
D　长跑　　　　　　　　　D　장거리 경주

**해설** 핵심어는 '短道速滑, 쇼트트랙 스피드스케이팅'이다. 이로써 왕멍이 참가한 시합은 '滑冰, 스케이팅'이라는 것을 알 수 있다.

**38** 王濛在冬奥会女子短道速滑500米比赛中，拿过几次金牌？

문: 왕멍은 동계올림픽 여자 쇼트트랙 스피드스케이팅 500미터 경기에서 금메달을 몇 번 획득 했나?

A　一次　　　　　　　　　A　한 번
B　两次　　　　　　　　　B　두 번
C　三次　　　　　　　　　C　세 번
D　四次　　　　　　　　　D　네 번

**해설** 핵심어는 '蝉联冠军, 2연속 우승자'이다. 이로써 왕멍이 금메달을 두 번이나 땄다는 것을 알 수 있다. 따라서 B가 정답이다.

第39到42题是根据下面一段话 | 39-42번 문제는 아래 한 단락의 내용을 듣고 푸는 문제이다.

有一个老人，名叫愚公，快九十岁了。他家门前有两座大山挡着，所以进出非常不方便。

一天，愚公召集全家人说："这两座大山，挡住了咱们家的门口，咱们移走这两座大山，大家看怎么样？"大家听了以后都非常赞成，第二天天刚亮，愚公就带领全家老小开始挖山。

这时有个叫智叟的老头，他看见愚公一家人移山，觉得十分可笑，他对愚公说："你这么大岁数了，走路都不方便，怎么可能移走两座大山？"愚公回答说："我虽然快要死了，但是我还有儿子，我的儿子死了，还有孙子，子子孙孙，一直传下去，永无止境的。而山上的石头却是搬走一点儿就少一点儿。"智叟再也无话可说了。

愚公带领一家人，不论是酷热的夏天，还是寒冷的冬天，每天起早贪黑地挖山。他们的行为终于感动了上帝，于是上帝派遣两名神仙到人间来，把这两座大山搬走了。

위궁이라는 한 노인이 있었는데, 나이는 90세가 다 되었다. 그의 집 앞에 두 개의 산이 막혀 있어, 출입이 아주 불편했다.

하루는 위궁이 온 가족들을 모아 놓고 "이 두 산이 우리 집 입구를 막아놓았는데, 우리가 이 두 개의 산을 옮기는 것이 어떠냐?"라고 말하자, 모두들 아주 찬성했다. 그 다음날 위궁은 날이 밝아지자마자 바로 식구 모두를 데리고 산을 파기 시작했다.

이 때 쯔서우라는 노인이 위궁의 식구들이 산을 옮기는 것을 보고 너무 우습다는 생각이 들어 위궁에게 "당신 나이가 너무 많아 걷는 것조차도 힘든데, 어떻게 산 두개를 옮길 수 있겠습니까?"라고 묻자, 위궁은 "나는 곧 죽을 테지만 내 아들이 있고, 내 아들이 죽으면 또 내 손자가 있고, 자자손손 계속 이어 가면 됩니다. 그러나 산의 돌은 옮긴 만큼 적어 질 것입니다."라고 답하자 쯔서우도 더 이상 할 말이 없었다.

위궁은 온 식구를 데리고 무더운 여름이든 몹시 추운 겨울이든 매일 아주 부지런히 산을 팠다. 그들의 이러한 행동이 결국 하느님을 감동시켜, 하느님께서 두 신선을 인간세상으로 보내, 그 두 개의 산을 옮겨가 버렸다.

**어휘** 挡 dǎng 막다 | 进出 jìnchū 출입하다 | 召集 zhàojí 소집하다 | 移走 yízǒu 옮기다 | 亮 liàng 밝다 | 老小 lǎoxiāo 노인과 아이 | 挖 wā 파다 | 永无止境 yǒngwúzhǐjìng 무궁무진하다 | 石头 shítou 돌 | 不论 búlùn …을 막론하고 | 酷热 kùrè 몹시 무덥다 | 寒冷 hánlěng 춥고 차다 | 起早贪黑 qǐzǎotānhēi 아침 일찍 일어나서 밤 늦게 자다 | 派遣 pàiqiǎn 파견하다 | 神仙 shénxiān 선인 | 人间 rénjiān 세상 | 盖房子 gàifángzi 집을 짓다 | 嘲笑 cháoxiào 비웃다

**39** 愚公为什么要移山？

A 为搬家
B 为挣钱
C 为盖房子
D 进出不方便

문: 위궁은 왜 산을 옮기려고 했나？

A 이사를 위해서
B 돈을 벌기 위해서
C 집을 짓기 우해서
D 출입이 불편해서

**해설** 핵심어는 '这两座大山，挡住了咱们家的门口, 이 두 산이 우리 집 입구를 막아놓았는데' 이다. 이로써 위궁이 산을 옮기려는 이유가 '进出不方便, 출입이 불편해서' 라는 것을 알 수 있다.

40 智叟对愚公的行为持什么态度?　　　문: 쯔서우는 위궁의 행위에 대해 어떤 태도인가?

A　嘲笑　　　　　　　　　　　A　비웃는 태도

B　赞成　　　　　　　　　　　B　찬성하는 태도

C　鼓励　　　　　　　　　　　C　격려하는 태도

D　批评　　　　　　　　　　　D　비평하는 태도

해설　쯔서우는 위궁이 산을 옮기고 있는 것을 보고 '당신 나이가 너무 많아 걷는 것조차도 힘든데, 어떻게 산 두개를 옮길 수 있겠습니까?' 라고 했으므로, 쯔서우가 위궁을 비웃고 있다는 것을 알 수 있다. 따라서 A가 정답이다.

41 最后是谁把两座大山搬走的?　　　문: 마지막에 누가 그 두 개의 산을 옮겼나?

A　上帝　　　　　　　　　　　A　하느님

B　愚公　　　　　　　　　　　B　위궁

C　愚公的后代　　　　　　　　C　위궁의 후손

D　上帝派来的神仙　　　　　　D　하느님이 보내온 신선

해설　문장의 마지막 부분에 '于是上帝派遣两名神仙到人间来，把这两座大山搬走了，그래서 하느님께서 두 신선을 인간으로 보내, 그 두 개의 산을 옮겨가 버렸다' 라고 했으므로, 산을 옮겨간 사람은 신선이라는 것을 알 수 있다. 따라서 D가 정답이다.

42 关于愚公，我们可以知道什么?　　　문: 위궁에 대해 무엇을 알 수 있나?

A　很聪明　　　　　　　　　　A　아주 총명하다

B　很理智　　　　　　　　　　B　아주 지혜롭다

C　很有钱　　　　　　　　　　C　돈이 아주 많다

D　很有耐心　　　　　　　　　D　아주 인내심이 있다

해설　위궁에 대해 알 수 있는 것은 무엇이냐는 질문인데, 문장에서 위궁이 온 가족을 총동원하여 산을 옮긴다고 했으므로, 위궁의 인내력이 아주 강하다는 것을 알 수 있다. 따라서 D가 정답이다.

第43到45题是根据下面一段话 | 43-45번 문제는 아래 한 단락의 내용을 듣고 푸는 문제이다.

要保持身体健康，就要坚持锻炼。锻炼的形式有很多种，从慢跑到游泳和球类运动。在选择做哪项运动的时候，你一定要选择自己喜欢的运动，只有这样你才能够坚持下去。你不必通过剧烈的运动来达到锻炼的目的。每周进行两三次20分钟的锻炼，要比每周只有一天持续锻炼几个小时，而其余时间不锻炼要好得多。

在开始锻炼之前，要先热身。热身会使你的心跳加快，输送更多的氧气以满足身体的需要，同时还可以放松肌肉，避免拉伤。即将进行的运动项目耗能越多，所需要的热身时间也就越长。另外，在锻炼时，要时刻"聆听"你的身体，如果你突然感到不舒服，就要立即停止————这是你的身体在告诉你，某些地方不太对劲儿。

锻炼结束之后，要做一些伸展和放松运动，然后再彻底停下来，这样会使你的心跳恢复正常。如果突然停止运动，你可能会感到头晕眼花。

건강을 유지하려면 지속적으로 단련을 해야 한다. 단련의 형식은 많은 종류가 있는데, 조깅부터 수영과 구기 운동 등이 있다. 운동 종류를 선택할 때, 반드시 자기가 좋아하는 운동을 선택해야 한다. 그래야만 그 운동을 지속적으로 할 수 있다. 격렬한 운동을 통해 단련의 목적을 달성할 필요는 없다. 매주 두세 번 정도 20분 동안 단련하는 것이 매주 단 하루만 몇 시간 동안 계속 단련하고 그 나머지 시간은 단련하지 않는 것보다 훨씬 낫다.

단련을 시작하기 전에는 반드시 준비 운동을 해야 한다. 준비 운동은 당신의 심장 박동을 빠르게 하며, 더 많은 산소를 수송하여 신체의 요구를 만족해 주는 동시 근육을 풀어줄 수 있어, 다치는 것을 피할 수 있다. 곧 진행할 운동이 열량을 많이 소모시키는 종목일수록, 준비 운동 시간은 더 길어야 하며, 그리고 단련할 때 항상 당신의 몸이 하는 소리를 '경청'해야 한다. 갑자기 불편하다고 느껴지면, 즉각 정지해야 한다. 이것은 당신의 몸 어딘가가 이상하다는 것을 당신에게 알려 주고 있는 것이다.

단련이 끝난 이후 반드시 스트레칭과 이완운동을 한 다음 완전히 멈춰야 한다. 이렇게 하면 당신의 심장 박동을 정상으로 회복시킬 수 있다. 만약 갑자기 운동을 정지하면 머리가 어질어질하고 눈이 침침할 수 있다.

**어휘** 慢跑 mànpǎo 조깅 | 球类 qiúlèi 구기류 | 剧烈 jùliè 격렬하다 | 其余 qíyú 나머지 | 热身 rèshēn 준비 운동을 하다 | 心跳 xīntiào 심장이 뛰다 | 加快 jiākuài 빠르게 하다 | 输送 shūsòng 수송하다 | 肌肉 jīròu 근육 | 避免 bìmiǎn 피하다 | 拉伤 lāshāng 다치다 | 耗能 hàonéng 에너지를 소모하다 | 聆听 língtīng 귀를 기울여 듣다, 경청하다 | 立即 lìjí 즉시 | 不对劲 búduìjìn 이상하다 | 伸展 shēnzhǎn 펴다, 스트레칭 | 彻底 chèdǐ 철저히 하다 | 头晕眼花 tóuyūnyǎnhuā 머리가 어지럽고 눈이 침침하다

**43** 怎样才能保持身体健康?

A 吃补药
B 坚持锻炼
C 抽烟喝酒
D 多吃饭少吃菜

문: 어떻게 하면 건강을 유지할 수 있나?

A 보약을 먹는다
B 지속적으로 운동한다
C 술, 담배를 한다
D 밥을 많이 먹고 채소를 적게 먹는다

**해설** 건강을 유지하는 방법이 무엇이냐는 질문이다. 문장의 맨 앞 부분에 '要保持身体健康，就要坚持锻炼, 건강을 유지하려면 지속적으로 단련을 해야 한다' 라고 했으므로, B가 정답이다.

**44** 锻炼之前要先做什么?

A   喝水

B   吃饭

C   **热身**

D   睡觉

문: 단련을 하기 전에 우선 무엇을 해야 하나?

A   물을 마신다

B   밥을 먹는다

C   준비운동을 한다

D   잠을 잔다

**해설**   운동하기 전에 무엇을 먼저 해야 하느냐는 질문이다. 상식적으로 봐도 '물을 마신다, 밥을 먹는다. 잠을 잔다' 는 모두 정답이 될 수 없다. 그리고 '준비 운동을 한다' 는 문장에서도 언급한 바가 있다. 따라서 C가 정답이다.

**45** 这篇文章主要谈的是什么?

A   减肥

B   饮食习惯

C   个人爱好

D   **锻炼的方法**

문: 이 문장은 주로 무엇에 대해 이야기하고 있나?

A   다이어트

B   음식 습관

C   개인적인 취미

D   단련 방법

**해설**   주제가 무엇이냐는 질문이다. 문장에서 운동을 하되 지속적으로 해야 하며, 또 운동하기 전과 운동을 한 다음 모두 스트레칭과 이완운동을 해야 한다고 하였다. 따라서 문장의 주제는 '신체 단련을 하는 방법' 이라는 것을 알 수 있다.

听力考试现在结束。 | 듣기시험이 끝났습니다.

# 二、阅读

## 第 一 部分

★ 유형따악 & 공략하기
이 부분의 문제는 몇 편의 단문으로 구성되어 있으며, 단문 가운데에는 여러 개의 빈칸이 있다. 빈칸은 단어 하나 혹은 문장 하나로 채워져야 한다. 빈칸에 들어갈 단어를 고를 땐, 우선 보기에 나와 있는 단어의 뜻을 하나하나 따악한 다음 문장에 넣어 번역을 해보면 정답을 고를 수 있다. 간혹 보기 중 비슷한 단어가 두 개 정도 있을 때가 있다. 이럴 때는 어떤 단어는 어떤 단어와 결합하여 사용하는지 잘 생각하여 접근하면 문제를 쉽게 풀 수 있다. 그리고 빈칸에 들어갈 문장을 고를 땐, 전체 문맥의 흐름을 잡는 것이 관건이다.

第46－60题：请选出正确答案。

## 46-48

在一次演讲 46 比赛 中，一位参赛者手里举着一张钞票，问台下的人谁想要。很多人举起了手，随后，参赛者将钞票揉成一团后问谁还想要，还有一些人举手。接着，他把钞票 47 扔 到地上，狠狠地踩了一脚，捡起钞票，他又问大家："还有人要吗？"仍然有人举手。参赛者问一个举手者："钞票这么脏，为什么还想得到它呢？"那个人回答说："因为它没有 48 贬值。"

어떤 연설 46 대회 에서, 한 참가자가 손에 지폐 한 장을 들고 무대 아래에 있는 사람들에게 누가 이 지폐를 갖고 싶으냐고 물었다. 많은 사람들이 손을 들었다. 이어서 참가자는 지폐를 한 덩어리로 뭉치더니 또 누가 가지겠냐고 물었다. 여전히 손을 드는 사람이 있었다. 이어서 그는 지폐를 바닥에 47 던지더니 발로 모질게 밟고 나서는 그 지폐를 주어 들고 다시 사람들에게 "아직도 갖고 싶은 분이 계십니까?" 라고 물었다. 여전히 손을 드는 사람이 있었다. 참가자는 손을 든 한 사람에게 "지폐가 이렇게 더러운데도 왜 가지려고 합니까?" 라고 물으니 그 사람은 "그 돈의 48 화폐가치가 떨어지지 않았기 때문입니다." 라고 대답하였다.

**어휘** 演讲 yǎnjiǎng 강연, 연설 | 参赛者 cānsàizhě 참가자 | 钞票 chāopiào 돈, 지폐 | 举 jǔ 들러 올리다 | 台下 táixià (교단, 강단) 아래 | 随后 suíhòu 뒤따라 | 揉 róu 비비다 | 一团 yìtuán 한 뭉치 | 接着 jiēzhe 이어서 | 扔 rēng 버리다 | 狠狠地 hěnhěnde 사납게 | 踩 cǎi 밟다 | 捡 jiǎn 줍다 | 仍然 réngrán 여전히 | 贬值 biǎnzhí 평가 절하되다

**46**
A 考试               A 시험

B **比赛**              B 시합

C 会议               C 회의

D 过程               D 과정

**해설** 在一次演讲 **46** 比赛 中

'在…中'은 '…에서'란 뜻을 나타내고, '演讲比赛'은 '강연 대회'란 뜻을 나타낸다.

**47**
A **扔**               A 던지다

B 挑               B 고르다

C 捡               C (물건을) 줍다

D 换               D 바꾸다

**해설** 他把钞票 **47** 扔 到地上

지폐가 원래 참가자 손에 있었기에, '捡, 换, 挑'은 모두 정답이 될 수 없고, '扔, 던지다'가 정답이다.

**48**
A 打扫               A 청소하다

B 存在               B 존재하다

C 变化               C 변화하다

D **贬值**             D 화폐가치가 떨어지다

**해설** 因为它没有 **48** 贬值

참가자가 지폐를 바닥에 던지고, 또 발로 모질게 밟아도, 지폐를 가지려는 사람이 있는 이유는 지폐는 다른 물건과 달리 더러워지거나 구겨져도, 지폐의 가치에는 변화가 없기 때문이다. 따라서 정답은 D이다.

颜渊是孔子的弟子。有__49 一天__，颜渊在河边散步的时候，看到了一位驾船的老人，这位老人对颜渊说，善于游泳的人只要经过一番训练就可以驾船，如果是会潜水的人，即使从来没接触过船，也能操作自如。

颜渊不明白老人说的话，于是他来__50 请教__孔子。孔子向他解释说："游泳能手是不会惧怕水的，他对驾船不存在恐惧__51 心理__，心情可以完全放松，所以只要练习的话，就可以驾船；擅长潜水的人更不会惧怕水，他在水里就像是在陆地一样，来去自如。因此他不用练习就可以驾船，在他看来翻船根本不是什么可怕的事，他可以把船再翻过来，所以他即使从没驾过船，也能操作自如。"

因此，做事之前，最重要的是__52 要有一个平常心__，也不能有恐惧心理。

안연은 공자의 제자이다. __49 하루는__ 안연이 강가에서 산책을 하고 있을 때, 배 젓는 노인을 만났다. 이 노인은 안연에게, 수영을 잘 하는 사람은 연습만 조금 하면 배를 저을 수 있으며, 만약 잠수를 할 줄 아는 사람이라면 설령 배를 접해 본 적이 없다 하더라도 자유자재로 배를 다룰 수 있다고 하였다.

안연은 노인의 말뜻을 이해하지 못해서, 공자에게 __50 가르침을 청했다.__ 공자가 그에게 설명하기를 "수영 고수는 물을 두려워하지 않으며, 배를 젓는 것에 대해 공포 __51 심리__가 없다. 마음이 완전히 편안하기 때문에 연습을 하기만 하면 배를 저을 수 있게 되지. 잠수를 잘 하는 사람은 더더욱 물을 두려워하지 않는다. 그는 물속에서 마치 육지와 같이 자유롭게 움직인다. 따라서 그는 연습을 하지 않아도 배를 저을 수 있고, 그에게 있어서 배가 뒤집어진다는 것은 전혀 무서워할 일이 아니다. 그는 배를 다시 뒤집을 수 있기 때문에 설령 배를 저은 적이 없다 하더라도 자유자재로 다룰 수 있단다." 라고 하였다.

따라서 일을 하기 전에 가장 중요한 것은 __52 평상심__을 유지해야 하며, 또한 두려운 마음이 있어서는 안 된다.

**어휘** 弟子 dìzǐ 제자 | 驾船 jiàchuán 배를 몰다 | 河边 hébiān 강변 | 善于 shànyú …에 능숙하다 | 一番 yìfān 한차례 | 训练 xùnliàn 훈련하다 | 接触 jiēchù 접촉하다 | 操作自如 cāozuòzìrú (운전, 기계조작이) 능수능란하다 | 惧怕 jùpà 두려워하다 | 恐惧 kǒngjù 두려워하다 | 陆地 lùdì 육지 | 自如 zìrú 태연하다 | 翻 fān 뒤집다 | 平常心 píngchángxīn 평상심

**49**
A 时候
B <u>一天</u>
C 老师
D 信心

A …때
B 하루
C 선생님
D 자신감

**해설** 有__49 一天__
↓
지나간 이야기를 할 때, 대개 '有一天, 하루는', '有一次, 한번은' 등이 문장의 맨 앞에 위치하는 경우가 많다.

50  A  建议　　　　　　　A  건의하다
    B  学习　　　　　　　B  학습하다
    C  请教　　　　　　　C  가르침을 청하다
    D  帮助　　　　　　　D  도와주다

해설  于是他来_50 请教_孔子

안연은 배 젓는 노인의 말이 이해가 안 되어, 자신의 스승인 공자를 찾아온 것이다. 따라서 빈칸에 들어갈 단어는 '请教, 가르침을 청하다' 라는 것을 알 수 있다.


51  A  心理　　　　　　　A  심리
    B  感情　　　　　　　B  감정
    C  思想　　　　　　　C  사상
    D  理由　　　　　　　D  이유

해설  他对驾船不存在恐惧_51 心理_

앞뒤 문장이 모두 수영과 배를 젓는 것에 대한 이야기이므로, '恐惧' 뒤에 올 수 있는 단어가 '心理' 라는 것을 알 수 있다.


52  A  不能有坏心　　　　A  나쁜 마음이 있어서는 안 된다
    B  要关心别人　　　　B  다른 사람에게 관심을 가져야 한다
    C  不要惧怕别人　　　C  다른 사람을 두려워해서는 안 된다
    D  要有一颗平常心　　D  평상심을 유지해야 한다

해설  最重要的是_52 要有一个平常心_，也不能有恐惧心理

문장의 마무리 말로서, '가장 중요한 것은 _____이며, 또한 두려운 마음이 있어서는 안 된다' 에서, 빈 칸에 들어갈 말은 '두려운 마음이 있어서는 안 된다' 와 같은 의미를 나타내는 말이어야 한다. 따라서 정답은 '평상심을 유지해야 한다' 가 정답이다.

**53-56**

老虎为了填饱肚子，正在山里寻找小动物。当它抓到一只狐狸时，狐狸说："上帝派遣我来做野兽的首领，现在你吃掉我，就是违背上帝的 __53 命令__。如果你认为我的话不 __54 可信__，我在你前面走，你跟随在我后面。我敢发誓山里的野兽看见我的话都会逃走的。"老虎认为狐狸的话很有道理，所以就和它一起走。果然，山里的野兽看见老虎和狐狸，都吓得 __55 逃跑__ 了。老虎不知道所有的野兽是因为怕自己而逃走的，它还以为 __56 他们是害怕狐狸__。

호랑이는 배를 채우기 위하여 산에서 작은 동물을 찾고 있었다. 호랑이가 여우를 잡았을 때, 여우는 "하느님이 저를 야수의 우두머리가 되라고 파견 보냈습니다. 지금 당신이 저를 잡아먹으면 바로 하느님의 __53 명령__을 위반하는 것이 됩니다. 만약 제 말을 __54 믿지 못하겠으면__, 제가 당신 앞에서 걷고 당신이 뒤에서 따라와보세요. 제가 감히 맹세합니다. 산속에 있는 야수들이 저를 보면 모두 __55 도망갈__ 것입니다."라고 말했다. 호랑이는 여우의 말이 일리가 있다고 생각되어 그와 함께 걸어갔다. 아니나 다를까, 산속의 야수들이 호랑이와 여우를 보고는 모두 놀라서 도망갔다. 호랑이는 모든 야수들이 자기를 무서워서 도망을 간 줄 모르고, __56 여우가 무서워서 도망간__ 줄로만 알았다.

**어휘** 老虎 lǎohǔ 호랑이 | 填饱 tiánbǎo 채우다 | 肚子 dùzi 배 | 寻找 xúnzhǎo 구하다 | 抓到 zhuādào 잡다 | 狐狸 húli 여우 | 上帝 Shàngdì 하느님 | 派遣 pàiqiǎn 파견하다 | 野兽 yěshòu 야수 | 首领 shǒulǐng 우두머리, 두목 | 吃掉 chīdiào 먹어버리다 | 违背 wéibèi 위반하다 | 命令 mìnglìng 명령 | 可信 kěxìn 믿을 만하다 | 跟随 gēnsuí (뒤)따르다 | 发誓 fāshì 맹세하다 | 逃走 táozǒu 도망치다 | 道理 dàoli 일리 | 果然 guǒrán 과연, 아니나 다를까 | 吓 xià 놀라다 | 所有 suǒyǒu 모든, 전부의 | 以为 yǐwéi …인 줄 알다[현대 한어에서 주로 '…라고 여겼는데 아니다' 라는 잘못된 판단이나 생각을 나타냄] | 害怕 hàipà 무서워하다, 두려워하다 | 消息 xiāoxi 소식 | 通知 tōngzhī 통지하다 | 命运 mìngyùn 운명 | 激动 jīdòng 흥분하다

**53**

A 命令  　　　　　　A 명령
B 消息  　　　　　　B 소식
C 通知  　　　　　　C 통지
D 命运  　　　　　　D 운명

**해설**　就是违背上帝的 __53 命令__

↓

'违背, 위반하다' 는 뒤에 '命令, 명령', '誓言, 맹세' 와 함께 써야 한다. 따라서 정답은 '命令' 이다.

54
A 激动
B 愉快
C 美丽
D 可信

A 흥분하다
B 즐겁다
C 아름답다
D 믿을 만하다

해설  如果你认为我的话不 54 可信

보기의 A와 C를 문장에 넣어 번역을 해보면 정답이 될 수 없다는 것을 알 수 있다. 그리고 '愉快, 즐겁다'는 대개 사람이나 사람의 심정에만 쓰이기 때문에 역시 정답이 될 수 없다. 따라서 정답은 D라는 것을 알 수 있다.


55
A 跑步
B 逃跑
C 睡觉
D 跳舞

A 달리다
B 도망가다
C 자다
D 춤추다

해설  都吓得 55 逃跑 了

'吓'은 '놀라다'란 뜻을 나타내고, '得'은 동사 '吓' 뒤에 쓰여 정도를 나타내는 보어와 연결시키는 것이다. 따라서 '吓得' 뒤에 올 수 있는 단어는 놀란 정도를 나타낼 수 있는 '逃跑'가 와야 한다. 보기의 '跑步, 睡觉, 跳舞'은 모두 놀란 정도를 나타낼 수 없기 때문에 정답이 될 수 없다.


56
A 上帝来了
B 它们都很饿
C 狐狸很聪明
D 它们是害怕狐狸

A 하느님께서 오셨다
B 그들은 모두 배가 고팠다
C 여우는 매우 총명하다
D 그들은 여우를 두려워했다

해설  它还以为 56 他们是害怕狐狸

'以为'은 '…인줄 알다' 즉 어떤 것을 잘 못 알고 있다는 뜻이다. 문장에서 호랑이에게 잡아먹히지 않기 위해서, 여우가 산 속의 야수들이 모두 자기를 무서워한다고 호랑이에게 거짓말을 했는데, 호랑이는 그 말을 믿었다. 따라서 정답은 '산 속의 야수들이 모두 여우를 무서워하는 줄로만 알았다'가 정답이다.

中国是瓷器的故乡，瓷器的发明是中华民族对世界文明的伟大贡献，在英文中"瓷器(china)"一词也有"中国"的意思，这充分　57　说明　在瓷器制造业方面中国是第一位的。大约在公元前16世纪中期，中国就　58　出现　了早期的瓷器。江西景德镇被称为"瓷都"，那里生产的瓷器非常精美，　59　种类也非常繁多。多姿多彩的中国瓷器　60　通过　各种贸易渠道传到各个国家。如今精美的中国古代瓷器，作为古董被大量收藏家所收藏。

중국은 자기의 고향이다. 자기의 발명은 중국민족이 세계문명에 위대한 기여를 한 것이다. 영어에서의 '자기(china)'란 단어는 '중국'이라는 뜻을 가지고 있다. 이는 자기제조에 있어 중국이 제1위를 차지하고 있다는 것을 충분히　57　입증해주고 있다. 기원전 약 16세기 중엽에, 중국은 이미 초기의 자기를　58　생산해 냈다. 쟝시성에 있는 징더전(景德鎭)은 '자기 도시'라고 불리고 있다. 이곳에서 생산된 자기는 아주 정교하고 아름다우며　59　종류도 매우 다양하다. 갖가지 자태를 하고 있는 중국자기는 각종 무역 경로를　60　거처　각 나라로 전해지고 있다. 오늘 날 정교하고 아름다운 중국의 고대 자기는 골동품으로서 많은 소장가들에 의해 소장되고 있다.

**어휘** 瓷器 cíqì 자기 | 发明 fāmíng 발명하다 | 文明 wénmíng 문명 | 伟大 wěidà 위대하다 | 贡献 gòngxiàn 바치다 | 充分 chōngfèn 충분히 | 说明 shuōmíng 입증하다 | 制造业 zhìzàoyè 제조업 | 第一位 dìyīwèi 제1위 | 大约 dàyuē 대략 | 公元前 gōngyuánqián 서력 기원전 | 世纪 shìjì 세기 | 中期 zhōngqī 중기, 중반 | 出现 chūxiàn 만들어 내다, 생산해 내다 | 称为 chēngwéi …라고 부르다 | 瓷都 cídū 자기의 도시 | 贸易 màoyì 무역 | 精美 jīngměi 정교하다 | 繁多 fánduō 다양하다 | 多姿多彩 duōzīduōcǎi 갖가지로 다양하다 | 渠道 qúdào 경로 | 传到 chuándào …에 전해지다 | 如今 rújīn 지금, 현재 | 古代 gǔdài 고대 | 作为 zuòwéi …으로 | 古董 gǔdǒng 골동품 | 收藏家 shōucángjiā 수집가 | 收藏 shōucáng 소장하다

**57**
A 解释　　　　　　　　A 해석하다
B 说明　　　　　　　　B 입증하다
C 包括　　　　　　　　C 포함하다
D 保存　　　　　　　　D 보존하다

**해설** 这充分　57　说明　在瓷器制造业方面中国是第一位的

↓

보기의 A C D를 빈칸에 넣어 번역해보면 정답이 아니라는 것을 알 수 있다. 그러나 '说明'은 '입증하다'란 뜻을 나타내고 있기 때문에 정답이 될 수 있다.

**58**
A 出现　　　　　　　　A 만들어 내다
B 实现　　　　　　　　B 실현하다
C 发展　　　　　　　　C 발전하다
D 开发　　　　　　　　D 개발하다

**해설** 中国就　58　出现　了早期的瓷器

↓

보기의 B C D를 빈칸에 넣어 번역해보면 정답이 아니라는 것을 알 수 있다. 그러나 '出现'은 '만들어 내다, 생산해 내다'란 뜻을 나타내고 있기 때문에 정답이 될 수 있다.

59    A  种类也非常繁多          A  종류 또한 매우 많다
      B  人们都喜欢看瓷器         B  사람들은 모두 자기를 보기 좋아한다
      C  景德镇有各种瓷器         C  징더전에는 각양각색의 자기가 있다
      D  瓷器历史非常悠久         D  자기의 역사는 아주 유구하다

해설  那里生产的瓷器非常精美，  59  种类也非常繁多

                        ↓

이 두 문장의 주어는 모두 '那里生产的瓷器' 이다. 따라서 주어인 '那里生产的瓷器' 뒤에
올 수 있는 말을 보기에서 찾으면 된다. 보기의 B C D를 빈칸에 넣어 번역해보면 정답이
아니라는 것을 알 수 있다. 그러나 보기의 '종류 또한 매우 많다' 는 맞다.


60    A  成为              A  …으로 되다
      B  往来              B  왕래하다
      C  通过              C  …을 거쳐
      D  进行              D  진행하다

해설  多姿多彩的中国瓷器  60  通过  各种贸易渠道传到各个国家

                        ↓

빈칸에 들어갈 단어를 고를 때, 우선 보기에 나와 있는 단어의 뜻부터 파악해야 한다. 보기
의 '成为' 은 'A가 B로 되다' 란 뜻으로 어떤 사람이나 사물이 변화되었음을 나타내고, '往
来' 은 '왕래하다' 란 뜻을 나타내고, '进行' 은 '진행하다' 란 뜻을 나타내기 때문에, 빈칸
에 들어갈 수 없다. 그러나 '通过' 은 '…을 거쳐' 란 뜻을 나타내기 때문에 '갖가지 자태
를 하고 있는 중국자기는 각종 무역 경로를 _____ 각 나라로 전해지고 있다' 의 빈칸에 들
어갈 수 있다.


# 第 二 部 分


★ 유형파악 & 공략하기

제2부분의 문제는 하나의 단문과 4개의 선택 항목으로 구성되어 있다. 보기 중에서 단문
내용과 일치하는 것을 선택하면 된다. 문제를 풀 때, 우선 단문에 나와 있는 인물, 시
간, 장소, 주제 등을 연필로 체크해 놓으면, 정답을 쉽게 찾을 수 있다.

第61-70题：请选出与试题内容一致的一项。

**61**  我从4岁起就开始学钢琴，到现在已经有15年了。我非常喜爱弹钢琴，弹琴已经成了我生活中的一部分。下周六我将代表我们学校去参加全国钢琴比赛。最近我每天都在练习，希望能取得好的成绩。

A　我将出国留学
B　下周六要考试
C　今年我取得了好的成绩
D　钢琴是我生活的一部分

나는 4살 때부터 피아노를 배우기 시작하여 지금까지 이미 15년이 되었다. 나는 피아노 치는 것을 매우 좋아한다. 피아노 치는 것은 이미 나의 삶의 일부분이 되었다. 다음 주 토요일에 나는 우리 학교를 대표하여 전국 피아노 시합에 참가한다. 요즘 매일 연습하고 있으며 좋은 성적을 얻기 바란다.

A　나는 외국으로 유학 갈 것이다
B　다음주 토요일에 시험을 봐야 한다
C　올해 나는 좋은 성적을 얻었다
D　피아노는 내 삶의 일부분이다

**어휘**　喜爱 xǐài 좋아하다 | 成 chéng …이〔가〕되다 | 取得 qǔdé 취득하다

**해설**　보기의 A B C는 모두 문장 내용과 상충하지만, 문장 중간 부분의 '나는 피아노 치는 것을 매우 좋아한다. 피아노 치는 것은 이미 나의 삶의 일부분이 되었다' 는 보기 D의 내용과 일치한다. 따라서 정답은 D이다.

**62**  年迈父母的健康与子女平时抽空回家看望父母的频率成正比。一项研究表明，只有和父母保持亲密关系，父母才会更长寿。如果不能经常回家看望父母的话，千万不要深夜给老人打电话，以免他们受到惊吓。

A　子女应该常看望父母
B　老人晚上经常睡不着觉
C　子女应该给父母买礼物
D　子女应该深夜给父母打电话

연로하신 부모님의 건강과 자녀들이 평소에 시간을 내어 부모를 찾아뵙는 빈도수는 정비례한다. 한 연구 결과에 의하면, 부모와 친밀한 관계를 유지해야만 부모님이 비로소 더욱 장수할 수 있다고 한다. 만약 부모님을 자주 찾아뵙지 못한다면, 절대로 늦은 밤에 전화를 하지 말아야 한다. 부모님이 놀랄 수도 있으니까.

A　자녀들은 부모를 자주 찾아 뵈야한다
B　노인들은 밤에 늘 잠을 잘 못 잔다
C　자녀들은 부모님께 선물을 사 드려야 한다
D　자녀들은 늦은 밤에 부모님께 전화 드려야 한다

**어휘**　年迈 niánmài 연로하다 | 频率 pínlǜ 빈도 | 成正比 chéngzhèngbǐ 정비례한다 | 亲密 qīnmì 사이가 좋다 | 长寿 chángshòu 장수하다 | 以免 yǐmiǎn …하지 않도록 | 惊吓 jīngxià 놀라다

**해설**　문장의 중간 부분에서 '부모와 친밀한 관계를 유지해야만 부모님이 비로소 더욱 장수할 수 있다고' 했다. 이 말은 보기의 '자녀들이 부모를 자주 찾아 뵈야 한다' 와 일치하기 때문에, A가 정답이다.

**63**

在中国随着互联网的进一步普及和应用，网上购物越来越盛行，其销售额每年剧增。网购大军女性居多，学生为主。学生半年网上购物总额已达到31亿元，这个数据大概占非学生半年网购总额的1/4。

A  学生一年花31亿元

B  人们上网是为了购物

C  女性上网是为了聊天

D  学生喜欢在网上买东西

중국에서 인터넷의 보급과 응용이 진일보함에 따라, 온라인 쇼핑도 점점 성행하고 있으며, 그 판매액도 매년 급격하게 증가하고 있다. 온라인 쇼핑집단으로는 여성들이 다수를 차지하고, 그 중에서도 학생들이 주가 된다. 학생들이 6개월간 온라인 쇼핑을 통해 구매한 총금액은 이미 31억 위안에 도달하였으며, 이 통계 수치는 학생을 제외한 6개월간 온라인 쇼핑 총금액의 1/4을 차지한다.

A  학생들은 일년에 31억 위안을 쓴다

B  사람들이 인터넷을 하는 것은 온라인쇼핑을 하기 위해서이다

C  여성들이 인터넷에 접속하는 이유는 채팅을 하기 위해서이다

D  학생들은 인터넷을 통해 물건 사기를 좋아한다

**어휘**  盛行 shèngxíng 성행하다 | 销售额 xiāoshòu'é 매출액 | 剧增 jùzēng 폭증하다 | 网上购物 wǎngshànggòuwù 온라인 쇼핑 | 大军 dàjūn 대규모 인원, 대군 | 居多 jūduō 다수를 차지하다 | 为主 wéizhǔ …을〔를〕위주로 하다 | 总额 zǒng'é 총금액 | 数据 shùjù 통계 수치 | 非 fēi 명사나 명사성 단어 앞에 쓰여 어떠한 범위에 속하지 않음을 나타냄

**해설**  문장 중간 부분에서 '온라인 쇼핑집단으로는 대부분 여성들이 많고, 그 중에서도 학생들이 주가 된다' 라고 했으므로, D가 정답이다.

**64**

近年来，孩子的教育成本高得让人难以承受，有的夫妇干脆选择不要孩子。养儿难在国外同样与高成本相关联，在实行高福利的法国和美国，孩子的抚养和教育成本问题也是一个非常头疼的问题。

A  高成本导致养儿难

B  有的夫妇不喜欢养孩子

C  外国不存在养儿难的问题

D  孩子的教育问题已得到了解决

최근 몇 년간, 아이들의 교육비가 감당하기 어려울 정도로 높아졌다. 어떤 부부들은 아예 아이를 가지지 않으려고 한다. 아이를 키우기 어려운 것은 외국에서도 마찬가지로 교육비용이 높은 것과 관련이 있다. 복지시스템이 잘 되어 있는 프랑스와 미국에서도 아이의 부양과 교육은 역시 하나의 골치 아픈 문제이다.

A  높은 비용은 자식양육의 어려움을 야기시킨다

B  어떤 부부는 아이 키우기를 싫어한다

C  외국에는 자식양육에 어려운 문제가 없다

D  아이의 교육 문제는 이미 해결되었다

**어휘**  成本 chéngběn 원가, 자본금 | 难以 nányǐ …하기 어렵다 | 承受 chéngshòu 감당하다 | 干脆 gāncuì 아예, 차라리 | 养儿难 yǎng'érnán 자식 키우기 어렵다 | 同样 tóngyàng 서로 같다 | 相关联 xiāngguānlián 연관이 있다 | 福利 fúlì 복지 | 抚养 fǔyǎng 부양하다

**해설**  보기의 B, C, D는 모두 문장 내용과 상충하지만, 문장의 중간 부분의 '아이들의 교육비가 감당하기 어려울 정도로 높아졌다' 는 보기 A의 내용과 일치한다. 따라서 정답은 A이다.

**65** 今年是虎年，但野生老虎却面临着灭绝的危险，为了在下一个虎年，人们还能见到野生老虎，世界和中国都在努力。日前，中国、世界银行以及世界自然基金会三方决定将共同合作，投资数百万美元保护濒于绝种的东北虎。

A 东北虎已经灭绝了
B 野生老虎越来越少
C 只有中国有野生老虎
D 东北虎价值数百万美元

금년은 호랑이 해이다. 그러나 야생 호랑이는 오히려 멸종의 위기에 직면하고 있다. 오는 호랑이의 해에 사람들이 여전히 야생 호랑이를 만나 볼 수 있기 위하여, 세계와 중국은 노력하고 있다. 일전에 중국, 세계은행 및 세계야생 생물 기금회 3자는 공동 합작으로 수백만 달러를 투자하여 멸종 위기에 직면하고 있는 동북 호랑이를 보호하기로 결정하였다.

A 동북 호랑이는 이미 멸종되었다
B 야생 호랑이는 갈수록 적어지고 있다
C 오직 중국에만 야생 호랑이가 있다
D 동북 호랑이는 수백만 달러의 가치가 있다

**어휘** 虎年 hǔnián 호랑이 해 | 面临 miànlín 직면하다 | 灭绝 mièjué 완전히 없어지다 | 基金会 jījīnhuì 재단 | 濒于 bīnyú (어떤 좋지 않은 상황에) 가까이 가다. …에 이르다. …에 직면하다 | 绝种 juézhǒng 멸종하다

**해설** 문장 앞부분의 '그러나 야생 호랑이는 오히려 멸종의 위기에 직면하고 있다' 는 보기 B의 내용과 일치한다. 따라서 정답은 B이다.

**66** 一年之计在于春，春天是一年的开始。在中国古代，把一年的时间分为二十四个部分，称为二十四节气。"立春"是二十四节气之一，"立"是"开始"的意思，立春就是春季的开始。立春的时候，在中国民间有吃春饼、喝春酒的习俗。

A 立春是一年的开始
B 春天人们喜欢喝酒
C 一年等于二十四个部分
D 立春必须吃春饼, 喝春酒

일년의 계획은 봄에 한다. 봄은 일년의 시작이다. 중국 고대에서는, 일년이라는 시간을 24등분으로 나누어 24절기라고 했다. '입춘' 은 24절기 중의 하나이다. '입' 은 '시작' 이라는 뜻이고, 입춘은 바로 봄의 시작이다. 입춘 때, 중국 민간에서는 춘빙을 먹고 봄에 빚은 술을 마시는 관습이 있다.

A 입춘은 일년의 시작이다
B 봄에 사람들은 술 마시기를 좋아한다
C 일년은 24개 부분과 같다
D 입춘에는 반드시 춘빙을 먹고 봄에 빚은 술을 마신다

**어휘** 一年之计在于春 yìniánzhījìzàiyúchūn 일년의 계획은 봄에 한다 | 节气 jiéqi 절기 | 春饼 chūnbǐng 얇은 밀가루 전병 | 春酒 chūnjiǔ 봄에 빚은 술 | 等于 děngyú …와 같다

**해설** 보기의 B C D는 모두 문장 내용과 상충하기 때문에 정답이 될 수 없다. 따라서 A가 정답이라는 것을 알 수 있다.

**67**
北京、广州等城市最近兴起了一种
"图书漂流"的读书活动。一些公共
场所书架上贴着纸条，纸条上写着
"您可以随意阅读，读完后，请把它
放回书架上；如果您家里有读完的
书，也可以随时放到这里供大家阅
读"。

A  人们可以随意拿走图书
B  不是每个人都可以阅读的
C  北京人和广州人喜欢漂流

D  "图书漂流"是一个读书活动

베이징, 광저우 등 도시에서 최근에 '도서표류'
라는 독서 캠페인을 벌이고 있다. 일부 공공장소
의 책꽂이에는 안내문이 붙어 있는데 안내문에
는 '당신은 마음대로 열람할 수 있습니다. 다 읽
고 나서는 제자리에 놓아주세요. 혹시 당신 집에
다 읽은 책이 있으면, 언제든 이곳에 갖다 놓고
열람케 해도 좋습니다.' 라고 쓰여 있다.

A  사람들은 도서를 마음대로 가져 가도 된다
B  모든 사람이 다 열람할 수 있는 것은 아니다
C  베이징 사람과 광저우 사람은 래프팅 하기
　 를 좋아한다
D  '도서표류'는 일종의 독서 캠페인이다

**어휘**　兴起 xīngqǐ 흥하기 시작하다 | 漂流 piāoliú (물 위에서) 표류하다 | 读书 dúshū 책을 읽다
| 贴 tiē 붙이다 | 纸条 zhǐtiáo 종이 쪽지 | 随意 suíyì 마음대로 | 随时 suíshí 수시로

**해설**　문장의 맨 앞부분에서 '베이징, 광저우 등 도시에서 최근에 '도서표류' 라는 독서 캠페인을
벌이고 있다' 라고 했으므로, D가 정답이다.

**68**
在中国，每年除夕的晚上全家人都会
聚在一起吃年夜饭。在古代，人们认
为年夜饭有驱鬼、健身的作用。如
今，年夜饭是全家大团圆的宴会，为
此，外出的家人或者子女都要赶在除
夕之前返回家来。

A  吃年夜饭可以长个儿
B  古代的人不吃年夜饭
C  每个人都喜欢吃年夜饭
D  年夜饭是指在除夕晚上吃的饭

중국에서, 매년 그믐날 저녁에는 온 가족이 다
모여 제야의 만찬을 먹는다. 옛날에 사람들은
제야의 만찬을 먹으면 귀신을 쫓고 몸을 건강
하게 할 수 있다고 생각했다. 오늘 날 제야의
만찬은 온 가족이 모이는 연회로 되었다. 때문
에 외지에 나가있는 가족이나 자식들은 모두
그믐날 전에 서둘러 집으로 돌아와야 한다.

A  제야의 만찬을 먹으면 키가 커질 수 있다
B  옛날 사람들은 제야의 만찬을 먹지 않았다
C  모든 사람들은 제야의 만찬 먹기를 좋아한다
D  제야의 만찬이란 그믐날 저녁에 하는 식사다

**어휘**　除夕 chúxī 섣달 그믐날 | 年夜饭 niányèfàn 섣달 그믐에 먹는 음식 | 驱鬼 qūguǐ 귀신을
쫓다 | 健身 jiànshēn 몸을 건강하게 하다 | 团圆 tuányuán 한 자리에 모이다 | 为此 wèicǐ
이 때문에 | 返回 fǎnhuí 되돌아가다

**해설**　보기의 A B C는 모두 문장 내용과 상충하지만, 문장의 맨 앞부분의 '중국에서, 매년 그믐
날 저녁에는 온 가족이 다 모여 제야의 만찬을 먹는다' 는 보기 D의 내용과 일치한다. 따
라서 정답은 D이다.

**69**

节日市场消费是一个集中性消费，诚信、优质服务仍然是赢得市场的根本。针对客流量大、购物集中的特点，有关商家应该提前做好准备，绝不能只顾促销，不管服务。节日市场消费绝不是一锤子买卖，需要买卖双方的共同信任。也许少数商家暂时赚了黑钱，却会永远失去顾客，失去市场。

A 过节的时候商店不营业

B 现在的商家都提供赠品

C 在节日买东西的人不太多

D 要靠诚信和优质服务赢得顾客

명절 때 시장 소비는 단기 집중적으로 이뤄지는 경향이 있다. 신용과 양질의 서비스는 여전히 시장을 장악하는 근본이다. 손님의 유동량 증대와 쇼핑집중의 특징을 겨냥하여 관련 업자는 미리 준비를 잘 해 놓아야하며, 판촉에만 신경을 쓰고 서비스를 소홀히 해서는 절대로 안 된다. 명절 영업은 절대로 한탕치기 장사가 아니며, 매매 양측의 공동된 믿음을 필요로 하는 것이다. 혹시 일부 판매업자가 잠시 부정한 수단으로 돈을 벌 지는 모르겠지만 오히려 고객과 시장을 영원히 잃을 수 있다.

A 명절때 상점은 영업하지 않는다

B 지금의 판매업자는 모두 사은품을 제공한다

C 명절날에 물건을 사는 사람은 많지 않다

D 믿음과 양질의 서비스로 고객을 유치해야 한다

**어휘** 集中 jízhōng 집중하다 | 诚信 chéngxìn 성실하다 | 优质 yōuzhì 질이 우수하다 | 赢得 yíngdé 얻다 | 针对 zhēnduì 겨누다 | 客流量 kèliúliàng 승객들의 유동량 | 商家 shāngjiā 상인, 실업가(實業家), 사업가 | 促销 cùxiāo 판촉하다 | 一锤子买卖 yìchuízimǎimai 딱 한 번의 거래[단지 한번에 이익을 얻으려고 꾀해서 이후의 나쁜 결과까지는 걱정하지 않음] | 黑钱 hēiqián 뇌물 등 부정한 수단으로 얻은 돈 | 失去 shīqù 잃다 | 靠 kào 의거하다, 의지하다

**해설** 보기의 A B C는 모두 문장 내용과 상충하지만, 문장 맨 앞부분의 '명절 때의 시장 소비는 단기 집중적으로 이뤄지는 경향이 있다. 신용과 양질의 서비스는 여전히 시장을 장악하는 근본이다' 는 보기 D의 내용과 일치한다. 따라서 정답은 D이다.

**70**

某大公司准备以高薪雇用一名专职司机，经过层层筛选和考试之后，只剩下三名技术最优秀的竞争者。主考官问他们："悬崖边有块金子，让你们开着车去够金子，你们觉得距悬崖有多远时，可以安全地够到金子呢？" "两米。" 第一位说。"半米。" 第二位很有把握地说。"我会尽量远离悬崖，愈远愈好。" 第三位说。结果这家公司录用了第三位。

A 第三个人很狡猾

B 离诱惑越远越好

C 前两个人技术不好

D 离悬崖两公里可以够到金子

어떤 큰 회사가 높은 봉급으로 전문 기사를 고용하려고 한다. 몇 단계의 선발과 시험을 거친 후, 기술이 가장 우수한 세 명의 경쟁자만 남았다. 주임시험관이 그들에게 "절벽 옆에 금 덩어리 하나가 있는데, 여러분이 차를 몰고 가서 금 덩어리를 손에 넣으려면, 절벽과 어느 정도 거리까지 가야만 안전하게 금 덩어리를 손에 넣을 수 있겠습니까?" 라고 하자, 첫 번째 사람이 "2미터요." 두 번째 사람이 아주 자신 있게 "반 미터요." 라고 말했고, 세 번째 사람은 "저는 가능한 절벽으로부터 멀리 하겠습니다. 멀어지면 멀어질수록 좋습니다" 라고 말했다. 결국 이 회사는 세 번째 사람을 채용했다.

A 세 번째 사람은 아주 교활하다

B 유혹으로부터 멀면 멀수록 좋다

C 앞의 두 사람은 기술이 좋지 않다

D 절벽으로부터 2킬로미터 떨어지면 금 덩어리를 손에 넣을 수 있다

**어휘** 高薪 gāoxin 높은 급여 | 雇用 gùyòng 고용하다 | 筛选 shāixuǎn 선발하다 | 主考官 zhǔkǎoguān 주임시험관 | 悬崖 xuányá 절벽 | 够 gòu 닿다 | 有把握 yǒubǎwò 자신 있다 | 愈 yù 더욱더 | 录用 lùyòng 채용하다 | 狡猾 jiǎohuá 교활하다 | 诱惑 yòuhuò 유혹하다

**해설** 보기의 A C D는 모두 문장 내용과 상충하지만, 문장 마지막 부분의 '저는 가능한 절벽으로부터 멀리 하겠습니다. 멀어지면 멀어질수록 좋습니다' 는 보기 B의 내용과 일치한다. 따라서 정답은 B이다.

# 第 三 部 分

第71－90题：请选出正确答案。

★ **유형파악 & 공략하기**

제3부분은 제시된 단문 뒤에 몇 개의 질문이 주어지는데, 질문에 해당하는 정답을 보기 중에서 고르면 된다. 이 부분의 문제 유형은 본문에서 이야기를 서술한 다음, 문장의 맨 마지막에 계시, 교훈, 주장 등의 메시지가 담겨있다. 따라서 문제를 풀 때, 문장의 전체적인 의미 파악과 문장의 주제를 찾는 것이 관건이다.

## 71-73

在法国一个城市的偏僻小巷里，人们挤得水泄不通。只见一位50多岁的男人，拿出一瓶强力胶水，然后拿出一枚金砖，他在金砖的背面涂上一层薄薄的胶水，再贴到墙上。不久，一个接一个的人都来碰运气，看谁能揭下墙上那枚价值5000法郎的金砖。小巷里的人来来往往，最终没有人能拿下那枚金砖，金砖牢牢地粘在墙上。

原来，那个男人是强力胶水店的老板，由于他的商店位置偏僻，生意很不景气，所以他想出了一个奇妙的办法：把一枚价值5000法郎的金砖粘在墙上，谁揭下，那枚金砖就归谁。

那天，谁也没能揭下那枚金砖，但是，大家认识了一种强力胶水。从此，那家商店的胶水供不应求。

**벽에 금괴를 붙여 놓고 행인들로 하여금 떼어 가도록 하는 이야기**

프랑스 모 도시의 외진 골목에서 사람들이 물샐 틈 없이 빼곡히 모여 있었다. 쉰이 넘어 보이는 남성이 강력 접착제 한 병을 꺼낸 다음 금괴 하나를 꺼냈다. 그는 금괴의 뒷면에 강력 접착제를 엷게 한 층 바르고 벽에 붙였다. 얼마 지나자 사람들이 한 명 두 명씩 나서서, 이 벽에 붙어있는 5000프랑 가치의 금괴를 떼어낼 수 있는지 운수를 시험해 보았다. 작은 골목에는 사람들이 오고 갔지만, 마지막까지 그 누구도 벽에 붙어있는 금괴를 떼어내지 못했다. 금괴는 견고하게 벽에 달라붙어 있었다.

**벽에 금괴를 붙여 놓은 이유**

알고 보니 이 남성은 강력 접착제가게의 사장이었다. 그의 매점은 위치가 외지기 때문에, 장사가 잘 안 되어서, 기발한 방법을 강구해낸 것이다. 5000프랑 가치의 금괴 하나를 벽에 붙여놓고, 누구든 그것을 떼어내면, 그 금괴는 곧 그 사람의 것이 되는 것이다.

**강력 접착제 사장이 성공한 이유**

이날, 금괴를 떼어낸 사람은 아무도 없었다. 그러나 사람들은 일종의 강력 접착제를 알게 되었고, 그로부터 이 가게의 강력 접착제 공급은 수요를 따르지 못하였다.

**어휘** 偏僻 piānpì 외지다 | 小巷 xiǎoxiàng 골목 | 水泄不通 shuǐxièbùtōng 물샐틈없을 정도로 | 强力胶水 qiánglìjiāoshuǐ 강력 접착제 | 金砖 jīnzhuān 벽돌 모양의 금괴 | 背面 bèimiàn 뒷면 | 涂 tú 칠하다 | 碰运气 pèngyùnqi 운에 맡기다 | 揭下 jiēxià 뜯어내다 | 法郎 fǎláng 프랑

(franc) [프랑스, 스위스, 벨기에의 화폐 단위로 기호는 Fr을 씀] | 来来往往 láiláiwǎngwǎng 왕래하다 | 牢牢 láoláo 견고하다, 단단하다 | 粘 zhān 달라붙다 | 奇妙 qímiào 기묘하다, 신기하다 | 从此 cóngcǐ 이로부터 | 供不应求 gōngbùyìngqiú 공급이 수요를 따르지 못하다

**71** 男人为什么将金砖贴在墙上?　　　　남자는 왜 금괴를 벽에 붙였는가?

　　A 他非常富有　　　　　　　　　　A 그가 매우 부유하기 때문에

　　B 他有很多金砖　　　　　　　　　B 그가 많은 금괴를 가지고 있기 때문에

　　C 他想帮助穷人　　　　　　　　　C 가난한 사람을 도와 주려고

　　D 他想宣传他的胶水　　　　　　　D 그의 강력 접착제를 선전하려고

해설　마지막 단락의 '那天，谁也没能揭下那枚金砖，但是，大家认识了一种强力胶水。从此，那家商店的胶水供不应求'를 통해, 남자가 금괴를 벽에 붙여놓은 이유가 자기 가게의 강력 접착제를 광고하기 위해서라는 것을 알 수 있다. 따라서 정답은 D이다.

**72** 为什么老板要用这种方法做广告?　　사장은 왜 이러한 방법을 이용하여 광고를 하는가?

　　A 店铺的位置太偏僻　　　　　　　A 점포의 위치가 너무 외져서

　　B 强力胶水不受欢迎　　　　　　　B 강력 접착제가 환영을 받지 못하기 때문에

　　C 老板拥有很多金砖　　　　　　　C 사장이 많은 금괴를 소유하고 있기 때문에

　　D 人们觉得他的胶水质量不好　　　D 사람들이 그의 강력 접착제의 품질이 안 좋다고 생각하기 때문에

해설　두 번째 단락의 '那个男人是强力胶水店的老板，由于他的商店位置偏僻，生意很不景气，所以他想出了一个奇妙的办法'를 통해 사장이 이러한 방법으로 광고하는 이유가 가게가 너무 외진 곳에 있어 장사가 안 되기 때문이라는 것을 알 수 있다.

**73** 胶水店老板成功的原因在哪里?　　강력 접착제 사장이 성공한 이유는 무엇인가?

　　A 他的胶水质量很好　　　　　　　A 그의 강력 접착제가 질이 매우 좋기 때문에

　　B 他的商店位置偏僻　　　　　　　B 그의 매점의 위치가 외지기 때문에

　　C 他把金砖送给了顾客　　　　　　C 그가 금괴를 고객에게 주었기 때문에

　　D 他的宣传方法很特别　　　　　　D 그의 광고 방법이 매우 특별했기 때문에

해설　강력 접착제 사장이 성공한 이유는 아주 특별한 방법으로 광고를 했기 때문이다. 즉 강력 접착제가 발라져 있는 5000프랑 가치의 금괴를 벽에 붙여 놓고, 행인들에게 그 금괴를 떼어가도록 하는 방법이다. 따라서 정답은 D이다.

一位母亲站在6月炙热的阳光下，望着百米外的考场，表情非常紧张，母亲脸上冒出了豆大的汗珠，半张着嘴，一动不动地盯着考场。有人劝母亲挪到树阴下，母亲只是浅浅地笑，小声说道："站在这里能清清楚楚地看到考场，能清清楚楚地看到孩子。"没人笑她痴，没人笑她傻，也没人再劝她。

不知过了多久，也许是半个小时，也许是一个小时，母亲突然昏倒在地上。大家急忙围了上去，见她一直昏迷不醒，就将她抬到了学校的医务室里。大夫听了心跳，量了血压，打了吊瓶，母亲仍然紧闭着双眼。经验丰富的医生微笑着告诉众人："看我怎样弄醒她。"

医生在母亲耳边，轻轻地说了一句："学生下考场了。"

母亲猛然从床上坐起来，拔掉针头，下了病床："我得赶快问问儿子考得怎么样。"

我常常将这个真实的故事讲给我的学生听，学生说，这个故事抵得上一千句枯燥无味的说教。

### 시험장 밖에서 애타게 아이를 기다리고 있는 어머니의 모습

한 어머니가 6월의 따가운 햇빛 아래에 서서 백 미터 밖에 있는 시험장을 바라보는 표정이 몹시 긴장되어 있었다. 어머니의 얼굴에는 콩알만한 땀방울이 배어나고 있었고, 입을 반쯤 벌린 채 꼼짝하지 않고, 시험장을 지켜보고 있었다. 어떤 이가 그늘진 나무 밑으로 옮기라고 했지만 어머니는 그저 담담하게 웃으면서, 낮은 소리로 "여기에 서 있으면 시험장을 똑똑히 볼 수 있어요. 아이도 똑똑히 볼 수 있고요." 라고 말했다. 아무도 그녀를 어리석다고 비웃지 않았고, 아무도 그녀를 바보라고 비웃지 않았고, 아무도 더 이상 그녀를 설득하지 않았다.

### 시험장 밖에 계셨던 어머니가 갑자기 쓰러진 이유

얼마나 지났을까, 아마도 30분 아니면 한 시간쯤 지나 어머니가 갑자기 땅바닥에 쓰러지자, 사람들이 급히 모여들었다. 어머니가 계속 깨어나지 않자, 학교의무실로 옮겨갔다. 의사선생님이 진맥을 하고 혈압을 재고 링거를 놓았지만, 어머니는 여전히 깨어나지 못했다. 경험이 풍부한 의사선생님은 미소를 지으면서 여러분들에게 말하기를, "제가 어떻게 이분을 깨어나게 하는 지 보세요." 라고 말했다.

의사 선생님은 어머니의 귓전에 나지막한 소리로 "학생들의 시험이 끝났어요." 라고 한 마디 하자, 어머니는 벌떡 일어나 앉더니, 주사 바늘을 뽑아버리고 침대에서 내려오면서 "빨리 아들에게 시험을 잘 봤냐고 물어봐야 해요" 라고 말했다.

### 이 이야기를 학생들에게 들려준 효과

나는 늘 이 실화를 학생들에게 들려주곤 하는데, 학생들은 이 이야기가 무미건조한 천 마디의 설교에 필적할 만 하다고 하였다.

**어휘** 炙热 zhìrè 타는 듯이 뜨겁다 | 冒 mào (밖으로) 내뿜다, 내밀다 | 豆大的 dòudàde 콩알만한 | 汗珠 hànzhū 땀방울 | 盯 dīng 주시하다 | 挪 nuó 옮기다 | 树阴 shùyīn 나무 그늘 | 浅浅地笑 qiǎnqiǎndexiào 가볍게 일소(一笑)하다 | 痴 chī 멍청하다 | 昏倒 hūndǎo 기절하다 | 昏迷不醒 hūnmíbùxǐng 정신을 잃고 깨나지 못하다 | 心跳 xīntiào 심장이 뛰다 | 打吊瓶 dǎdiàopíng 링거를 놓다, 링거를 맞다 | 紧闭 jǐnbì 꼭 닫다 | 微笑 wēixiào 미소짓다 | 猛然 měngrán 갑자기 | 拔掉 bádiào 뽑아버리다 | 针头 zhēntóu 주사 바늘 | 抵得上 dǐdeshàng 맞먹다 | 枯燥无味 kūzàowúwèi 무미건조하다 | 说教 shuōjiào 설교하다 | 执着 zhízhuó 고집스럽다 | 发傻 fāshǎ (뜻밖의 일이 생겨) 멍해지다, 어안이 벙벙하다 | 痴呆 chīdāi 멍청하다

**74** 母亲为什么如此紧张？　　　　　　　어머니는 왜 이렇게 긴장하는가?

    A 身体不好　　　　　　　　　　　A 몸이 좋지 않기 때문에

    B 天气非常炎热　　　　　　　　　B 날씨가 몹시 무덥기 때문에

    C 她的儿子在考试　　　　　　　　C 그녀의 아들이 시험을 보고 있기 때문에

    D 其他家长都嘲笑她　　　　　　　D 다른 학부모들이 그녀를 비웃고 있기 때문에

**해설** 맨 앞부분의 '一位母亲站在6月炙热的阳光下，望着百米外的考场，表情非常紧张'을 통해 어머니가 시험장 밖에서 아이를 기다리고 있다는 것을 알 수 있다. 참고로 중국 대입시험(高考)은 6월에 치러진다.

**75** 第一段中画线词语 "痴" 最可能是什么意思？　　　　　　　첫 번째 단락에 밑줄 친 단어 '痴'의 뜻으로 가장 근접한 것은?

    A 很有知识　　　　　　　　　　　A 매우 유식하다

    B 脑子有问题　　　　　　　　　　B 뇌에 문제가 있다

    C 执着得有些发傻　　　　　　　　C 바보스러울 정도로 집착한다

    D 精神上有些痴呆　　　　　　　　D 정신적으로 좀 멍청하다

**해설** 没人笑她痴，没人笑她傻，也没人再劝她

⬇

밑줄 친 단어 '痴'의 뜻을 알면 문제를 쉽게 풀 수 있지만, 뜻을 몰라도 앞뒤 문맥의 흐름으로 단어의 뜻을 유추할 수 있다. 이 문제 같은 경우 문장의 맨 앞부분에서 따가운 햇빛 아래에서 몹시 긴장된 표정으로 시험장을 바라보고 있는 어머니에게 그늘진 곳으로 옮기라고 했지만, 어머니는 낮은 소리로 '여기에 서 있으면 시험장을 똑똑히 볼 수 있어요. 아이도 똑똑히 볼 수 있고요.' 라고 말했으며, '아무도 그녀를 _____ 비웃지 않았고, 아무도 그녀를 바보라고 비웃지 않았고, 아무도 더 이상 그녀를 설득하지 않았다' 라고 했으므로, 빈칸에 들어갈 말의 뜻은 '바보스러울 정도로 집착한다' 라는 것을 알 수 있다. 따라서 정답은 C이다. '痴' 은 원래 '멍청하다' 란 뜻이지만, 여기의 '痴' 는 '바보스러울 정도로 집착한다' 란 뜻을 나타낸다.

**76** 关于这位母亲，下列哪项正确？　　　　　　　어머니에 대해, 보기 내용 중 정확한 것은?

    A 她的儿子学习不好　　　　　　　A 그녀의 아들은 공부를 잘 못한다

    B 母亲身体一直不好　　　　　　　B 어머니의 건강이 줄곧 좋지 못하다

    C 母亲的视力不太好　　　　　　　C 어머니의 시력이 그다지 좋지 못하다

    D 母亲非常关心孩子的学习　　　　D 어머니는 아이의 공부에 몹시 신경을 쓴다

**해설** 문장에서 어머니가 시험장 밖에서 아이의 시험이 끝나기를 애타게 기다리고 있는 장면을 묘사하고 있으므로, 어머니가 아이의 공부에 몹시 신경을 쓰고 있다는 것을 알 수 있다. 따라서 정답은 D이다.

**77** 医生的方法为什么有效？      의사의 방법은 왜 효과가 있었는가？

    A   周围人的帮助              A   주위 사람들의 도움 때문에

    B   给母亲吃了药              B   어머니께 약을 먹였기 때문에

    C   医生的医术高超            C   의사의 의술이 뛰어나기 때문에

    D   母亲非常在意孩子         D   아이에 대한 어머니의 지극한 마음 때문에

**해설** 따가운 햇빛 아래에서 시험장을 바라보느라 쓰러진 어머니에게 의사선생님이 링거를 놓았지만, 여전히 깨어나지 못하자, 경험이 풍부한 의사선생님은 어머니의 귓전에 나지막한 소리로 '학생들의 시험이 끝났어요.' 라고 한 마디 하자, 어머니는 벌떡 일어나 앉았다고 했으므로, '아이에 대한 어머니의 지극한 마음'을 알 수 있다. 바로 이러한 지극한 어머니의 마음이 의사선생님의 링거보다 더 효과가 있었던 것이었다. 따라서 정답은 D이다.

## 78-82

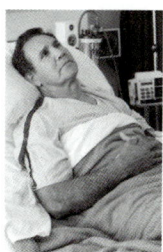

    有两位老人都患了绝症，住在同一间病房。

    来自城东的老人是位老工人，他的儿子在街头摆了一个自行车修理摊儿，每月有一千元左右的收入。来自城西的老人也是从工厂退休的，但家境要比城东的老人好得多，他的儿子开了家店，每月有上万元的收入，而且在城里购了房，买了车。

    城东的老人说："人终有一死，逃不掉的，反倒是活着的人要我们担心。"城西老人叹息着说："是啊，我今年78岁了，能活到这个份儿上，我已经知足了，只是心里总有一个牵挂。"城东老人问："你还有什么牵挂？"城西老人说："我儿子啊。"城东老人笑了，说："你儿子那么能干，还有什么可牵挂的？像我儿子，有时候生活问题都难解决，我都不担心。"

### 불치병에 걸린 성동 노인과 성서 노인에 대한 간략한 소개

    불치병에 걸린 두 노인이 같은 병실에 입원하고 있었다.

    성동에서 온 노인은 늙은 노동자이다. 그의 아들은 길거리에 자전거를 수리하는 노점을 차렸는데, 한 달 수입이 천 위안 정도 되었다. 성서에서 온 노인도 역시 공장에서 퇴직한 노동자이다. 그러나 가정 형편은 성동의 노인보다 훨씬 좋았다. 그의 아들은 가게를 하나 운영하고 있는데, 매달 수입이 만 위안이 넘었다. 시내에 집도 사 놓았고 차도 샀다.

### 성동 노인과 성서 노인의 대화

    성동 노인이 "사람은 결국 죽을 것이며, 이것은 피할 수 없습니다. 그런데 오히려 살아 있는 사람이 우리를 걱정하게 하네요." 라고 말했다. 성서 노인이 탄식을 하면서 말하기를 "그래요, 저는 올해 78살인데요, 지금까지 살아온 것만으로도 이미 만족합니다. 다만 마음속에 늘 걱정이 있습니다." 성동 노인이 물었다: "무슨 걱정이 있습니까？" 성서 노인이 "제 아들이요." 라고 대답하였다. 성동 노인이 웃으면서 말하기를 "당신의 아들이 그렇게 유능한데, 무슨 근심이 있단 말입니까？ 제 아들은 때로는 생계 문제를 해결하기도 어려운데, 저는 걱정하지 않습니다."

城西老人长长地叹了一口气，说：“要是我儿子像你儿子那样，那我就放心了。”城东老人听了很惊讶。城西老人说：“从小到大，我儿子从来没有吃过苦，高中毕业，没考上大学，我出钱给他开了店。开店以后，年年亏本，是我给的钱；结婚买房子，也是我的钱；儿媳妇生孩子，也是我的钱……后来，店终于赚钱了，但是他太会花钱了。要是我走了，他的生意突然不顺，谁还会帮他，这一家三口该怎么办呢？”城西老人说完，流泪了。

城东老人听完，说不上话来。但他第一次发现自己儿子的好，他虽然没本事，不会赚钱，但他吃得起苦。一个吃得起苦的孩子，还有什么好担心的呢？

## 성서 노인의 걱정

성서 노인이 한숨을 길게 내쉬며 말하기를 "제 아들이 당신 아들 같았으면 저는 안심할 것입니다." 성동 노인이 듣고 나서 아주 의아해하였다. 성서 노인이 말하기를 "어렸을 적부터 지금까지 제 아들은 고생을 해 본 적이 없습니다. 고등학교 졸업한 다음 대학에 진학하지 못하자, 제가 돈을 주어서 가게를 하나 차렸고, 개업하고 나서 매년 적자가 날 때도, 제가 돈을 대주었습니다. 결혼할 때 집을 산 것도 제 돈이고, 며느리가 아이를 낳을 때도 역시 제 돈이었습니다……나중에 가게가 드디어 돈을 벌게 되니, 제 아들은 돈을 너무 잘 썼습니다. 만약 내가 죽고, 장사가 갑자기 순탄치 않으면 누가 그를 도와주고, 또 그 집 세 식구들은 어떻게 합니까?" 성서 노인이 말을 다 한 다음 눈물을 흘렸다.

## 성동 노인의 깨달음

성동 노인이 듣고 나서 말을 하지 못했다. 그러나 그는 처음으로 자기의 아들이 좋다는 것을 알게 되었다. 비록 그는 능력이 없고 돈 벌 줄을 모르지만, 고생은 잘 이겨낸다. 고생을 잘 이겨내는 아이인데 걱정할 것이 뭐가 있겠는가?

어휘　绝症 juézhèng 불치병 | 病房 bìngfáng 병실 | 街头 jiētóu 길 입구 | 摆摊儿 bǎitānr 노점을 차리다 | 家境 jiājìng 집안 형편 | 购 gòu 구매하다 | 终有一死 zhōngyǒuyìsǐ 결국 죽게 된다 | 逃不掉 táobudiào 도망갈수 없다 | 活着 huózhe 살아서 | 叹息 tànxī 탄식하다 | 牵挂 qiānguà 걱정하다 | 叹气 tànqì 탄식하다 | 惊讶 jīngyà 놀라고 의아해하다 | 吃苦 chīkǔ 고생하다 | 儿媳妇 érxífu 며느리 | 不顺 búshùn 순조롭지 않다 | 流泪 liúlèi 눈물을 흘리다 | 本事 běnshi 능력 | 吃得起苦 chīdeqǐkǔ 고난을 이겨낼 수 있다 | 稳定 wěndìng 안정되다

78　根据上文，可以知道两位老人：

A　都很健康

B　都很有钱

C　喜欢开玩笑

D　活不了多长时间了

문장을 통해 두 노인에 대해 알 수 있는 것은:

A　모두 건강하다

B　모두 돈이 있다

C　농담하기를 좋아한다

D　얼마 살지 못 한다

해설　맨 앞 부분의 ‘有两位老人都患了绝症，住在同一间病房’을 통해 두 노인은 모두 불치병에 걸려 얼마 살지 못한다는 것을 알 수 있다.

79 两位老人在哪里聊天儿?　　　　　두 노인은 어디에서 이야기를 하고 있는가?

　　A　家里　　　　　　　　　　　A　집에서
　　B　大街上　　　　　　　　　　B　거리에서
　　C　咖啡馆　　　　　　　　　　C　커피숍에서
　　D　医院的病房里　　　　　　　D　병원의 병실에서

해설　불치병에 걸린 두 노인이 같은 병실에 입원하여, 각자의 아들에 대해 이야기하고 있으므로,
　　　이들이 이야기를 나누고 있는 곳이 병실 안이라는 것을 알 수 있다. 따라서 정답은 D이다.

80 关于城东老人, 我们可以知道:　　성동 노인에 대해 우리가 알 수 있는 것은:

　　A　是个老工人　　　　　　　　A　늙은 노동자이다
　　B　是个孤独的老人　　　　　　B　고독한 노인이다
　　C　是个有钱的老人　　　　　　C　돈이 있는 노인이다
　　D　有一个让人担心的儿子　　　D　걱정을 하게 하는 아들이 하나 있다

해설　두 번째 단락의 '来自城东的老人是位老工人'을 통해, 성동 노인이 늙은 노동자라는 것을
　　　알 수 있다. 이것은 보기A의 내용과 일치한다.

81 城西老人担心的是:　　　　　　　성서 노인이 걱정하는 것은:

　　A　儿子只会花钱　　　　　　　A　아들이 돈 쓸 줄만 아는 것
　　B　儿子没有稳定的工作　　　　B　아들이 안정된 직장이 없다는 것
　　C　儿子每个月挣的太少　　　　C　아들이 매 달 돈을 너무 적게 번다는 것
　　D　自己马上就要离开人世了　　D　본인이 곧 세상을 떠나게 되는 것

해설　마지막으로 두 번째 단락에서 성서 노인의 말 '결혼할 때 집을 산 것도 제 돈이고, 며느리
　　　가 아이를 낳을 때도 역시 제 돈이었습니다……제 아들은 돈을 너무 잘 썼습니다. 만약 내
　　　가 죽고, 장사가 갑자기 순탄치 않으면 누가 그를 도와주고, 또 그 집 세 식구들은 어떻게
　　　합니까?'를 통해, 성서 노인이 걱정하는 것이 '아들은 돈 쓸 줄만 안다' 라는 것을 알 수
　　　있다. 따라서 정답은 A이다.

82 最后城东老人发现儿子有什么长处?　마지막에 성동 노인은 아들의 어떤 장점을 발
　　　　　　　　　　　　　　　　　　　견했는가?

　　A　能赚钱　　　　　　　　　　A　돈을 벌 줄 아는 것
　　B　会花钱　　　　　　　　　　B　돈을 쓸 줄 아는 것
　　C　理解人　　　　　　　　　　C　사람을 이해하는 것
　　D　儿子能吃苦　　　　　　　　D　아들이 고생을 이겨내는 것

해설　마지막 단락의 '但他第一次发现自己儿子的好, 他虽然没本事, 不会赚钱, 但他吃得起苦'를 통
　　　해, 성동 노인은 자신의 아들이 능력은 없지만, 고생은 잘 이겨낸다는 장점을 발견하게 되었
　　　다는 것을 알 수 있다. 따라서 정답은 D이다.

赵本山是中国著名小品、东北二人转演员，他在春节联欢晚会上享有极高声望，被誉为"小品王"，后来涉足电影、电视剧等领域，获得了极大成功。他导演并参演的《乡村爱情》和《关东大先生》开创了中国喜剧片历史的新篇章。

赵本山6岁时就开始跟二叔学艺，二叔虽然是个盲人，但二胡、唢呐、二人转样样精通。苦难的童年成了赵本山一生的财富，为他日后的小品、演艺生涯奠定了坚实的基础。

1990年赵本山一走上中央电视台的春节联欢晚会，辽北小品就在中央电视台生了根，十几年来，赵本山深受亿万观众的喜爱。

赵本山小品为何能受到观众喜爱呢？主要是因为以赵本山为代表的辽北小品是根植于东北特有文化的一种艺术形式，带有浓郁的东北地方韵味，正是这种原汁原味的东北味征服了全国观众的心。

赵本山的喜剧小品可以说是无人不知、无人不晓，他的小品得到了广大观众的喜爱，因此他美名远扬。他的品德也非常高尚，他成功不忘家乡，先后为灾区、为家乡修路捐款达几十万元。

### 자오번싼에 대한 개괄적인 소개

자오번싼은 중국의 유명한 단막극, 동북 이인전 연기자다. 그는 설 축하 공연에서 아주 높은 명성을 얻어 '단막극 황제'라고 불린다. 훗날 영화, 드라마 등 분야에도 뛰어 들어 아주 큰 성공을 거두었다. 그가 감독 및 출연한 《시골의 사랑이야기》와 《미스터 관둥》은 중국코미디영화 역사의 새로운 장을 열었다.

### 자오번싼의 성장 과정

자오번싼은 6살 때부터 둘째 삼촌을 따라 기예를 배우기 시작했는데, 둘째 삼촌은 비록 맹인이지만 이호, 수르나이, 이인전 중 어느 하나 정통하지 않은 것이 없다. 가난 했던 어린 시절은 자오번싼 평생의 재산이 되었고, 훗날 그의 단막극창작과 예술적 삶에 튼튼한 기초가 되었다.

### 자오번싼의 성공 과정

1990년, 자오번싼이 CCTV 설 축하 공연 프로그램에서 랴오베이 단막극을 선보이자마자 CCTV에서 바로 고정 프로그램으로 자리를 잡게 되었다. 십여 년 동안 자오번싼은 억만 관중들의 사랑을 받아왔다.

### 자오번싼의 단막극이 사랑 받는 이유

자오번싼의 단막극은 어떻게 하여 시청자들의 사랑을 받을 수 있었을까? 주요한 까닭은 자오번싼을 대표로 한 랴오베이 단막극은 동북 특유의 문화적 예술형식이라는 것에 뿌리를 두고 있으며, 짙은 동북지방의 정취가 잘 배어있기 때문이다. 바로 이러한 순수한 동북 특색이 전국 시청자들의 마음을 사로잡은 것이었다.

### 자오번싼에 대한 평가

자오번싼의 코미디 단막극은 모르는 사람이 없다. 그의 단막극은 많은 시청자들의 사랑을 받았고, 이로 인해 그의 이름 또한 널리 알려졌다. 그는 또 좋은 인품을 가지고 있다. 성공한 다음에도 고향을 잊지 않았으며, 그가 재해 지역과 고향을 위해 길을 닦는데 기부한 돈은 몇 십만 위안에 달한다.

**어휘** 小品 xiǎopǐn 단막극 | 二人转 èrrénzhuàn 이인전 | 联欢晚会 liánhuānwǎnhuì 축하공연 | 享有 xiǎngyǒu (권리·명예 따위를) 향유하다 | 声望 shēngwàng 명망 | 誉为 yùwéi …(이)라고 불리다 | 涉足 shèzú 발을 들여놓다 | 喜剧片 xǐjùpiàn 희극 영화 | 新篇章 xīnpiānzhāng 새로운 장 | 学艺 xuéyì 기예를 배우다 | 二胡 èrhú 이호 | 唢呐 suǒnà 수르나이 | 精通 jīngtōng 정통하다 | 生涯 shēngyá 생애 | 奠定 diàndìng 다지다 | 坚实 jiānshí 튼튼하다 | 生根 shēnggēn 뿌리를 내리다, 자리를 잡다 | 喜爱 xǐ'ài 좋아하다 | 为何 wèihé 무엇 때문에 | 根植于 gēnzhíyú …에 뿌리를 내리다 | 浓郁 nóngyù 그윽하다 | 韵味 yùnwèi 정취, 운치 | 原汁原味 yuánzhīyuánwèi 고유의 맛 | 征服 zhēngfú 정복하다 | 喜剧 xǐjù 희극 | 无人不知 wúrénbùzhī 모르는 사람이 없다 | 无人不晓 wúrénbùxiǎo 모르는 사람이 없다 | 美名远扬 měimíngyuǎnyáng 명성을 널리 떨치다 | 品德 pǐndé 품성 | 高尚 gāoshàng 고상하다 | 灾区 zāiqū 재해 지역 | 捐款 juānkuǎn 돈을 기부하다 | 乐器 yuèqì 악기 | 配角 pèijué 조연

**83** 为什么称赵本山为"小品王"？ | 왜 자오번싼을 '단막극 황제'라고 하는가?

A 他精通很多乐器 | A 그가 많은 악기에 정통하기 때문에

B 他参演了很多小品 | B 그가 많은 단막극에 출연했기 때문에

C 他的小品都是辽北小品 | C 그의 단막극이 모두 랴오베이 단막극이기 때문에

D 他的作品深受广大观众的喜爱 | D 그의 작품이 대중들의 환영을 많이 받기 때문에

해설 맨 마지막 단락의 '赵本山的喜剧小品可以说是无人不知、无人不晓, 他的小品得到了广大观众的喜爱, 因此他美名远扬'을 통해 자오번싼의 단막극이 대중들의 환영을 많이 받고 있다는 것을 알 수 있다. 따라서 그를 '단막극 황제'라고 부르는 것이다.

**84** 关于赵本山，下列正确的是： | 자오번싼에 대해 아래 보기 중 정확한 것은:

A 是个盲人 | A 맹인이다

B 品德高尚 | B 성품이 고결하다

C 不喜欢交朋友 | C 친구사귀는 것을 좋아하지 않는다

D 童年时非常富有 | D 어린 시절에는 아주 부유했다

해설 보기의 A와 D는 본문 내용과 상충하고, C는 본문에서 언급하지 않은 내용이므로 모두 정답이 될 수 없다. 그리고 마지막 단락에서 '他的品德也非常高尚'은 보기 B의 내용과 일치함으로써, B가 정답이라는 것을 알 수 있다.

**85** 赵本山小品受人喜爱，是因为： | 자오번싼의 단막극이 사람들에게 사랑을 받는 이유는:

A 他的学问高 | A 그가 아주 유식하기 때문에

B 他长得很帅 | B 그가 잘 생겼기 때문에

C 他的小品很有创意 | C 그의 단막극이 아주 창의적이기 때문에

D 小品充满东北地方韵味 | D 단막극이 짙은 동북지방의 정취가 잘 배어 있기 때문에

해설 마지막으로 두 번째 단락의 '正是这种原汁原味的东北味征服了全国观众的心'을 통해 자오번싼의 단막극이 동북지방의 정취가 잘 배어있기 때문에 사람들에게 사랑을 받는다는 것을 알 수 있다. 따라서 정답은 D이다.

**86** 上文主要谈的是： | 문장에서 주요하게 이야기하고 있는 것은:

A 赵本山和他的小品 | A 자오번싼과 그의 단막극

B 赵本山导演的电影 | B 자오번싼이 감독한 영화

C 赵本山的小品很无聊 | C 자오번싼의 단막극은 아주 무료하다

D 《乡村爱情》和《关东大先生》 | D 《시골의 사랑 이야기》와 《미스터 관둥》

해설 문장에서 자오번싼과 그의 단막극이 사랑 받는 이유에 대해 설명하고 있으므로, 정답은 A이다.

两个乡下人，一同来到大城市，生活都没有着落。过了一段时间，俩人都选择了卖菜。卖菜属小本买卖，好操作，心里负担也不重。几年之后，一个卖成了蔬菜批发商，手里最少有两百万。一个经营不下去，又回到了乡下。

成功与失败，看上去好像相差甚远，但事实上，往往只差那么一点点。

就拿两个卖菜的人而言：成功者每天卖菜的时候，都要拿出一点时间把黄菜叶子和烂根去掉。失败者却从来没有理会过这一点。成功者每天总是把菜摊儿收拾得干干净净，把菜码得整整齐齐，让人看着就舒服。失败者只把菜往地上一摊，爱怎样就怎样。成功者每天要多卖半小时，尽量把菜都卖光。失败者认为无所谓，今天卖不完，还有明天。

虽然两个人的经营方式只差那么一点点，但天长日久，正是这一点点的差异决定了一个人的成败。

### 두 시골 사람의 성공과 실패 이야기

두 시골 사람이 함께 대도시에 왔는데 생활을 의지할 곳이 없었다. 얼마 지나서 두 사람은 야채 장사를 하기로 하였다. 야채 장사는 밑천이 적게 들어가는 작은 장사이기 때문에, 운영하기가 쉽고, 심적으로도 큰 부담이 없다. 몇 년 후, 한 사람은 야채도매상이 되어, 수중에 최소한 이 백만 위안의 돈을 가지고 있게 되었고, 한 사람은 더 이상 경영해 나갈 수 없어 다시 고향으로 돌아갔다.

### 성공과 실패의 원인 분석

성공과 실패는 너무나 큰 차이로 느껴지지만, 사실 조금의 차이일 뿐이다.

야채 장사를 한 두 사람을 보자면, 성공한 사람은 매일 야채를 팔 때 시간을 조금 더 내서, 시들어진 야채 잎이나 썩은 야채 뿌리들을 제거했다. 실패한 사람은 장사를 시작해서 여태껏 이런 사소한 것에 신경을 쓴 적이 없다. 성공한 사람은 매일 야채 좌판을 깨끗하게 정리하고, 야채도 차곡차곡 잘 쌓아놓아, 보는 것만으로도 즐겁게 했다. 실패한 사람은 야채를 바닥에 펼쳐놓기만 하고 아무렇게나 내버려두었다. 성공한 사람은 매일 30분 더 장사를 하면서, 야채를 최대한 모두 팔아 치웠다. 실패한 사람은 이런 것에 개의치 않았다. 오늘 다 못 팔면 내일 팔면 된다는 식이었다.

### 결론

두 사람의 영업 방식은 조금의 차이였으나, 오랜 세월 동안 그 조금의 차이가 성공과 실패의 원인이 되었다.

**어휘** 没有着落 méiyǒuzhuóluò 의지할 곳이 없다 | 买卖 mǎimai 장사 | 好操作 hǎocāozuò 조작하기 쉽다, 다루기 쉽다 | 批发商 pīfāshāng 도매상 | 甚 shèn 몹시, 매우 | 而言 éryán …에 대해 말하(자)면 | 菜叶子 càiyèzi 야채 잎 | 烂根 làngēn 썩은 뿌리 | 理会 lǐhuì 주의하다, 조심하다 | 摊儿 tānr (노점상의) 좌판 | 码 mǎ 겹겹이 쌓(아올리)다 | 摊 tān 펼쳐 놓다 | 尽量 jǐnliàng 되도록, 힘닿는 데까지, 될 수 있는 대로, 가능한 한 | 卖不完 màibuwán 다 팔리지 않다 | 一点一滴 yìdiǎnyìdī 조금, 극소수의 양 | 成败 chéngbài 승패 | 收摊 shōutān 노점상이 팔던 물건을 거두어들이다, 노점을 거두다 | 点滴 diǎndī 사소한 것

87　为什么两人都选择了卖菜?　　두 사람은 왜 모두 야채장사를 선택했는가?

　A　卖菜本小　　　　　　　A　야채 장사가 밑천이 적게 들기 때문에

　B　卖菜挣得多　　　　　　B　야채 장사를 하면 돈을 많이 벌 수 있기 때문에

　C　卖菜本大利大　　　　　C　야채 장사는 밑천이 많이 들고 마진이 크기 때문에

　D　因为都是乡下人　　　　D　모두 시골 사람이기 때문에

해설　첫 번째 단락의 '卖菜属小本买卖, 好操作, 心里负担也不重' 을 통해, 두 사람이 야채장사를
선택한 이유가 밑천이 적게 들어가기 때문이라는 것을 알 수 있다. 따라서 정답은 A이다.

88　从哪些方面可以看出两人经营方式的　　어떤 점으로부터 두 사람의 영업 방식의 차이
　　不同?　　　　　　　　　　　　　　를 알 수 있는가?

　A　每天收摊后　　　　　　A　매일 장사가 끝난 후

　B　整理菜叶时　　　　　　B　야채 잎을 다듬을 때

　C　日常生活点滴中　　　　C　일상 생활의 사소한 데서

　D　把菜全部卖出时　　　　D　야채를 모두 팔아 치웠을 때

해설　보기 A B D의 내용을 합치면, 두 사람의 영업 방식의 차이다. 그런데 정답은 하나밖에 선
택할 수 없기 때문에 A B D는 모두 정답이 될 수 없고, C가 정답이라는 것을 알 수 있다.
그리고 C의 내용을 살펴 보면 A B D의 내용을 모두 포함한 것이다.

89　为什么说失败与成功只差一点点?　　왜 실패와 성공은 단지 티끌의 차이라고 하는가?

　A　两者是一样的　　　　　A　양자는 같기 때문에

　B　失败乃成功之母　　　　B　실패는 성공의 어머니이기 때문에

　C　成功者不在乎细节　　　C　성공한 사람은 사소한 부분에 신경을 쓰지
　　　　　　　　　　　　　　　　않기 때문에

　D　两者是在点滴中拉开距离的　D　양자는 티끌의 차이에서 거리가 벌어졌기 때문에

해설　문장의 맨 마지막 부분의 '虽然两个人的经营方式只差那么一点点, 但天长日久, 正是这一点
点的差异决定了一个人的成败' 를 통해 실패와 성공은 단지 티끌의 차이라고 하는 이유를
알 수 있다.

90　上文主要谈的是什么?　　이 문장에서 주로 이야기 하고 있는 것은 무엇인가?

　A　成败之间差距很小　　　A　성공과 실패의 차이는 아주 작다

　B　两个乡下人卖菜的经历　B　두 시골 사람이 야채 장사를 하는 과정

　C　成功者拥有更多的资金　C　성공한 자는 남보다 더 많은 자금을 가지고 있다

　D　两个乡下人的蔬菜摊儿离得很远　D　두 시골사람 좌판대의 거리는 아주 멀다

해설　문장에서 두 야채장사의 성공과 실패의 이유가 바로 두 사람의 영업 방식의 차이라고 했으므
로, 문장에서 주로 이야기 하고 있는 것이 '성공과 실패의 차이는 아주 작다' 라는 것을 알
수 있다.

# 三、书写

## 第 一 部分

第91-98题：完成句子。

例如：发表 　　这篇论文 　　什么时候 　　是 　　的

　　　　这篇论文是什么时候发表的?

91-98문제 : 문장을 완성 하세요.

예 : 발표하다 　이 논문 　언제 　…이다 　…의
　　　이 논문은 언제 발표된 것입니까?

★ 유형파악 & 공략하기

이 부분의 문제는 여러 개의 단어가 제시되어 있다. 주어진 단어를 사용하여 하나의 문장을 만들면 된다. 문장을 만들 때 중국어의 어순과 문법을 염두에 두고 문장을 만들어야 올바른 문장을 만들 수 있다.

**91** 打乒乓球 他 去 乒乓球场 有时候会 ➡ 他有时候会去乒乓球场打乒乓球。

그는 간혹 탁구장에 가서 탁구를 칠 때가 있다.

**해설** 주어진 단어 중에서 사람이름이나 인칭대사가 있으면, 우선 주어라고 생각하고, 그 뒤에 동사를 붙이면 되는데, 만약 동사가 두 개 이상일 경우, 조동사는 다른 동사 앞에 오고, 기타 동사의 배열순서는 동작이 발생하는 순서대로 배열하면 된다. 이 문장에 '会', '去', '打' 세 개의 동사가 있는데, '会' 는 조동사이기 때문에 '去' 와 '打' 앞에 와야 한다. 그리고 '去' 와 '打' 을 놓고 볼 때, '去' 는 '打' 앞에 와야 한다. 그 이유는 가는 동작이 먼저 발생하고, 탁구치는 동작이 나중에 발생하기 때문이다. 따라서 이 문장은 아래와 같이 만들 수 있다.

| | | ┌ 조동사 | ┌ 동사1 | ┌ 동사1의 목적어 | ┌ 동사2 |
|---|---|---|---|---|---|
| 他 | 有时候 | 会 | 去 | 乒乓球场 | 打乒乓球。 |
| └ 주어 | └ 부사 | └ 조동사 | └ 일반동사1 | └ 목적어 | └ 일반동사2 |

**92**  一定　回家的时候　路过　要　我家　➡　回家的时候一定要路过我家。

집에 갈 때 우리 집에 꼭 들러.

**해설**  '明天, 早上, 回家的时候' 등 시간을 나타내는 성분은 주어의 앞이나 뒤에 모두 올 수 있고, '经常, 一定, 已经' 등 부사는 주어 뒤에 와야 한다. 그리고 주어진 단어에 동사가 두 개가 있을 경우, 조동사는 다른 동사 앞에 와야 한다는 것을 함께 알아두면, 작문이 훨씬 쉬워질 것이다.

　　　　　　　　　　　　　┌ 주어가 생략 되었음
回家的时候　　　　　　　一定　　要　　　路过　　　我家。
　└ 시간을 나타내는 성분　└ 부사　└ 조동사　└ 일반동사　└ 목적어


**93**  是　这　衣服　一件　漂亮的　➡　这是一件非常漂亮的衣服。

이것은 아주 예쁜 옷이다.

**해설**  '一件非常漂亮的毛衣, 아주 예쁜 스웨터 한 벌'과 같이 수식어가 단순하게 한 단어가 아니라 몇개의 단어가 합쳐질 경우, 순서는 '수사+양사+부사+형용사+的+중심어'이다.

　　　　　　　┌ 수사　┌ 양사　　┌ 부사　┌ 형용사　┌ 的　　　┌ 중심어
这　　　是　　　一　　　件　　　非常　　　漂亮　　　的　　　衣服。
└ 주어　└ 술어　└ 목적어


**94**  买　了　很多书　爸爸　给　我　➡　爸爸给我买了很多书。

아버지는 나에게 많은 책을 사주었다.

**해설**  '…给…买…, …에게…을 사주다'은 관용구이다. '给' 앞에는 어떤 단체나 사람이 와야 하고, '给' 뒤에 사람이 와야 한다.

爸爸　　　给　　我　　买　　　了　　　　　　很多　　书。
└ 사람　└ 给　└ 사람　└ 술어　└ 동작의 완료를 나타냄　└ 수식어　└ 목적어

**95** 早上 我 听到 经常 能 鸟声 ➡ 早上我经常能听到鸟声。

아침에 나는 새소리를 자주 들을 수 있다.

**해설** 이 문장에 '能'와 '听到' 두 개의 동사가 있는데, '能'은 조동사이기 때문에 '听到' 앞에 와야 한다. 여기서 '听到'는 결과보어지만 그냥 동사로 보면 된다. 참고로 '听'은 '녹음을 듣다, 노래를 듣다' 등 귀를 기울여 무엇을 계속해서 '듣는다'라는 표현을 할 때 쓰는 것 이고, '听到'는 '들린다' 혹은 '들었다'라고 할 때 쓴다.

早上　　　　　　　　　我　　　　经常　　　　能　　　　听到　　　鸟声。
↳ 시간을 나타내는 성분　↳ 주어　↳ 부사　↳ 조동사　↳ 동사　↳ 목적어

**96** 抓 厂长 被 了 走 ➡ 厂长被抓走了。

공장장이 잡혀갔다.

**해설** 주어진 단어에 '被'가 있으면, 우선 '被' 자문으로 작문을 한다는 생각부터 해야한다. 그 다음 '被' 자문의 문법을 이용하여 문장을 만들면 된다. '被' 자문의 가장 큰 특징은 목적어가 문장의 맨 앞에 온다는 것이다. '被' 자문의 형식은 '목적어+被/让/叫+주어+동사+기타성분' 이다. 여기 서 기타 성분은 '了', 결과보어, 정도보어, 동사의 중첩 등이 해당된다.

厂长　　　　被　　　抓　　　走　　　　　了。
↳ 목적어　↳ '被'　↳ 술어　↳ 결과보어　↳ 동작의 완료를 나타냄

**97** 热烈 欢迎 代表团 受到了 中国 ➡ 中国代表团受到了热烈欢迎。

중국대표단은 열렬한 환영을 받았다.

**해설** 문장을 만들 때 우선 주어진 단어 중에서 동사를 찾는다. 그 다음 동사 앞에 주어를 놓고, 동사 뒤에 목적어를 놓으면 된다. 그리고 주어와 목적어 앞에 수식어가 올 수 있다는 것을 함께 알아두면, 작문이 훨씬 쉬워질 것이다.

中国　　　代表团　　　受到　　　了　　　　　　　热烈　　　欢迎。
↳ 수식어　↳ 주어　↳ 술어　↳ 동작의 완료를 나타냄　↳ 수식어　↳ 목적어

**98**　一会儿　房间　一下　得　打扫　把　➡　一会儿得把房间打扫一下。

좀 이따가 방을 좀 치워야겠어.

**해설**　주어진 단어에 '把'가 있으면, 우선 '把' 자문으로 작문을 한다는 생각부터 해야 한다. 그 다음 '把' 자문의 문법을 이용하여 문장을 만들면 된다. '把' 자문의 가장 큰 특징은 목적어가 술어 앞에 온다는 것이다. '把' 자문의 형식은 '시간사+주어(생략할 수 있음)+조동사+把+목적어+동사+기타성분' 이다. 여기서 기타 성분은 '了', 결과보어, 정도보어, 동사의 중첩 등이 해당된다.

┌ 주어가 생략되었음
一会儿　　　得　　　把　　　房间　　　打扫　　　一下。
　↳ 시간사　　↳ 조동사　↳ '把'　↳ 목적어　↳ 술어　　↳ 기타성분

# 第 二 部分

第99-100题：写短文。　　　　　　99-100문제: 단문을 만드세요.

**99**　请结合下列词语(要全部使用)，写一篇80字左右的短文。
아래의 단어를 이용하여 (모두 사용해야 함) 80자 정도의 단문을 완성하세요.

大型超市、买、东西、便宜、每个星期天
대형 마트, 사다, 물건, 싸다, 주말마다

**유형파악&공략하기**
주어진 단어가 몇 개 안 되지만, 상상력을 발휘하여 스토리를 떠올려 본다. 대형 마트, 사다, 물건, 싸다, 주말마다' 의 단어가 나와 있으니, '대형 마트에 가서 물건을 사는 이야기' 를 쓰면 된다.

**참고 답안**

|   | 我 | 一 | 般 | 去 | 大 | 型 | 超 | 市 | 买 | 东 | 西 | ， | 因 | 为 | 那 | 里 | 的 | 东 |
| 西 | 又 | 便 | 宜 | 又 | 好 | ， | 而 | 且 | 种 | 类 | 也 | 非 | 常 | 齐 | 全 | ， | 有 | 食 | 品 、 |
| 日 | 用 | 品 、 | 电 | 子 | 产 | 品 | 和 | 服 | 装 | 等 | 等 | 。 | 每 | 个 | 星 | 期 | 天 | 我 |
| 们 | 全 | 家 | 人 | 一 | 起 | 去 | 大 | 型 | 超 | 市 | 买 | 东 | 西 | ， | 有 | 时 | 还 | 在 | 那 |
| 里 | 吃 | 饭 | 。 |   |   |   |   |   |   |   |   |   |   |   |   |   |   |   |

**번역**　나는 보통 대형마트에 가서 물건을 산다. 왜냐하면 그곳의 물건은 질이 좋고 값도 저렴하며, 종류도 완벽하게 갖추어져 있기 때문이다. 식품, 일용품, 전자제품과 의류 등등 모두 갖추어져 있다. 일요일마다 우리 집 식구들은 대형마트에 가서 물건을 사고, 때로는 그곳에서 식사를 한다.

**100** 请结合这张图片写一篇80字左右的短文。

제시된 그림을 근거로, 80자 내외로 구성된 단문을 작성하세요.

그림을 보고 단문을 쓸 때, 우선 그림 내용부터 잘 파악해야 한다. 그리고 작문할 때 너무 욕심내지 말고, 자신의 수준에 맞는 문장을 만드는 것이 훨씬 유리하다. 따라서 그림을 묘사하기 보다는 그림의 뜻을 생각한 다음, 자신의 느낌을 쓰면 된다. 이 문제 같은 경우 딸이 어머니께 선물하는 내용을 써도 되고, 친구에게 선물하는 내용을 써도 된다.

**참고 답안**

| | | 今 | 天 | 是 | 妈 | 妈 | 的 | 生 | 日 | , | | 小 | 丽 | 想 | 给 | 妈 | 妈 | 买 | 件 | 礼 |
|---|---|---|---|---|---|---|---|---|---|---|---|---|---|---|---|---|---|---|---|---|
| 物 | , | | 下 | 午 | 她 | 去 | 百 | 货 | 商 | 店 | 挑 | 了 | 好 | 长 | 时 | 间 | , | 最 | 后 | 给 |
| 妈 | 妈 | 买 | 了 | 个 | 钱 | 包 | 。 | 晚 | 上 | 当 | 小 | 丽 | 把 | 买 | 好 | 的 | 礼 | 物 | 送 |
| 给 | 妈 | 妈 | 时 | , | 妈 | 妈 | 说 | 她 | 正 | 想 | 买 | 个 | 钱 | 包 | , | 这 | 时 | 小 | 丽 |
| 又 | 拿 | 出 | 了 | 两 | 张 | 飞 | 机 | 票 | , | 让 | 爸 | 爸 | 妈 | 妈 | 去 | 泰 | 国 | 旅 | 行 | , |
| 妈 | 妈 | 高 | 兴 | 得 | 合 | 不 | 拢 | 嘴 | 。 | | | | | | | | | | |

**번역**  오늘은 어머니의 생신이다. 샤오리는 어머니께 선물을 사 드리려고 마음을 먹었다. 오후에 샤오리는 백화점에 가서 선물을 한참 동안 고른 끝에 지갑 하나를 샀다. 저녁에 샤오리가 준비한 선물을 어머니께 드릴 때, 어머니는 마침 지갑을 사려던 중이었다고 말씀하셨다. 이때 샤오리는 비행기 티켓 두 장을 꺼내면서, 아버지와 어머니보고 태국으로 여행을 다녀오시라고 하자, 어머님은 너무 기뻐서 입을 다물지 못했다.

**332**  新 **HSK 5급 공략 실전 모의고사 4**

新HSK
공략방법

# 부 록

**답안지를 익혀라!**

知彼知己，百战不殆

적을 알고 나를 알면 백 번
싸워도 위태롭지 않다.

# HSK（五级）答题卡

新 汉 语 水 平 考 试
HSK（五级）答题卡

| 姓名 | | | 国籍 | [0] [1] [2] [3] [4] [5] [6] [7] [8] [9]<br>[0] [1] [2] [3] [4] [5] [6] [7] [8] [9]<br>[0] [1] [2] [3] [4] [5] [6] [7] [8] [9] |
|---|---|---|---|---|

性别　　　男 [1]　　　女 [2]

| 序号 | [0] [1] [2] [3] [4] [5] [6] [7] [8] [9]<br>[0] [1] [2] [3] [4] [5] [6] [7] [8] [9]<br>[0] [1] [2] [3] [4] [5] [6] [7] [8] [9]<br>[0] [1] [2] [3] [4] [5] [6] [7] [8] [9]<br>[0] [1] [2] [3] [4] [5] [6] [7] [8] [9] |
|---|---|

| 考点 | [0] [1] [2] [3] [4] [5] [6] [7] [8] [9]<br>[0] [1] [2] [3] [4] [5] [6] [7] [8] [9]<br>[0] [1] [2] [3] [4] [5] [6] [7] [8] [9] |
|---|---|

你是华裔吗？

是 [1]　　　　不是 [2]

| 年龄 | [0] [1] [2] [3] [4] [5] [6] [7] [8] [9]<br>[0] [1] [2] [3] [4] [5] [6] [7] [8] [9] |
|---|---|

学习汉语的时间：

1年以下 [1]　　　1年-2年 [2]　　　2年-3年 [3]　　　3年-4年 [4]　　　4年以上 [5]

注意　　请用2B铅笔这样写：■

## 一 听力

| | | | | |
|---|---|---|---|---|
| 1. [A] [B] [C] [D] | 6. [A] [B] [C] [D] | 11. [A] [B] [C] [D] | 16. [A] [B] [C] [D] | 21. [A] [B] [C] [D] |
| 2. [A] [B] [C] [D] | 7. [A] [B] [C] [D] | 12. [A] [B] [C] [D] | 17. [A] [B] [C] [D] | 22. [A] [B] [C] [D] |
| 3. [A] [B] [C] [D] | 8. [A] [B] [C] [D] | 13. [A] [B] [C] [D] | 18. [A] [B] [C] [D] | 23. [A] [B] [C] [D] |
| 4. [A] [B] [C] [D] | 9. [A] [B] [C] [D] | 14. [A] [B] [C] [D] | 19. [A] [B] [C] [D] | 24. [A] [B] [C] [D] |
| 5. [A] [B] [C] [D] | 10. [A] [B] [C] [D] | 15. [A] [B] [C] [D] | 20. [A] [B] [C] [D] | 25. [A] [B] [C] [D] |
| 26. [A] [B] [C] [D] | 31. [A] [B] [C] [D] | 36. [A] [B] [C] [D] | 41. [A] [B] [C] [D] | |
| 27. [A] [B] [C] [D] | 32. [A] [B] [C] [D] | 37. [A] [B] [C] [D] | 42. [A] [B] [C] [D] | |
| 28. [A] [B] [C] [D] | 33. [A] [B] [C] [D] | 38. [A] [B] [C] [D] | 43. [A] [B] [C] [D] | |
| 29. [A] [B] [C] [D] | 34. [A] [B] [C] [D] | 39. [A] [B] [C] [D] | 44. [A] [B] [C] [D] | |
| 30. [A] [B] [C] [D] | 35. [A] [B] [C] [D] | 40. [A] [B] [C] [D] | 45. [A] [B] [C] [D] | |

## 二 阅读

| | | | | |
|---|---|---|---|---|
| 46. [A] [B] [C] [D] | 51. [A] [B] [C] [D] | 56. [A] [B] [C] [D] | 61. [A] [B] [C] [D] | 66. [A] [B] [C] [D] |
| 47. [A] [B] [C] [D] | 52. [A] [B] [C] [D] | 57. [A] [B] [C] [D] | 62. [A] [B] [C] [D] | 67. [A] [B] [C] [D] |
| 48. [A] [B] [C] [D] | 53. [A] [B] [C] [D] | 58. [A] [B] [C] [D] | 63. [A] [B] [C] [D] | 68. [A] [B] [C] [D] |
| 49. [A] [B] [C] [D] | 54. [A] [B] [C] [D] | 59. [A] [B] [C] [D] | 64. [A] [B] [C] [D] | 69. [A] [B] [C] [D] |
| 50. [A] [B] [C] [D] | 55. [A] [B] [C] [D] | 60. [A] [B] [C] [D] | 65. [A] [B] [C] [D] | 70. [A] [B] [C] [D] |
| 71. [A] [B] [C] [D] | 76. [A] [B] [C] [D] | 81. [A] [B] [C] [D] | 86. [A] [B] [C] [D] | |
| 72. [A] [B] [C] [D] | 77. [A] [B] [C] [D] | 82. [A] [B] [C] [D] | 87. [A] [B] [C] [D] | |
| 73. [A] [B] [C] [D] | 78. [A] [B] [C] [D] | 83. [A] [B] [C] [D] | 88. [A] [B] [C] [D] | |
| 74. [A] [B] [C] [D] | 79. [A] [B] [C] [D] | 84. [A] [B] [C] [D] | 89. [A] [B] [C] [D] | |
| 75. [A] [B] [C] [D] | 80. [A] [B] [C] [D] | 85. [A] [B] [C] [D] | 90. [A] [B] [C] [D] | |

## 三 书写

91. _____

92. _____

93. _____

94. _____

95. _____ —

96. _____ —

97. _____ —

98. _____ —

99.

100.